中華民國史檔案資料滙編

第五輯 第一編

財政經濟（八）

中國第二歷史檔案館編

鳳凰出版傳媒集團 鳳凰出版社

[八] 商　　业

(一) 商业法规

1. 行政院奉发商民协会组织条例训令

(1929年7月)

训令　第2170号

令农矿部、工商部、各省政府、各特别市市政府

为令行事：案查前据河北省政府电称：河北农协、商协相继成立，旧有农商各会又未取消，二者是否同时并存。又农协、商协呈请立案，应依何项章则准驳，请核示。等情到院，当经本院呈由国府转请中央核示。兹准国府文官处函开：此案现准中央组织部函复内开：查民众团体，前经中央第180次常会决议，民众团体组织条例应由政治会议交立法院从速修正，旋经第162次中央政治会议决议交立法院，各在案。迄今多日，此项修正法规尚未经立法院议定，兹特拟暂行办法如下：(一)按照十七年六月二十八日中央第150次常会修正之各级民众团体整理委员会组织条例第三条、第四条之规定，农协、商协成立后，只准旧商会暂时存在，旧农会应即取消。(二)在修正民众团体法规尚未颁布前，农协、商协呈请立案，得援用十七年七月中央第159次常会通过之农民协会组织条例与中央第157次常会通过之商民协会组织条例办理。即希查照饬遵等由，相应函达查照等由，准此。除饬知河北省政府并分令外，合行抄发农民协会及商民协会组织条例，令仰该部、省政府、市政府知照，此令

计抄发农民协会组织条例及商民协会组织条例(农民协会组织条例另录)

行政院院长　谭延闿

中华民国十八年七月三日

商民协会组织条例

第一章　总则

第一条　本条例所称商民指商人、店员及摊贩而言。

第二条　本条例所称商人指有一定店屋或场所以经营商业之主体人或经理人，手工业者之主体人同。

第三条　本条例所称店员指一般经营商业之公司、商店、厂社及行庄之职员及其学徒，除经理外皆属之。

第四条　本条例所称摊贩指沿门或在道路摆设摊担买卖物品或沿街叫卖物品者而言。

第二章　组织

第五条　凡年龄在十六岁以上之商人、店员或摊贩，在45人以上得发起组织商人总会、店员总会或摊贩总会。

第六条　具备前条年龄之资格无左列情事之一者，由各该总会会员工人之介绍，填具志愿书，经区会审查合格者，得为各该总会之会员：

一、现任买办。

二、曾受破产之宣告尚未撤消者。

三、曾为贪官污吏、土豪劣绅被告发有据者。

四、吸食鸦片者。

第七条　商人总会、店员总会及摊贩总会以各县市为最高组织，以小组为基本组织，其系统如左：

一、县(市)总会。

二、区会。

三、分会。

四、小组。

前项县总会及区会以地域为范围，分会及小组以营业性质为区别，市及普通市皆与县同。

第八条　商人总会、店员总会及摊贩总会以全体大会或代表大会为最高权力机关，全体大会或代表大会闭幕后以执行委员会为最高权力机关。

前项规定商民协会适用之。

第九条　商人总会、店员总会及摊贩总会自区会以上设执行委员会及监察委员会，其委员由代表大会选举之，分会及小组设干事会，由全体大会或代表大会选举之。

前项执行委员会自区会以上得设常务委员会，分会设总干事。

第十条　凡同一性质之会员有5人以上时，得成立一小组，但每组至多不得过20人。

第十一条　依前条之规定成立三组以上时得召集全体大会或代表大会成立分会。

第十二条　三个分会成立之后得召集全体大会或代表大会成立区会。

第十三条　三个区会成立之后得召集代表大会成立县总会。

第十四条　全县市商人总会、店员总会及摊贩总会成立之后，得各自召集各该总会代表大会依下列之比例选举代表，成立该县市商民协会，代表大会依同一比例选举执行委员及监察委员，组织该县市商民协会。该商民协会代表大会之代表总额定为12至120人，由该三总会协定之，执行委员及监察委员之总额由代表大会定之：

一、商人总会代表不得过全体代表总额十二分之五。

二、店员总会代表不得过全体代表总额十二分之四。

三、摊贩总会代表不得过全体代表总额十二分之三。

第十五条　商民协会以全国商民协会为最高组织，以县市商人总会、店员总会及摊贩总会为基本组织，其系统如左：

一、全国商民协会——全国代表大会——全国商民协会执行委员会。

二、省（特别市）商民协会——全省代表大会——省商民协会执行委员会。

三、县（市）商民协会——全县（市）代表大会——县（市）商民协会执行委员会。

四、县市商人总会、店员总会、摊贩总会。

第十六条　全省之县市商民协会成立三分之一以上时，得召集全省代表大会成立省商民协会，选举执行委员及监察委员。

第十七条　全国之省或特别市商民协会成立九个以上时，得召集全国代表大会成立全国商民协会，选举执行委员及监察委员。

第十八条　各级商民协会及总会之执行委员及监察委员之人数由各该会酌量情形规定之。

第十九条　商民协会设常务委员会，其人数视各该会情形规定之。

第二十条　各级商民协会及各总会之内部组织如左：

一、全国商民协会设左列各处：

1. 总务处：办理一切文件收发、交际、调查、统计、报告、庶务、会计等事宜。

2. 组织处：办理所属商民协会之组织事项，并促进协助各地商人、店员、摊贩等组织总会等事宜。

3. 宣传处：办理宣传并指导所属各级商民协会之宣传方针等事宜。

4. 训练处：办理商人、店员、摊贩之政治的、经济的、组织的、行动的各种训练事宜及创设各种商业学校暨其他娱乐场所等事宜。

5．合作处：办理创设合作银行及筹备各种合作事宜。

6．仲裁处：办理排解会员间及会员与非会员间之一切争执事宜。

二、全省商民协会及县商民协会其内部组织与全国商民协会同，惟改处为科，如事务简约时得将各科酌量减并之。

三、商人总会、店员总会或摊贩总会各分设左列各股：

1、总务股：办理文书收发、交际、调查、庶务、会计及不属他股之一切事宜。

2．组织股：办理区会以下之组织并会员入会转会登记等事宜。

3．训练处：办理区会、分会及小组之政治的、经济的、组织的、行动的一切训练及宣传事宜。

四、各区以上之一切事务由常务委员会主持并执行之。

五、分会之一切事务由总干事主持并执行之。

六、小组事务由组长主持并执行之。

第二十一条　商民协会于必要时得组织特种委员会。

第二十二条　商民协会及各总会之各处科股得视事务之繁简规定职员之人数。

第二十三条　各特别市商民协会之内部组织与省商民协会同，其组织系统与县商民协会同，但直属全国商民协会。

第二十四条　市商民协会之组织与县同，直属全省商民协会。

第二十五条　组织商人总会、店员总会或摊贩总会须由发起人45人以上之连署，提出立案请求书，并附具该总会章程及职员履历、会员名册各二份，呈由当地党部认可后向当地官署请求立案，前项党部及官署在县为县党部、县政府，在省为省党部、省政府，余类推。

第二十六条　组织商民协会须由县市商人总会、店员总会及摊贩总会之连署，提出立案请求书，并附具商民协会章程、职员名册及各该总会负责职员之名册各二份，依前条之规定呈请立案。

第二十七条　呈请立案之各该会章程须载明下列各项：

一、名称及业务之性质。

二、目的及职务。

三、区域及所在地。

四、职员之人数、职权及选任、解职之规定。

五、会议之组织及选举法。

六、经费之缴纳额及征收法。

七、会员之资格限制及其权利、义务。

第二十八条　呈请立案之会员名单须载明下列各项：

一、姓名，二、年龄，三、籍贯，四、经历，五、住址或通讯处。

第二十九条　呈请立案之职员履历除前案各项外须增载下列各项：

一、党员或非党员。

二、商民运动经验。

三、现任职务。

第三章　经费

第三十条　县市商民协会之经费依各总会所选出代表之比例分担之，省或全国商民协会之经费由其下级商民协会分担之。

第三十一条　各总会之经费由下列各项充之：

一、会员入会费。

二、月捐。

三、特别捐。

第三十二条　会员月费之多寡视各地商民状况如何，由各该总会执行委员会决定之，但入会费商人不得过五元，店员、摊贩不得过一元。月捐商人最高不得过一元，店员、摊贩不得过五角，但学徒应准减轻或免除之。

第三十三条　商民协会或各总会如遇有特别事故必须举行特别捐或募债以作经费时，得由各该代表大会过半数之决议举行之。

第三十四条　会员如遇失业时得请求减免月捐，惟须得所属分会或区执行委员会之许可。

第四章　附则

第三十五条　各级商民协会及商人、店员、摊贩各总会以下之章程与办事细则由各该会自订之。

第三十六条　本条例如有未尽事宜由中央执行委员会修改之。

第三十七条　本条例由中央执行委员会议决交国民政府公布施行。

[行政院档案]

2. 商　会　法

(1929年8月15日)

第一章　总则

第一条　商会以图谋工商业及对外贸易之发展，增进工商业公共之福利为宗旨。

第二条　商会为法人。

第三条　商会之职务如左：

一、筹议工商业之改良及发展事项。

二、关于工商业之征询及通报事项。

三、关于国际贸易之介绍及指导事项。

四、关于工商业之调处及公断事项。

五、关于工商业之证明鉴定事项。

六、关于工商业统计之调查、编纂事项。

七、得设办商品陈列所、商业学校或其他关于工商业之公共事业，但须经该管官署之核准。

八、遇有市面恐慌等事，有维持及请求地方政府维持之责任。

九、办理合于第一条所揭宗旨之其他事项。

第四条　商会得就有关工商业之事项建议于中央或地方行政官署。

第二章　设立

第五条　各特别市、各县及各市均得设立商会，即以各该市、县之区域为其区域，但繁盛之区镇亦得单独或联合设立商会。

第六条　商会之设立须由该区域内 5 个以上之工商业同业公会发起之，无工商业同业公会者须由商业的法人或商店50家以上发起之，但旅外华商设立商会时不在此限。

前项发起人应召集设立大会，依第七条规定订立章程，连同其他必须事项呈请特别市政府或呈由地方主管官署转呈省政府核准设立，并转报工商部备案。

第七条　商会章程应载明左列各款事项：

一、名称、区域及事务所所在地。

二、关于事业及其执行之规定。

三、会员入会、出会及除名之规定。

四、职员名额、权限及选任、解任之规定。

五、关于会议之规定。

六、关于经费及会计之规定。

第八条　商会应于本区域内设置事务所。

商会因有特殊情况认为必要时，得经会员会议之议决设置分事务所。

分事务所之事务即由该商会职员中住居或营业于分事务所区域内者执行之。

第三章　会员

第九条　商会会员得分左列二种：

一、公会会员。

二、商店会员。

前项会员均得举派代表出席商会称为会员代表。

第十条　会员代表以在本区域内經营商业之中华民国人民，年龄在二十五岁以上者为限。

第十一条　公会会员之代表由该同业公会举派之。

前项代表每公会举派1人，但其最近一年间之平均使用人数超过15人者，就其超过之人数每满15人得增加代表1人，惟其代表人数至多不得逾21人。

第十二条　商会的法人或商店别无同业或虽有同业而无同业公会之组织者，得为商会之商店会员，每店举出代表1人，但其最近1年间之平均使用人数超过15人者，就其超过之人数每满15人得增加代表1人，惟其代表人数至多不得逾3人。

第十三条　有左列各款情事之一者，不得充商会会员代表：

一、褫夺公权者。

二、有反革命行为者。

三、受破产之宣告尚未复权者。

四、无行为能力者。

第十四条　会员代表均有表决权、选举权及被选举权。

第十五条　会员代表得由原举派之公会会员或商店会员随时撤换之，但已当选为商会职员者，非有依法应解任之事由不得将其撤换。

第十六条　会员代表丧失国籍或发生第十三条所列各款情事之一者，原举派之会员应撤换之。

第十七条　会员代表有不正当行为致妨害商会之名誉信用

者，得以会员大会之议决将其除名，并应通知原举派之会员。

第四章 职员

第十八条 商会之执行委员及监察委员由会员大会就会员代表中选任之，其人数执行委员至多不得逾15人，监察委员至多不得逾7人。

前项执行委员得互选常务委员，并就常务委员中选任1人为主席。

第十九条 执行委员及监察委员之任期均为四年，每二年改选半数，不得连任。

前项第一次之改选以抽签定之，但委员人数为奇数时留任者之人数得较改选者多1人。

第二十条 委员就任后十五日内呈报特别市政府，或呈由地方主管官署转呈省政府转报工商部备案。

第二十一条 执行委员与监察委员均为名誉职。

第二十二条 委员有左列各款情事之一者应即解任：

一、因不得已事故经会员大会议决准其退职者。

二、旷废职务经会员大会议决令其退职者。

三、于职务上违背法令，营私舞弊，或有其他重大之不正当行为，经会员大会议决令其退职，或由工商部或地方最高行政官署令其退职者。

四、发生第十三条各款情事之一者。

第二十三条 商会事务所及分事务所均得酌设办事员。

第五章 会议

第二十四条 会员大会分定期会议及临时会议两种，均由执行委员会召集之。

第二十五条 前务之定期会议每年至少开会一次。

临时会议于执行委员会认为必要或经会员代表十分之一以上之请求或监察委员会函请召集时召集之。

第二十六条　召集会员大会应于十五日前通知之，但有第二十七条、第二十八条之情形或因紧急事项召集临时会议时不在此限。

第二十七条　会员大会之决议以会员代表过半数之出席、出席代表过半数之同意行之。出席代表不满过半数者得行假决议，将其结果通告各代表，于一星期后二星期内重行召集会员大会，以出席代表过半数之同意，对假决议行其决议。

第二十八条　左列各款事项之决议以会员代表三分之二以上之出席、出席代表三分之二以上之同意行之。出席代表逾过半数而不满三分之二者，得以出席代表三分之二以上之同意行假决议，将其结果通告各代表，于一星期后二星期内重行召集会员大会，以出席代表三分之二以上之同意对假决议行其决议：

一、变更章程。

二、会员或会员代表之除名。

三、职员之退职。

四、清算人之选任及关于清算事项之决议。

第二十九条　执行委员会每月至少开会二次，监察委员会每月至少开会一次。

第六章　经费及会计

第三十条　商会经费分左列二种：

一、事务费：由会员比例于其所派代表之人数及资本额负担之。

二、事业费：由会员大会议决筹集之。

第三十一条　商会经费之预算、决算及其事业之成绩每年须编辑报告刊布之，并呈报特别市政府或呈由地方主管官署转呈省政府转报工商部备案。

第七章　解散及清算

第三十二条　商会之解散须经会员代表四分之三以上之出

席、出席代表三分之二以上之同意方得决议，前项决议非经工商部核准不生效力。

第三十三条　商会解散时得依决议选任清算人，如选任后有缺员者更行补选。清算人不能选任时，得由主管行政官署指定之。

第三十四条　清算人有代表商会执行清算上一切事务之权，清算人所定清算及处理财产之方法须经会员大会之决议。

会员大会不为前项之决议或不能决议时，清算人得自行决定清算及处理财产之方法，但非经地方最高行政官署核准不生效力。

第三十五条　商会所有财产不足清偿债务时，其不足额应依照第三十条第一款之规定比例分担之。

第八章　商会联合会

第三十六条　为图谋增进工商业公共之福利起见，同一省区域内之商会得联合组织全省商会联合会，各省商会联合会及特别市商会联合会组织中华民国商会联合会。

第三十七条　设立全省商会联合会应有该省商会五分之一以上为发起人，得该省商会三分之二以上之同意，订立章程，呈请省政府核准转报工商部备案。

设立中华民国商会联合会应有各省商会联合会及特别市商会四分之一以上为发起人，得各省商会联合会及特别市商会联合会三分之二以上之同意，订立章程，呈请工商部核准转报国民政府备案。

第三十八条　全省商会联合会以全省各商会为其会员，中华民国商会联合会以各省商会联合会及特别市商会为其会员。

第三十九条　商会联合会召集会员大会应于2个月前通知之，但临时会得于一个月前通知。

第四十条　商会联合会除法律别有规定外准用本法第一章至

第七章之规定。

第九章 附则

第四十一条 旅外华商商会得准用本法各章之规定设立之。

第四十二条 本法施行前已成立之商会及商会联合会应于本法施行后六个月内，依本法改组之。

第四十三条 本法施行细则由工商部定之。

第四十四条 本法自公布日施行。

〔国民政府公报〕

3. 工商业同业公会法

（1929年8月17日）

第一条 凡在同一区域内经营各种正当之工业或商业者均得依本法设立同业公会。

第二条 工商业同业公会以维持增进同业之公共利益及矫正营业之弊害为宗旨。

第三条 工商业同业公会之设立须有同业公司、行号7家以上之发起。

前项发起人于依第四条所规定订立章程后，应造具该同业公司、行号及其营业主或经理人姓名表册，连同章程分别呈请特别市政府或由地方主管官署转呈省政府核准设立。

第四条 工商业同业公会章程须有该地同业公司、行号代表三分之二以上之出席方得决议。

前项章程应载明左列各款事项：

一、名称及所在地。

二、办理之事务。

三、组织及职员之选任。

四、关于会议之规定。

五、关于同业入会、出会及会员除名之规定。

六、关于费用之筹措及其收支办法。

七、关于违背会章者除除名外其他之处分方法。

八、公会之成立期间。

第五条　同一区域内之同业设立公会以一会为限。

第六条　工商业同业公会应于本区域内设置事务所。

第七条　同业之公司、行号均得为同业公会之公会会员推派代表出席于公会，但受除名之处分不在此限。

第八条　有左列各款情事之一者不得为同业公会会员之代表：

一、褫夺公权者。

二、有反革命行为者。

三、受破产之宣告尚未复权者。

四、无行为能力者。

第九条　同业公会置委员7人至15人，由委员互选常务委员3人或5人，就常务委员中选1人为主席，均为名誉职，但因办理会务得核实支给公费。

第十条　商会法关于职员及会议之规定于工商业同业公会准用之。

第十一条　工商业同业公会之职员有违背会章或其他重大情节者得由公会议决令其退职。

第十二条　工商业同业公会有违背法令、逾越权限或妨害公益情事者，在特别市者得由特别市政府命令解散，其在县或市者得由县政府或市政府呈准省政府命令解散，但均须呈明工商部备案。

第十三条　工商业同业公会之预算、决算及主要会务之办理情形，应于每会计年度终3个月以内呈报所在地之主管官署备案。

第十四条　本法施行前原有之工商各业同业团体，不问其用公所、行会、会馆或其他名称其宗旨合于本法第二条所规定者，均视为依本法而设立之同业公会，并应于本法施行后一年内依照本法改组。

第十五条 本法自公布日施行。

〔国民政府公报1928年8月19日〕

4. 商会法施行细则

（1930年7月25日）

商会法施行细则

（十九年七月二十五日部令修正公布）

第一条 本细则依商会法（以下简称本会）第四十三条制定之。

第二条 本法及本细则所称地方主管官署在市为市政府，在县为县政府，在隶属行政院之市为社会局。

第三条 依本法第六条第一项发起商会时，发起人应呈明地方主管官署。如同时有两组以上发起，由地方主管官署核定之。

第四条 设立大会之召集自呈明之日起，至迟不得过两个月，其日期于十五日前通知之。

第五条 发起人之责任终止于商会核准设立后委员就任之日，但发起时之费用得由商会公决追认。

第六条 商会会员加入时，须向商会登记，由商会给予凭证。

第七条 公会会员举派之代表由公会会员大会举派之，给以委托书并通知商会。

第八条 公会会员之代表额应就公会所属商店之使用人综合计算之。

第九条 前条所称商业使用人，以经理、伙友及直接在业务上服务之店员为限。

第十条　本法所称虽有同业而无同业公会之组织者，系指同一区域内之同业不满七家者而言，已满七家时不得以商店资格加入商会。

第十一条　商店会员应以在本区域内设有商店曾依法注册者为准。

第十二条　公会会员或商店会员撤换代表时，应以书面通知商会。

第十三条　商会改组或改选前，应根据本法第十条、第十三条及本细则第八条至第十二条审查会员代表之资格，其撤换时亦同。

第十四条　商会执行会员及监察委员由会员大会就代表中用无记名连举法选任之，不得按业摊派或分业自选，以得票最多者为当选。

前项选举时，县、区、镇商会由县政府、市商会由市政府、隶属行政院之市商会由社会局、全省商会联合会由工商厅、中华民国商会联合会由工商部派员莅场监督，并执行本法及本细则规定之抽签事项。

第十五条　商会得依章程于选举执行委员或监察委员时另选候补委员，遇有缺额依次递补，其任期以补足前任任期为限。

前项候补委员人数不得逾委员名额之半，未递补前不得列席会议。

第十六条　前两条当选委员及候补委员之名次，依得票多寡为序，票数相同时以抽签定之。

第十七条　商会设立或改组或改选时，除依本法规定呈报各件外，应造具会员名册、当选委员(附候补)名册，县、市、区、镇各四份，隶属行政院之市及全省商会联合会各三份，中华民国商会联合会各二份，呈由本细则第十四条第二项之监选机关依次核转。

第十八条　本法第二十条委员就任之呈报，应详具姓名、年龄、籍贯、住址、商业行号。

第十九条　商会应依法改组或改选时，由现任职员负责办理，如届期不能完成即不得继续行使职权。

第二十条　执行委员会开会时，须有委员过半数之出席，出席委员过半数之同意，方能决议可否，同数取决于主席。

第二十一条　监察委员开会须有委员过半数之出席，临时互推一人为主席，以出席委员过半数之同意决议一切事项。

第二十二条　执行委员会常务委员不得逾执行委员额之三分之一，依本法第十八条、第二项用无记名连举法，选出之以得票最多数者为当选。

第二十三条　主席之选任，由执行委员会就当选之常务委员中用无记名单记法选出之，以得票满投票人之半数者为当选。若一次不能选出，应就得票最多数之二人决选之。

第二十四条　常务委员有缺额时，由执行委员会补选之，其任期以补足前任任期为限。

第二十五条　主席及常务委员就任后应于十五日内呈报地方主管官署转报工商部备案。

第二十六条　会员大会开会时，由常务委员组织主席团轮流主席。

第二十七条　本法第二十三条所称之办事员，指依法选任职员外之聘用或雇用者而言。

第二十八条　前条办事员得分科办事，其分科细则及办事员之名额薪金由执行委员会拟定，会员大会决议。

第二十九条　依本法第八条第二项，设置之分事务所其组织及权限，须经会员大会之议决。

第三十条　遇有本法第二十八条各款情事之一时，商会应于决议后三日内呈由地方主管官署转报工商部备案。

第三十一条　本法第三十条第一款规定之事务费比例方法，由商会于章程中明定之。

第三十二条　公会会员以其所属各商店之资本金总额为资本金额。

第三十三条　各商会对于官厅有所陈清时，均适用公文程式条例，人民对于官厅公署之规定，但对于不相统属之官厅得用公函，商会、全省商会联合会、中华民国商会联合会及工商同业公会彼此往来用函，分事务所对于官厅之关涉事项由所属之商会行之。

第三十四条　商会核准备案后由工商部刊发钤记，其本法施行前，工商部所发之钤记，除与本法及本细则抵触者应换领外，仍准照旧应用，前发关防应一律缴销，换领钤记。

第三十五条　本法第三十七条第一项所称之五分一、三分二，以全省之县、市、区、镇商合并计算，第二项所称之四分一、三分二，以全国之全省商会联合会及隶属行政院之市商会合并计算。

第三十六条　全省商会联合会之事务所不以省政府所在地为限。

第三十七条　全国商会联合会之事务所，得于全国商务最繁盛之区域设立之。

第三十八条　全省商会联合会开会时，每一会员得派会员代表一人至三人出席会议，但一会员只有一表决权及选举权。

第三十九条　全国商会联合会开会时，每一会员得派会员代表三人至五人出席会议，但一会员只有一表决权及选举权。

第四十条　本细则第十五条、第十六条、第十八条至第二十八条、第三十四条之规定，于全省商会联合会及全国商会联合会准用之。

第四十一条　旅外华商商会之设立，呈由该管或附近领事馆核转工商部备案。

第四十二条　本法施行前关于商会法之一切附属法令，自本细则公布之日起一律失效。

第四十三条　本细则自公布之日施行。

〔实业部档案〕

5．工商同业公会法施行细则

（1930年7月25日）

工商同业公会法施行细则

十九年七月二十五日部令修正公布

第一条　依工商同业公会法（以下简称本法）组织之工商同业公会（以下简称公会）称某地某业同业公会。

第二条　同一区域之同业公司、行号有七家以上时，须依本法组织公会。

第三条　公会不得以其名义为营利事业。

第四条　本法及本细则所称区域备用商会法第五条之规定。

第五条　本法及本细则所称地方主管官署，在隶属行政院之市为社会局，在市为市政府，在县为县政府。

第六条　依本法第三条第一项发起公会时，应呈明地方主管官署，同时有两组以上发起，由地方主管官署核定之。

第七条　依前条呈明发起后，须于四十日内召集当地同业开会，决议章程，其会期于十日前通知之。

第八条　公会经省政府或隶属行政院之市政府核准设立后，须转报工商部备案。

第九条　公会核准后，由地方主管官署刊发图记，缴公费国币四元，依本法第十五条改组时亦同。

前项图记用篆文，木质长方形，长七公分五厘，宽四公分五厘，边宽五厘，文曰某地某业同业公会图记。

第十条　本法第七条之会员代表每一公司行号得推派一人至

二人，以经理人或主体人为限，但其最近一年间平均店员人数在十五人以上者，得增派代表一人，由各该公司行号之店员互推之。

第十一条 公司行号推派代表时，应给以委托书，并通知公会，改派时亦同。

第十二条 公会对会员推派之代表，应根据本法第八条审查其资格，改派时亦同。

第十三条 依本法第十一条议决令其退职之职员，并应通知原推派之会员撤消其代表资格。

第十四条 公会经费由会员分担，其分担方法由会员代表大会决定之。

第十五条 公会之解散及清算适用商会法之规定。

第十六条 商会法施行细则第五条、第六条、第十四条至第二十条、第二十二条至第二十六条于公会备用之。

第十七条 本细则自公布之日施行。

[实业部档案]

（二）国货运动

一、抵制外货

1. 实业部调查日货在华倾销概况报告书①

（1932年）

……

煤

1. 日煤销售情形　日煤在中国每年销售为数甚巨，单以上海、汉口两地而论，其销售之数有如下列：

上海	日煤	国煤（开滦）	其他
1927至28	1454000(43%)	975000(29%)	934000(28%)
1928至29	1423000(44%)	106000(31%)	816000(25%)
1929至30	1700000(55.6%)	1105000(36.1%)	254000(8.3%)
1930至31	1650000(53%)	1320000(43%)	149000(5%)
汉口	日煤	国煤（开滦）	其他
1927至28	241000(66%)	75000(21%)	48000(13%)
1928至29	225000(55%)	28000(29%)	69000(16%)
1929至30	253000(45%)	128000(23%)	176000(32%)
1930至31	255000(48%)	134000(26%)	134000(26%)

2. 日煤原价　日煤在华销售种类共有二种，一为日本煤，一为抚顺煤。在日松地方之价格最低为每吨五元（日金），最高为每吨十一元（日金），共分五等，本年一月至七月间日松埠之煤价录表如下：

① 选自1932年实业部调查日货倾销情形报告书。

一九三二年一月至七月每吨煤价格详表(单位日元)

月份	煤块					煤屑				
	特等	头等	二等	三等	四等	特等	头等	二等	三等	四等
1	11.00	9.00	7.00	6.30	5.00	9.20	7.85	6.60	5.70	4.80
2	—	—	—	—	—	—	—	—	—	—
3	—	—	—	—	—	—	—	—	—	—
4	—	—	—	—	—	—	—	—	—	—
5	10.70	9.10	7.15	6.05	4.85	8.90	7.55	6.35	5.45	4.65
6	10.40	8.80	7.00	5.90	4.75	8.60	7.30	6.15	5.25	4.60
7	9.90	8.40	6.70	5.70	4.75	8.30	1.00	5.85	5.00	4.35

上列价目系在日本市价，再加日金一元一钱即为（CIE，即加运费及保险费之价格）来华销售之原价。以七月份为例，块煤五吨之来华（C.I.E）价应如下列：

本年七月份日煤来华价目单位

原 价 日金		运价及保险	(C.I.E) 价
特等	9.90	加1.10	11.00
头等	8.40	加1.10	9.50
二等	6.70	加1.10	7.80
三等	5.70	加1.10	6.80
四等	4.75	加1.10	5.85（买价5元）

抚顺煤日人在东省所开采抚顺煤矿之产品，CIE价为日金七元六钱七分（$7.67），就品质比较，日煤第四等比国产煤二等煤为佳，抚顺之品质最佳，其价格原来即极低廉，其原因有三：

a. 南满铁路有特别运率，计自矿区运至大连之水脚为日金二元四钱（$2.40）一吨。

b. 进口出口及矿区均免税。

c. 有政府及铁路所与之便利，故中国煤不能与之竞争。

3. 倾销价格　现下上海日煤市价最廉者，售日金五元一吨，抚顺煤正在上海祇售六两七钱五分一吨，闻两月后将降至四两五钱一吨，此种情形极为可能且必成为事实，在汉口之售价则为每吨日金十元，但在东三省抚顺煤之售价平均为日金十二元，因东三省方面抚顺煤有独一之市场，故日人能规定价格如是：

	在上海C.I.E	倾销价	预测
(1) 日本煤	5.85(日金)	5.00(日金)	
(2) 抚顺煤	7.67(日金)	6.80(两)	4.50

（3）中国煤　　　　　　　　　　10.00(两)

4．倾销地点　日煤及抚顺煤我国之倾销地点为上海及汉口两埠最甚。

5．倾销程度　日煤在华倾销程度甚为剧烈，单就上海而论，日煤进口近日逐增。

6．日煤存货　本年七月间报告日本所存煤至本年五月底止，积存总数为2467000吨，比四月份多140000吨，比去年五月份多168000吨，抚顺煤之积存则在一百二十万吨以上。

7．销售方法　日人现下在上海之销售方法为售给小商店，其唯一手段即跌价、放账。华资本短拙，动辄周转不灵，日煤价格既低，复又放账且不惧倒账，煤商之无减者自当趋之若鹜矣。

8．中国之煤之供给　中国煤产可以供给国人用度而且有余，苟日煤尽被抵制，国煤供给裕如，不至发生煤荒，去年（自九一八至今年二月间）抵制日货，不用日煤后，国内并不闹煤荒，即其铁证。

9．竞争之推测　据上而论日人在煤业方面所用之倾销政策，已甚为明显，但据吾人观察，将来日人与华商所争之煤，决非日本煤而为抚顺煤，抚顺煤在东省占有独占市场，榨取优厚之利润，日人即以此所得之利润为华竞争，夺取华方市场，此则颇堪注意者也。

纱布

1．纱　日纱输华为数不多，以本年五月份言，日纱之输入中国各港口者只二二四四金单位，其中以输入香港为最多，东三省次之，天津、青岛又次之，而上海、汉口两地则无输入之日纱。但输入之日纱虽少，而在华日厂所产之纱销行华北一带者，却为数甚巨，最近日货倾销以后，华北之纱市全为日货所占有，华纱之销运华北近来多数退回，即华北国人纱厂所产之纱亦被日货排挤，不得已运至华南另觅市场。

日纱倾销情形因统计不全，甚难得一确数，但就调查所得，有如下列：

a. 日货四十二支线〔纱〕之售价每包较国货低四十二两。

b. 日货二十支纱之售价每包较国货低三十两。

虽日货之成本确数无从探求，但其售价之低于成本可以断言。

2. 布　日布之输入虽有抵货运动，但仍增加无已，今年半以来，较上年同期增加一一四九〇〇〇〇方码，价额多至五三九三〇〇〇日元，右表示日布输入之概况（单位一千万码）

输入地点	一九三二年（上半年）	一九三一年
上海	4796	47203
天津	45716	19301
[illegible]	26835	13176
大连	43630	25299
汉口	2338	2294
东三省	3618	8691
香港	9627	15499

本年一月至五月间，由日输入之重要货品，以白色或染色羽茧等（棉细哔叽在内）为最多，计值五七二三七六〇金单位，占我国由日输入总值百分之八点六七，占我国该项货总值百分之九三点二四，而印花粗细斜纹布，漂市布、粗布、细布、竹布，本色市布、粗布、细布等亦复不少。

下表示日布输入之概况（本年一月至五月合计）

以前国货粗布在天津、牛庄一带销行甚多，近来悉被日货攘夺，细布市场日货倾销，国货亦都受排挤。九磅之细布日货售价每匹为三两一钱，而国货五·四两，十二磅细布日货每匹售价四两半，而国货乃在六两，十二磅细斜纹日货售价每匹五两，而国

货　　名	日货输入值（全单位）	我国输入该项货品总值（全单位）	百分率
白或染色羽茧	5723760	6138658	93.24
印花粗细斜纹布	2923326	3086733	94.71
漂市布粗布细布竹布	2423927	4800371	50.49
本色市布粗布细布	1274465	2147386	59.35

货在六两一钱。日布之成本确数虽难估计，但售价之低于成本乃无疑义。

3.纱布之希望　关于进口纱布之税则，以中日协定关系不能即改，但沪地纱业甚望政府能减低国货纱布之税捐，并对于出口之纱布能予退税，则中国纱业或能有救。此外希望政府能指导金融界对于实业方面之放款，能变更以前之收缩政策，否则不到今年底，纱业将陷于绝境。

人造丝

日本生丝之输入中国者，为数不多，即合日本在华之丝厂所产之生丝及织品亦远不如进口之日货人造丝及丝织品之百一。日本年来输入中国之人造丝及丝织品年有增加，一九二六年时中国进口之人造丝约五〇〇〇〇〇磅，日货仅占九五〇〇磅，三年后，中国进口之人造丝增至一六二五〇〇〇〇磅，而日货竟占三四五〇〇磅，一九三〇年中国进口之人造丝约为一六〇〇〇〇〇〇磅，而日货乃一跃而占二〇〇〇〇〇〇磅矣。今年半年中国进口之人造丝计七〇三三〇五八金单位，而日货竟占一三六一五二七金单位，日货人造丝织品在一九三〇年计九〇〇〇〇〇〇码，近年亦增加不少。中国无人造丝厂，而人造丝之应用年有增加，结果乃成日货人造丝之主要市场。

政府为谋保护本国生丝业起见，故增加人造丝及人造丝织品之进口税，人造丝每担之进口税由十八金单位增至七十三，丝织品之进口税由值百抽四十五加至值百抽七十金单位，人丝变织品由值百抽三十加至六十金单位。但据丝织厂商称，所颁之税率系轻重倒置，拟请纠正。盖人造丝从量抽税为七十三金单位，计九十三两四钱四分(每金单位平均一两二钱八分)，每担人造丝售价不进一百两，故若从值计算则在百分之九十三左右，故原料税率高于成品之税率，实非保护国货丝绸之道。非特此也，每担人造丝正税之外尚须纳滨浦捐，每担七点三金单位，码头捐每担二点八五金单位，账捐每担三点六五金单位，合计八六点八〇金单位，合一一〇点一〇四两，国货丝绸(须用人造丝者)所需原料所纳之捐税已逾百分之百，再加以织成绸品后运销国内须加转口税，出口时又不能享受退税之权利，欲期中国丝织之抵抗日货之侵入，实不可得矣。故丝织厂商呼请政府照以前呢绒税率办法，将人造丝进口税改从价征收并将织品转口税酌量减免。

纸

1. 日纸价格　日纸销售中国者以报纸、有光、富士、道林、连史、毛边等五种为主要，每年日纸入口数在上海之市价调查如下：

纸别	日本货			国货		西洋货	国货供给成份
	单位	1	2	1	2	2	2
1.报纸	令	$3.00	$2.95	$4.00	无	$3.50	0%
2.有光	令	1.85	1.75 1.85	无	无	1.97 1.98	0%
3.富士	磅	0.16	0.11	无	无	0.13 0.14	0%
4.道林	磅	0.13	0.11	0.13	0.11* 0.12	0.13 0.14	5%以下
5.连史	令	3.50	3.20	5.00	4.60 4.80	无	80—90%
6.毛边	令	3.50	3.30	5.00	4.80 5.00	无	80—90%

* 天章道林货次而价比日货稍贵。

上表内(1)为天章纸厂所报告，(2)为同业公会所报告。

2．倾销价格　现时上海方面日纸来货甚多，据云日货本占第三位，现已占第一位。但以抵货，故上海方面不见大活动，祇有暗中小活动而已。至其倾销价格并无一定，即顾客固还极小之价，亦愿出售，目的祇求出货，但秘密进行出货为数不大，往往有买主，即不论价而交货。据天章纸厂方面估计，上述市价决在成本之下(成本若干，无从查得)，据公会方面意见，谓日货原价虽低，但常以汇兑调济之故，表面上卖价虽廉，而实际上则并不便宜(惟现下亦以银价进出)。

3．倾销地点　现下大概在北方各埠如天津(转开封、郑州)、大连、青岛、营口等处，各处货物有由日本直接运去者，亦有从上海转运者，汉口日纸销路亦甚大。

4．倾销方法　倾销方法有下列各种：

a．放账：查西人与日人经商策略定〔完〕全不同，西人必须现款进出，而日人则可以放账，自二月至六月之久，二月放账极为普通，平时调查顾主资产，不怕华人倒账。

b．利用白俄、英人及华人出面推销。

c．直接与厂家来往，如印刷公司等(香烟牌印刷所用日货可至货物造就以后再交日方货款)。

5．国货供给　对于国货供给据纸厂方面意见，以厂家的立场论，谓天津江南、源泰、宝山各厂所出纸张可以完全供给。例如，报纸、有光、道林之不能制造，因市价太低，够不上成本，故不能与之竞争。

在公会方面以商人的立场论，则谓中国仿造之供给，祇能应付在百分之五以下(如报纸、道林、有光)，即制造亦难与之竞争，理由如次：

(1) 原料：报纸原料百分之百为外国货，中国原料祇能废物利用，如以报纸、废纸加以制造，是道林纸亦然，连史、毛边国货原料占百分之三十，外货原料占百分之七十，中国现下祇有黄板纸能完全用中国原料（原料为稻草）制造，但货质不及日本，而价格亦较日货为高（计日货每吨四十两，国货每吨六十两）。

（2）机器：中国纸机系旧式，如道林一项其制成货品较日货为厚。因之成本亦较高。

6. 厂方意见　厂方盼望政府加税，公会希望政府恢复汉口财政部纸厂或租给商人经办。

水泥

1. 日本水泥在日本之售价　日本水泥的成本价格无从查得，所能查明者为其在本国之售价。日本水泥有袋货及桶货之不同，以袋货水泥合成桶货计，每桶三百七十五磅，售日金三元六角（＄3.60），约合我国规银三两二钱四分（日金一元约银九钱），但此项售价已包括巨利在内。

A. 由日本运至上海须加：

a. 轮船及保险，每桶规银五钱三、四分。

b. 由厂上轮每桶规银一钱五分。

B. 运至上海每桶应加之外费：

a. 关税约银一两一钱。

b. 统税大洋六角约合银四钱二分。

c. 进栈力及栈租力约银一钱。

d. 佣金约银一钱。

两项合计银二两四钱，故出货价应为（＄3.24＋＄2.40）现银五两六钱四分。又水泥无等次，世界水泥标准其七天拉力须在三百二十五磅以上，故中日水泥在质量上亦无分别。

2. 倾销价格　日本水泥现下在上海之售价栈房交货为每桶银三两左右（统税等一并在内），比日本售价低二钱四分，祇比运费及保险及税金等高出六钱。国货水泥售价在上海为四两六钱（须加统税银六钱、佣金一钱五分），合计每桶五两三钱五分，实比日本货贵每桶二两三钱五分。至西洋货在上海极少，祇广州、厦门等有小部分法国水泥之销售。

3. 倾销地点　日本水泥倾销地点为中国沿海各埠，如上海、天津、汕头、厦门、青岛、广州、大连及东三省等处，长江一带如汉口等处。

4. 倾销程度　日本水泥在华销量每年约一百余万桶，此项水泥多数由大连运来，大连有日本水泥厂，日出水泥一千桶，比中国各厂为大。

5. 日本水泥积货　日本水泥之生产过剩数量祇就大连及台湾二处而论，平时年存有五六百万桶，日本每年总产量为三千四百万桶，但现下祇出二千四百万桶(因销路受打击之故)。

6. 倾销方法　其倾销方法不外下列二种：

a. 跌价。

b. 直接向用户兜销，如营造厂、工部局、电车公司、轮船公司。

7. 国产水泥之产量及销额　国产水泥每年约产三百七十余万桶，全国各埠仅能销售二百七十余万桶，其余一百余万桶之销场即为日本水泥夺去，其实国产水泥足以供给国用。

8. 厂方意见　厂方希望政府能于进口水泥加税，以限制日本之倾销，则国产水泥必能畅销国内，因国产水泥之质量实与日本水泥无差异也。

鱼

一、咸鱼

日本行销中国之咸鱼最多者为白鳞与黑鳞两种，白鳞原价自十三至十四元，黑鳞为十一元至十二元，现在倾销价格白鳞为七元日金至八元日金，黑鳞为六元日金。此种咸鱼倾销地带多在浙江绍兴、萧山等地，其倾销方法即跌价、私卖，日本尚积若干，不详。国货与此种咸鱼同时行销者为烟台鱼干，即俗名大头鱼，惟价格较高。

二、鲜鱼

鲜鱼方面　日货进口甚少，一因现值淡汛，鱼类出产不多，即本国鱼船亦停止捕捉，二因中国新增日鱼关税极高，其成本亦随之增高，实不能与华鱼相竞争，三因抵制日货，结果日鱼在中国市场几乎绝迹，国历九月后又届旺月，若不设法，恐有大批日鱼进口。

……，

〔经济部档案〕

2. 国民党中央执行委员会常务会议通过关于检查日货善后办法

（1929年8月29日）

检查日货善后办法

十八年八月廿九日中央第三十一次常务会议通过

一、本办法根据中国国民党中央执行委员会第二十五次常务会议：各地废除不平等条约促进会，检查日货，处分奸商等直接行动，一律停止之决议规定之。

二、各地反日会、国民救国会或国民废除不平等条约促进会等先后封存或拍卖之日货，均按照本办法处理之。

三、各地组织检查日货善后委员会办理停止检查日货善后事宜，委员定额为九人，由下列各机关、各团体选派代表充任之，党部代表为当然主席。

甲、当地高级党部代表三人。

乙、当地政府代表二人。

丙、当地商会及商民协会代表各一人。

丁、当地废除不平等条约促进会代表二人。

四、封存之日货一律启封，其办法如下：

甲、启封日货由善后委员会执行之。

乙、启封前应由善后委员会查明该地历次封存之日货，造具表册等，分存该会、当地高级党部与政府及呈存中央训练部各一份备查。

丙、查明启封之货物，确系在奉到中央密令停止检查日货以前查封者，照货物买价征收百分之五十作救国基金。基金缴清时，货物发还商人。其在奉到密令之后封存者，应将货物全数发还。

五、已拍卖之日货，其价金处置方法如下：

甲、检查日货善后委员会，应查明该地历次拍卖之日货，造具表册等，分存该会、当地高级党部与政府及呈存中央训练部各一份备查。

乙、查明拍卖之货物，确系在奉到中央密令停止检查日货以前查封拍卖者，按拍卖价百分之四十作救国基金，余数悉发还商人。其在奉到中央密令之后拍卖者，应将拍卖价金全数发还。

六、货物买卖以定货单或税关提货单所载为标准，货物拍卖价以买主签具收条为凭。

前项单据或收条有不足证明时，由检查日货善后委员会按照当地情形估定之。

七、商人领回货物或拍卖货价，须填收条，载明品物数量、价值、启封或拍卖日期等，交存当地检查日货善后委员会。

八、凡商人接到发还封存货物或拍卖货价之通知书后，在一个月内不到会具领者，其货物或货价即全部提充救国基金。

九、救国基金由当地高级党部及政府共同负责保管，并将数月造表，由当地高级党部逐级呈报中央训练部备核。

十、救国基金在未经中央核准其用途以前，各地均不得擅自动用。

十一、各地检查日货善后委员会遇有不能解决之案件，应详列事实呈由当地高级党部转呈中央训练部核办。

十二、本办法颁布后，限于文到三月内，各地将停止检查日货善后事宜办理完结，逐级呈报中央训练部备案。

十三、本办法经中国国民党中央执行委员会常务会议通过，密令施行。

〔实业部档案〕

3. 中华国产绸缎上海救济会请取缔洋商仿冒国货呈

（1929年12月29日）

呈为呈请取缔洋商在华设厂，仿冒国货，以免乱真而杜漏卮事：窃查列强各国侵略我国之经济已达极点，其惟一进政之目的均着力于阻害国内工商业之发展，然后用其生产吸我膏血，复以我之膏血而增加彼之生产，如此转辗吮啜驯至，我国大小实业莫不呈衰颓垂死之状。令以绸缪一业而言，自呢绒、哔叽、洋货绸缪侵入国内以来，市厘充斥，家备户储，而我国数千年来具有悠久历史之丝织绸缎反弃若敝屣。今者斯业之衰败零落已不堪回首，此不特使数千万依蚕丝为生活之农工商贾有失业颠沛之虞，抑且予社会以忧惶恐怖之状。言念及此，不寒而慄，惟念是项洋货绸缎并非悉数舶来于外洋，彼列强之资本家大都在华设厂制造，既可利用我国低廉之工资与原料，复可避免往返运输之费用，则其所制之品自能价廉物美，易于推销。且洋商类多狡猾成性，若辈每每仿制我国国产，鱼目混珠，以致购者无从辨别真伪，盲然采用，凡此诸端皆使国产绸缎痛受重大之打击也。职会为欲彻底扫除洋货计，为欲根本救济国产绸缎计，爰敢呈请钧府仰祈迅赐取缔外商在华设厂冒仿国货，俾免乱真而塞漏卮，至为公便。

谨呈

国民政府

附副呈一纸〔缺〕

中华国产绸缎上海救济会主席　王延松

中华民国十八年十二月二十九日

〔国民政府档案〕

4．杨铎关于国货陈列馆通告处分私售洋货之不法商人致实业部呈

（1931年5月20日）

呈为呈报事：窃查职馆附设商场，因鉴于各商店进货繁杂，诚恐外货混入，故有检查进货之规定。各店中尤以张崇伟所经理之祥泰等商号进货花色为最多，检查时感困难。上月在该店查获私售英商上海织物厂印花手帕，据称系受该厂欺骗误认为国货，经予从轻处以罚金百元结案。乃阅时未久，新规甫颁。复据人告发，该店出售非国货宽紧带，经详查属实。似此屡戒不悛，防不胜防，若不绝其根，殊难免故态复萌。且国货运动根基未立，商场信舆堕落堪虞。该商张崇伟报请登记营业之店，计有祥泰、中国、大华等三联号，所售货物均属同类，当经一并依据商场营业规则第九条，予以停止营业之处分，以免此等只知图利之商人厕身其间仍施故技。理合检抄本案通告壹件备文呈报鉴核备案，指令祗遵。谨呈

部长、次长

计呈通告壹件

本部国货陈列馆馆长　杨　铎

中华民国二十年五月二十日

实业部国货陈列馆通告

为通告事：本年五月十五日据报：祥泰店内出售非国货宽紧带等情。当经本馆派员在该店内查出黑白宽紧带两卷，系将原装整板形式改卷发售，牌号、商标均已扯毁，且当派员往查之时，

该店员等欲将此项宽紧带隐藏，实属形迹可疑。经将原带查出，持赴市上各大洋货店研究，据五福、庆丰等商店检出同样质地之宽紧带各一板，称系德商谦信洋行出品，断定该项宽紧带确非国货无疑。嗣据该商店经理人张崇伟于十九日呈诉，此项宽紧带系本月十四日由上海泰隆字号批来，共计三板，现已函沪查明该货系上海长城厂出品，并检同长城厂发票一纸，声明系属国货，请予审核。等情。据此，查本馆商场各店进货均于货品入门时报请检查登记，兹查稽查处登记簿，该店于本月十四日并未载有是项进货。所呈长城厂发票等件，适成为该商店虚伪掩饰之反证。遵照部令公布本馆附设商场营业规则第九条之规定，着该商店即日停止营业。复查该张崇伟，身列国货商场，应如何注意场规，推销国货，前次私贩英商上海织物厂手帕，曾经本馆处分有案，兹又查出贩售洋货情事，显属破坏国货团体，屡戒不悛。本馆为遵令整顿商场起见，所有该张崇伟在本商场同时经理之中国内衣公司暨大华鞋帽公司，应即着令一并停业，以昭炯戒。特此通告，仰即遵照

祥泰商店
右通告　中国内衣公司　经理人张崇伟准此
大华鞋帽公司

［实业部档案］

5. 实业部为集中力量增加生产抵制外货给各省实业、建设等厅的训令

（1931年8月26日）

实业部训令　工字第二〇三八号

令各省实业、建设、农矿厅、各市社会局

为令饬事。查自欧战以还，各国对于实业均集中力量增加生产，既以其所有抵制舶来之货，复以其所余吸收国外之资。其在生产相当者仅感受竞争之剧烈，其在生产落后者，实不胜压迫之

频仍。吾国不幸适居于后者之列，地大人众，而产寡，为世界剩余品之唯一销场，阛阓所陈及日常所用，几莫非由外而来，长此以往，后患何堪。是以举国人士深知注意及此关于物质建设及提倡国货等事，均已积极进行，函电纷呈，盈篇累牍，此种现象殊堪欣慰。本部长念国步之多艰，懔职责之所在，犹有不能已于言者，治内方足以御外，毖后尤贵乎惩前，对于一时之刺激，固应重治标之策，关乎百年之筹划，端赖有治本之方，所谓物质建设倘无物，则建设何从着手，所谓提倡国货倘无货，则提倡徒托空言。凡百事业类皆如是，未有根本不立而能收所期之效果者，故吾国今日欲图不为外货之尾闾，应鉴及怠于生产之前辙。凡我从事实业者，应知自身为社会上具有实行力量之中坚份子，其地位极为重要，于党国之前途有深切之关系，宜仰体政府奖掖之苦心，俯念人民生存之趋势，同心戮力奋斗于生产之一途。农固须使地尽其利，商固须使货畅其流，而工矿两端尤须使人尽其才，物尽其用，扩充设备，努力经营，矢诚矢勇，毋懈毋荒，庶几原料不缺，制品日增，内足以应国人之所需，外可以御国际之侵略，否则，亡羊不善补牢，临渴方谋掘井人之欲壑，几于千寻之深，我之热忱，仍系五分之暂，实属增吾人之羞，于国是又何补焉？除分令外，合行令仰该厅、局即便遵照转饬所属各实业机关及团体，并该地商会、各同业公会，转知各工厂矿厂等一体遵照，集中力量，增加生产，以维国计而利民生，是所厚望。此令

中华民国　年　月　日

〔国民政府实业部档案〕

6．全国商联会、全国经济委员会为制止日米倾销加重洋米进口税率致行政院函电

（1933年10月18日—23日）

（1）商联会电（10月18日）

南京国民政府、行政院、外交部、财政部、实业部钧鉴：窃查重征洋米入口税，并废除国米非法捐，以为标本兼治救济农村一案，前经属会电呈钧府院部察核。嗣以广东独持异议，复经属会分电广东省政府请求一致主张去后，广东即首先实行，福建又继步其后。自该两省实施征收洋米入口税以来，粤闽两省之需要固未感缺乏而价涨，湘皖各省之存积已见活动，而起色为时虽未久，而成效已著。若我政府能迅速全国实行，其功效当更倍蓰，则今秋丰收以后，农民得尽糶其余，虽不能遂臻来苏，亦得以稍舒喘息。现在我政府洋米征税原则虽经立法院通过，而洋米征税税率犹待财政部详拟，一般洋米商将乘此已决定征税而尚未实施之机会，以全力倾运囤积待粜，则新来上市又必受洋米之排挤，米价跌落愈将不堪设想。理合再行电呈钧府院部察核，恳准迅速拟定征收洋米入口税率，即日施行，至为祷切。中华民国全国商会联合会主席林康侯。叩。巧。印

(2) 全国经济委员会公函(10月23日)全国经济委员会公函　税字第20号

径启者：据江苏全省商会联合会会员代表大会主席团于小川、钱孙卿、施筠清、王敬庭、蓝伯华马代电称：报载日本忽有陈米25,000包运华，以后尚须续运25,000包，计共50,000包。除此米价惨跌，农村破产，正邀轸念无法救济，乃日本适于此时将陈米大批运华，非仅影响市场，直欲破坏国本。设心叵测，非同寻常。昨见报端群情惶骇，政府垂念民瘼，当已早有荩筹。适属会召集第二次会员大会代表咸集省垣，以农为商业根本，属会关系尤重。用敢驰请鉴核，迅先电沪市府海关查明，未进口者，禁止进口，已进口者，不准放运。并明令洋米倾销税尅日实行，以资抵制而保农商，不胜激切待命之至。等情。据此。查作据旅沪皖商米业公会留代电，请制止日米进口并增加洋米税率等情，业经函请、贵院

核办在案。据电情事相同，相应函达，希查核办理为荷。此致
行政院

常务委员　汪兆铭　孙　科　宋子文

中华民国二十二年十月二十三日

〔行政院档案〕

7. 实业部等为实行倾销税案的密呈
（1934年5月21日）

密呈：前奉钧院第七五五号训令内开：案奉国民政府第五五号训令内开：为令饬事，案奉中央执行委员会公函开：本会第四届第四次全体会议，准吴委员敬恒等提议从速实行倾销税，以保护新兴工业一案，经经济组审查，认为本案关系国民经济甚大，提出第三次大会讨论，决议：交国民政府办理在案。相应检同原油印原提案函达，即希查照办理、等因。自应遵照办理，除函复外，合行检发原提案令仰该院遵照办理具报，此令。等因。奉此。自应遵办，除呈报并分行外，合行抄发原附提案，令仰该部遵照办理具报。此令。等因，并附抄发原提案一件，奉此。查原提案办法内计列三点：（一）考核倾销货物审查委员会之工作，（二）规定某种货物品（如布匹、煤、水泥倾销最烈者）应实行倾销税，（三）如倾销税法难以实行，应由立法院速为修正，务于最短期内实行之。兹据倾销货物审查委员会呈复前来，并经会同考核，谨为钧院分别陈之。

（一）考核倾销货物审查委员会之工作。查该会成立以来，关于外货倾销案件，业已审查完竣者，计有下列各案：(1)洋粉倾销案，(2)日本纱布在武汉倾销案，(3)日本水泥倾销案，(4)日本电灯泡倾销案，(5)日煤、抚顺煤倾销案，(6)日本水泥、俄国水泥倾销案(7)煤油倾销案，(8)日本生铁倾销案，(9)日本炭酸钙倾销案。就中审查结果，其确有倾销情事者，有日本水泥及日煤、

抚顺煤两案，余均未能成立。此外，尚有日本硫化元颜料倾销、外货车胎倾销、日本龙脑、樟脑倾销、安南柴煤倾销、外洋化学出品倾销等五案，刻正在进行审查中。所有审查完竣各案，并经报部考核，尚称妥适。

(二)应对布匹、煤、水泥三种货品速施倾销税。查上列审查完竣各案中，日本水泥及日煤、抚顺煤两案，均属倾销成立，并经拟定日泥倾销税率为每担征0.64金单位，惟日煤以品级复杂，售价差额不一，致倾销税率难以拟定，而当时适值进口税则修订中，且实际上与其另征一种倾销税，不如就原有关税酌增其税率以便施行。故结果于日煤水泥之制止，均采用增高进口税之办法：于水泥每百公斤改征0.83金单位(旧税率合每百公斤 0.39 金单位)，煤每公吨改征1.80金单位(旧税率每吨0.89金单位)，抚顺煤现系适用进口税则，故亦可予抵制。惟布匹一项，则经审查认为尚无倾销之显著痕迹，然因其带有倾销嫌疑，亦于进口税则内自旧税率合货价百分之十者，增为百分之二十五至三十。此外，有倾销嫌疑者，如电灯泡，前为从价百分之二十，而改为从量达值百征八十五以上。麦粉则改为有税品，每百公斤征1.24金单位。是以上货品皆已利用增加进口税办法，藉以遏止其倾销。

(三)倾销税法如难实行，应由立法院修改之。查倾销税系进口关税外之一种带有处罚性质之特加税，其征否不全以货物种类为准，大都与货物来源有关，施行时难免引起货物国别问题，因而发生进口货物税率差别待遇之争执。究竟倾销税之征收与最惠国条款是否不相抵触，各国所持态度不一，迄今国际间尚无确切之定论。在少数国家对于外货加征倾销税，固不一而足，惟此等国家，在条约上所处地位与吾国不同。我国与各国所定商约，均有最惠国条款之规定，征收外货倾销税，外交上能否不致引起纠纷，似应审慎考虑。故以为倾销说法难以实行之处，其症结之所在，关于立法方面者尚少，关于外交方面较多。应俟咨请外交部对于施行倾销税究竟有无窒碍，予以研究答复，再行查酌办理，期早施行。所有遵令从速实行倾销税一案各缘由，理合先行会同具文呈复钧院鉴核。谨呈

行政院

中华民国二十三年五月二十一日

〔经济部档案〕

二、倡 用 国 货

1．工商等部筹办中华国货展览会的有关文件

（1928年7月—12月）

（1）工商部长孔祥熙的呈（7月21日）

呈为呈送中华国货展览会筹备委员会组织大纲暨章程规则，恳请鉴核备案事。窃职部为策进工商、提倡国货起见，拟在上海筹设中华国货展览会，征集全国出品，陈列展览，以资鼓励，而作观摩，业经呈奉钧府常会议决，照准在案。兹谨制订中华国货展览会章程十四条、中华国货展览会征集出品规则十三条、中华国货展览会审查出品规则十八条，除由职部公布施行并转饬该筹备委员等遵照办理外，理合备文呈请钧府备案，实为公便。谨呈

国民政府

计呈中华国货展览会筹备委员会组织大纲一份（略）

中华国货展览会章程一份（略）

中华国货展览会征集出品规则一份（略）

中华国货展览会审查出品规则一份（略）

国民政府工商部长　孔祥熙

中华民国十七年七月二十一日

（2）工商部长孔祥熙的呈（10月6日）

呈为据情转呈，请将中华国货展览会展期开幕，仰祈鉴核备案事。窃查职部在沪筹设中华国货展览会定于本年十月十日开幕，业奉钧府第七二次委员会议，决议照办，饬知后，分函各省区、各特别市征集出品，一面督饬职部驻沪办事处会同该会筹备委员会赶速筹备，如期开幕在案。兹据该会筹备委员会主席委员张定璠等江电称：展览会以各处出品不及如期赶到，纷请展期，加之双十节明令筹备北伐完成盛大庆祝，国府诸公不能临会参加开幕典礼，详加讨论，拟展期十一月一日开幕，除宣布外，请转呈备案，等情到部。查此次展览会为训政开始提倡国货创举，规模宏远，中外具瞻，开幕之日，拟请钧府暨各部、院、会长官亲临指导，以光盛典。惟十月十日既与国庆节期间冲突，且各省出品又未能按期运到，现在关外甫经起运，蜀中尚无复音，详加考虑，自有展期之必要。据电前情，除复知照准，并通电各省区、各特别市政府、各总商会知照外，理合备文呈报钧府鉴核备案。谨呈

国民政府

国民政府工商部部长　孔祥熙

中华民国十七年十月　日

（3）行政院致国民政府的呈（12月18日）

呈为赍呈工商部修正中华国货展览会章程，仰祈鉴核备案事。案据工商部长孔祥熙呈称：呈为修正中华国货展览会章程，仰祈鉴核转呈备案事。窃查职部筹设中华国货展览会，拟订暨修正各项章程规则，业经先后呈奉国民政府指令核准公布施行。在案。查中华国货展览会已于本年十一月一日开幕，该会筹备委员会亦于同时结束，即经职部就原聘之筹备委员分别继续聘任，组织中华国货展览会委员会主持会务，以资熟手而利进行。惟前次呈准之中华国货展览会章程，规定主席委员人数及分股办理事项，查与

现在事实稍有变更，兹经详加酌核，逐条修正，期臻妥洽，除以部令公布施行外，理合检同旧订暨修订章程各一份，随文呈请鉴核，转呈备案。等情。据此，除原章程前经该部径呈钧府有案外，理合检同修正章程，具文转呈鉴核备案。谨呈

国民政府主席蒋

计检呈修正中华国货展览会章程清折一扣

国民政府行政院院长　谭延闿

中华民国十七年十二月十八日

修正中华国货展览会章程

第一条　国民政府工商部因提倡国货，促进工商业，开中华国货展览会，会场设上海南市新普育堂。

第二条　中华国货展览会于中华民国十七年十一月一日开幕，会期定为二个月。如认为必要时，得延长之。

第三条　中华国货展览会征集全国工商出品，分类展览。其征集出品规则，另定之。

第四条　中华国货展览会设委员会，由工商部长聘任当地市政府长官暨工商业专家若干人，并于部员中指派若干人组织之，上海特别市长、社会局长、工商部驻沪办事处正副处长为当然委员。

第五条　中华国货展览会委员会设常务委员十一人，除当然委员外，其他七人由部长就聘任各委员中指定之，互推三人为主席委员，组织常务委员会主持会务。

第六条　中华国货展览会常务委员会每周开常务会议一次，于必要时得召集全体委员大会。

第七条　常务委员会设会务、财务、设计三组，互推正副主任各一人，筹划审议各该组事务。

第八条　中华国货展览会为办事便利起见，设理事三人，互

推一人为总干事，秉承常务委员会执行议决事项。

第九条　总干事下依事务性质，设下列各科，分股办理。

甲　总务科

一、文书股；二、收发股；三、会计股；四、庶务股；五、交际股。

乙　场务科

一、交通股；二、游艺股；三、售票股；四、纠察股；五、卫生股；六、消防股。

丙　出品科

一、收货股；二、陈列股；三、保管股；四、售品股；五、寄售股；六、赠品股。

丁　研究科

一、调查股；二、统计股；三、讲演股。

戊　编辑科

一、特刊股；二、日刊股；三、宣传股；四、广告股。

每科设主任干事一人，每股设干事一人，事务员若干人，由常务委员会议决选任，报部备案，受总干事之指挥，办理各该科、股事务。

第十条　中华国货展览会得聘任工商业领袖及专门家为本会顾问、参事及常务参事，协赞会务。

第十一条　中华国货展览会在会期内设审查委员会，审查出品，分别等第，由工商部给奖。其审查出品规则，另定之。

第十二条　中华国货展览会办事细则、会场规则、售品规则、赠品规则，由常务委员会拟订。

第十三条　本规则自公布之日施行。

〔国民政府档案〕

2. 行政院关于颁行全国举办物品展览会通则的呈

(1928年12月12日)

呈为呈请事。据工商部长孔祥熙提议称：窃以本部举办中华国货展览会提倡国货，风靡一时，现据浙江省政府函请于十八年三月一日举行西湖博览会，业经部准备案，并通行各省市征集出品，嗣又接到武汉政治分会李主席宗仁电请举办汉口展览会，河北河南各省亦在建议进行。当此国货运动风起云涌之际，上遵国府明令，下慰民众喁望，自当积极倡导，以资奖励，而励观摩。又本部为建国纪念，正拟举行国际展览会，遍邀世界各国参加，事先准备正赖各省市一体协赞。且因历年参加国际展览会，均系临时筹备，未免参差不齐，内审全国经过情形，外察各邦最近趋势，似于举办展览会一事，亟应统筹办法，以归划一。兹谨拟订全国举办物品展览会通则，计十六条，附注意二事，拟请鉴核转呈国民政府公布，并颁行各省市遵照，是否有当，伏候公决。等情。并附全国物品展览会通则一份到院，经于十二月十一日提出本院第七次会议决议通则通过，呈请政府公布。理合照缮通则，备文呈请钧府鉴核公布施行，指令只遵。谨呈

国民政府主席蒋

计附呈全国举办物品展览会通则一份

国民政府行政院院长　谭延闿

中华民国十七年十二月十二日

全国举办物品展览会通则

第一条　凡在国内各省市县提倡国货、征集物品、开会展览，以供研究、改良而广产销者，均名为展览会。

第二条　展览会概分下列三种：

一、全国物品展览会。

二、地方物品展览会。

三、特种物品展览会。

第三条　全国物品展览会由工商部会商各省或特别市政府，指定适宜地点轮流举办，各省、市、县均须出品，会期以两个月至四月为限。举办时，由工商部呈请行政院转呈国民政府核准。

第四条　地方物品展览会由省或特别市政府指定适宜地点举办，即就本省市县征集出品，并得酌量征求其他省市重要出品参加，会期以两星期至二个月为限，举办时由省或特别市政府咨请工商部呈报行政院转呈国民政府核准。

第五条　特种物品展览会系征集特种物品，如丝、茶、磁等类，开会展览专为各该专业研究改良而设者，得由各该专业发起，择于业务有关之地域举办，会期以一星期至一个月为限，举办时由发起人呈请省或特别市政府核准，转报工商部备案。

第六条　全国物品展览会每年举办一次。地方物品展览会、特种物品展览会得由各省市各专业随时举办。

第七条　凡由各团体或同业联合呈请举办物品流动展览会，依照第四条或第五条，量予核办。

第八条　凡举办物品展览会呈请备案，应具备案下列文件。

一、呈请文　按照事实说明理由并叙入筹拨经费情形。

二、章程　载明会址、会期及其组织概要。

三、各项规则　如征集出品、审查出品、售销出品及会场规则等。

四、书式图样　如出品愿书、说明书、目录书及会场图样等。

第九条　各省暨各特别市应查照工商部公布之国货陈列馆规程，先行筹设国货陈列馆，再办展览会。

第十条　凡展览会征集出品，均得委托各省暨各特别市国货陈列馆负责办理。

第十一条　凡物品展览后未售销者，均应发还各出品人；已售销者，照数发领价款，但大宗物得由出品人派人常川驻会，自行保管。

第十二条　凡举办物品展览会，经核准备案后，得请工商部签发免税证书及减费运单。

第十三条　凡展览会物品均应审查，分别等第给奖。

第十四条　凡遇世界博览会，经国民政府核准发起召集或应征与会之同一年内，各省市县不得举办展览会。

第十五条　本通则对于首都暨各省各特别市国货陈列馆，每年照章在馆内举行之定期物品展览会不适用之。

第十六条　本通则自公布之日施行。

编者注：此件经国民政府第十一次国务会议决议，通过照办。

〔国民政府档案〕

3. 中华国货维持会等恳请服用国货以解江浙丝织业破产之危的代电

（1929年1月7日）

快邮代电寒字第八十五号　中华民国十八年一月七日

南京国民政府钧鉴：敝会迭据江浙两省各绸业纷纷来会报告，谓江浙两省素为富饶之区者，向以丝织品驰誉中外，执世界丝织物牛耳，农工商贾仰以为生者，何止数千百万人。乃自国军底定南北统一之际，横遭共匪煽惑，勒诱罢工，增加工资，厂主失权，无法管理，致工作日劣，工友识薄，为其麻醉，致工资迭加，价贵货劣，目下已达极点，造本因之骤增，无可推销。成本既重，销路自塞，存货山积，资金亏尽，支持无术，遂致绸厂倒闭接踵而起，工友连带失业，工商生计均绝，险象环生，岌岌可危。况时届严冬，饿寒交迫，挺而走险，则影响于地方治安，日形严重，此丝绸业之受困者一。统一以来，在上者虽日以提倡国货，撤消苛捐杂税，为根本救国之良策，而按之实际乃有大谬不然者，厘金未裁，增税纷起，仅一物也，原料时代有税，通过时代有税，出口时代有税，产销有税，到处检查苛扰，致凡百国货成本愈重，均呻吟憔悴于叠床架屋，纷捐重税之下，而莫予援系，此丝织业之受困者二。彼外人乘机广销其轻税，输入舶来品，以侵夺我国货之市场，而代之我国商店又乐于贩卖外货，拒绝国货，以致此国产丝织品一落千丈，积货如山，无路可销奄奄一息，若秉钧者再不力予援助，实行维护，则江浙两省夙昔著名之国产丝织品，四面受敌，必将濒于消灭，此丝织业之受困者三。在上者既提倡西式短服，实为洋货呢绒大开销路之门，暗中则无形将国产绸缎完全打倒，观察各界民众，除赤贫外，其所御之衣服，以舶来品直贡呢、哔叽、洋绸、洋布居十之八九，群趋服用外货，致国产丝织等品之销路无形消灭，理势之必至也。我钧府若不急予切实提倡保护，明令全国实行服用国货，并取缔商店推销外货，则不独丝织业危险万状，恐各种国货织物均不堪设想，此丝织业之受困者四。兼之萑苻未靖，盗匪如毛，交通阻滞，商贾裹足，金融干涸，负债日巨，息贵负重，致丝织业外见迫于舶来洋货，内受挨于不良环境，此受困者五。综上五因，均为国产丝织品致命之伤，敝会等目击心伤，认为我国大宗实业最为重要。用特合词电恳伏乞体念先总理之民生主义，迅予颁布明令解放上述五种压迫，并通饬全国切实提倡丝织品，定期一例服用国货，实行取缔商店推销外货，如此切实做去，方足以真正提倡国货，以救民生及维护农工生计，而挽回江浙两省历来天产大宗实业，不胜惶悚待命之至。中华国货维持会、江浙丝绸机织联合会同叩。虞。

〔国民政府档案〕

4. 杨铎为推进国货运动设立国货商场致工商部呈

（1929年10月29日）

呈为呈报举办开幕纪念展览会经过情形，并恳准予拨款建设国货商场，以应需要，仰祈鉴核事：窃职馆开幕纪念展览会于九月九日下午六时开幕，业经呈报在案。此次由上海市民提倡国货大会，领导苏沪国货厂商四十八家来京参加，运到各种优美国货在场展览，迎月以来，备受参观来宾之赞许。截至十月九日会期届满，适值国庆纪念，展期三日，现经于本月十二日正式宣告闭会。综计在展览会期内，职馆陈列室参观人数统计有三十万零九百八十八人之多，其在会场参观人数当更倍之。各界民众以及各团体机关对于陈列展览各项出品，纷纷来馆要求购用。职馆虽然照章有售品部之附设，究因范围狭小，供不应求，每日所接各界书面之请求以及口头之询问，纷至沓来，皆以集中发售，俾使选购为请，足证首都各界对于国货已具深切之信仰与急迫之需要，而在各国货厂商方面，亦甚愿以辛苦经营之产品，贡献于首都民众，一致要求职馆设立正式国货商场，俾得普遍流通。良以首都市场，外货充斥，民众欲购国货，苦无确切之保障，商厂欲营国产，又乏合作之精神，以致产销两方徘徊瞻顾，无所适从。职馆职责所在，审度国货之趋势，接受环境之要求，为谋供求相应，懋迁有方起见，设立国货商场，实为当务之急。证以此次展览会期内，产销双方期望之迫切，则商场发达之盛况固可预测，而计划之进行，自不容稍缓也。谨拟将职馆东首房屋酌加修筑，另辟商场门楼，添盖平房天棚，作为国货商场之用，约可布置铺位七十余所，招商参加营业，以产销合作为原则，以普遍流通为目的，似于国货前途，裨益实非浅鲜。并填塞馆后八府塘滨洼地，建筑民众乐园，举办电影游艺，以广招徕。职馆以兹事体大，经组织设计委员会，精密设计，拟具图说，饬工估计，约需建筑费洋叁万零伍拾叁元零捌分。所有举办展览会开幕情形，并拟请拨款建设国货商场各缘由，理合附具商场图说、工程估单备文呈请鉴核，俯准转呈国民政府行政院指拨的款，俾便兴工建设，实为德便。谨呈

部长、次长

计呈商场图说〔略〕、工程估单〔略〕各一份。商场图说已送钧部技术厅。

本部国货陈列馆馆长　杨　铎

中华民国十八年十月二十九日

〔实业部档案〕

5. 中华国货维持会呈请各地设立分会并征洋货营业税的代电

（1930年10月3日）

快邮代电署字第四九〇一号

首都。国民政府主席蒋钧鉴：据属会执行委员徐春荣、陈翊廷、徐赓华、吴砚农提议，以军事救平，首宜发展经济，休养民生。国货为休养民生之本，吾国历受列强经济侵略之压迫，洋货充斥，国穷民困，由来已久，若不从事实力上之抵抗，彼帝国主义者之经济侵略，内政难修，漏卮不塞，民生之苦仍无以拔。本会二十年来提倡国货之历史，简捷言之无非抵制洋货，为国民抵制列强之强暴经济侵略，籍以自救而已。前提议拒用洋货(一)织物、(二)棉纱、(三)人造丝、(四)卷烟、洋酒、(五)煤油、(六)肥皂、(七)水产品、(八)糖、(九)代化妆品、(十)磁器、(十一)煤等十一种，为救济民生，发展国民经济唯一要图。民生憔悴，势不可缓，应由本会呈请中央党部、国民政府关系院部会鉴核，迅赐通令全国各级党部、行政机关指导所属农工商学民众团体实行组织中华国货维持分会，为宣传提倡国货拒用洋货机关，一方面举办洋货营业税，免征国货，以为门户之保障，官民合作，强制进行，务使完

成拒用洋货，提倡国货之职责，以利国福而苏民生。等由。经属会第二十九次执行委员会议决，众以值此经济胜利之列强，因生产过剩之结果，多有狂增进口税，以为拒用外货之保障。吾国事业落后，经济失败，民生之苦达于极点，全国穷乡僻壤，洋货不充盈，市上比较国货之势力，反觉雄厚，若无华人贩运，洋货何能入至内地。我国经济枯竭，民生凋敝，实基于此。今若厉行内地洋货营业税，寓禁于征，方得稍为挽救。设不积极拒用洋货，华商任意贩入内地，公然设店推销，后患之来，未可设想。该委员谓举办洋货营业税，以为门户保障，强制宣传，拒用洋货，以塞漏卮，实为救国扼要之法，以期完成拒用洋货之职责。揆诸属会二十年来之历史，实非强制进行，不足竟其功用，一致议决，准予转呈。等由。在案。理合依议电请钧座鉴核，立予分别施行，实为公便。中华国货维持会常务委员汪星一、王汉强、王介安同叩。江印。

〔国民政府档案〕

6．杨铎关于国货陈列馆国货商场规则致实业部呈

（1930年12月19日）

呈为呈报事：窃查职馆附设之国货商场于上年十一月开幕，即经拟具招商营业试行办法，呈奉工商部核准备案遵办，迄今一载有奇，所有铺位逐渐扩充，国货营业日益鼎盛。铺位大小不同，原办法所定之甲乙丙三等未能范列，拟予改编号数，分定租金数目，以免偏颇。原办法所订之公安、卫生、消防、警卫各项附收费二成，拟改称整理费，按照租金附收五成。嗣后关于修缮、宣传等事亦均于是项整理费开支，以补经费之不足。商场铺位因营业发达，渐趋宝贵，商界陋习有挖让顶替地盘情事，与主管权发生窒碍。本年十一月三日查觉胜德织造厂与丽华绸庄私相顶替，匿不报告，经予处罚金一百元，以儆效尤，案悬未结。若不明白

规定处罚办法，难免沿成恶习。其余如私售外货，价目不实，扰乱秩序，等等，均与国货商场之发展息息相关，亦有规定罚则之必要。职审察过去，计虑将来，所有商场规则似有急需修订之必要，爰经编拟国货商场规则十八条，是否可行，理合备文呈送，仰祈鉴核示遵，实为公便。谨呈

部长

计呈国货商场规则一份

本部国货陈列馆馆长　杨　铎

中华民国十九年十二月十九日

国货陈列馆国货商场规则

第一条　本馆为振兴国货工商业，适应社会需要起见，附设国货商场。

第二条　国货商场专营国货商业，由本馆划定铺位，招致国货工厂或国货贩卖商承租，设店营业。

第三条　左列各类商业，经本馆之审定认可，遵照本馆所定之各项法规，得承办本馆商场之铺位，但本馆于其同一商业，得视社会之繁简酌量限制一家或数家：

一、教育用品类：文具、纸张、书籍、玩具各业属之。

二、织染品类：绸缎、布匹、呢绒、地毯各业属之。

三、服饰品类：帽袜、衣裤、手帕、镜梳、领带、套鞋、珠钻等业属之。

四、饮食品类：罐头食品、酱油、味精、茶叶、汽水、烟酒、药露各业属之。

五、日用品类：皮革、铁床、化妆品、牙刷、水瓶、电泡、搪瓷、草织、藤器、磁器、陶器、漆器、铜锡器、料器、烛皂、伞各业属之。

六、美术品类：湘绣、顾绣、织锦、丝织风景、名人书画各

业均属之。

第四条　每一商店之铺位，由本馆视其地位优劣，面积大小，分别编号，规定租金价目，按月收取其租金，价目表另定之。

第五条　商店应预缴保证金，其金额须在十个月租金总额以上。

第六条　关于商场之修缮、卫生、消防、警卫、宣传、各种设备经费，按月照租金加收整理费五成。

第七条　商场商店在承租期内，不得有私相转让，擅行顶替情事，违则没收其保证金。

第八条　各商店不得在商场内私售外货，并不得用商场名义及与商场内同样牌号在外贩运洋货，违则停止其营业，没收其存货及保证金，并处以一百元至六百元之罚金。

第九条　本场商店抱定多营薄利，推销国货为唯一目的，概行不二价交易，售货价目均须划一标明，废除讨价还价之恶习，违者处以五元至五十元之罚金。

第十条　本场商店为推广营业起见，举行大廉价时，均须全体一致行动，不得私自单独廉价，违者处以五元至五十元之罚金。

第十一条　本场商店如须应用度量衡器营业者，均须遵用颁定之市用度量衡器，向顾客声明长短轻重大小，参酌市情出售货品，不得私用他器，违者处以五元至三十元之罚金。

第十二条　本场商店须按照登记种类售卖货品，不得半途改业，如有添售他种货物，须预先呈报本馆，许可后方得出售，违者处以三十元至五十元之罚金，并停止其营业。

第十三条　本场商店对于公共卫生、治安秩序各应尽力维护，违者送警处分。

第十四条　本场营业时间依气候之变迁，每三个月由馆规定公告之。

第十五条　各商店得各推代表一人与本馆指定之职员组织场务委员会，共同办理商场自治事项。

第十六条　各商店出品优良，经本馆审定认为确实者，得呈部褒奖之。

第十七条　各商店经本馆认可在场营业后，其对外表明国货，由本馆保障之。

第十八条　本规则自公布日施行。

〔实业部档案〕

7．实业部关于提倡国货机器并扶助机器厂给各省市政府的咨文

（1931年4月2日）

实业部咨　工字第七九二号

为咨请事。案查接管前工商部卷内工商会议关于设法提倡国货机器并扶助机器厂一案，经大会议决，请政府采择施行纪录在卷。查机器事业，实为各种工业之基本，关于实业发展至深且巨。我国机器事业，尚未发达，国内工厂所需机器，大都仰给外邦，不惟漏卮极巨，且恒受洋商之操纵把持，若不设法提倡予以扶助，则国内工业将无由振兴，且提倡国货已为全国一致努力进行之举，在机器事业未臻发达之时，对于外来机器，固不能尽行摒拒，而于可能范围内，务当尽先采用国货机器，籍以促进该项事业之发展。该案所陈各节，尚属扼要，除由部分别缓急，次第实施外，相应抄录原案，咨请查照，转饬所属，对于国货机器尽力提倡，机器工厂尽力扶植为荷。此咨

各省市政府

附抄原案一件

工商会议提案

拟请政府设法提倡国货机器并扶助机器厂案

提案者　黄朴奇　江恒源

理由

中国自有机器厂以来，五十余年，其规模完备，成绩可观者，实寥寥无几。照民国十七年之调查，上海一埠有大小机器厂五六百家，可知社会对于该业之需求，已达相当程度，而该业在社会上亦有相当地位，虽然该业至今何以仍复奄奄无生气，论者辄以资本不足，规模太小，技能缺乏，制作欠精为不发达之原因，实则皆果也。而非因也。其因维何？（一）资本缺乏接济；（二）同业缺乏联络；（三）社会不加信任而已。至缺乏资本接济，有事实可以证明者甚多，如有资本者不肯投资于机器业一也。银行钱庄不肯放款于机厂二也。机器存货不能抵押三也。购料必需现款四也售货不能交货、交款必待使用之后五也。故每值时局不靖，销路减少或交通阻断，成货难交，金融不敷周转，遂致搁浅。至因同业缺乏联络，以致影响该业发达者，如营业竞争，互相贬价，其结果不免各趋偷工减料之一途。又因不知分工合作，群相仿效，因制造太杂，致成本加重，而制货难精。加以社会不加原谅，多事吹求，而厂方复授人以藉口之资，焉得而不失败。依目前情状言，欲求该业之发展，非请政府设法提倡扶助不为功。提倡扶助之道，约有下列数端：

办法

一、政府宜拨专款设立金融机关，接济机器厂之经济也。

机器事业贵精贵专，所以宜于各尽所长，分工合作，照目前情状论，巨大之机器厂不甚需要，所急宜提倡者，应从小厂入手，以小厂易于收效，困难无多，解除尚易，使其着意于精与专二者，数年之后，必有各专其制造者数十家，已足树机器业之基础。譬如铸铁者专铸铁，铸铜者专铸铜，决不宜再蹈旧式翻砂厂之铜铁并铸，而转失其精也。又如机器上所用之螺旋钉帽钉弹簧等件，均宜由专厂制造，迨此种基本机器业成功之后，则大规模之机器厂自易创办。若制造发动机，最重要者在汽缸之翻制，苟有专家担任之，则无论火油、柴油、汽油发动机俱可放胆制造矣，是数十小厂成功之日，即数百大厂发轫之时。即以经济言，此种小厂需费不巨，而出品亦足供其他机厂之消纳，所以事经而效速也。

二、政府宜设立技术指导机关，指导机厂技术也。

政府既以财力援助机厂，则对于该厂之营业管理，自宜加以监督，技术指导机关之设，不啻政府加以贷款之保障，而新方法之施行，新知识之灌输，收效自易，惟对于债务人，务必利用机会，自处于指导地位。

三、政府宜组织机厂消费合作机关，谋原料采办之集中也。

吾国缺乏五金原料，遂致为洋商及少数市侩所操纵，机厂之受彼荼毒者，类能言之，政府既用科学方法管理机厂，则与机厂有生死关系之原料，自当代为谋划，既贷之以经济，则对于资购原料责无旁贷也。

四、政府宜取缔五金商行，不依科学方法混售不适当之原料也。

制造机器首当注意原料，而一般机器厂，因缺乏科学常识，虽知其重要，而不知选择方法，洋商市侩，均非技术专门出身，所以对于钢铁原料，均不分性别，亦无说明(Specification)机厂购去往往不适于用，数十年来饱受其害，机厂因此受亏殊深，故政府同时宜厘订各种材料之性别及用途标准，明白公布，以杜今后无穷之弊。

五、政府宜组织原料及出品考验机关，并颁订考验标准也。

欲知原料之是否适用，出品功能之是否充分，则试验机关之设，尤不容缓。

六、政府宜督促机厂设立联合销售场所也。

政府提倡制造机器，既以专精为目标，则销售场所，必须有联合集中者。例如农家欲购灌田机器，倘径就各厂采购，则有发动机者，未必有戽水机，购者必感不便，倘有联合贩卖所，则购机者，纵为巨大设备，亦不难合众力而作全部供应，购者自得如愿以偿矣。

七、政府宜限令各工业尽先采用国货机器也。

制造专门矣、出货精美矣、供应完备矣，然以国货机器信用之未孚，采购者每多怀疑，未敢尝试，或因信任外货过深，不愿尝试者亦有之，政府对于上项设施，既已行之有效，则对于国货机器可以担保其功用，自应通令全国实业界以后采办机器，应先采用国货，苟有怀疑，政府愿负保障之责，如是中国机器业庶有发达之希望，而中国工业之日进不已，亦可操券待矣。

八、著手之初宜特设机关也。

请由工商部特设一机器业管理处于上海，或先附设于上海市社会局亦可，惟其地点宜择机器厂集中之处。

机器业管理处，分财务、技术两部，财务部办理放款储蓄查帐及消费合作等事，技术部办理设计指导及检验等事。

工商部筹款一百万少则五十万，专供该处财务部贷款于机厂之用，倘能与国货银行或其他银行合作办理，由银行拨款调度，尤为轻而易举。

并请工商部请中央研究院中国工程学会中国科学社等学术团体合作，主持技术部事务，或由该会社等介绍技术部长一人，负责办理，而该会社等则居于顾问地位，总期合中国学术界之全力，以改进技术上种种问题。

如查明各厂有特别发明，应由管理处呈请工商部给予奖励或减免捐税，以资提倡。

上海一处苟行之一年而有效，然后推及其他机器业发达之区，则三五年后，国中必有巨大之机器厂相继出现，此即中国机器业成功之日也，是否有当？敬候

公决

〔国民政府实业部档案〕

8. 国民党中执委会政治会议为陈肇英提议重厘服制一律采用国货案的公函

（1933年1月19日）

径启者，前准陈委员肇英提议重厘服制，一律采用国货，请交由内政部妥慎规划，报请审议，限期实现一案，经本会议第三二四次会议决议，重厘服制，以服用国货为原则通过，交行政院审议，当函行政院议复在案。兹据复称，经饬据内政、军政、海军、实业、教育五部议复略称：查陆海空军人、警察、学生及文职公务员暨社会上一般男女服装，均经国民政府明令规定公布施行，至奇装异服前由内政部通令严加取缔，且在违警罚法中列有处罚条文。兹为督促实行起见，拟由各主管机关严令所属切实执行，惟国民党党员服装问题，事关党部范围，应请中央执行委员会核定。查所议办法尚属允当，谨据情函请核示，等情。复经提出本会议第三四〇次会议讨论，并经决议：一、党员服装不必另行规定，二、陆海空军人、警察、学生服装均应遵照国民政府之规定，三、其余应取劝导办法。除函中央执行委员会外，相应录案函达，即希查照办理为荷。此致

国民政府

附油印陈委员原提案一件行政院原函乙件

中央执行委员会政治会议

二十二年一月十九日

陈委员肇英提议重厘服制严用国货案

为提议事：利权外溢，风俗内偷，为立国之大病。吾国近来男女服装实犯此二者，富厚之家所用绸缎，呢绒织品强半皆外货

也，平常之户慕趋时尚，购用人造丝织品亦强半外货也。青年学生喜著西装，可谓全系外货，女子则更变本加厉，于固有之国货望之生厌，于新出之外货趋之若鹜，岁计损失无数可算，而奇装异服争巧斗妍，或缩袖而露其臂，或短裤不掩其膝，冶容诲淫，恬不知耻。是以少康子弟，习于奢靡，而时致坠落，在职人员，穷于供应，而逼为污贪，利源外溢，风俗内偷，实由于此是，不可不有以补救之也。补救之道，莫如重厘服制，以定人心，顾及本源，以崇国货，凡自国府所属各文武职员，除陆海空警已定服制须即严用国货外，文职公务员、党员须一律着用国货中山装，高中以上学生规定划一国货制服，不得私着西装，违则加以严励之制裁，其他普通男女亦须有一定之服制，应由内政部一并妥慎规画，报请审议施行，限期实现。如此则服装既定，俭省必多，视听言动之间顿形庄重，外货不言抵制而抵制，风俗不期淳朴而自淳朴，诚为今日之急务也。是否有当，敬请公决

提议人　陈肇英

（行政院原函略）

［国民政府档案］

9．北平市各界提倡国货运动委员会呈请设立国货商场的代电

（1934年2月22日）

南京。国民政府钧鉴：频年以还，社会经济日形衰落，推原其故，实由外货充斥市廛，吸我金钱所致，每年输出奚止巨万，长此以往，恐不待帝国主义者飞机大炮之攻击，即此经济侵略一端已足亡国而有余。瞻念前途，实深危栗，为此电呈钧府，迅筹抵制善策，通令各省市普遍设立国货工厂暨国货商场，减轻捐税，并予以运输上之便利，广事提倡，以杜漏卮而维国。本伏乞鉴核施行，不胜待命之至。北平市各界提倡国货运动委员会。叩。

中华民国二十三年二月二十二日。

〔国民政府档案〕

10．湖南人民提倡国货救国会为推进国货运动致国民党中央党部等代电

（1934年10月22日）

首都中央党部、国民政府、湖南省政府、省党部钧鉴：各省市县党政机关、民众团体、学校、报馆转各同胞均鉴：概自九一八事变发生于兹三年，帝国主义者挟其大陆政策与毒辣计划，对华名示软化缓和，以表好感，实行经济侵略，不遗余力。我中枢为顺应环境要求，曾定救国大计，年来以提倡国货，号召全国。近据海关调查报告，舶来品入超总额剧增，月有惊人统计，利源外溢，国库空虚，加以忧患频仍，灾匪荐逼，影响所及，民生凋敝，国势阽危。为唤醒国人一致奋起，自救救国，允宜改弦更张，另辟途径，以赴事功，时至今日，舍厉行提倡国货，努力发展生产，抵塞漏卮，挽回利权外，其道末由，然徒托空谈，妄自虚张，无济于事，无补于国。盖救国运动，兹事体大，势非严整步骤，充裕实力不可，尤非举国上下精诚团结不为功，非艰苦奋斗坚持到底不收效。湘民有鉴及此，爰于十月五日召集各界在中山堂举行全体代表大会，确定名称为湖南人民提倡国货救国会，通过大会组织章程，并用记名连记投票法，依法选举执行委员十九人，选举结果计：李秉乾、秦镜、黄济、周定宇、周鼎棴、唐敢、陈南阳、朱德龄、宋珉、龚仲荪、张达聪、向荣庭、陈步云、陶英强、黎竹琴、范忠政、陈士芬、凌玮、唐耀章等当选为执行委员，继开第一次执委会议，分任职务，当推定黄济、周鼎棴、宋珉三人为常务委员，唐耀章为组织部主任，陈南阳、陈士芬为组织委员，秦镜为宣传部主任，唐敢、朱德龄为宣传委员，周定宇为审查委员会主任，龚仲荪、向荣庭为审查委员，李秉乾为调查部主任，黎

竹琴、张达聪、凌玮、范忠政、陈步云、陶英强为调查委员，另行刊刻钤记一颗，文曰：湖南人民提倡国货救国会之钤记，呈报上级备案，即日开始工作，并制定省市学生、工人暨各县分会组织大纲，以资扩大而利进行。本会同人受人民重托，本良心，主张秉不妥协，不因循之态度，与不畏惧、不屈挠之精神，锄奸伐伏，发愤图强，以谋收回既丧之国权，既失之国土，任何艰巨所不敢辞。惟是力薄任重，深惧勿胜，尚乞时赐南针，以匡不逮。临电迫切，统祈垂察。湖南人民提倡国货救国会叩。养。印。

中华民国二十三年十月

〔民政院档案〕

三、提倡国货措施

1．军事委员会关于提倡国货办法的公函

（1928年4月）

国民政府军事委员会公函　总字第3015号

径复者：准贵处函开：径启者：奉国民政府令开，海通以还，外货充斥，经济压迫，源涸流枯，国人怵目惊心，咸思补救，权衡利害，应以提倡国货为先。顾提倡之方，必须心理与物质双方并进，庶几成效可期。兹特分别规定办法：（一）由大学院于编审中小学校课本时注重提倡国货，（二）由工商部速筹振兴工艺计划，并严禁商人以外货冒充国货，（三）由财政部实行保护国货政策，（四）由内政部、大学院分行内外各官署、各学校嗣后购用物品除图书、机器及其它为中国所无而必须购用者外，应一律购用国货，（五）由各省政府及特别市政府布告民众，一律提倡购用国货。凡此诸端，均应切实施行，以厚民生而固国本。此令。等因。相应录令函达查照办理，等由，准此。除转饬所属各军事机关一体知

照外，相应函复希为查照为荷。此致

国民政府秘书处

中华民国十七年四月　　日

〔国民政府档案〕

2．国民政府关于购用洋货者以不经济支出论的有关文件

（1928年6月7日—9日）

（1）审计院呈（6月7日）

呈为呈请通令全国各机关所用物品如有适用之国货而仍购用洋货者，应以不经济支出论事：谨按总理演讲有洋货侵入，每年剥夺我利益者约五万万元，若不从速挽救，必至受经济之压迫，至于亡国灭种而后已，每诵此语，至为警惕。查国货之可代洋货者正多，各机关所用物品应即尽量采用，以资提倡，振兴实业庶乎有望，否则政府不能表率，民众更加膜视，长此以往，洋货充斥，国货无形委弃，涓涓不塞，势必流为江河。查职院审计法第十二条审计院审查各项决算及计算时，对于不经济之支出难与预算案或支出法案相符，亦得驳复之等语。职院拟对于全国各机关所用物品如有国货可以适用而仍购用洋货者，一律以不经济支出论，俾各机关对于此事有所注意，此亦提倡国货之一道也。所拟之处，是否有当，理合呈请鉴核，如蒙允准，即祈通令各机关一体遵行。

谨呈

国民政府

国民政府审计院院长　于右任

中华民国十七年六月七日

（2）国民政府批令（6月9日）

国民政府批　第四九四号

呈请通令全国各机关所用物品如有适用之国货而仍购用洋货者，应以不经济支出论由呈悉，应准通令遵行。此批

国民政府令　第二六六号

令直辖机关

为令遵事：据审计院呈称：为呈请通令全国各机关云云，一体遵行等情据此。查提倡国货人有同情，况在公家所用物品尤不宜任意购用洋货，贻人口实，该院所陈各节，自应会知各机关切实奉行。除批呈，悉应准通令遵行，此批中印发外，合亟令仰遵照并饬所属一体遵照。此令

中华民国十七年六月九日

〔国民政府档案〕

3. 国民政府审计院等关于购用国货的有关文件

（1928年6月7日—1931年3月19日）

（1）审计院致国民政府呈（1928年6月7日）

呈为呈请通令全国各机关所用物品，如有适用之国货而仍购用洋货者，应以不经济支出论事。谨按总理演讲，有洋货侵入每年剥夺我利益者约五万万元，若不从速挽救，必至受经济之压迫，至于亡国灭种而后已。每诵此语，至为警惕。查国货之可代洋货者正多，各机关所用物品应即尽量采用，以资提倡振兴实业，庶乎有望，否则政府不能表率，民众更加膜视，长此以往，洋货充斥，国货无形委弃，涓涓不塞，势必流为江河。查职院审计法第十二条审计院审查各项决算及计算时，对于不经济之支出，虽与预算案或支出法案相符，亦得驳覆之，等语，职院拟对于全国各机关所用物品，如有国货可以适用，而仍购用洋货者，一律以不经济支出论，俾各机关对于此事有所注意，此亦提倡国货之一道也。所拟之处，是否有当，理合呈请鉴核，如蒙允准，即祈通令各机关一体遵行。谨呈

国民政府

国民政府审计院院长　于右任

（2）国民政府给直辖各机关令（6月9日）

国民政府令　第二六六号

令直辖各机关

为令遵事。据审计院呈称：为呈请通令全国各机关云云，一体遵行。等情。据此，查提倡国货，人有同情，况在公家所用物品尤不宜任意购用洋货，贻人口实，该院所陈各节自应令知各机关切实奉行。除批呈悉，应准通令遵行，此批印发外，合亟令仰遵照，并饬所属一体遵照。此令

（3）行政院转工商部

致国民政府呈（1929年5月1日）

呈为转呈事。窃据工商部呈称：呈为拟请转呈国府颁布明令，凡属公用物品应尽先购用国货，以示限制，而资提倡事。窃维发展国货谋供求之相应，首在塞其漏卮，欲上下之从风，尤赖端其表率。近顷国货运动之声洋溢盈耳，而公家购用物品或多狃于故习，喜采舶来或徒震其新奇，鄙夷国产，空谈抵制，金钱之外溢如恒，竞事宣传，民众之观瞻未立，深维影响所关，宜图补救之策，拟请转呈国府颁布明令，凡属公用物品，除尚无相当国货，又为事实所必需者，始得采购舶来品外，应一律尽先购用国货，以示限制，而资提倡，似于国货前途裨益匪浅，理合呈祈转呈鉴核示遵。等情。据此，似应准如所请办理。除指令外，理合备文呈请钧府鉴核施行，指令只遵。谨呈

国民政府主席蒋

行政院院长　谭延闿

中华民国十八年五月一日

(4) 国民政府给直辖各机关训令（5月4日）

国民政府训令　第三一八号

令直辖各机关

为令遵事。案据行政院呈称：为转呈事。窃工商部呈称，呈为拟请转呈国府，颁布明令，凡属公用物品应尽先购用国货，以示限制而资提倡事，云云，指令只遵等情。据此，除指令呈悉云云，此令印发并分令外，合亟令仰遵照，并转饬所属一体遵照办理。此令

(5) 国民政府给直辖各机关训令（10月18日）

训令　第一〇一五号

令直辖各机关

为令遵事。案据本府文官处签呈称：准中央执行委员会秘书处函开，倾奉常务委员发下本党天津特别市党务整理委员会呈请转咨国府通令所属各机关公务人员以及在职军人，一律限用国产制服一案，奉批交府，抄同原呈函达查照转陈。等由。理合签呈鉴核。等情。据此，应即照办。除函复并分行外，合行抄发附呈，令仰遵照办理，并转饬所属一体遵照办理。此令

计抄发原附呈一件

中华民国十八年十月十六日

抄　原　呈

呈为建议事。窃查国人近多竞尚新奇，喜用洋货。举凡日用所需几无一非舶来品，而尤以衣料为大宗，致使国产丝绸莫由畅销，以致利权外溢，漏卮日多。前奉钧会明令规定党务工作人员制服，一律限用国产，洵为提倡国货切要之图。属会爰本斯旨，谨将此案推广。谨将此案推广应请钧会转咨国府，通令所属各机关公务人员以及在职军人，一律限用国产制服。以期挽回利权而塞

漏卮。是否有当？敬祈鉴核施行。谨呈
中央执行委员会

中国国民党
天津特别市党务整理委员会谨呈

十八、十、四

(6)行政院致国民政府呈(1931年3月16日)

呈为转呈事。窃据实业部呈称：查去岁全国工商会议请创办毛织工厂提案甚多。佥以我国毛织工业向极衰落，历年外货侵入漏卮至巨，应请政府积极筹办此项工厂，以挽利权，核与职部前拟兴办之五大基本工业，棉毛织工厂应先举办一节，正属相符，所有上项提案曾经大会合并讨论议决办法七项：(一)地点指定西北就皋兰、靖远、中卫、宁夏、平罗等县，择一建设。东南则就广州、上海、奉天各设一厂；(二)资本请政府奖励东南各省人民投资，西北人民财力薄弱，应请政府集资兴办；(三)原料以土产毛类为主；(四)制品先造质地坚实，合时适用之毛织物；(五)销路请政府令军政警学机关职员采用国产呢绒；(六)改良请工农两部在西北东北切实提倡奖劝，改良羊种；(七)人才请工商教育两部会商，设法多造制毛专门人才，职部自应依照议决案所定各节，并参照前拟兴办之基本工业案分别筹划，切实举办。惟第(五)项关于销路一节，端赖推广销场，以资提倡，而提倡之法，非由公务人员以身作则，不足以资表率，理合依据工商会议决议案第(五)项备文呈请钧院鉴核转呈国府，通令军政警学各机关职员一体采用毛织呢绒，以示提倡国货，藉挽利权，实为公便。等情。据此，除指令外，理合备文呈请钧府鉴核施行。谨呈
国民政府

兼行政院院长　蒋中正

中华民国二十年三月十六日

（7）国民政府给行政院指令（1931年3月19日）

指令　第六〇〇号

令行政院

呈据实业部呈为依据工商会议议决案，请政府通令军政警学各机关职员一体采用国产毛织呢绒，以示提倡国货，藉挽利权，据情转请鉴核施行由。呈悉，应予照准，并候通令饬遵可也，仰即转行知照。此令

中华民国二十年三月十九日

〔国民政府档案〕

4．工商部为中国国货暂订标准致国民政府呈

（1928年9月）

呈为呈报职部国货调查委员会议定中国国货暂订标准，恳请鉴核颁行事：窃职部遵奉中央政治会议第百四十三次及第百五十次先后议决，由职部召集各部院会负责代表组织国货调查委员会，叠经会议制定会章并经呈报中央政治会议核议照办在案。嗣经各部院会代表于第五次常会提议调查国货须先定有标准，以资依据，后于本年八月三十日开临时会议决定以资本、经营、原料、工作四项为原则，厘定国货标准为六等，并附参国货及外国货之标准，以示分别。现当国货运动风起云涌之际，自政府以及民众对于国货自当一体提倡，惟欲审办国货之真假，自非定有标准则无所依据，而该会职管调查尤非有一定之标准无从着手，爰经会议议决中国国货暂订标准一则，理合备文转呈钧府鉴核，准予颁行，实为公便。谨呈

国民政府

计呈送中国国货暂订标准一件

国民政府工商部部长　孔祥熙

中华民国十七年九月

中国国货暂订标准

工商部国货调查委员会议定

一、国货原则

资本：股本必须全属国人，于必要时得利用外资为流动金，但不得附有妨碍经营主权之条件。

经营：经济权、营业权、管理权应属国人，但技术各部之管理于必要时，得聘用外人。

原料：原料应充分采用国产，于必要时得参用外国原料，惟所用之外国原料，以无相当之本国原料可代用者为限。

工作：工作应充分雇用本国工人，于必要时得聘用外国技师，但不得附有妨碍主权之条件。

二、国货标准

等级	资本	经营	原料	工作
第一等	国人资本	国人经营	完全本国原料	国人工作
第二等	国人资本	国人经营	大部分本国原料	国人工作
	国人资本	国人经营	大部分本国原料	外国技师
第三等	国人股本借用外款	国人经营	完全本国原料	国人工作
	国人股本借用外款	国人经营	完全本国原料	外国技师
第四等	国人资本	国人经营	大部分外国原料	国人工作
	国人资本	国人经营	大部分外国原料	外国技师
第五等	国人资本借用外款	国人经营	大部分本国原料	国人工作
	国人资本借用外款	国人经营	大部分本国原料	外国技师

第六等 {
国人资本 借用外款　国人经营　大部分外国原料　国人工作
国人资本 借用外款　国人经营　大部分外国原料　外国技师
}

附参国货及外国货

一、参国货

外国在中国经营之工厂雇用我国工人并采用我国原料者，则其出品虽不得视为国货，然究与完全外国货有别，故名之曰参国货。

中国资本　外人经营　中国原料　国人工作

中外合资　外人经营　中国原料　国人工作

外国资本　外人经营　中国原料　国人工作

二、外国货

外国资本　外人经营　外国原料　外人工作

外国资本　外人经营　外国原料　国人工作

外国资本　外人经营　中国原料　外人工作

〔国民政府档案〕

5．工商部检送国货运动小册子函①

（1929年6月17日）

工商部公函　商字第三九八五号

径启者：案准贵处第五〇六五号函开：奉主席交下中华国货维持会议电陈，提倡服用国货，拟定五项办法，冀收美满之效果，请俯准施行一案。奉谕交工商部等因，相应抄同原件函达查照等因，并据该会分呈到部。查国货运动当从提倡劝导着手进行，前奉中央执行委员会议决列入下层工作纲领，业经本部考察国内情

① 沿用原标点。

势，博采各方意见，拟具方案呈送审核施行。原电第一、第二两项请用法令加以制裁，对于社会秩序既滋纷扰，且与国际关系亦多窒碍，应请毋庸置议，第三项事关税则，第四项事关运输，已由本部分咨财政、铁道两部核办，俟复到后再行饬遵，第五项事关奖励，原电仅举贩卖一项，亦未完全。本部于上年八月间会同内政部印就国货运动小册颁发各省市一体实行，案内关于国货之各项奖励办法业已规定，大纲随时扩充，计划督促进行。准奉前因，除复饬该会知照外，相应检同国货运动小册函送贵处，请烦转为陈明是荷。此致

国民政府文官处

计附送国货运动小册一本

部长　孔祥熙

国　货　运　动

中华民国十七年八月　国民政府工商部、内政部印行

工商部提倡国货办法：

提倡国货，本属工商部之职责：自孔部长就职以来。历四阅月，一切行政即以策励工商，提倡国货为主旨。然以提倡国货，必须从根本上解决，断非徒托空言者，所能济事也。兹就本部工作概要，酌定步骤有四：

一调查国货：

(1) 制定国货调查表，令行各省，各特别市，工商厅或建设厅，及工商局，或社会局，建设局等，转行各县市镇乡，暨商会，或地方实业团体，共负各该处调查国货之责。限于最短期间，分别国货种类，及其商标价格，产额，或制造工厂之组织，照表式详晰填报，以便统计，而定设施。他如特种大宗出品，如丝茶等，则另定调查专表填报。

(2) 凡工商业发达最盛之区，如沪汉津粤，以及无锡苏杭等

处，则派专员前往调查；并与各该处已设之提倡国货公私团体，互相联络，共负调查报告之责。

（3）调查国货时，即注意各处工商业状况，故于制定国货调查表外，同时分发工业调查表，商业调查表，工厂调查表，劳工调查表，物价调查表，以便调查完竣后，通盘筹划，切实发展工商业。遇有某种外货，在某地销售甚广，必须设法使某种国货在该处可以代用，竭力倡导。

（4）工商部为防止外国货冒充国货起见，颁发国货证明书，并拟订国货证明规则公布：凡属国货调查机关，或调查员，对于国货与外国货，必须严加辨别。

二征集国货：

（1）工商部会同上海特别市政府，并令行驻沪办事处暨上海总商会，筹设中华国货展览会；借用上海南市新普育堂为会场，征集各省暨各特别市工商出品运沪，订期本年十月十日，开会展览，业经拟订章程，并征集出品审查出品各项规则，呈报国民政府核准公布施行；所订审查出品规则，择国货中制造精良，销售甚广者，分别等第给奖。

（2）中华国货展览会，正在筹备，尚未开会以前，适值上海举行国货运动周，在此运动周开始之日，工商部为鼓舞工商，奖励国货起见，先就上海商场征集夏秋令用品，借用上海总商会商品陈列所，先开一临时国货展览会。查是会于七月二日开幕，定两星期闭会；在会期中，亦经派员审查出品，分别等第给奖。

（3）首都筹设国货陈列馆，业经拟订规程，于本年六月二日，呈奉国民政府核准照办。并经呈准指拨本京淮清桥官房二所为馆址，现在积极筹备中；并分函各省暨各特别市征集工商出品，分部陈列，订于本年十月十日开幕，该馆亦订有审查出品规则，俟开馆后，即当审查出品，分别等第给奖。

（4）各省暨各特别市，筹设国货陈列馆，亦经拟订组织大纲，并案呈奉国民政府核准照办。业由工商部分函各省，暨各特别市查照办理。天津特别市，原设有商品陈列所，现已函知按照新颁规程，及组织办法，改定名称为天津特别市国货陈列馆，以归一律。

（5）首都民众运动团体，联合沪宁各工厂，合组流动国货展览会，征集出品，订于八月一日开会，工商部派员参加，并切实予以倡导；他如各省，各特别市，发起巡回国货展览会等，工商部均极力促其实现。

（6）各省各特别市，征集出品，或有甲省市与乙省市交换出品，互运陈览，均经工商部呈奉国民政府核准，令行财政交通两部，转饬所属关局豁免税捐，并官营铁路轮船局所，减轻运费；以示奖劝。但须由出品机关，按照出品规则，填具出品目录书，请由工商部签发五联免税证书，暨五联减费运单，方可照办。

三奖励国货：

（1）凡有精制国货，或有工艺改良出品者，除由展览会，陈列馆，审查给奖外，遇有仿制外货，堪作代用品者，或有工商业家投资与业，成绩卓著者，工商部当择尤褒奖，以资激劝。

（2）工商部拟具奖励工业品暂行条例，呈奉国民政府公布，现又由部颁定奖励工业品暂行条例施行细则，通令遵照办理，酌定年限，奖以专利，设立专门委员会，负责办理，并制定小本工业奖励条例工业褒章条例等。

（3）机器仿制洋式货物，均由工商部审查详确，函请财政部减免征税，他如手工土布等品，凡为民众日用所必需者，经审查后，亦请财政部免税，以示奖励。

（4）工业用硫酸、硝酸、盐酸，及酒精等原料品，向系课税甚重者，工商部为发展工业起见，正在商同财政部，宽予限制，酌量减免征税。

（5）工商界投资设厂制造国货创办时，每因种种困难，或受外商经济压迫，致难成功，工商部正与财政部会商工业投资保息办法，不久当可决定。

四、研究国货：

(1) 制造国货，当先研究工业上必需之原料，凡有某种工业原料，出产甚丰之区，当由工商部特派技术专员，分往调查，其产额价格及用途，采运大宗样品运回试用，并拟具征求工业原料办法，分函各省，暨各特别市，陆续采运，以便研究；部设工业试验所，随时与各省市所设之试验所，或大学教育机关协同研究。

(2) 改良国货，如品质之进步，产量之增加，装璜之精致，卫生之调剂，科学之检验，以及关于工业上设备之完善，原料之取择，均由工商部委托专家指导，凡对于工厂之组织，遇有必须改善之处，工商部当即派委技术人员，竭力协助。

(3) 检验出口货物，为发展对外贸易之根本计划；工商部拟就各通商口岸设立各种出品货物检验所，检验后给予凭证，以免国货对外，致受品质参杂之害，影响国际贸易。

(4) 答复工商界之咨询，工商部拟设访问局，分派本部技术人员，并延聘工商业专家，以董其事，凡关工商事业有所咨询，随时答复。

(5) 工商业重在设计，工商部组织工商设计委员会正在审议进行之中，延聘委员，皆系国内外工商业专家，兹举会中设计事项，冀以供企业之参考者，列左：

铁片工厂，铁管工厂，金属线条及针钉工厂，汽车工厂，水电工厂，毛线物工厂，染色印花工厂，制碱工厂，三酸工厂，酒精工厂，人造煤油工厂，纸粕工厂，照片器具工厂，平面玻璃工厂，科学仪器工厂；制铝工厂。

内政部提倡国货办法：

一、提倡节俭购用国货：

A、通令所属官吏，实行节俭，一切用品，均须立誓购用国货，以为民众倡导。

二、提倡并保护国货工厂商店：

A、通行各省市县政府，及各地方公安局，对国货工厂商店，均应切实保护。

B、各地方公安局应就地方墙壁，特许张贴国货广告，不收费用。

C、各地方救济院，切实教导被受容人以国货工艺。

三、各县一律筹设贷款所，辅助小工艺之发达：

A、各市县乡村，一律筹设贷款所，轻利贷与小工艺品之制造者。

四、办理有统系之购用国货宣称：

A、所有内政部，及所属机关，编辑发行之刊物，及小册，一律加入购用国货一项。

B、各项公文眉端墙壁，标语，加购用国货语句。

C、所属各地方官吏，随时召集民众讲演，购用国货利益。

D、所属地方官吏，随时劝告商民，一律制造贩卖国货。

E、所属各地方戏园，得排演提倡国货新剧，电影场得于开幕前后，将提倡国货广告，商标，标语先行露布。

F、由部编提倡国货歌，发由各省县市政府，交民众歌唱。

民众提倡国货办法：

农人：

(一)农人居乡，惟尚俭朴，一切衣服器物，宜专用国货。

(二)农家婚娶，一切妆奁衣饰，应专用国货，不得购用洋货，徒务美观，且滋糜费。

(三)农人宜组织消费合作社，专购国货。

(四)农人宜提倡识字运动，以激增爱国思想；富于爱国思想，当然喜用国货。

商人：

（一）提倡商人道德：

A、应知提倡国货之重要，除缺乏而又为必须品外，一律不售舶来品。

B、本国原料，（如棉茶等）应保守天然美质，不得搀和杂质。

C、不可影射商标。

D、不可以非国货冒充国货。

E、不可故意高抬国货市价。

F、商人收集小工厂无商标之国货出品，不得过于压低市价。

G、国货工厂商店之商人，关于同样国货，不可互相抗争。

（二）提高商人教育：

A、设立商业补习学校，各商店铺伙学徒，均须分班入学，授以提倡国货之常识。

（三）提高国货商人地位：

A、非国货商人，不得弃商会职员。

工人：

（一）劝告工人努立工作：

A、在国难期间，应加倍努力工作，以表示和平奋斗之精神。

B、国货工厂之工人，不可无故与工厂为难，如有待遇等应决问题，应向主管机关，请求，不可率尔罢工。

C、不为非国货工厂作工。

（二）切实指导工人研究改良制造，或仿造物品。

（三）指导工人，改善生活：

A、不可嫖赌饮酒吸烟。

B、提倡组织工余俱乐部，使工人得精神上愉快，以免不正当之消费。

C、提倡组织工人消费合作社，完全以国货为限。

学生：

(一)立誓购用国货，并广为宣称：

A、学生服装用品，均立誓购用国货，并应劝家族亲友，切实购用国货。

B、课余时间，应组织演讲队，分向民众宣传，购用国货之必要。

C、学校均应附设民众补习班，由学生担任教员，藉以补教育之不足，并竭力宣传，购用国货之必要。

(二)提倡学生课外实地工作：

A、学生于课余，应就当地需要，学习制造简单工艺品。

B、研究小工艺品之制造和仿造。

(三)提倡节俭运动：

A、学生应由切实提倡节俭，减少一切奢侈消费。

B、学生应组织消费合作社，均以国货为限。

妇女：

(一)提倡节俭，购用国货：

A、妇女所有衣饰，及应用物品，须一律购用国货，并广劝家族亲友切实购用国货。

B、妇女服饰，应以朴素为尚，一切奇装异服，及过于华丽贵重物品，均宜解除。

(二)提倡女子职业：

A、提倡妇女实行操作；不得安逸好闲。

B、奖励妇女家庭工艺：

(三)教育儿童养成购用国货习惯：

A、儿童玩具，均应购用国货。

B、应为儿童灌输爱国及购用国货之知识。

国货运动周办法

第一日：

午前行开幕礼，应注意之点如左：

1. 各机关团体首领，均须到会并致词。

2. 尽量召集当地各界人民，参加运动。

3. 奏乐。

4. 摄影。

5. 散传单，贴标语。

6. 其余未尽事项，由各地斟酌当地情形，自行规定之。

第二日：

午前举行国货展览会。

午后游行。（游行方法各地自定之）

第三日：

午前举行国货展览会。

午后举行讲演会，并报告展览各物品来源与用途。

晚间举行游艺会。

第四日：

午前举行国货展览会。

午后举行各业讨论会。

第五日：

午前举行国货展览会。

午后举行各业讨论会。

第六日：

午前举行国货展览会。

午后举行各业讨论会。

晚间举行提灯会。

第七日：

举行闭幕礼。

报告各业讨论结束。

说明：

一、凡本会之宣言，标语、传单，及讲演词须以下列五项为目标：

1. 购用国货，

2. 不买洋货，

3. 仿造洋质，

4. 改良土货，

5. 制造国货。

传单，标语，应先经当地党部之审定。

二、国货展览会，酌量张贴国耻图书，及历年中国输入输出数目，简明比较表。

三、当地出品种类及销数，列表说明。

四、各地来货及销数，列表说明。

五、本地经营洋货之商店，及洋货种类与销数，列表说明。

六、第三日之讲演，由学生分组到各地担任。

七、展览会之参观，或按各界分日，或按货品分日，由各地自定之。

八、各业讨论会，由国货运动周办事处，负责招集，根据本说明第一项所列五项目标，讨论发展本地工商事业。

讨论范围，由大会办事处，就当地出品，原料，及富源，分别规定之。

事前准备须知：

一、各省市县政府及当地工商团体，组织国货运动周筹备处，至成立之日，则改为办事处。

二、尽量搜集当地出品，原料，暨各地销行之国货，以便展览。

三、将全国及本省县之各种天然富源，已开发与未开发者列表陈列，并加说明。

四、本大会之经费，由各地政府与商会共同担任之。事后结束须知：

一、凡经展览之货品，其出产种类销数，暨各种统计，与一周间之摄影，记事，汇编成册，广为宣传。

二、各业讨论会，议决事项，应切实分别实行。

国货运动周的开会词

报告开会意义

诸位同胞！诸位同志！今天我们开这个国货运动大会，大家都很热烈地来参加，会场中充满了救国爱国的空气，可算是我们在救国运动中的一番盛举了！我们举行国货运动，概括起来有四个重大的意义：

一、农工方面在生产上要积极的制造国货

我国自古以农立国，一切经济的来源，都靠农业的产品；其次是手工业，凡国人的日用必须品，大都靠手工业的产品。这是大家都知道的。自从帝国主义国家，利用科学发展农工业以后，因为生产过剩，实行产业革命；用经济侵略的政策，将他们过剩的生产，行销到我们生产落后的中国，吸收我们的金钱，我们因为没有相当的国货来抵制，来代替，所以我国的市场，竟做了他们经济侵略的根据地；大多数农工同胞，都深受着经济的压迫，直闹到现在百业凋弊，民不聊生。若不急谋抵制，恐将来难免经济共管之祸！在这一点看来，农工方面在生产上制造国货的责任，是绝对不可怠忽的！

二、商人方面在贸易上要积极的贩运国货

我国商人爱国观念隆厚的固然很多，而唯利是图，置国家于不顾的，亦复不少；在已往的抵制仇货的时候，一般知识落后的商人，差不多都是明言抵制，暗地私贩；甚至将仇货装成国货的模样，偷换商标，在市场中明目张胆的出售，反代国货为假宣传，以掩国人的耳目，这样作奸的罪恶，是无可讳言的！现在若不觉悟，恐到了经济亡国之后，相信商界同胞，决不能拥着厚资，面团团作富家翁！在这一点看来，商人方面，在贸易上贩运国货的责任，也是不可怠忽的！

三、社会方面在使用上要积极的提倡国货

社会上一般的人们只要觉得小康，生活上便要力求满足。但是，因为国内生产落后，对于他们的衣、食、住、行的需要品，不能有完备的供给，所以他们竟不惜巨资，去尽量的购买洋货。并且还有许多资本家，向外国银行去存款，向外国公司去保险……不一而足。现在若不严加节制，恐怕做了亡国奴的时候，不但有外国银行，公司的存款赔偿费，而在生活上也决不能得到安适的享受；在这一点看来，社会方面，在使用上提倡国货的责任，也是不可怠忽的！

四、政府方面在政策上积极的保护国货

自关税条约协订以后，我国在国际贸易上，受了绝大的打击，弄得洋货在海关的入口税，反轻于国货在厘卡所纳的通过税。所以洋货的价格，总较国货为贱，洋货销售的数量，总较国货为多。进一步说，洋货越发达，国货越失贱，社会上失业的人越多，国家越穷。现在我们要希望收回关税自主；更希望政府在关税自主之后，采用保护关税政策；并且对于特殊创造的国货，初创期予以相当的补助，完成后予以优渥的奖励，以示保护之意。不然，我们的国货是绝对不能抵制洋货的！长此以往，恐怕次殖民地的地位，永远无升迁的可能！在这一点看来，政府方面在政策上保护国货的责任，也是不可怠忽的！

大家要知道，以上这四个意义，可以说就是四个希望！就是救国唯一的途径！——就是发展国民经济的唯一的宝贝！——也就是打倒资本帝国主义的唯一的武器！盼望从今天起，共同努力实现这四个希望，来做国货运动！——来做救国运动，——来做经济解放运动，——最后，我要用十二万分的热忱，来祝国货运动胜利！

国货工厂商店十二要

一、要矢志救国

二、要努力制造

三、要勤求学识

四、要重视道德

五、要态度谦和

六、要说话诚实

七、要操守廉洁

八、要勤劳工作

九、要戒除嗜好

十、要恪守时间

十一、要遵从法令

十二、要固结团体

国货运动大会讲演词

一、提倡国货不要忘了取消不平等条约！

诸位父老兄弟姊妹！你们知道为什么我们国家闹到这样的贫弱？为什么洋货在我国内行销这样的容易？为什么到处只看见洋货而看不见国货？为什么社会上失业的人一天比一天多，而流为不少的乞丐盗匪？简单说一句，这都是我们受了不平等条约束缚，一任帝国主义者纵意宰割的原故！换一句话说，就是我们受帝国主义的经济压迫的原故！现在引总理在民族主义第二讲上一段话来讲一讲，大家就知道怎样算是经济压迫，经济压迫又是怎样的利害。

总理说：统共算起来：一、洋货的侵入，每年夺我利权的五万万元。二、银行的纸票，侵入我市场，与汇兑的折扣，存款的转借等项，夺我利权者，或至一万万元。三、出入口货物运费的增加，夺我利权者约数千万至一万万元。四、租界与割地的赋税地租地价三桩，夺利者总在四五万万元。五、特权营业一万万元。六、投机事业及其它种种之剥夺者尚在数千万元。这六种经济压迫，令我们所受的损失，总共不下十二万万元。此每年十二万万元的大损失，如果无法挽救，以后只有每年加多，断没有自然减少之理！所以今日的中国，已经到了民穷财尽的地位了！若不挽救，必至受经济的压迫，至于国亡种灭而后已。

大家都是明白人，都是爱国爱家的人，请细心的把总理这一段话想一想，就知道我们现在要救危亡，就先要解决民生问题；要解决民生问题，就先要在经济上求解放；要在经济上求解放，就要力行：不用洋货—要用国货—制造国货—仿造洋货—改良土货—这五个国货运动的原则。大家在今天参加国货运动以后，如果能觉悟到，非提倡国货无以救国！非制造国货无以得到经济解放！能够把以上国货运动的五个原则，坚决意志，努力执行，相信不及十年，把我们现在所患的贫弱—危亡—与一切的难题，都能够得到解决！

最后再向大家郑重地说一句，大家既然知道我们所患的百孔千疮，是由于不平等条约的束缚，那末我们在国货运动的进行中，切不要忘掉了取消不平等条约！

二、大家要下决心购用国货！

诸位同胞：大家今天都能踊跃参加这个大会，当然都是热心救国的份子；那末，我先要请大家仔细地想一想：我们日常吃的，穿的，用的，是不是完全是国货？是不是有洋货夹杂在内？尤其是不是洋货居多数而国货居少数？大家要知道，中国人买洋货，并不算一回阔事，实在是甘心作亡国奴！什么道理呢？因为关税不能自主，洋货源源的进口，我们要多买一份洋货，就多丧失一份利权，同时就多抵制一份国货；那么，就是洋货越畅销，国货越失败，国家越贫穷，这是极显明的道理，勿容多说。最痛心的，就是我们每年把整千整万的大批金钱，送给帝国主义者，反使他们造成长枪大炮来杀我们，演成了重重的惨案，这是多么可耻的事啊！

现在老实说一句，我们中国，在经济上已经是等于亡国了！大家要挽救危亡，不是光嘴说就行，非切实地购用国货不可！购用国货，才可以杜漏卮！才可以避免经济亡国！大家想都是会打算盘的人，请算一算：自民国元年到民国十五年，进口货超过出口货的总数，是三十五万八千万元。平均起来，每年要送给外国人二万四千万元之多。再看民国元年，进口货只有四万七千万元，到了十五年，就成了十一万二千万元，十五年中增加两倍半；照这样算来，到了三十年，不就成了二十八万万元吗？大家想想，长此以往，就是外国人不来亡我们，我们都会冻死饿死的！都会自取灭亡的！所以在今天国货运动大会之中，盼望我们大家，一齐要痛下决心，群众群力的誓死购用国货！不买洋货！

提倡国货十要义

一、提倡国货，是我国国民经济独立的基础。

二、提倡国货，是对外人经济侵略的武器。

三、用国产服饰，能表现爱国的精神。

四、用国产食品，塞利权外溢的漏卮。

五、用国货制品，为关税政策的辅助。

六、乘国有舟车，保国家水陆的主权。

七、本身使用国货，为国民绝对的义务。

八、劝人使用国货，为国民应尽的天职。

九、大家宣传使用国货，为全国国民公有的责任。

十、官厅学校使用国货，为全国国民提倡的先声

人民十二要

一、要誓雪国耻

二、要崇尚道德

三、要破除迷信

四、要购制国货

五、要勤修道路

六、要多种树木

七、要戒除烟酒嫖赌

八、要厉行勤苦俭朴

九、要锻炼健全身体

十、要人人识字读书

十一、要禁止女子缠足

十二、要注意清洁卫生

〔国民政府档案〕

6．内政部关于提倡国货办法致行政院呈

（1931年2月7日）

为呈请事：窃查吾国市场外货充斥，日用服品多属舶来。工商不振，生产落后，固已无可讳言。本部于全国内政会议时，经声叙提倡国货理由，列为议案提交大会讨论。众以服用国货应积极提倡，尤应由各机关公务人员首先实行，各主管长官负责纠察，方不至徒托空言。并议决办法三条，由部呈请中央通令施行，各等情纪录在案。查本案关系国计民生，又非繁重难举之事，如由各主管长官以身作则，严行督察，不特树之风声，俾资模楷而徽缠具在，庶易景从，其于移风易俗利国裕商，良非浅鲜。理合缮具该会议议决办法三条，备文呈请钧院察核，提交国务会议议决，转呈中央通令内外各党政机关转饬所属一体实力奉行，每届半年将办理情形呈报考核，以促进行，实为公便。

谨呈

行政院

附呈内政会议议决提倡国货办法三条

计抄件一纸

内政部长　刘尚清

中华民国二十年二月七日

全国内政会议议决提倡国货办法

（一）凡在政府服务人员，应一律服用国货，由各主管长官负责纠察，如有违者，分别予以儆戒、申斥、罚俸、停职之处分。其旧有之外货服装，准其登记服用。

（二）各机关之用品，一律采用国货，其已经购办之外货，登记数月，以用完为度，不得再购。由各主管长官随时督促，庶务员实行，如有违者，予以儆戒、申斥、罚俸、停职之处分。

（三）有其他用品，万无国货可替代者，得随时呈报长官准其购用。

［行政院档案］

7、行政院关于公务人员服用国货办法的呈

（1932年12月7日）

呈为呈请事：案查前准钧府文官处第八四一号公函：以中央秘书处函，奉交河南党务指导委员会请通令全国行政人员及陆海空军人员，所有服装一律改用国货一案，奉谕交院函达查照等由，当交内政、军政、海军三部并函复查照转陈。嗣据江苏省政府呈，据民政厅请通令全国军警机关嗣后备置军警制服，一律改用土布，以挽利权，等情到院，复经令饬内政、军政、海军、实业四部查明前案，并案办理，各在案。经据内政、财政、实业、军政、海军五部会衔复称：案奉钧院第二五六零号训令，以据江苏省政府呈据民政厅转据武进县长呈称：县属年产土布为武进出品大宗，恳转呈通令全国军警机关嗣后备置军警制服一律改用土布，以挽利权而培国脉等情，饬与前奉中央交办河南省业务指导委员会呈请通

令全国行政及陆海空军人员所有服装一律改用国货一案，并案办理，拟具公务人员服用国货办法具报，等因奉此。遵即由内政部召集军政、海军、财政、实业四部，派定代表出席开会，共同讨论，佥以陆海军警服装自服装条例暨陆军服制条例、警察服制条例颁布后，均经规定以采用国货为原则，且经三令五申督饬实行，如非万不得已与万难避免之材料者，无不以服用国产杜塞漏卮为前提，即以现在情形而论，军警服装大部份原料采用国货者，已达十之七八，其零星附带材料用国货者，亦达十之五六，而军队服装军政部具指定国货厂商数处为制备军用品材料之处，近复筹备制革厂等，以资应用。惟以中国幅员之广袤，交通之不便，原呈所称通令军警机关制服一律改用土布，是否供求足应，尚待切实之调查与统计，第为发展国产，维持手工业起见，拟由主管部通行所属，对于各种土布尽量设法采用，资提倡。至公务人员服用国货，其性质固与军警不同，现但在通用服装至不一致，为提倡国货转变国人心理起见，不可不先由公务人员以身作则，籍树风声而收上行下效之效。是以会商结果，拟于京内外各机关内设立服用国货委员会，并由中央及各地方机关分别组织联合委员会，以期互相策励督促进行，一扫从前徒托空言阳奉阴违之积习。同时并拟在积极方面提倡国货以期双方并进相辅而行，兹谨会同拟具公务人员服用国货办法及提倡服用国货办法两种方案，如蒙俯准，并乞由钧院通行京内外各机关一体遵照。抑更有进者，提倡国货，在根本上尚有亟应注意者两端，一则国产货物在课税方面应极力设法减轻或豁免，一则国产货物在运输方面应极力与以便利或减免其运费。盖必国产之货确能价廉而耐用，然后购买者方能踊跃，否则服用有心而购买乏力，将仍见其从成具文而已。惟此事与税制及运费均有关系，事涉财政、交通、铁道等部职权，拟请钧院另案分别令交财政、交通、铁道三部核议办法，以利推行。除遵令由主管各部转行所属尽量设法采用土布外，所有会商拟具公务人员服用国货办法暨提倡服用国货办法及提倡国产根本注意之点，是否有当，理合会同呈请钧院鉴核示遵。等情。据此，除关于提倡服用国货办法已饬实业、内政两部切实办理，关于国产货物课税如何减灭，国产货物运输如何与以便利，已饬财政、交通、铁道三部核议具复，并令知军政、海军两部及江苏省政府外所有公务人员服用国货办法，拟请钧府通令全国一体遵照办理，理合抄呈办法备文呈请钧府鉴核施行。谨呈

国民政府主席林

计抄呈公务人员服用国货办法一份

代理行政院院长　宋子文

中华民国二十一年十二月七日

公务人员服用国货办法

1．中央各院部会暨各省市县政府，于各该机关内设立服用国货委员会。

2．中央各院部会服用国货委员会须组织一中央各机关公务人员服用国货联合委员会，其各地方机关联合组织办法亦得仿照办理之。

3．各机关服用国货委员会职权如左：

甲、调查服用国产之出品及种类，以备各该机关采用；

乙、拟定各该机关公务人员一律穿着制服之期限，其制服须用国货；

丙、劝导各该机关公务人员以后不再购置非国货服装，如已有非国货之服装得在限期内暂行穿着；

丁、督促各该机关对于购办公用物件应尽先采用国货。

前项各款详细办法及穿着制服之期限，由各该委员会自定之。

〔国民政府档案〕

（三） 国内商业调查统计

一、公 司 与 商 号

1. 实业部关于1933年度商业股份有限公司统计

（1934年7月）

二十二年度股份有限公司核准登记一览表

（二十二年七月一日至二十三年六月三十日）

公司名称	资本金额	登记号数	核准年月日	所在地	备注
灵生油墨股份有限公司	五万元	四七四	二十二年七月一日	上海	
中华渔业股份有限公司	十万元	四七六	七月十日	上海	
永庆地产股份有限公司（简称永庆公司）	三百万元	四八二	七月二十七日	上海	
上海共和电影院股份有限公司	一万元	四八九	八月四日	上海	
同春药房股份有限公司	七万元	四九一	八月十四日	杭州	
上海新雅粤菜馆股份有限公司	十五万元	四九四	八月十五日	上海	
西湖饭店股份有限公司	八万元	五〇九	九月一日	杭州	

续上表

国民药房股份有限公司	十万元	五一二	九月九日	上海	
协昌玻璃维记股份有限公司	四万元	五一三	九月九日	上海	
中华照机器材股份有限公司	七万元	五一八	九月十四日	上海	
宝信轮帆转运股份有限公司	五千元	五二〇	九月十五日	湖南	
大晚报股份有限公司	十万元	五二二	九月二十一日	上海	
永如行钟表股份有限公司	一万元	五二八	九月二十六日	上海	
湖南转运股份有限公司	三千元	五三三	九月三十日	长沙	
永孚堆栈股份有限公司	八万六千四百五十四元	五三六	九月三十日	汉口	
中华国货股份有限公司	十万元	五三九	十月三日	上海	
福陵地产股份有限公司	十万元	五四三	十月五日	南京	
广兴房地产股份有限公司	二十万元	五四五	十月十三日	北平	

续上表

湖南广信汽车转运股份有限公司	五千元	五五四	十月二十七日	湖南	
唐山裕丰饭店股份有限公司	二万元	五五七	十一月二日	天津	
上海时装绸缎股份有限公司	二万七千二百元	五五八	十一月二日	上海	
青岛兴业地产股份有限公司	十万元	五五九	十一月二日	青岛	
梅林罐头食品股份有限公司	五万元	五六四	十一月十六日	上海	
丽生食品股份有限公司	八千元	五八七	十二月十九日	上海	
慎德贸易股份有限公司	一万元	五九六	十二月三十日	上海	
大华饭店股份有限公司	三十五万元	六〇一	一月十五日	上海	
南京下关华宁地产股份有限公司	七万五千元	六〇四	二十三年一月二十四日	南京	
中央体育用品股份有限公司	五千元	六三一	二月十四日	上海	
洽盛地产股份有限公司	二万元	六三五	二月十七日	上海	

续上表

万国药房股份有限公司	四万元	六三八	二月二十一日	上海	
华成大药房股份有限公司	一万元	六四一	二月二十四日	上海	
大华渔业股份有限公司	五万元	六四二	二月二十四日	松江	
象山商轮股份有限公司	一万八千元	六五七	三月十日	宁波	
中级信用信托股份有限公司	十万元	六六一	三月十六日	上海	
联合赠品股份有限公司	十万元	六六二	三月十六日	上海	
大沪娱乐股份有限公司	二十万元	六七三	三月二十八日	上海	
中法药房股份有限公司	六十万元	六七九	四月三日	上海	
宝顺转运股份有限公司	三万元	六九〇	四月九日	天津	
上海华商证券交易股份有限公司	一百二十万元	六九三	四月十三日	上海	
亨利洋服股份有限公司	一万元	六九四	四月十三日	上海	

续上表

同仁泰盐业股份有限公司	二十一万元	六九五	四月十八日	南通	
国民新记药房股份有限公司	六万五千元	六九六	四月二十六日	上海	
青年贸易股份有限公司	十万元	七〇〇	四月二十八日	上海	
中国时晨钟表股份有限公司	二万元	七〇二	四月三十日	青岛	
玲玲食品股份有限公司	二千元	七〇五	五月三日	上海	
浙江长兴地产股份有限公司	十五万元	七一一	五月二十一日	杭州	
长洪转运股份有限公司	一万元	七一二	五月二十四日	邵阳县	
永大进出口贸易股份有限公司	四十万元	七一三	五月二十四日	上海	
中华国产棉花市场股份有限公司	二十五万元	七一四	五月二十五日	上海	
开利绸缎股份有限公司	十万元	七二〇	五月三十一日	上海	
上海益友织绸股份有限公司	一万二千五百元	七二三	六月二日	上海	
五洲贸易股份有限公司	三万元	七三二	六月十三日	上海	

〔实业部档案〕

2．实业部关于1933年度商业股份两合公司统计

（1934年7月）

二十二年度股份两合公司核准登记一览表
（二十二年七月一日至二十三年六月三十日）

公司名称	资本金额	登记号数	核准年月日	所在地	备注
裕信宏记建筑股份两合公司	五万元	六	二十二年七月十日	南京	
太古渝兴记报关行股份两合公司	七万元	七	二十三年二月三日	上海	
大华无线电股份两合公司	二万元	八	二月十五日	上海	
均益利国联合印刷股份两合公司	二万元	九	三月三日	上海	
恒信贸易股份两合公司	三万元	一〇	六月二十日	上海	
育青养蜂场股份两合公司	五万元	一一	七月二十八日	上海	

〔实业部档案〕

3．实业部关于1933年度商业无限公司统计

（1934年7月）

二十二年度无限公司核准登记一览表（二十二年七月一日至二十三年六月三十日）

公司名称	资本金额	登记号数	核准年月日	所在地	备注
美克利糖果无限公司	五千元	二二四	十月二十四日	上海	
济华堂药房无限公司	三万六千元	二三〇	十一月四日	上海	
太平洋贸易无限公司	四万五千元	二三二	十一月七日	上海	
三民图书无限公司	五千元	二三六	十一月九日	上海	
南昌福安国货香烟无限公司	二万元	二四〇	十一月十三日	南昌	
大华绸缎洋货无限公司	八千元	二四八	十一月二十一日	南昌	
亨大利钟表眼镜无限公司	一万六千元	二四九	十一月二十二日	上海	
汉明眼镜无限公司	九千元	二六五	二十三年一月八日	汉口	
锦记洋纸油墨无限公司	九千元	二六九	一月十六日	汉口	
承昌眼镜无限公司	四千元	二七〇	一月十六日	汉口	

续上表

承昌手表无限公司	四千元	二七一	一月二十三日	汉口	
胜家百货无限公司	一万元	二七二	一月二十四日	南昌	
大夏商业无限公司	二万元	二七七	一月二十七日	上海	
科学酱油酱母无限公司	五千元	二七九	一月三十一日	长沙	
浔震蔬菜运输无限公司	三千元	二八七	二月九日	吴江	
月山食品无限公司	一万元	二八〇	二月二日	南京	
高桥土产食品无限公司	三千元	二九四	三月二日	上海	
华伦贸易无限公司	五千元	三〇〇	三月二十四日	上海	
中央贸易无限公司	二万元	三〇六	四月三十日	长沙	
大华服饰无限公司	五千元	三〇七	五月三日	上海	
首都国货绸布无限公司	八千元	三〇八	五月四日	南京	
上海泰和西药房无限公司	二千元	三一七	六月二十日	上海	

〔实业部档案〕

4. 实业部关于1933年度商业两合公司统计

（1934年7月）

二十二年度两合公司核准登记一览表(二十二年七月一日至二十三年六月三十日)

公司名称	资本金额	核准号数	登记年月日	所在地	备注
金浪两合公司	一万元	一四	二十二年七月二十八日	上海	
协丰仁运输两合公司	二千元	一五	十月二十一日	南京	
江西景德国瓷两合公司	二千五百元	一六	十月二十四日	南京	
协商运输两合公司	四千八百元	一七	十月二十四日	南京	
通顺运输两合公司	五千元	一八	十月二十六日	浦口	
裕顺转运两合公司	五千元	一九	十月二十七日	浦口	
鑫记运输两合公司	五千元	二〇	十一月二日	浦口	
亨达运输两合公司	五千元	二一	十一月二日	浦口	
陵浦运输两合公司	五千元	二二	十一月二日	浦口	
翔茂运输两合公司	二千元	二三	十一月二日	浦口	
永记运输两合公司	五千元	二四	十一月二日	浦口	
仁记运输两合公司	三千元	二五	十一月二日	浦口	

续上表

恒丰泰转运两合公司	三千元	二六	十一月四日	浦口	
上海琪华木器两合公司	五千元	二七	十一月四日	上海	
华丰运输两合公司	三千元	二八	十一月四日	浦口	
协泰祥运输两合公司	五千元	二九	十一月六日	浦口	
华新两合公司	十万元	三一	十二月三十日	上海	
同茂公运输两合公司	二千元	三三	二十三年 二月五日	浦口	
华兴运输两合公司	五千元	三四	二月十七日	浦口	
明记运输两合公司	三千元	三五	二月十七日	浦口	
铨昌运输两合公司	一万元	三六	二月十七日	浦口	
盈大运输两合公司	四千元	三七	二月十九日	浦口	
兴记两合公司	三千元	三八	二月十九日	浦口	
恒记运输两合公司	五千元	三九	二月十九日	浦口	
正兴保管竹木两合公司	五千元	四〇	二月二十日	浦口	
普利百货两合公司	一千元	四一	四月三日	南京	
重庆信托两合公司	九万六千元	四三	四月二十二日	四川	

〔实业部档案〕

5. 实业部关于1933年度全国三大城市商号统计

（1934年7月）

二十二年度商号核准登记一览表（二十二年七月一日至二十三年六月三十日）

一、上海

商号名称	资本金额	核准年月日	备注
鸿泰永记军服号	二万元	二十二年七月四日	
南洋顺记药房	三万元	七月四日	
冷极电气冰箱行	一万元	七月四日	
王元道国药号	十万元	七月四日	
大东华伞厂	八百元	七月四日	
志大号	一万五千元	七月四日	
电影服务社	五千元	七月四日	
恒丰绸缎局	一万元	七月四日	
王开照相馆	三万元	七月四日	
普济药房	一万元	七月四日	
华丰荣记军装号	三万元	七月三十一日	
华大军服号	二万元	八月十日	
大新珊记军服号	二万元	八月十日	
林昌衡记军服号	一万元	八月十日	
同源杭弦绣线庄	五千元	八月十日	
大和军服号	四万元	八月十日	
同仁和行	九千元	八月十日	
中南军服号	二万元	八月十日	
淞沪军服号	二万元	八月十日	
大盛军服号	二万元	八月十日	
瑞记军装号	二万元	八月十日	
协盛军服号	二万元	八月十日	
生记号	八千元	八月十日	
永新内衣商号	七千元	八月十日	
万康酱园	二万元	八月十日	

接表

隆昌军装号	二万元	八月十日
义泰炎记服号	二万元	八月十日
源记盛绸庄	五千两	八月十日
太平洋药房	五千元	八月二十六日
射达国货药房	一千元	九月六日
振丰木心厂	四千元	九月六日
顺丰蜡线厂	四千元	九月六日
履瀛药行	一万元	九月六日
养和堂药房	一千元	九月六日
辛丰绸庄	一万二千元	九月六日
协利祥号	五千元	九月六日
正大昌军服厂	三万元	九月六日
斯．宴．毕得洛夫洋行	五万元	九月六日
鸿康电料行	八万四千元	九月三十日
戴颂记	二万元	九月三十日
万贞记	五千元	九月三十日
惠利	四千元	九月三十日
振大辰记	五万六千元	九月三十日
合昌篷帆军装号	六万元	九月三十日
青年烟号	六千元	九月三十日
信昌庆记军服号	二万元	九月三十日
正德大药厂	二万元	九月三十日
老大利元	四千元	九月三十日
大中	三千元	九月三十日
蓬莱照相馆	六千元	九月三十日
莫发行	二万元	九月三十日
粤东老广和石粉号	五百元	九月三十日
礼百列行	一万元	九月三十日
中俄大药房	三千元	九月三十日
善元泰绍酒栈	三千元	九月三十日

续表

中国华洋百货零件联运社	三千元	十月九日
宝宁药房	三千元	十月十五日
乡村通俗流动电影社	三千元	十一月二日
永成华行	五千元	十一月二日
润丰厂布发行所	一万元	十一月二日
美兴保险总行	三万元	十一月二日
明星	三千元	十一月二日
老礼华洋行	五千元	十一月二日
中央蔬菜行	二千元	十一月二日
温处华侨旅行社	一万元	十一月二日
五昌五金号	五千元	十一月二日
丽亚行	五千元	十一月二十九日
新发兴号	三千元	十一月二十九日
捷江渝行	七千元	十一月二十九日
义聚隆	一万元	十一月二十九日
世界药房	六千元	十一月二十九日
源兴昌记米号	二千元	十一月二十九日
密勒转运洋行	一千五百元	十二月二十日
老胡开文	一万元	十二月二十日
中央大药房	一万二千元	十二月二十日
花旗水火保险总行	一万元	十二月二十日
骏丰腿号	一万元	十二月二十日
永安酒栈	一万二千五百元	十二月二十日
天天提庄	二万四千元	十二月二十日
		二十三年
宝成裕记银楼	六万元	一月二十七日
宝盛银楼	一万元	一月二十七日
万有全和记南腿号	五千元	一月二十七日
老凤祥裕记银楼	四万四千元	一月二十七日
老庆云姓记银楼	三万四千元	一月二十七日

续表

费文元裕记银楼	四万元	一月二十七日
杨庆和福记银楼	四万元	一月二十七日
凤祥和记银楼	三万元	一月二十七日
庆云仁记银楼	四万元	一月二十七日
凤祥德记银楼	四万元	一月二十七日
裘天宝礼记银楼	四万二千元	一月二十七日
杨庆和发记银楼	三万元	一月二十七日
裘天宝德记银楼	三万元	一月二十七日
鼎源永记金号	一万元	一月二十七日
利成华行	一万元	一月二十七日
利康手帕号	五千元	三月二十二日
老野荸荠号	本店四千元支店一万五千元	三月二十二日
顺大	五千元	三月二十二日
庆福星恒记银楼	五万二千元	三月二十二日
宁太烟行	三千元	三月二十二日
匡衡烟行	三千元	三月二十二日
方九霞新记银楼	六万五千元	三月二十二日
仁记	二万元	三月二十二日
其美行	三千元	三月二十二日
五友内衣发行所	二千元	三月二十二日
永源商店	一万元	三月二十二日
川北商店	二千元	三月二十二日
同丰丝栈	七万元	三月二十二日
义和祥丝栈	六万七千二百元	三月二十二日
诚昌号	一万元	三月二十二日
荣昌祥号	四万元	五月九日
戴春林华记	三千元	五月十四日
老大房茶食糖果商号	一万元	五月十四日

续表

永祥丰年记寿器寿衣号	四千元	五月十四日	
大全福酒馆	三万六千元	五月十四日	
老香室文记	二千元	五月十四日	
万祥春	二千五百元	五月十四日	
王仁和	五千元	五月十四日	
泰东惠记轮船转运总局	一万元	五月十四日	
司登氏大药房	五千元	五月十四日	
日新盛宏记	二万元	五月十四日	
大华美术照相馆	八千元	五月十四日	
华西大药房	五千元	五月十四日	
老华成兴茶食糖果号	六千元	五月十四日	
龙门书店	四千元	五月十四日	
裕康五金杂货号	一万元	五月十四日	
浙杭福泰祥绸缎庄	一万元	五月二十六日	
正华军服号	三万元	五月二十六日	
协丰军服号	三万元	五月二十六日	
增泰军服号	二万元	五月二十六日	
王荣昌服装号	二万元	五月二十六日	
宝大军装西服号	三万元	五月二十六日	
大纶绸缎局	十二万三千二百元	五月二十六日	
杭州土产物品商店	一万元	五月二十六日	
宏大号	五千元	五月二十六日	

二、天津

商号名称	资本金额	核准年月日	备注
益亨银号	二万元	二十二年七月十日	
桂记裕庆酒店	五百元	七月十日	

续表

中国绸缎庄	一万元	七月十日
新记号灰煤栈	五百元	七月十日
洪生厚军服皮件厂	五百元	七月十日
第一台电影园	五百元	七月十日
金城药房	八百元	七月十日
广泰兴线货庄	三千元	七月十日
公裕厚	八百元	七月十日
兄弟鞋店	五百元	八月五日
瑞源堂	一千元	八月五日
济生制药社	五百元	八月五日
庆成号	一千元	八月五日
华胜敦	一千元	八月二十一日
德华馨	五百元	八月二十一日
同义合	二万元	八月三十一日
一品堂广药社	一千元	八月三十一日
永和号	一千五百元	九月一日
天津裕通运输商行	一千元	九月一日
南洋书店	三千元	九月一日
元元药厂	五千元	九月一日
同济堂	五百元	九月一日
双义成	一万元	九月一日
成记祥合记	七千元	九月一日
正华金店	五千元	九月九日
鸿增祥	五百元	九月二十八日
瑞华楼	三千元	九月二十八日
大昌隆	二千元	九月二十八日
保源长	二万元	九月二十八日
新明影戏院	五千元	九月二十八日
源盛公	五万元	九月二十八日
泰记	二万元	九月二十八日

续表

锦盛德	一千元	九月二十八日
大信昌	二万五千元	九月二十八日
凤祥新记	一万二千元	九月二十八日
同元成	五百元	九月二十八日
德庆恒布铺	四千元	九月二十八日
普华新	一千元	九月二十八日
凤祥号支店	一万元	九月二十八日
万大义记烟行	二千元	九月二十八日
利华号	六百元	十一月七日
天兴成	一千元	十一月七日
秉泰昌	三千元	十一月七日
魁盛号	五百元	十一月七日
庆成瑞	一万元	十一月七日
恒信号	一千五百元	十一月七日
旭升糖果庄	三千元	十一月七日
振德荣	二万元	十一月七日
荣记银号	二万元	十一月七日
玉川居元记	二万五千元	十一月七日
大义行栈	五千元	十一月七日
久成鞋庄	一万元	十一月七日
实业货栈	五千元	十一月七日
同和军服帽庄	五百元	十一月七日
联升斋	六千元	十一月七日
大丰货栈	五千元	十一月七日
德华厚祥记	一千元	十一月七日
同和益	一千元	十一月七日
克美商行	二万二千元	十一月七日
公源长富记	七千元	十二月八日
集义兴宝记	七千元	十二月八日
荣和顺记	七千元	十二月八日

续表

同盛公记	五百元	十二月八日
永盛号布庄	五千元	十二月八日
华胜通	五千元	十二月八日
协昌号	五千元	十二月八日
泉祥鸿记分号	五万元	十二月八日
中英大药房	二万五千元	十二月八日
裕兴号	二万五千元	十二月八日
老美华义记	四万元	十二月八日
同义厚	二万元	十二月八日
文茂汽车行	二万一千元	十二月八日
震寰号	五千元	十二月八日
运达厚新记	二万元	十二月八日
亚东商行	四万元	十二月八日
兴隆泰	一千元	十二月八日
裕通号	二千元	十二月八日
贯昌号	五千元	十二月十五日
大生货栈林记	三万元	十二月二十九日
津沽旅馆	五百元	十二月二十九日
三和成	二万元	十二月二十九日
福记货栈	二万二千元	十二月二十九日
师竹斋	二万元	十二月二十九日
荣兴斋	二万五千元	十二月二十九日
麟祥号鞋店	八千元	十二月二十九日
北华西药局	五百元	十二月二十九日
华北物品汽车运输商行	二千元	十二月二十九日
丽华绸庄	五千元	十二月二十九日
正明香	五百元	十二月二十九日
日升斋	（原呈未注）	十二月二十九日
聚昌厚	一万元	二十三年 二月三日

续表

同济堂药房支店	五百元	二月三日	
仁和线店	一千元	二月三日	
玉华号	一千元	二月三日	
同成公合记	一千二百元	二月三日	
天益兴	五千元	二月三日	
平和公新记	一万元	二月三日	
宝义祥	二千元	二月三日	
兴顺公	二千元	二月三日	
文兴洋纸行	一千五百元	三月二日	

三、南京

商　号　名　称	资本金额	核准年月日	备注
		二十二年	
民生商行	五千元	七月十五日	
万全茂记酒栈总店	一千四百元	七月十五日	
镛泰号	七百五十元	七月十五日	
益新教育用品社	一千元	七月十五日	
源丰公记衣庄	三千五百元	七月十五日	
济南提庄	五千元	七月十五日	
新天宝银楼	一万二千元	七月十五日	
庆昌号水火保险经理处	五百元	七月二十四日	
炳记号水火保险经理处	五百元	七月二十四日	
金陵德记咖啡馆	五百元	七月二十四日	
京懋记保险经理处	五百元	七月二十四日	
伍宽记水火保险经理处	五百元	七月二十四日	
陈从记水火保险经理处	五百元	七月二十四日	
和气商行	二千元	七月二十六日	
发利行	一万元	八月二十五日	
昇州礼幛局	一千元	八月二十五日	

续表

大盛烟号	一万元	八月二十五日
天香斋商号	一千元	八月二十五日
新记惠来旅馆	二千元	八月二十五日
同泰丰瓷号总店	五千元	八月二十五日
京华大戏院	一万元	八月二十五日
永康国药号	八百元	八月二十五日
新康祥商店	五千元	八月三十一日
广东发记酒家	四千元	八月三十一日
茂丰涌商号	六百元	八月三十一日
撷英饭店	二千五百元	八月三十一日
孙煜记木器店	六百元	八月三十一日
好而富村厂	一千元	八月三十一日
晋康祥号	七百元	八月三十一日
源大茶号	五百元	八月三十一日
益新教育用品社	一千元	九月四日
明湖春饭庄	五百元	九月十六日
国民商号	一万元	九月十六日
元吉昌药店	九百元	九月十六日
源盛庄	二千元	九月十六日
好莱坞咖啡小食堂	六百元	九月十六日
神州旅社	五千元	九月十六日
巨康衣庄	一千五百元	九月十六日
义盛源和记皮货庄	一千元	九月十六日
五福煤炭号	五百元	九月十六日
中新饭店	二万二千五百元	九月十六日
天成绸缎局	五千元	九月二十日
宝记工艺社	一千元	九月二十一日
大德生仁记国药号	五千元	九月二十一日
德泰和义记商号	五千元	九月二十一日

续表

播义兴商店	一千元	九月二十一日
新裕泰茶号	三千元	九月二十一日
天来行	五千元	九月二十一日
生生照相馆	一千元	十月六日
琼园莳花社	三千元	十月六日
楚华商号	八百元	十月六日
华侨服装商店	三千元	十月六日
模范鞋店	四千元	十月六日
源昌茶号	八百元	十月六日
两宜商店	一千元	十月六日
文记麻袋店	七百元	十月六日
德泰隆号	一千元	十月六日
蔡安利药店	八百元	十月六日
源兴猪行	八百元	十月二十三日
盛源猪行	八百元	十月二十三日
四明清歌社	六百元	十月二十三日
九纶绸缎局	五千元	十月二十三日
九丰绸缎洋货局	四千元	十月二十三日
美味川菜馆	八百元	十月二十三日
瑞丰祥皮货庄	一千元	十月二十三日
华东绸布局	五千元	十月二十三日
奎光阁茶社	五百元	十月二十三日
建业菜社	一千元	十月二十三日
南记潘天昇号	五百元	十月二十三日
海味和商店	一千元	十月二十三日
东平五金电料行	一千元	十月二十五日
永明商店	二千元	十月二十五日
许永生国药号	三千元	十月二十五日
宏记长源南号	二千元	十月二十五日
南京上海合昌篷帆五金号支店	二千元	十月二十五日

续表

新华立记商店	六百元	十月二十五日
庆丰苏米分销处	二千元	十月二十五日
德茂恒皮庄东号	二千元	十月二十五日
济丰永号	五百元	十月二十五日
华记松盛钱米号	一千元	十月二十五日
义生源号	二千元	十月二十五日
润余米行	一千五百元	十月二十五日
恒春和商号	一千元	十二月十八日
华兴和皮货店	一千元	十月二十八日
泰丰祥绸布号	五千元	十一月十六日
仁泰和记米厂	六千元	十一月十六日
信顺商号	三千元	十一月十六日
王瑞记商号	五百元	十一月十六日
余顺记木器店	五千元	十一月十六日
皇后饭店	五千元	十一月十六日
复记温泉盆浴室	五万元	十一月十六日
正昌电器行	三千元	十一月十六日
盈丰商号	二千元	十一月十六日
永庆字号	一千元	十一月十六日
南京徽记新世界大饭店	三万元	十一月二十三日
大同洋服商店	五千元	十一月二十三日
聚宝斋	三千元	十一月二十三日
森泰永铁器商店	一千五百元	十一月二十三日
上海鸿祥时装商店	七百元	十一月二十三日
同益号	一千五百元	十一月二十三日
胜新洋行	七千元	十一月二十三日
恒春和商号总店	三千元	十一月二十三日
拔提书店	六千元	十二月二日
上海姊妹服装商店	一千五百元	十二月四日
太平村	八千元	十二月四日

续表

厚丰皮货庄	一千元	十二月四日
广兴隆杂货店	一千元	十二月四日
国泰商店	五千元	十二月四日
元生永商店	五百元	十二月四日
张荣兴号	八百元	十二月四日
明华醒记洗染商店	五百元	十二月四日
环球洗染商店	三千元	十二月十八日
大中华钟表店	五千元	十二月十八日
义永和竹树号	八百元	十二月十八日
大康久记砖瓦号	六百元	十二月十八日
成兴斋	七百元	十二月十八日
源记衣庄	五百元	十二月十八日
上海顺记牛羊肉庄	二千一百元	十二月十八日
华兴利钟表行	五千五百元	十二月十八日
晋隆保险经理处	六百元	十二月十八日
大集成绍酒菜馆	二千元	十二月十八日
顺昌商号	五百元	十二月十八日
聚大商号	二千元	十二月十八日
中央钟表行	五千元	十二月十八日
大丰汽车行	四千元	十二月十八日
亨达利钟表店	五千元	十二月十八日
粤光照相馆	六百元	十二月十八日
振记煤炭号	五百元	十二月二十九日
高钰鑫煤炭锅号	五百元	十二月二十九日
华记福源南号	一千元	十二月二十九日
吴启记西服店	六百元	十二月二十九日
九龙机器制冰厂	二万五千元	十二月二十九日
华安药房字号	一千五百元	十二月二十九日
美大纸号	八千元	十二月二十九日
北平同仁堂药家老铺分号	五千元	二十三年 一月十一日

续表

万昌蟾记建筑材料号	一千元	一月十三日
皇宫照相馆	二千元	一月十三日
庆丰和明记服装号	三千元	一月十三日
涌丰和服装号	三千元	一月十三日
恒顺酱园	一千元	一月十三日
椿盛祥纸店	五百元	一月十三日
谦裕绍酒店	一千五百元	一月十三日
清记温泉旅馆	三千元	一月十三日
三元旅馆	五百元	一月十三日
佛兰庐字号	五百元	一月十三日
松华斋书画纸店	五百元	一月二十五日
南京新记运输汽车行	五千元	一月二十五日
新新服装商店	一千五百元	一月二十五日
永记皮货店	五百元	一月二十五日
荣发祥友记木器号	二千元	一月二十五日
懋生人寿水火保险经理处	一千元	一月二十五日
通华车行	二千元	一月二十五日
康玲酒庄	五百元	一月二十五日
祝善隆馅庄	一千五百元	一月二十五日
永兴钱米号	一千元	一月二十五日
协康橡皮分行	二千元	一月二十五日
恒昌祥字号	五百元	一月二十五日
锦森昌商号	一千元	一月二十五日
森记大庆楼旅社	三千元	一月二十五日
金陵电器行	二千元	一月二十五日
安裕煤号	五千元	一月二十五日
香泉女子浴室	二千四百元	一月二十五日
清记温泉旅馆	三千元	二月六日
源记新昶记南货号	六千元	二月六日
申申商店	二千五百元	二月六日

续表

华新商店	六千元	二月六日
瑞记号	二千元	二月九日
聚昌祥号	一千三百元	二月九日
义泰号	四千元	二月九日
德春永号	四千元	二月九日
韩顺兴号	五千元	二月九日
同昌五金店	八千元	二月九日
协大百货商店	二千元	二月九日
源昌旅馆	五千元	二月九日
陈银记汽车行	五百元	二月九日
万成斋百货商店	一千五百元	二月九日
新新百货商店	四千元	二月九日
立丰长南货店	五千元	二月九日
广万隆润记商号	九百元	二月九日
源泰衣庄	三千元	二月九日
慎裕洋货五金号	四千元	二月九日
日新池公记浴堂	七千五百元	二月九日
馥记泰康钱米号	八百元	二月十二日
胡镛记保险经理处	五百元	二月十二日
陈顺记砂石行	五百元	二月十二日
同乐池浴室	一万二千元	二月十二日
源昌仁记衣庄	一千元	二月十二日
美丽木器商店	四千元	二月十二日
皇后服装商店	二千元	二月十二日
森记泰安旅馆	一千四百元	二月十二日
立丰食品商店	一千元	二月十二日
慎泰荣记五金号	五千六百元	二月十四日
晋和荣记号	八百元	二月十四日
同源茂酒菜馆	一千五百元	二月十四日
燮康商店	六千元	二月十四日

续表

森森洋货五金号	四千元	二月十四日
信泰祥号	二千元	二月十四日
应源记办馆	二千元	二月十四日
振记百货商店	三千元	二月十四日
久章号	二千元	二月十四日
华康洋货号	三千元	二月十四日
柏记恒顺酱园	未注	二月十四日
裕通运货汽车行	一千二百元	二月十九日
长春堂国药号	一千元	二月十九日
顺昌百货商店	一千五百元	二月十九日
人人理发店	三千五百元	二月十九日
福利汽车五金号	一万元	二月十九日
黄春记砖瓦店	一千元	二月十九日
陶陶大戏院	二千元	二月十九日
陈安记保险经理处	一千五百元	二月十九日
天章纸号	一千元	二月十九日
福利食品号	三千元	二月十九日
西施钟表行	四千元	二月十九日
秋荣昌床号	八百元	二月十九日
胜昌余记厂	三千元	二月十九日
鑫记源昌茶号	八百元	二月二十七日
善隆锡箔庄	三千六百元	三月一日
福和绸布庄	一万元	三月一日
欧美女浴室	三千元	三月一日
华泰五金号	一万五千元	三月一日
合记新瀛台旅馆	九百元	三月一日
南京牛乳场	五百元	三月一日
都会商店	六百元	三月一日
仁和木号	一千八百元	三月一日
民业游艺园	三万九千七百八十五元零九分	三月一日

续表

大纶绸布庄	一万元	三月十三日
萃升恒号	七千元	三月十三日
裕泰和茶号	一千元	三月十三日
华东绸布庄支店	一万元	三月十三日
和丰百货商店	四千元	三月十三日
同发钰记商店	一千元	三月十三日
天生绸布庄	五千元	三月十三日
厚记又新斋号	五千元	三月二十六日
河南饭店	五千元	三月二十六日
老大纶绸缎局	一万元	三月二十六日
大新公记棉布庄	一万五千元	三月二十六日
南洋皂烛厂	二千元	三月二十六日
天华五金号	六千元	三月二十六日
永新五金电料号	一千元	三月二十六日
广记小乐意商号	五百元	三月二十八日
苏大昌栈号支店	五百元	四月六日
仁记裕工厂布号	一千元	四月六日
鼎昌衣号	五百元	四月六日
大西洋洗染商店	五百元	四月六日
源成厂布号	二千元	四月六日
志新绸布号	一千元	四月六日
生泰茶栈	二千元	四月六日
德泰木器商号	五百元	四月六日
琅记营业工程行	五千元	四月六日
老胡开文笔墨庄	二千元	四月十二日
协泰森商号	九百元	四月二十四日
民利砖瓦号	三千元	四月二十四日
大中华洋服店	二千元	四月二十四日
卢柏记杂货店	一千元	四月二十四日
天纶绸布庄	四千元	四月二十四日

续表

好莱坞服装商店	四千元	四月二十四日
福康药号	一千元	四月二十四日
新业商行	三千五百元	四月二十四日
中兴服装洗染商店	二千元	四月二十四日
仁和祥床号	一千元	四月二十四日
钟山商店	五千元	四月二十四日
叶雪鸿镶牙馆	五百元	四月二十四日
昌明西药房	五千元	四月二十四日
森记广顺昌号	一千元	四月三十日
泰康衣庄	三千元	四月三十日
庆康广货号	二千元	四月三十日
恒大源糟酱油号	三千元	四月三十日
永丰煤炭号	一千元	四月三十日
邱开记商号	一千元	四月三十日
周长豫商号	五百元	四月三十日
胡福泰砖瓦店	五千元	四月三十日
永益贸易行	二千元	四月三十日
国华百货商店	一千元	四月三十日
利众商店	一千元	五月二十四日
信孚石灰子厂营业所	五千元	五月二十四日
国光石灰子厂营业所	四千元	五月二十四日
大中石灰号	六千元	五月二十四日
群乐茶社	一千元	五月二十四日
协大祥绸布庄	三千元	五月二十四日
永昌隆商号	二千元	五月二十四日
范鑫记砖瓦号	五千元	五月二十四日
华新军装西服号	一千元	五月二十四日
王和酱园	一千元	六月四日
永安号	五千元	六月四日
涌兴源商店	一千五百元	六月四日

续表

同孚字号	一千元	六月四日
合记敝布废纸号	一千元	六月四日
广昌号	一千元	六月四日
何聚兴元记砖瓦号	一千元	六月四日
中华汽车五金号	一千元	六月四日
湘馨酒楼	八百八十元	六月四日
萃美糖果号	一千五百元	六月四日
亨达利支行	五千元	六月四日
老九和绸布庄	六千元	六月四日
仙宫理发社	九百六十元	六月四日
南京德昌号	一千元	六月四日
舒服厂布店	一千元	六月四日
义泰布庄	一千元	六月四日
保华银楼	五百元	六月四日
大森木器号	二千元	六月七日
大伦字号	一千元	六月七日
亿兴银楼	四千元	六月七日
新福记商号	二千元	六月七日
张天益广货号	四千元	六月七日
陈鑫和军衣庄	二千元	六月七日
燮大百货商号	三千元	六月七日
天章绸布庄	三千元	六月七日
汪福泰砖瓦店	一千元	六月七日
徐植记西服号	五百元	六月七日
民生西乐社	九百六十元	六月七日
祥丰行	五千元	六月七日
民兴村衫商店	九百元	六月八日
胡玉兴银楼	二千元	六月八日
仁兴生记瓷器支店	八百元	六月八日
祥泰永记瓷庄	六千元	六月九日

续表

振兴烛皂厂发行所	八百元	六月九日
同盛砖瓦店	一千元	六月九日
白下饭店	一千五百元	六月九日
新华钟表眼镜行	一千元	六月九日
升康百货商店	一千五百元	六月九日
张信泰油糖号	三千元	六月二十三日
燮康百货商店	八千元	六月二十三日
东南药房	四千元	六月二十三日
益昌森染坊	二千六百元	六月二十三日
盛泰永号	二千元	六月二十三日
南京商店	一千五百元	六月二十三日
南京中华皮鞋商店	三千元	六月二十三日
南洋祥记照相馆	五千元	六月二十三日
杨春隆茶号	三千元	六月二十三日
信丰胶鞋号	八百元	六月二十三日
陈长记寿材铺	五百元	六月二十三日
万金兴寿材铺	二千元	六月二十三日
义源济	一千元	六月二十三日
赵庆堂缎号	二千元	六月二十三日
石爱文笔墨店	六百元	六月二十三日
怡丰糖果号	一千元	六月二十三日
金陵大戏院	二千元	六月二十三日
四达汽水号	一千元	六月二十三日
汤华记西服号	五百元	六月二十三日
柏林支店	一千五百元	六月二十三日
益兴银楼	二千元	六月二十五日
益兴珍银楼	一万元	六月二十五日

〔实业部档案〕

二、特 种 商 业

1. 上海交易所监理员工作情形及各交易所营业状况报告书
(1931年6月—1931年11月)

敬陈者：窃查建屏行奉令委充上海交易所监理员，遵于六月四日就职，同时假九江路一号组织办公处，派任职员，开始办公。谨将一月来工作情形及各交易所交易状况胪陈如次，伏乞鉴核。查上海交易所自民十狂潮泛滥之后，渐入正轨，而今屹然存立者，不过上海证券物品交易所、华商证券交易所、华商纱布交易所、金业交易所、面粉交易所及杂粮油饼交易所等六家，其中以证券、金业两项关系金融较为切要，营业出入亦视其他数家为繁，用分类缕述之。

一、证券〔略〕

二、金业〔略〕

三、纱布　上海纱花市场有二，一为上海华商纱布交易所，一为上海证券物品交易所之纱花部，证券物品买卖数额不及华商纱布什一。纱布营业种类原定棉花、棉纱、棉布三种，棉布向未开拍，纱花市价多以国际市场为标准，与金价更有连带关系。本月份上旬，金价坚稳，纱花亦多上趋，至下旬，金价狂跌，虽海外纱花昂腾，本埠期纱、期棉反见暴降，实以外汇剧烈变动有以致之。

总计六月份棉纱成交一百万零五千包，棉花一百六十九万八千二百担，华商纱布交易所共收经手费银三万六千三百十七两五钱八分。

四、面粉杂粮　上海面粉交易所为中国唯一面粉市场，交易尚称发达，六月份成交数一千九百五十九万五千五百包，计收经手费银二万九千三百九十三两二钱五分。杂粮油饼交易所，其交易物品规定为属于杂粮种类之豆麦油饼芝麻菜子等各货及同业习惯上通行交易者，米谷一项不在该所交易范围之内。六月份营业亦尚称是，经手费所获计三万四千一百余两，谨此报告。

上海交易所监理员许建屏　陈　行

二十年七月份上海交易所监理员工作情形及各交易所营业状况报告书

一、证券〔略〕

二、金业〔略〕

三、纱布　纱布交易所历年营业尚称稳健，本年上届结帐计营业纯益壹万四千七百贰拾叁元叁角六分，资产纯益拾壹万壹千七百零叁元四角，营业项下经手费收入伍拾叁万贰千六百四拾贰元九角七分，除营业费摊提呆帐及垫款纯益如上数。

纱布市价上旬因金价出入在七百两内外，较上月疲软，期纱近期因日商脱手，市价稍低。中旬因反日会议决停购日货，华商多以将来日纱难购，争先贩运，期货新买户激增，纱价突现一百六十五两新高峰，旋以纱厂大宗抛出，益以美棉天气良好，回跌三两。下旬续涨，期棉因天时多雨，亦趋涨势。总计华商纱布交易所本月份成交数标准纱壹百贰拾叁万零八百包，标准花贰百拾万零六千贰百包，共收经手费四万六千四百五拾六两壹分。证券物品交易所本月份成交数标准纱四万壹千九百包，标准花七万壹千五百包，共收经手费壹千五百六拾九两壹钱五分。

四、面粉　面粉交易所本年上期决算，营业纯益四万壹千零七拾两五钱七分贰厘，资产纯益五万六千二百八拾五两九钱四分三厘，经手费收入十五万九千七百十六两二钱五分，营业损益表内损失类列有提存准备金三万两，提存购置生财预备金五千两两款，故营业纯益减少。本月份面粉交易所成交数二千零四十万零四千包，计经手费三万零六百零六两。

五、杂粮　查杂粮油饼交易所上期决算后营业报告迄未付梓，兹据其报告草案所列营业纯益四万三千四百三十三两三钱七分九厘，资产纯益三万零九百零九两六钱九分八厘。本月份杂粮油饼交易所标准小麦成交一万三千九百五十八车，标准豆饼成交四百二十三万斤，黄豆成交六百七十九车，豆油成交十六万二千三百担，共收经手费四万三千九百零八两七钱五分。

上海交易所监理员　陈　行　许建屏

二十年八月份上海交易所监理员工作情形及各交易所营业状况报告书

一、证券〔略〕

二、金业〔略〕

三、纱花　本月份北方军事虽告结束，现销仍无起色，各地大水为灾，影响于内地人民之购置买力。秋后纱市引为隐忧，期纱期花均现疲象，中旬因美政府报告美棉意外丰收，全世界棉市惶骇，均见新低价，本市期纱猛跌五两左右，期棉亦暴跌二两余，下旬稍有回涨。

四、面粉杂粮　本月因各处水灾奇重，收成无望，行市步涨，近以美麦运华之议将成事实，或能回跌也。

上海交易所监理员许建屏　陈　行

二十年九月份工作情形及各交易所营业状况报告书

一、证券〔略〕

二、金业〔略〕

三、纱布杂粮面粉　三交易所营业如常，交易平平，无甚足述。谨此报告。

上海交易所监理员陈　行　许建屏

二十年十月份工作情形及各交易所营业状况报告书

证券〔略〕

金业〔略〕

纱布营业如常，该交易所呈请续展营业十年，已奉令照准转知在案。证券物品交易所纱布交易亦已转饬停拍。

本月粉市上旬以国外逐见极小现销吊滞，洋商一再贬价求售，市价江河日下，多头所缴证金早已亏蚀殆尽，交易所追证，大部分以银根紧急，不得不忍痛割脱，一跌再跌。厂家趁小收买，市价略定，复受美麦到埠影响，价又趋疲。嗣现销起色，但又逢俄麦跌价兜售，并传美麦赈灾余额有标售之说，市价每况愈下，本月份曾小至一两八钱半之新低价。中旬以洋麦继涨，厂空收补甚力，北帮趁小购进，涨风突炽，未几大户抛出，价回小厥后，业外多头进胃不弱，又传赈麦余额备荒，绝不出卖，价又趋劲，然厂方与北帮有所出脱，重见萎靡。下旬以北销畅旺，传日本向美购麦粉之说，空头争补，本月份曾抬高至二两零一分半，其后稍疲，旋以洋麦续涨，各方均有收进，价又见俏。惟鉴于小麦狂跌之故，重趋虚软后，传美麦金数与厂家掉换现粉赈灾，但厂存不丰，引起各户一致收抵，市价飞黄。嗣闻厂家以三两七钱之扯价定批大宗俄麦，价又略疲。结局行情与上月抄无大出入也。

杂粮交易所营业如常，该价呈请减少资本，其理由谓为资本过剩，空耗利息。然详查历年营业情形及资产负债状况，并无过剩情事宜，且现在营业较前发达，值此银根紧缩之秋，为稳健起见，以不减为宜。谨此报告。

上海交易所监理员陈　行　许建屏

二十年十一月份工作情形及各交易所营业状况报告书

证券〔略〕

金业〔略〕

纱布杂粮面粉各交易情形如常，无甚足述。谨此报告。

上海交易所监理员许建屏　陈　行

〔财政部档案〕

2. 实业部关于交易所设立及撤销登记之统计

（1935年）

交易所设立及撤销登记之统计

民国二十四年

甲　核准发起设立之交易所

交易所之设立，应先由发起人具呈请书呈经地方主管官署转请实业部核准发起设立，俟设立完成后，再行呈请设立登记。本年经部核准发起设立之交易所，计有四家：

1. 天津市金业交易所　区域：天津市；组织：股份有限公司；资本：二十万元；核准年月日：二十二年十月二日。

2. 天津市棉花纱布交易所　区域：天津市；组织：股份有限公司；资本：三十万元，核准日期：二十三年一月二十七日。

3. 汉口市证券交易所　区域：汉口市；组织：同业会员；资本：五十万元；核准年月日：二十三年一月二十七日；备考：现已呈请变更组织为股份有限公司并改定资本为三十万元。

4. 青岛市物品证券交易所　区域：青岛市；组织：股份有限公司；资本：四十万元；核准日期：二十三年六月十三日。

乙　核准设立登记之交易所

交易所设立完成经实业部核准设立登记者本年计有一家：

四明证券交易所　所在地：鄞县江左街；组织：股份有限公司，资本：二十万元，营业执照号数：设字第一号，核准年月日：二十二年八月十九日

丙　核准续展营业之交易所

交易所营业期限届满呈经实业部核准续展营业者计有三家：

1. 上海华商证券交易所　所在地：上海九江路；组织：股份有限公司；资本一百二十万元；续展年限及起讫日期：（十年）自二十二年六月一日起至三十二年五月三十一日止，新照号数：新字第三号；核准年月日：二十二年九月二十三日。

2. 上海杂粮油饼交易所　所在地：上海法租界爱多亚路；组织，股份有限公司；资本，六十万元；续展年限及起讫日期：（十年）二十年七月十六日起至三十年七月十五日止；新照号数：新字第四号；核准年月日：二十二年九月二十三日。

3. 宁波棉业交易所　所在地：宁波商埠；组织：股份有限公司：资本二十万元；续展日期及起止日期：（十年）自二十二年五月十四日起至三十二年五月十三日止；新照号数：新字第五号，核准年月日：二十三年一月四日。

丁　撤销登记之交易所

本年无。

［实业部档案］

3. 实业部关于两淮盐商现状调查统计①

（1934年）

盐商现状调查表　民国二十三年

淮北区

一、销地

1. 近场五岸　江苏省东海、灌云、涟水、赣榆、沭阳五县。

2. 南六岸　江苏省淮阴、淮安、邳县、睢宁、宿迁、泗阳等县。

3. 皖豫岸　安徽省泗县、盱眙、五河、灵璧、凤阳、定远、

---

① 原件为表格。

怀远、寿县、凤台、蒙城、亳县、太和、阜阳、颍上、六安、霍山、英山、霍邱、涡阳南部等十九县，河南省汝南、罗山、光山、潢川、上蔡、固始、新蔡、息县、正阳、商城、正平、遂平、确山、信阳十四县。

4．山东六岸　山东省临沂、沂水、费县、郯城、日照、莒县等六县。

二、概况与商别

1．概况　本区为自由贸易区域，场商大率为运商，亦有组织公司承运者。河运皖豫岸由运商运至西坝，再卖与湖贩，转至销岸。

2．商别　本区皆为自由商。

淮南区

一、销地

1．湘岸　湖南省长沙、湘阴、湘潭、湘乡、浏阳、宁乡、醴陵、攸县、茶陵、平江、临湘、岳阳、华容、南县、沅江、益阳、汉寿、常德、桃源、安化、新化、邵阳、衡山、衡阳、安仁、来阳、常宁、阳明、祁阳、零陵、道县、新田、宁远、江华、永明、东安、新宁、武冈、城乐、绥宁、通道、靖县、会同、黔阳、芷江、晃县、麻阳、凤凰、乾城、沅陵、泸溪、辰溪、溆浦、古丈、保靖、永绥、永顺、桑植、龙山五十九县，澧县、临澧、安乡、石门、慈利、太康等六县。

2．鄂岸　湖北省汉口市、武昌、鄂城、大冶、阳新、咸宁、嘉鱼、蒲圻、崇阳、通山、通城、汉阳、黄陂、孝感、云梦、汉川、沔阳、应山、安陆、随县、黄冈、蕲水、蕲春、广济、黄梅、罗田、麻城、黄安等二十八县。

3．鄂西　襄阳、枣阳、光化、谷城、宜城、南漳、钟祥、潜江、监利、荆门、江陵、当阳、远安、宜昌、石首、公安、松滋、枝江、宜都、长阳、巴东、秭归、兴山、郧县、郧西、均县、房县、竹山、竹溪、保康等三十县。

3. 应京天　湖北省应城、京山、天门三县。

4. 西岸　江西省南昌市、南昌、新建、进贤、丰城、奉新、安义、靖安、临川、金溪、崇仁、宜黄、乐安、东阳、鄱阳、余干、乐平、万年、余江、德兴、浮梁、彭泽、湖口、都昌、九江、星子、永修、武宁、修水、瑞昌、德安、铜鼓、宜丰、高安、上高、万载、清江、新喻、新淦、峡江、吉安、吉水、永丰、安福、泰和、万安、永新、宜春、分宜、萍乡、莲花、宁冈、遂川等五十三市县。

5. 建昌岸　江西省之南城、南丰、资溪、黎川、广昌五县。

6. 皖岸　安徽省怀宁、桐城、潜山、望江、太湖、宿松、舒城、庐江、合肥、巢县、无为、含山、和县、当涂、芜湖、繁昌、宣城、宁国、南陵、泾县、旌德、太平、石埭、青阳、铜陵、贵池、秋浦、东流等二十八县。

7. 滁来全专岸　安徽省滁县、来安、全椒等三县。

8. 外江食岸　江苏省南京市、江宁、江浦、六合、高淳、溧水、句容、仪征等八县市。

9. 内河食岸　安徽省天长县、江苏省江都、高邮、宝应、泰兴、扬中、南通、如皋、海门、盐城、阜宁、兴化、泰县、东台等十四县。

10. 常阴沙特区　江苏省南通、江阴、常熟三县辖境。

二、概况与商别

1. 概况

湘岸　本岸运商共有四百十二票，内四百引(一引八担)小票一张，七百引大票四张，余为五百引引票公同组织，商号名清吉昌，又有淮盐公所组织。

鄂岸　本岸运商有自有盐票者，有租票办运者，共有三百五十票，每票计盐四千担，公同组织商号名同发祥。

鄂西　无。

应京天　应盐行销，多由肩挑小贩自备竹篓赴灶购取，展转贩卖。

西岸　本岸运商共有三百三十票，内有五百五十引票一张，六百引票十四张，七百引票二张，七百五十引票二张，八百引票六张，八百五十引票一张，其余三百零五张，概为五百引引票，公同组织商号名永兴义。

建昌岸　本岸运商向政府租票承运，名为租票商。招认租票数酌定租价，由租商缴纳。租办期间，有一定年限，限满撤销。现承租者多为德义祥，全岸共二十票，每票五百引。

皖岸　无。

滁来全专岸　向政府租票承运，亦为租票商，现由定恒泰商号承租。全岸六十票，每票均一百二十引。

外江食岸　南京、江宁、江浦、六合由号名乙和祥，人名刘太乙的承销商专销，年销约十七八万担。高、溧、句三县由号名鼎昌恒、人名万松年的盐商专销，年销量十万余担。

内河食岸　江、高、宝、天四县由号名同福祥、人名安吉泰的盐商专销，年销约二十余万担。仪征县由号名同庆祥、人名安康泰的盐商专销，年销一万余担。兴、中二县由号名泰合成全记、人名徐茂生的盐商专销，年承销约十万余担。通、如、海三县由号名大成、人名齐大年的盐商专销，年承销约六万担。盐、阜二县由商名德和、人名李霭台的盐商专销，年承销约三万担。兴、泰、东三县由号名谦益永、人名康永兴的盐商专销，年承销约十四万担。

常阴沙特区　由号名大盛的盐商承销，该商系通如海运商兼办，年承销二千余担。

2．商别

票商　分布于湘岸、鄂岸、鄂西、应京天、西岸、建昌岸、皖岸、滁来全专岸。

专商　分布于外江食岸、内河食岸、常阴沙特区。

〔实业部档案〕

4. 实业部关于两浙区盐商现状调查统计①

（1934年）

盐商现状调查表　民国二十三年

两浙区

一、销地

1. 纲地　安徽省广德、绩溪、歙县、黟县、休宁、祁门、婺源等七县，江西省玉山、广丰、上饶、横峰、铅山、弋阳、贵溪等七县，浙江省常山、开化、衢县、江山、龙游、金华、兰溪、汤溪、建德、淳安、遂安、寿昌、桐庐、分水、富阳、於潜、新登、昌化、诸暨、义乌、浦江、东阳、吴兴、长兴、安吉、孝丰、武康、德清、嘉兴、嘉善、桐乡、临安、平湖、海盐等三十四县及杭州市、杭县、余杭、海宁、崇德等四县一市（该四县系前请同治间招商设立，肩贩向灶挑销，故称肩地，现认销十二万三千九百九十九担）。

2. 住地　浙江省嵊县、新昌、上虞、余姚等四县。

3. 引地　浙江省鄞县、慈溪、奉化、镇海等四县及宁海北半县和绍兴县。

4. 厘地　浙江省萧山、永嘉、乐清、瑞安、平阳、泰顺、丽水、缙云、龙泉、青田、松阳、遂昌、庆元、宣平、云和、景宁、永康、武义十七县。

5. 开放区域　浙江省玉环、定海、象山、南田等四县，临海、天台、仙居、黄岩、温岭等五县及宁海南半县。

---

① 原件为表格。

6. 精盐区　全国通商口岸及商埠均有行销(原盐系浙盐)。

二、概况与商别

1. 概况

纲地　本岸商人系凭照认销性质，计安徽数县，认销十五万三千二百四十担，江西数县，认销二十万零六千五百五十担，浙江平湖、海盐两县，认销八千二百二十担，余三十二县又安徽广德一县共认销六十七万八千九百零六担，商号名目繁多，从略。

住地　前清同治间招商认办，名为住地，认销五万二千二百九十担。

引地　民国三年招商认办，认销七万三千三百零八担。又绍兴县由商人认销五万三千二百三十八担。

厘地　萧山县由包商包销，年销一万五千担，其他县包税额六十万元。

开放区域　无

精盐区　定海民生精盐公司，资本十五万元，尚未注册，十七年五月核准，二十一年核定最高产额五万担。余姚鼎和精盐公司，资本十五万元，尚未注册，二十一年核定最高产额五万担。

2. 商别

专商　分布于纲地、住地、引地。

包商　分布于厘地。

自由商　分布于开放区域、精盐区。

［实业部档案］

5. 实业部关于松江区盐商现状调查统计①

（1934年）

盐商现状调查表　民国二十三年

---

① 原件为表格。

松江区(浙盐)

一、销地

1. 正引地　江苏省上海市、上海、南汇、川沙(一市三县县皆销)、吴县、无锡、常熟、吴江等七县一市。

2. 帑引地　江苏省嘉定、宝山、武进、宜兴、溧阳、丹阳、金坛、昆山、靖江、江阴、太仓、镇江、青浦、松江等十六县,安徽省郎溪县一县。

3. 减税地　江苏省上海市、上海、川沙、南汇等一市三县及结一、结九两图(旧属宝山)。

4. 常阴沙特区　江苏省南通、江阴、常熟共辖。

5. 崇启特区　江苏省崇明、启东两县。

6. 横沙特区　江苏省川沙县辖横沙各岛。

7. 租界包课　江苏省上海租界。

8. 精盐区　行销全国通商口岸及商埠(原盐系浙盐)。

二、概况

1. 正引地　运销松属盐商,曰浙西苏王属盐商公会,其性质为专卖,须公会中人方能贩运。

2. 帑引地　无。

3. 减税地　无。

4. 常阴沙特区　无。

5. 崇启特区　由商人恒丰泰包销。

6. 横沙特区　由商人王仁丰、张源丰包销。

7. 租界包课　商人顾兆德,牌号公茂,年销二十万担。

8. 精盐区　上海五和精盐公司,注册资本二十四万元,民国十七年核准,二十一年核定最高产额为十二万担。

三、商别

1. 专商　分布于正引地、帑引地、减税地、常阴沙特区。

2. 包商　分布于崇启特区、横沙特区、租界包课。

3．自由商　分布于精盐区。

［实业部档案］

6．实业部关于福建区盐商现状调查统计①

（1934年）

盐商现状调查表　民国二十三年

福建区

一、销地与概况

1．福州属

福州市、闽县、侯官、闽清、永泰等四县一市。商人陈坚包销，每月食盐八千七百五十担，渔盐一百五十担。

南平、建瓯、建阳、崇安、浦城、松溪、政和、沙县、永安、光泽、邵武、将乐、顺昌、建宁、泰宁、尤溪、古田、屏南等十八县。商人福记每月平均包销二万二千八百担。

长乐县，商人倪宗羲每月平均包销食盐五百五十担。

连江、罗源两县，商人陈复渠每月包销食盐一千三百担，渔盐二百六十担。

福清县，商人郭俊每月包销食盐一千一百七十担。

平潭县，商人江澄每月包销食盐三百担，渔盐一千六百担。

福安、寿宁、宁德、霞浦、福鼎五县，商人施镇藩每月包销食盐七千五百担，渔盐四千担。

晋江、南安、安溪、惠安、永春、德化、大田等七县，商人黄献亭每月包销食盐五千二百担，渔盐一千二百担。

莆田、仙游两县，商人李广福莆田每月包销食盐二千二百担，仙游无定。

2．上游下游

① 原件为表格。

沿海各岛屿，商人许尚焜每月包销盐七千五百担。

厦门市思明县，商人翁义勋每月包销一千九百担，又该县渔盐另由张成承包，月销额三百担。

同安县，商人叶耀南每月包销二千四百八十担。

金门县，商人陈国祚月包销二百三十担。

龙溪、海澄、南靖、平和、长泰、龙岩、漳平、宁详、华封九县，商人吴魁月包销七千五百担。

云霄县，商人郑亚官包额一千担。

韶安县，商人沈炳炎包销六百八十担。

二、商别

本区皆为包商。

［实业部档案］

7．实业部关于两广区盐商现状调查统计①

（1934年）

盐商现状调查表　民国二十三年

两广区

1．岸名：中柜。市县名：广东省广州市、南海、番禺、顺德、东莞、新会、花县、从化、增城、龙门、三水、高要、德庆、高明、鹤山、罗定、云浮、郁南十七县一市。商别：自由商。概况：商名甚多，时有更动。

2．岸名：北柜。市县名：广东省英德、清远、佛冈、翁源、乳源五县。商别：自由商。概况：无。

3．岸名：中柜。市县名：广东省中山县、恩平、开平、台山、赤溪、阳春、新兴、阳江等县。商别：包商。概况：中山县由包商民生公司包销，年销额九千六百包，商人名张荣。恩平、

---

① 原件为表格。

开平、赤溪、台山四县由商人陈其记认额十二万四百六十担。春、新、阳三县由商人揭子南、号名南利公司认额五万九千七百担。

4．岸名：中柜。县市名：广东省宝安、广宁、四会、封川、开建等县，广西省怀集、富川、贺县、钟山等县。商别：自由商。概况：开放区域，商民自由缴税运销。

5．岸名：北柜。县市名：广东省始兴、南雄、曲江、乐昌、仁化、连山、连县、阳山八县，湖南省桂东、酃县、汝城、资兴、永兴、郴县、宜章、桂阳、临武、蓝山、嘉禾十一县，江西省赣县、大庾、南康、上犹、崇义五县。商别：自由商。概况：开放区域，商民自由缴税运销。

6．岸名：西柜。县市名：广西邕宁、扶南、绥渌、隆安、永淳、横县、武鸣、都安、隆山、果德、宾阳、上林、那马、苍梧、藤县、容县、岑溪、信都、桂平、平南、贵县、武宣、桂林、兴安、灵川、阳朔、百寿、永福、榴江、义宁、全县、灌阳、龙胜、平乐、恭城、荔浦、修仁、昭平、蒙山、中渡、马平、洛容、融县、罗城、柳城、明江、三江、来宾、象县、宜山、天河、思恩、河池、宜北、迁江、南丹、忻城、百色、恩隆、恩阳、凌云、西林、西隆、东兰、天保、奉议、向都、凤山、思林、龙州、凭祥、崇善、养利、龙茗、万承、左县、同正、镇结、宁明、思乐、靖西、镇边、雷平、上金等八十四县，贵州之黎平、锦屏、永从、榕江、都江、下江等六县，荔波、独山、三合等三县。商别：自由商。概况：开放区域，商民自由缴税运销。

7．岸名：东柜。县市名：广东省惠阳、博罗、龙川、河源、紫金、新丰、连平、和平、海丰、陆丰等十县，江西省安远、定南、信丰、虔南、龙南五县。商别：自由商。概况：开放区域，商民自由缴税运销。

8．岸名：平柜。县市名：广东合浦、灵山、钦县、防城等四县，广西郁林、博白、上思、兴业等四县。商别：自由商。概况：

廾放区域，商民自由缴税运销。

9．岸名：南柜。县市名：广东茂名、电白、信宜、化县、吴川、廉江等六县，广西北流、陆川两县。商别：自由商。概况：电白吴川等处有咸饷包商，凡渔获物、腌腊咸货投标包办。

10．岸名：南柜。县市名：广东海康、遂溪、徐闻等三县。商别：包商。概况：商号合成公司，商人利海认销三万零一百担，税额五万八千六百九十五元。

11．岸名：琼崖。县市名：广东省琼山、文昌、定安、儋县、登迈、临高、乐会、琼东、崖县、陵承、万宁、感恩、昌江等十三县及大埔、梅县、兴宁、五华、平远、蕉岭等及丰顺县属之溜隍一带。商别：包商。概况：商人王大年，号名琼泰公司，认销十二万六千九百担。税额十九万零三百五十元。商人蔡超名东成总公所，认销二十六万八千八百担。

12．岸名：潮桥桥上区。县市名：福建长汀、连城、宁化、归化、清流、武平、永定、上杭等八县，江西石城、寻乌、会昌、瑞金、于都、兴国、宁都等七县。商别：包商。概况：无。

13．岸名：桥下区。县市名：广东揭阳、潮安、澄海、汕头市、普宁、潮阳、丰顺、饶平、南澳等八县一市。商别：包商。概况：商人李和名利民总公所，认销四十五万一千担，税额六十七万六千五百元。

14．岸名：桥下区。县市名：广东惠来。商别：自由商。概况：无。

［实业部档案］

8．实业部关于四川区盐商现状调查统计①

（1934年）

盐商现状调查表　民国二十三年

---

① 原件为表格。

四川区

销地分下列各岸：

1. 计岸　四川省宜宾、庆符、南溪、长宁、高县、筠连、珙县、兴文、屏山、马边、叙永、古蔺、古宋、雷波、江北、巴县、江津、长寿、綦江、南川、涪陵、酉阳、秀山、黔江、彭水、忠县、酆都、石柱、巫山、万县、泸县、纳溪、合江、江安、成都(又成都市)、华阳、双流、温江、新繁、金堂、新都、郫县、灌县、彭县、崇宁、崇庆、新津、仁寿、汶川、理番、垫江、达县、宣汉、渠县、大竹、万源、眉山、彭山、青神、峨眉、夹江、邛崃、大邑、蒲江、雅安、天全、荥经、芦山、汉源、广安、邻水、岳池七十二县又一市，湖北省恩施、宣恩、来丰、咸丰、利川、建始、五峰、鹤峰八县，秭归、兴山、巴东、长阳等四县。该岸区皆为自由商。自由商专设立商号，有肩挑小贩，名目繁多。

2. 边岸　云南省昭通、永善、镇雄、会泽、巧家、绥江、鲁甸、大闼、彝良、盐津等十县和宣威县，贵州省仁怀、习水、遵义、绥阳、桐梓、正安、大定、威宁、毕节、黔西、织金、水城、贵阳市、贵筑、息烽、修文、龙里、贵定、开阳、定番、大塘、广顺、长寨、罗甸、赤水、都匀、平舟、鑪山、麻江、八寨、丹江、平越、瓮安、湄潭、余庆、安顺、普定、清镇、镇宁、郎岱、平坝、紫云、安龙、普安、兴义、兴化、关岭、安南、贞丰、册亨、盘县、岑巩、青溪、玉屏、思南、德江、沿河、邛江、婺川、后坪、镇远、三穗、施乘、天柱、黄平、台拱、剑河、铜仁、江口、省溪、石阡、凤冈、松桃等七十二县一市。荔波、独山、三合等三县。

本岸区皆为自由商。

3. 济楚岸　湖北省江陵、公安、石首、监利、松滋、枝江、宜都、宜昌、襄阳、宜城、南漳、枣阳、谷城、光化、均县、郧县、房县、竹山、竹溪、保康、勋西、钟祥、潜江、荆门、崇阳、远安等二十六县及京山、天门等二县，湖南省澧县、石门、慈利、安乡、临澧、大庸等六县。

本岸区皆为包商。商人公记曾俊臣、富记曾俊臣，复兴、荣积、义祥曾俊臣，宏昌和冉子久顺记冉德成，复盛邓百年，同济邓仲鸾，祥记胡玉珊，桢记胡玉珊，聚丰祥孙树培，荣记刘乙辉，同福昌耀华湘祥合罗希孔，协同永曾仲海，同忆义刘绍禹，天锡生陈丽生，元记陈叔敬，乾丰永陈绍禹，华泰陈绍周，福兴玉李鑫五，德记马浩然、瑞记曾禹钦，庆华张海霞，信义刘达夫，中记刘达夫，通记李俊章，同春祥王玉柯，昌记李玉书，和义李翰模，同寿荣刘仲有。

4. 本省票岸　四川省富顺、隆昌、犍为、乐山、峨边、洪雅、威远、荣县、资中、井研、内江、资阳、阆中、巴中、剑阁、苍溪、南部、南江、通江、昭化、广元、简阳、广源、什邡、射洪、盐亭、中江、遂宁、潼南、蓬溪、安岳、三台、乐山、绵阳、德阳、安县、绵竹、梓橦、罗江、蓬安、南充、西充、营山、仪陇、茂县、越嶲、会理、宁南、西昌、昭觉、懋功、盐边、冕宁、盐源、云阳、巫溪、开县、奉节、合川、武胜、永川、荣昌、铜梁、壁山、大竹、城口、开江、平武、江油、彰明、北川、梁山、丹棱、各山、松潘等七十五县。

本岸区商人皆为自由商。

5. 陕票岸　陕西省南郑、褒城、城固、洋县、沔县、西乡、宁羌、略阳、佛坪、镇巴、留坝、汉阴、岚皋、安康、平利、镇坪、洵阳、白河、紫阳、石泉、凤阳等二十一县。

本岸区皆为自由商。

6. 简阳岸　四川省新都县，专商同泰荣及陈福财，每月认配盐四引八千斤。金堂县，专商利贞荣，人名陈兼三、月认二引，同富亨，人名蒋定邦，乾元贞，人名宋仁甫各认一引。简阳县城，专商裕记人名唐永兴、邱焕章，国记协和通人名江金山，通记人名王崇之，商记人名尹受之，德记人名曾子渊，厚记人名陈松廷，生记人名陈锡廷，民记人名钟谦文，正记人名邓树松，富记人名曾文光，专商仁记人名王得泰、杨兴发、周少清、万洪兴，义记人名陈洪泰、魏得荣、贾协和、贾同泰、礼记人名邱焕章、邱甫章、王镜明、马敦福，智记人名黄洪泰、萧荣山、钟光泉、钟光富，信记人名曾永生、曾得顺、廖永钦、胡生明。

本岸区皆为专商。

〔实业部档案〕

9．实业部关于云南区盐商现状调查统计①

（1934年）

盐商现状调查表　民国二十三年

云南区

销地分下列各岸

1．黑井区　内分内岸、边岸。

内岸　云南省昆明、宜良、嵩明、晋宁、呈贡、安宁、昆阳、开远、华宁、通海、河西、峨山、监兴、澂江、江川、路南、玉溪、泸西、师宗、弥勒、曲靖、沾益、陆良、罗平、马龙、寻甸、平彝等二十七县。盐商为自由商，但为有限之自由商，有旧商庆丰祥、同福祥等二百二十七家，新商信利号畅丰祥等三十三家。另有楚雄、元谋、广通、禄丰、武定、牟定、禄劝、罗次、易门、双柏、富民、镇南等十二县及舍资分县，由各县公署设公卖局销售，无盐商。

边岸　云南省文山、马关、西畴、广南、富州、邱北等六县又靖边一区共七县属。盐商为包商性质。商名协济公司，人名李

① 原件为表格。

粹儒，认销年额一万七千六百零八担。

2．白井区 内分内岸、边岸。

内岸 云南省大理、凤仪、详云、邓川、洱源、宾川、云龙、弥渡、姚安、永仁、盐丰、丽江、兰坪、鹤庆、剑川、蒙化、漾濞、保山、永平、华坪、永北、镇康等二十三县。盐商为自由商，多为零星小贩，无公司商号。

边岸 云南省腾冲、龙陵、曲溪、中甸、维西等五县。盐商为包商性质，其中龙陵具有同兴公司，腾冲县有永济公司。

3．黑磨井区 云南省建水、蒙自、石屏、个旧、景东、顺宁、云县、之江、新平、思茅、宁洱、景谷、墨江、镇沅、澜沧、缅宁、双江、车里、五福、佛海、镇越、屏边、六顺、江城等二十四县，盐商为自由商性质。

4．并销区 云南省宣威一县，盐商为自由商性质。

5．小井包区 云南省盐兴、武定、元谋、大姚等县。盐商为包商性质。他们有：李永庆、孙继成包销积旧井盐年销五万八千二百八十五斤，税额二千零四十元，李国祥包销横山井盐，年销五万三千四百八十五斤，税额一千八百七十二元；高庆仁、李迎春包销硝盐，年销五万一千三百十二斤，税额一千八百元；李涛包销福兴井盐，年销二万四千斤，税额一百八十元；杨龙光、李鸿畴包销三星井盐，年销一万六千八百斤，税额一百二十六元。

兰坪、剑川、洱源等县，盐商为包商性质。该商为何正廷，包销弥沙井盐，年销四万一千八百三十斤，税额一千四百六十四元。

禄丰、楚雄、广通等县，盐商为包商性质。该商为徐国珍，包销安乐井盐，年销六万八千五百五十二斤，税额一千四百元。

兰坪、剑川、中甸、维溪等县，盐商为包商性质。该商为和德馨，包销高轩井盐，年销三万四千二百八十五斤，税额一千二百元。

云龙、永平、邓川、洱源等县，盐商为包商性质。商人赵辉玉包销顺汤井盐，年销十三万五千四百二十八斤，税额四千七百四十元；杨文达包销师井盐，年销五万六千七百四十三斤，税额一千九百八十六元。

鹤庆、洱源、剑川等县，盐商为包商性质。该商为黄中理，包销丽江井盐，年销二十四万斤，税额八千四百元。

云龙、永平、邓川、洱源等县，盐商为包商性质。商人杨焯俊、宇宗赵包销金泉井盐；杨金兰包销山井盐，年销四万一千六百十一斤，税额一千五百六十元。

漫乃倚邦边境及法境，盐商为包商性质，商人不详，包销磨歇井盐，年销六十一万八千八百一十二斤，税额二万七千六百二十二元。

澜沧等县，盐商为包商性质。该商为新记包销茂篾井盐，年销二十五万七千一百四十二斤，税额九千元。

墨江、元江等县，盐商为包商性质。该商为杨钟美，包销磨铺井盐，年销五万八千九百斤，税额二千零六十一元五角。

宁洱、景谷等县，盐商为包商性质。该商为黄毓桂，包销恩耕井盐，年销十五万二千斤，税额五千三百二十元。

景谷、澜沧、云县、缅宁等县，盐商为包商性质，商人纪景南包销茂爱井盐，年销五十七万七千一百四十二斤，税额二万零二百元。

镇沅、云县等县，盐商为包商性质，商人美利康包销景东井盐，年销九十七万五千一百二十八斤，税额三万四千一百六十一元。

巧家、会泽等县，盐商为包商性质，商人屠懋昌、牛世茂包销汪家坪井盐，年销二十五万八千二百斤，税额一万零二百五十元。

易武、猛烈边地及清界，盐商为包商性质，商人孙竹淇包销猛野井盐，年销一百零三万二千八百五十七斤，税额三万六千一百五十元。

镇沅、元江等县，盐商为包商性质，商人段应培包销茂腊井盐，年销十二万斤，税额四千二百元。

景谷、镇沅等县，盐商为包商性质，商人周茂宾包销习孔井盐，年销十八万一千二百斤，税额六千三百十二元。

兰坪、剑川、中甸、维西等县，盐商为包商性质，商人赵席珍包销日期井盐，年销三万四千二百八十五斤，税额一千九百八十元。

安宁、昆阳等县，盐商为包商性质，商人李朝熙、陈桂森包销安宁井盐，年销三十八万八千五百七十斤，税额一万三千六百元。

景谷、澜沧、镇沅等县，盐商为包商性质，商人刘秉刚包销抱母井盐，年销六十万斤，税额一万三千六百元。

[实业部档案]

10. 实业部关于长芦区盐商现状调查统计①

（1934年）

盐商现状调查表　民国二十三年

长芦区

该区销地分冀豫岸　开放各岸和精盐岸三区。

冀豫岸

1. 芦纲引岸　河北省良乡、固安、永清三河、霸县、涿县、通县、顺义、密云、怀柔、房山、平谷、河间、献县、肃宁、任邱、阜成、交河、宁津、景县、吴桥、故城、东光、文安、大城、新镇、清苑、满城、徐水、定兴、新城、唐县、望都、容城、完

---

① 原件为表格。

县、雄县、安国、安新、东鹿、正定、获鹿、井陉、阜平、栾城、灵寿、平山、元氏、替皇、晋县、无极、藁城、易县、涞水、涞源、定县、曲阳、深泽、深县、武强、饶阳、安平、大名、南乐、清丰、沙河、广宗、永年、曲周、肥乡、鸡泽、广平、邯郸、威县、清河、磁县、衡水、南宫、赵县、高邑、宁晋等八十县，河南省开封、通许、尉氏、鄢陵、兰封、密县、西华、项城、沈邱、扶沟、许昌、临颍、郾城、荥阳、广武、汜水、武涉、安阳、汤阴、临漳、林县、内黄、武安、涉县、寿乡、淇县、濬县、滑县、博爱、原武、修武、孟县、舞阳等三十四县。该岸盐商为专商性质，具有永久性，组有芦纲公所，各商名目太繁，无从胪列。

2．旧官运六一岸　河北省北平市、大兴(采育营)、宛平、安次、旧州营、蓟县、宝抵、宁河、丰润、长垣、濮阳、东明，昌平、邢台、克山、内邱、任县、南河、成安、巨鹿、平乡、遵化、兴隆、香河、玉田、新乐、行唐、柏香、隆平、临城、博野、蠡县、南皮、沧县、静海、青县、盐山、庆云、冀县，枣强、新河、高阳、武邑一市四十一县二营，河南省温县、阳武、济源、禹县、长葛、洧川、中牟、新郑、郑县、商水、淮阳、陈留、杞县、太原、没县、辉县、获嘉、封邱、延津等十九县。盐商为包商性质，承办商人德兴公司，除年缴税十四万元外，其中大兴、宛平、枣强、昌平、延庆、武邑、东安、邢台、博野、蠡县、冀县、香河、临城、新乐、行唐、旧州营(以上冀岸)、商水、淮阳、温县、长葛、洧川、汲县、郑县、陈留、杞县、辉县、太康、获嘉(以上豫岸)等二十七县一营仍由该商按年向原引商备价租办。

3．津武口岸　河北省天津市、天津、武清共一市两县。盐商为包商性质，由利津公司承办。

开放各岸

4．永七岸　河北省卢龙、迁安、抚宁、昌黎、滦县、乐亭、临榆。盐商为包商性质，由裕蓟公司承办。

1. 汝光十四县　河南省汝南、光山、上蔡、新蔡、正阳、西平、遂平、确山、信阳、罗山、潢川、固始、息县、商城等十四县。该区盐商为自由商性质，从事自由贸易。

2. 巩直八县　河南省巩县、孟津、宝丰、郏县、襄城、叶县、方城、南阳等八县。该区为自由贸易区，盐商为自由商性质。

3. 平辽九县　山西省平定、辽县、寿阳、盂县、昔阳、和顺、阳曲、榆次、榆林等九县。该区为自由贸易区，盐商为自由商性质。

4. 平遥八县　山西省太谷、太原、文水、交城、平遥、介休、汾阳、孝仪等八县。该区为自由贸易区，盐商为自由商性质。

5. 口北岸　察哈尔省张北、多伦、沽源、宣化、万全、赤城、龙关、怀来、阳源、怀安、蔚县、涿鹿、延庆、商都、宝昌、康保等十六县，热河省承德、滦平、平泉、隆化、丰宁、凌源、朝阳、阜新、建平、绥东、赤峰、开鲁、林西、围场、经棚、林东等十六县又天山、鲁北二治局。该区为自由贸易区，盐商为自由商性质。

精盐岸

销地全国通商口岸及商埠(原盐系芦盐)，盐商为自由商性质，他们为：久大公司，资本二百十万元，民国三年九月核准，产额限一百零五万担。通达公司，资本五十万元，民国十年七月核准，产额限五万担。

[实业部档案]

11. 实业部关于山东区盐商现状调查统计①

(1934年)

盐商现状调查表　民国二十三年

---

① 原件为表格。

山东区

销地分下列各岸：

1．引商专岸　山东省济南市、历城、齐河、长清、平原、泰安、肥城、东平、东阿、平阴、滋阳、曲阜、宁阳、邹县、泗水、汶上、、阳谷、濮县、鄄城、曹县、单县、巨野、高唐、聊城、博平、茌平、清平、馆陶、济宁、嘉祥、鱼台、夏津、峄县等三十二县，江苏省丰县、沛县、萧县、砀山、铜山等五县。本岸盐商为专商，有一县一商者，有一县多至数商者，名称繁多，从略。

2．认商领岸　山东省章邱、邹平、淄川、长山、鱼台、齐东、济阳、临县、临邑、德平、惠民、青城、乐陵、商河、高苑等十五县。盐商为专商性质，各县有一商独办者，有数商合办者。

3．租商认岸　山东省观城、朝城、范县、寿张、郓城、定陶、城武、荷泽、金乡、滕县等十县，盐商为票商性质，由鼎新公司租办。德县、临清、恩县、武城、禹城、邱县、莘县、堂邑、冠县等九县，盐商为票商性质，由鼎裕公司租办。寿光县由票商民生盐店租办。广饶县由地方等资租办。益都、临朐、昌乐、潍县、新泰、蒙阴、莱芜、博山等八县，盐商为票商，由益东公司租办。博兴、临淄等二县、盐商为票商，由鼎利公司租办。滨县、利津、蒲台等三县，盐商为票商，由同丰泰等租办。阳信、无棣、霑化等三县，盐商为票商，由亿丰公司租办。河南省商邱、宁陵、鹿邑、夏邑、永城、虞城、睢县、考城、柘城、民权等十县、安徽省宿县、涡阳等二县，盐商为票商，由永裕公司租办。

4．开放口岸　山东省日照、莒县，沂水、临沂、郯城、费县等六县，盐商为自由商性质，中分商岸、民岸，商岸有行，民岸由贩户自由挑运零售。安邱、诸城、蓬莱、黄县、福山、栖霞、招远、莱阳、牟平、文登、海阳、荣成、掖县、平度、昌邑、胶县、高密、即墨等十八县，盐商为自由商性质，专销山东金口盐，商贩资本极小，专运零星食盐销售。

5. 输出口岸　输往朝鲜、日本、香港，盐商为专商性质，青岛盐输出日本、朝鲜等处均订有专约，永裕公司为食盐输出专商，万玉记、德源祥、复诚仁、成公和、昶通兴等六家为工业盐输出商。

6. 精盐　销往全国通商口岸及商埠，原盐系鲁盐。盐商为自由商性质，烟台通益公司，资本六十万元，民国八年十二月核准，核定产额三十万担；青岛永裕公司以制盐为兼业，资本未规定，民国十二年九月核准，二十一年核定产额四十万担。

〔实业部档案〕

12. 实业部关于河东区盐商现状调查统计①

（1934年）

盐商现状调查表　民国二十三年

河东区

销往下列各岸：

1. 晋岸　山西省长治、晋城、襄垣、潞城、平顺、阳城、陵川、临汾、蒲县、曲沃、汾城、乡宁、吉县、猗氏、稷山、河津、临晋、霍县、灵石、汾西、黎城、襄陵、永济、虞乡、绛县、夏县、垣曲、洪洞、荣河、平陆、沁水、翼城、浮山、高平、壶关、安泽、屯留、万泉、解县、芮城、安邑、赵城、闻喜、长子、新绛等四十五县，盐商为包商。本岸包商包缴税款，多则按数递加，少则照额纳足，长治、大顺、恒中、和昌各销年九千担，晋城裕丰年销二万五千五百担，襄垣宝泉裕年销一万零五百担，潞城、平顺敬和成年销一万三千二百担，阳城裕顺昌年销一万二千担，陵川乾益恒年销八千四百担，临汾永庆年销八千一百担，蒲县永庆城年销一千二百担，曲沃永盛生年销四千八百担，汾城德裕厚年

① 原件为表格。

销四千八百担，乡宁日永兴年销二千四百担，吉县日永升年销一千二百担，猗氏协成绩年销一千八百担，稷山忠信成年销四千八百担，河津恒隆永年销四千八百担，临长忠兴信年销一千五百担，霍县鼎泰裕年销六千担，灵石同上，年销七千二百担，汾西同上，年销四千二百担，黎城保和公年销四千二百担，襄陵永盛成年销四千五百担，永济永丰厚年销六千担，虞乡同上，年销一千五百担，绛县聚盛丰年销五千一百担，夏县同上，年销三千担，垣曲永兴亨年销一万零八百担，洪洞德裕恒年销六千六百担，荣河宝聚生年销三千六百担，平陆永顺源年销一万六千五百担，沁水宋裕合年销七千二百担，冀城庆泰隆年销五千四百担，浮山庆泰隆年销二千七百担，高平永升泰年销一万六千五百担，壶关兴业号年销一万一千四百担，安泽忠兴和年销五千四百担，屯留鼎泰恒年销七千八百担，万泉永聚厚年销三千六百担，解县永丰裕年销四千五百担，芮城福盛永年销六千担，安邑鼎益合年销二千四百担，赵城长裕公年销七千二百担，闻喜信义源年销二万七千三百担，长子恒裕成年销一万二千担，新绛裕丰恒年销八千七百担。

2. 陕西渭北　陕西省三原、高陵、兴平、同官、朝邑、乾县、武功、永寿、耀县、泾阳、富平、大荔、澄城、咸阳、醴泉、蒲城、郃阳、白水、韩城等县。盐商为包商性质。三原复泰甡年销三千六百担，高陵同上，年销一千二百担，兴平同上，年销七千二百担，同官同上，年销六百担。朝邑裕德成年销六千担，乾县裕生公年销四千八百担，武功同上，年销四千五百担，永寿同上，年销一千二百担。耀县益合成年销六百担，泾阳同上，年销五千四百担，富平同上，年销九百担。大荔三益成年销三千担，澄城同上，年销三千三百担。咸阳裕生成年销三千六百担，醴泉同上，年销亦同。蒲城包商太始生年销六百担，郃阳同上，年销七千二百担。白水萃合成年销九百担，韩城集义成年销六千担。

3. 陕西渭南　陕西省长安、临潼、鄠县、蓝田、周至、渭南、商县、镇安、洛南、山阳、商南、潼关、华县、华阴、宁陕、柞水、平民等十七县。盐商为自由商性质，开放区域，商无定人。

4. 豫岸二十五县　河南省洛阳、偃师、宜阳、登封、洛宁、新安、渑池、嵩县、灵宝、阌乡、卢氏、临汝、鲁山、伊阳、南召、淅川、新野、内乡、镇平、唐河、泌阳、桐柏、邓县、陕县、伊川等二十五县。盐商为自由商性质，开放区域，商无定人。

5. 巩孟八县　河南省巩县、孟津、宝丰、郏县、襄城、叶县、方城、南阳等八县。盐商为自由商性质，开放区域，商无定人。

6. 晋北南部　山西省平定、辽县、寿阳、昔阳、和顺、盂县、榆社、阳曲、榆次、太原、太谷、祁县、交城、文水、岚县、兴县、徐沟、岢岚、汾阳、孝义、平遥、介休、石楼、中阳、离石、临县、沁县、沁源、武乡、太宁、隰县、永和、清源、方山等三十四县。盐商为自由商性质，开放区域，商无定人。

［实业部档案］

13. 实业部关于晋北区盐商现状调查统计①

（1934年）

盐商现状调查表　民国二十三年

晋北区

1. 销地

吉土盐销区　绥远省包头市、临河、五原、包头、萨拉齐、固阳、东胜、归绥、武川、和林格尔、清水河、托克托等十一县市又大奈太设治局一。

北路土盐销区　山西省大同、怀仁、山阴、应县、灵邱、浑源、广灵、朔县、代县、静乐、繁峙、五台、定襄、崞县、忻县等十五

---

① 原件为表格。

县。

原销中南路土盐区　山西省平定、昔阳、盂县、寿阳、辽县、榆社、和顺、阳曲、榆次等九县，太原、文水、交城、平遥、介休、汾阳、孝仪等八县，祁县、岚县、兴县、徐沟、清源、岢岚、石楼、临县、中阳、离石、方山、沁县、沁源、武乡、隰县、太宁、永和等十七县。

2. 商别：自由商。

3. 概况：自由贸易商无定额，开歇靡常，亦有客商兼营他业者。

［实业部档案］

14. 实业部关于甘肃区盐商现状调查统计①

（1934年）

盐商现状调查表　民国二十三年

甘肃区（宁夏青海附）

1. 销地

陇西　甘肃省天水、泰安、清水、徽县、两当、礼县、通渭、武山、甘谷、西和、西固、文县、成县、武都、平凉、华亭、静宁、宁县、合水、环县、崇信、隆德、庄浪、庆阳、正宁、泾川、镇源、灵台、固原、化平、海源、康县等三十二县，兰州市、皋兰、临洮、红水、临夏、和政、宁定、洮沙、靖远、榆中、渭源、定西、陇西、临潭、会宁、岷县、漳县、武威、永昌、民勤、古浪、永登、张掖、东乐、山丹、临泽、酒泉、金塔、高台、鼎新、安西、敦煌、玉门等三十四县又一市，宁夏省宁夏、宁朔、灵武、盐池、平罗、中卫、磴口、金积、豫旺等九县又陶乐、紫湖、居延三设治局，青海省西宁、互助、大通、门源、乐都、民和、循化、同仁、

① 原件为表格。

贵德、巴燕、湟源、共和、玉树、都兰等一十四县。

2. 陕岸　陕西省肤施、安塞、甘泉、延川、定边、保安、安定、延长、宜川、靖边、绥德、清涧、米脂、吴堡、榆林、府谷、神木、葭县、横山、鄜县、洛川、中部、宜君、凤翔、岐山、宝鸡、扶风、郿县、麟游、汧阳、陇县、邠县、淳化、栒邑、长武等三十五县，南郑、褒城、城固、洋县、沔县、西乡、宁羌、略阳、佛坪、镇巴、留坝、汉阴、岚皋、安康、平利、镇坪、洵阳、白河、紫阳、石泉、凤县等二十一县。

2. 商别：本区皆为自由商。

3. 概况：无。

〔实业部档案〕

15. 实业部关于新疆区盐商现状调查统计①

（1934年）

盐商现状调查表　民国二十三年

新疆区

销地分北路、南路两岸。

北路　新疆迪化、乾德、奇台、木垒河、昌吉、呼图壁、阜康、孚远、绥来、沙湾、镇西、哈密、吐鲁蕃、鄯善、乌苏、伊宁、巩留、绥定、霍尔果斯、精河、傅乐、塔城、额敏等二十三县。盐商为自由商。北路又为新疆运销局官运区域、各县食盐或由局设柜门市发卖，或委托地方官及商人代为分销，惟塔城一县有商人包办，年包湘平银三万两，按月匀解，其余各县零星商贩自由贸易。

南路　新疆阿克苏、柯坪、阿瓦提、温宿、拜城、乌什、库车、托克苏、沙雅、马耆、轮台、尉犁、若羌、疏勒、巴楚、麦

① 原件为表格。

盖提、疏付、伽师、莎车、叶尔羌、蒲犁、叶城、泽普、皮山、英吉沙、和田、墨玉、于田、且来、策勒、洛甫、承化、布尔津、布伦托海、吉木乃、哈巴河等三十六县，又托克逊、和什托、罗盖、七角井、乌鲁和、恰提、赛图拉、库尔勒等六设治局。盐商为自由商。

〔实业部档案〕

16. 实业部关于西康区盐商现状调查统计①

（1934年）

盐商现状调查表　民国二十三年

西康区

销地川边岸。分布西康之康定、九龙（销川盐）巴安、泸定、雅江、道孚、理化、瞻化、稻城、盐井、甘孜、炉霍、丹巴、定乡、昌都、德荣、武成、宁静、察雅、贡县、察隅、科麦、恩达、邓柯、石渠、白玉、德格、同普、嘉黎、硕督、太昭等二十九县。盐商为自由商，商人办运盐斤，用牲畜驮运，其料理牲畜运行者，曰驮脚娃，每日只行三四十里，得水草便利处即息，驮运时期以冬季为盛。

〔实业部档案〕

① 原件为表格。

（四） 国内主要商品市况与管理

一、粮　　食

1. 上海市长张群为解决上海食粮困难问题致中央政治会议呈

（1929年10月9日）

上海特别市市长张群呈报处理民食问题困难，请所并列举目前应办事项、请统筹全局主持办理呈文：呈为呈清事：窃以民为邦本，食为民天，民食一项为国本民生之所繫。总理于民生主义中已剀切言之矣。吾国以农立国，地广土厚，所产粮食，纵不足以供世界之需要，亦应供给本国而有余。讵近年以来，民食问题顿形严重，陕甘鲁豫等省无获矣，江苏号称产米之区，大江以北早以粮荒为患，浙江素为富饶之地，浙东各县亦多先后报荒。而本市人口激增，民食所需，供不胜求，自更足引起社会极度之注意，既无法消弥于机先，祗仓皇补救于事后，每当情势紧张之际，除禁止出洋与限制价格二者以外，几别无中心理论与准确途径，俾得集中政府与人民之力量，以谋根本之解决，此则市长所引为疚心者也。且本市处理此项问题，较之其他省市尤感困难，盖本市既非产米之区，多恃邻省市县接济，迩以苏省新谷尚未悉数登场，而浙省报荒如金衢温处等属，又复纷来采办，湘米则就近运往武汉，皖米则似先供给首都，本市来源，两面受挤，生寡食众，其困难一。本市客米到埠，往往堆存洋栈，观望市面，如销售于沪为有利，则提货出栈，否则就原关单报请转口，以逐厚利。至向远省采办，难以设法疏通，而在商人重利畏难，惟恐采办到沪，本市米价或以出新涌旺，已见平落，反蒙蚀本之危险，因此观望不前，其困难二。又如上海积谷款产，大抵有名无实，救荒大宗款项，市库无力拨付，邻县米粮产销实况如何，既为经济及人力所限，未克详查，而本市转口米粮，因有苏省政府在市区以内设所查验，本市反无从知悉，此感于事权之不统一，及经济之不充裕，而几无可为力其困难三。市长审思竭虑，莫此为甚，犹恐因民食问题影响治安，一面勉为筹拨款项，令由社会局责成米商前往产区采办，暂贷接济，一面限制高抬米价，严禁偷运出洋，及囤积居奇等事。然此仅为临时救急之计，终非治本之法。民生基础势难安定，随时设法补救，既感应付之艰难，设非未雨绸缪，更恐无济于事实，市长有鉴于此，爰就民食问题，目前所应举办者，分析为钧会陈之：

一、调剂盈虚。民食有关全国，自应通盘筹划，由中央迅速设立全国粮食调剂机关，举凡国内各省市粮食生产及消费状况，分别调查明确，立一精密之统计，何省可以输出，何省尚虑不给，一目瞭然，无虑隐蔽，然后特定法令，酌盈剂虚，庶几分配均衡，无一夫不获之虑。

二、积谷平价。吾国本有积谷制度，无如办理不善，有名无实，而私人囤积居奇，则又所在皆是，亟应严订惩奖条例，通令各省市，一面切实整理公家积谷款产，购谷存储，一面严办奸商，以杜操纵市价，然后由公家多筹积谷专款，善为运用粮价。过贱则增价购储，不致谷贱伤农，粮价趋昂，则减价放粜，不致谷贵妨民，而米价自常保持其平衡之状态。

三、禁止遏粜。昔年军阀专政，各省互分畛域，不相流通，以致盈虚不能调剂，有余之区，苦同划饼，不足之地，困于炊珠。应即通令各省，凡本国粮食，除严禁出洋外，在国内绝对流通，不得遏粜。如欲防止流弊，可由承办商人呈请地方政府发给护照，载明数量，沿途关卡凭照验放，不得留难。

四、便利运输。本国产米之区，如湖南、安徽、江西等省，每以运输不便及手续烦苛，商旅裹足不前，宁愿不惜利权外溢，采办洋米接济。应设法开浚河道，修筑铁路，以利交通，并于必要时减少运费，及废除烦苛手续，予以种种便利。

五、预防灾害。天灾流行，何代蔑有，水旱虫灾，为农产之大害，究其原因，均由缺乏森林，水利不修之所致，亟应广植树木，兴修水利，至捕除螟蝗应即宣传方法，补贴经费，以期农家依法实施，绝其根本。

以上各端，仅就管见所及，而为事实上所能施行者，约略敷陈，诚不免挂一漏万。此外关农业根本大计，应行举办者尚多，自应恪遵，总理民生主义中各项方法，次第实行，以期收效。又查属市社会局长潘公展，曾于上年八月间搜集事实，敷陈民食问题之一般状况，指明生产不足与分配失调为症结所在，拟具治本治标办法，呈请转呈国府采择。旋准国府秘书处函复，已交内政、农矿各部参照核办。嗣又于内政部召集第一期民政会议时，经职府派该局长前往出席，提出整顿民食问题案，请中央设置粮食委员会，及促进义仓之实现，并建议产销各地，互相联络，根据调查统计，维持粮食流通，俾免调剂失均之弊，等情各在案。总之，粮食问题，关系国本，人民生计所需，未便置为缓图，民食一日无适当之解决，即民生一日无相当之安定，而解决民食问题之根本，则在增加生产，与平均分配，应请中央统筹全局，主持办理，实非一隅之地所能为力。兹事体大，究应如何切实施行之处，除呈请国民政府核示外，理合备文呈请鉴核示遵，实为公便。谨呈中央政治会议

上海特别市市长　张　群

十八．十．九

〔行政院档案〕

2. 行政院关于粮食管理法及其实施程序的训令

（1933年2月15日）

行政院训令　字军七一六号

令实业部

为令行事：案据内政部呈称：案查二十一年十二月间本部召开第二次全国内政会议，所有议决可采各案业经分别呈报并通行在案。兹查有本部所提确定粮食管理政策并改进民食行政案，经提出大会决议。此案所举粮食管理实施原则，规定妥善，至详细办法由内政部定之。又据山东省民政厅长李树春提议拟请从速设立各级粮食管理机关，处理民食问题案、上海市社会局局长吴醒亚提议奖励各地设立食粮合作仓库案、察哈尔省民政厅长仵佣提议改善仓储制度以期便利案、上海市社会局长吴醒亚提议拟请迅予确定调节民食具体办法案、军政部提议各省市县民食储备仓库之筹设案、江苏省民政厅长赵启騄提议调节民食应从根本着手案，以上六案，经提出大会合并讨论决议，所提内容已包括于确定粮食管理政策并改进民食行政案内，送内政部采择办理各等语，纪录在卷。本部复核上列六案，除上海市社会局长吴醒亚所提奖励各地设立食粮合作仓库一案系属实业部职掌，另文咨请实业部核办，暨察哈尔省民政厅长仵佣所提改善仓储制度以期便利案、上海市社会局长吴醒亚所提提请迅予确定调节民食具体办法案，以及军政部所提各省市县民食储备仓库之筹设案均应存备采择外，所有山东省民政厅长李树春所提拟请从速设立各级粮食管理机关处理民食问题，暨江苏省民政厅长赵启騄所提调节民食应从根本着手两案，所拟办法均有可采。窃查粮食问题之重要，无待烦言，现时世界著名国家大都设有专管机关，以谋粮食问题之解决。本党对内政策亦有调整粮食之产销，以谋民食之均足之规定，乃自奠都以后，政局多变，此项政策，延未实行。现值国际局面日形严重之际，我国尤应及时确立粮食管理计划，以防患于万一。本部深维职责之重大，对于此项问题早已加以注意。兹谨依照此次内政会议决议案，将本部所提确定粮食管理政策并改进民食行政策案内之粮食管理法草案暨粮食管理法实施程序草案，分别修正加具说明，并检同本部提案暨山东、江苏民政厅长两提案，一并呈请钧院鉴核，转送中央政治会议决定原则，交由立法院从速审议，俟法规公布后，再行会商各主管部积极进行。是否有当，理合备文呈请鉴核示道。等情。据此。当经提出本院第八十六次会议决议，交由内政、财政、实业、交通、铁道各部审查，由内政部召集。除分令外，合行抄发原件，令仰该部即便遵照。此令

计抄发原呈粮食管理草案说明一件粮食管理法实施程序草案说明一件

中华民国二十二年二月十五日

说明

(一)粮食管理法草案

第一章　总则

第一节　各地粮食管理事项除法律别有规定外，依本法行之。

第二条　本法所称之粮食，其种类及名目另定之。

第三条　战时粮食管理其适用范围及实施办法另定之。

(说明)本章第二条规定粮食之种类及名目另定之等语，盖粮食管理在吾国尚属创举，当开始办理时，其范围不宜过宽，自应先以主要粮食为限，而粮食之种类极为复杂，亦需由专家加以鉴定，故以另行规定为宜。

第二章　管理机关及区域

第四条　中央应设粮食管理署，直属于实业部，其组织法另定之。

第五条　粮食管理署附设粮食设计专门委员会，并由各关系

部会派员参加，其组织条例另定之。

（说明）管理机关之组织应分两部分，一为执行部份，一为设计及联络部分。前者拟设一粮食管理署以专其职责，而粮食管理与农业经济息息相关，自以附设于实业部为宜，或即就实业部原有之农业司加以改组，则人才经济两均节省矣。后者拟设一专门委员会，以专家及各关系部会派员组织之，此项委员会为一研究或备咨询之机关，对外并不行文其事务，人员即由管理署之职员兼充。

第六条　全国各主要粮食产销地方得次第划为粮食管理区，前项粮食管理区为一经济区域，不以省市行政区域为单位，但在粮食管理区未划定以前，各省市得设立粮食管理委员会，其组织规则另定之。

（说明）经济单位与行政单位究属不同，故本案对于粮食管理区域主张另行划分，不以现有省市区域为限。因现有省区缺点甚多，自不能再行沿袭，使新兴事业陷于困顿。

第七条　粮食管理区得设办事处，其组织规则及划区办法另定之。

第八条　各省市政府对于粮食之管理以左列各项为限：

一、关于积谷事项；

二、关于取缔粮食不正当消耗事项；

三、中央粮食主管官署特别委托办理事项。

第九条　粮食管理人员应加训练，其训练规则另定之。

（说明）本案关于粮食管理采分权主义，以免以前省自为政，尾大不掉之弊，故各省市之职掌范围明白列举用资限制，至粮食管理人员无论平时或战时及灾荒时，均非有充分之学识及修养者，不克胜任，故应招致大学或专门学校毕业者加以短期有效之训练，以利进行。

第三章　粮食贸易

第十条　各地粮食之贸易及运转以自由流通为原则。

第十一条　各省市政府不得设立粮食查验机关或加征任何捐税。

（说明）以上两条为本案根本精神之一，将来应采取严格监督办法，凡各省主管长官有违犯本法者第一次应加警告，促其撤销，第二次应予交付惩戒，以树风声而革陋习，倘此点不能办到，则一切从托空谈矣。

第十二条　国际粮食贸易逐渐改归国营，其办法另定之。

（说明）国际粮食贸易改由国家经营，即管理贸易之一种，自欧战以还，管理贸易之说，嚣然尘上，就中已见诸实行者如苏俄等国，皆具成效，而吾国在列强经济势力压制之下，尤非逐渐实行对外粮食贸易国营，不足以调剂盈亏，保护农业。

第十三条　为免除中间商人之操纵剥削，得创设左列粮食合作事业：

一、粮食运销合作社；

二、粮食合作商店。

第十四条　为便于粮食商品之交易并便利监督起见，得就适宜地点设置左列各种粮食市场：

一、地方市场；

二、中央市场；

三、批发市场

四、零售市场

（说明）本案系以粮食管理区为统制粮食之中心，一面督促人民组织合作机关，改革粮食分配方法，一面完善粮食市场系统，以谋粮食供求之均衡与买卖之便利。所谓粮食市场系统，即先于粮食生产地向生产者购买粮食（是即地方市场），运致粮食总汇集区，以应时需要，分配与各批商店（是即中央市场），更由此批发商店趸售与各小商人（是即批发市场），最后卖与一般之消费者（是即零售市场)，此种市场系统在农产物发达之国家(如美国等)大都施行以此规划而为各种农产物之分配，其在日本此种市场亦甚多，地方市场如水户之正米市场等是，批发市场如东京之米谷商品交易所，深川之正米市场等是，中央市场如东京与大阪两市皆早成为粮食市场之中心，不过事实上在东京、大阪之中央市场皆兼有批发市场之性质。盖因日本为小国，真正之中央市场无甚需要，若在我国地广人稠，且交通闭塞，运输困难，为求民食之均足，则促成此等中央市场实有必要。至此所谓地方市场及中央市场等均不过指在某地方(村镇或市区)所发生之买卖关系而言，非谓必在一定之时间与一定之场所而为此种营业也。

第四章　粮食运输

第十五条　粮食运输费用应比一般物品运费减低，并应规定最高及最低价格。

第十六条　凡输往灾区之粮食，其运费应比照平常价格至少减免二分之一。

第十七条　粮食品于必要时，须优先输送，不得阻碍。

第十八条　粮食生产地与运销地间应建立一交通网，其实施办法另定之。各省市交通计划及市政设计，应比照前项规定，力谋粮食运输之便利。

第十九条　粮食运输方法及不良手续，应调查并改进之。

(说明)粮食之调节与运输问题关系至为密切，故本章特明白规定一般之原则，至其根本办法仍在开发交通，并注意其联络。

第五章　粮食价格

第二十条　各粮食管理区之粮食价格，得规定最高及最低率。

第二十一条　粮食价格超过或低降于前条法定价率时，应由各粮食管理区办事处设法调剂之。

(说明)法定粮食价格之说倡行已久，惟在营业自由之下，利用此点以抑平粮价，障碍甚多，本案仅用以为平价之标准，其办法已详于第二十一条，兹不复赘。

第六章　粮食消费

第二十二条　左列各食品应提倡并改进其食用方法：

一、糙米；

二、杂粮。

第二十三条　节食办法应尽力调查提倡，并取缔一切粮食不正当之消耗。

（说明）吾国糙米营养成分极大，而因表皮粗糙之故难以下咽，至各种杂粮为民食中之大宗，均宜研究其实用方法，则不仅有益于国民之卫生，亦可节省大量之消耗，节食一层亦与国民之健康有关，已规定于第二十三条中。

第七章　粮食制造

第二十四条　谷米酿酒之数量及其对于民食之影响应调查，并予以适当之限制。

第二十五条　米谷碾白之标准以命令规定之。

（说明）谷米酿酒及过度碾白，均经先后明令取缔，惟其影响及标准若何，尚无详细之考察，此种盲目的取缔命令，危险极大，故特设本章以限制之。

第八章　粮食储备

第二十六条　各粮食管理区应就都市内设立粮食总储备仓及分仓。

第二十七条　总储备仓之使用依左列各规定：

一、循环粜籴调节粮价；

二、救济灾区；

三、联络各粮食运销合作社。

第二十八条　各县应设立县仓及区仓、联仓或镇仓。

第二十九条　提倡并奖励人民设立义仓及各种谷物保管仓库。

第三十条　各省市政府得于省市府所在地联合设立粮食储备仓，专备荒歉赈济之用。

（说明）现行仓储制度仅县以下设有租谷仓，而国家及地方支出大抵取之于县，除少数省份外，各县为财力所限，往往难于举办，故本案对于县以下之各仓仍予推行，并奖励人民设立义仓。惟另于各粮食管理区下设置总储备仓及分仓，或联合各省市办理之前项总备仓，直属中央循环粜籴，为国内粮食贸易之总机关，不以营利为目的，此其一大特点。

第九章　粮食调查及登记

第三十一条　粮食管理之实施应先举办粮食调查及设计，其办法另定之。

第三十二条　为管理上之必要，得办理左列各项粮食登记：

一、粮食运输商登记；

二、粮食售卖商登记；

三、粮食制造业登记。

第十章　附则

第三十三条　粮食管理经费由关系部会同商定之。

第三十四条　本法施行细则另定之。

第三十五条　本法自公布之日施行。

（说明）调查及登记为粮食管理之基础，第九章特予明白规定，以示重要。又粮食管理经费与行政费有别，且数额甚大，故应由主管部会同商定，从长计议，以便进行。

（完）

（二）实施程序草案（或第一次三年进行计划）

第一年度

一、公布粮食管理法。

二、公布粮食管理署组织法。

三、成立粮食管理署。

四、公布粮食设计专门委员会组织条例。

五、成立粮食设计专门委员会。

六、制定粮食管理法施行细则。

七、规定粮食管理之种类及名目。

八、制定粮食管理区办事处组织规则。

九、决定调查计划。

十、实施调查。

十一、商定经费并编制特别预算。

(说明)徒法不能以自行，故应另定实施程序，以规定实行之标准。其第一年度之实行程序大抵为基本工作，或称为第一年度计划，如设立机关，规定法规，举行调查，编制特别预算等，皆是也。

第二年度

一、会同关系各部会召集左列各会议。

甲、关税会议决定左列各事项：

乙、交通会议决定左列各事项：

A．厘定全国粮食运输网计划大纲，

B．规定运费最高最低标准，

C．规定灾区粮食运输减费办法，

D．决定优先输送粮食办法，

E．取缔运输不良习惯，

F．改善运输方法，

G．其他。

丙、国防会议决定粮食动员计划，

丁、农田水利会议，

戊、其它。

二、会同主管部召集各省市遣派代表，商定裁撤杂捐及弥补办法。

三、撤销各查验机关。

四、制定粮食管理区划分办法。

五、划定各粮食管理区。

六、逐渐设置各粮食管理区办事处。

七、制定粮食管理人员训练规则。

八、训练粮食管理人员。

九、筹设总分粮食储备仓。

十、推行县区乡镇各仓及义仓。

十一、法定粮食价格，并由各粮食管理区实行调节。

十二、规定米谷碾白标准。

十三、调查并限制米谷酿酒。

（说明）第二年之工作乃紧接第一年度而来，为求法律与事实互相吻合起见，故应召集各项会议以解决之。

第三年度

一、继续前年度各事业。

二、筹设粮食运销合作社。

三、筹设粮食合作商店。

四、公布国际粮食贸易局组织条例。

五、成立国际粮食贸易局。

六、取缔粮食不正当消耗。

七、提倡食用糙米及杂粮。

八、研究新食品。

九、筹设粮食市场。

十、研究米谷贮藏方法。

十一、拟订第二次三年计划。

说明　本实施程序系一大概步骤，其实行先后及标准自可随实际上之需要酌予变通或补充。

（说明）第三年度之工作以继续第一、第二年度之事业为中心，一切准备既多完成，然后再进行合作组织及粮食国营，盖以行政人员办理企业，每多失败，故一切步骤均应力求审慎。又本案所建议之粮食管理署，其职掌实兼生产及分配两方面，如蒙采择，应再与实业部之农业计划互相联络。又默察国内及国际现状，吾国民食问题至少当于最短期间完成粮食自给主义，则本案如能实行，即成为中央施政之一大中心，而国防、交通、财政、卫生、土地、水利等项均附隶于本案之内，以迅谋民食问题之解决，其责至重，其事至繁，国家前途实利赖之。

〔实业部档案〕

3．绥远省建设厅关于麦产滞销情形并恳请救济的电

（1933年8月30日）

实业部钧鉴：宥电艳日奉悉。张调查员宗成陷日到绥，本厅派员协助所有绥麦产量滞销情形以及救济计划，均由张调查员转陈在案。查绥省面积一百二十万六百四十方里，人口二百二十余万，每方里不及二人，历年放垦修渠，田地日辟，生产之加，二十一年调查各县共产小麦二百六十余万石，大麦七十六万二千余石，燕麦二百四十余万石。本省又无工厂制造，社会所需又以人口无多，销耗有限，而出路反恃平绥路交通一线输运，去今二年总计由绥所运之各种杂粮不过四万余吨，尚不及十分之一，以致输出维艰，到处囤积，无所销售，演成谷贱伤农，濒于破产。旧粮既无出路，本年新粮又复登场，血汗辛劳竟无所得，农民已无经济来源，商市更受影响。滞销情形亟待救济，救济之道是在设法输运外销，而客商均以铁路，运费迭经绥远省政府请减，平绥铁路未能税减，畅运所定减运之期，每次不过三个月，又系分段规定，以现在绥远之粮运至北平西直门，合以运价仍多亏折，不能出售，商民交困，徒唤奈何，此绥粮滞销情形也。今钧部出席研

讨滞销，设法补救，远道遥听，同深雀跃，且西北正在提倡开发，绥远又为粮食出产最富之区，若不使其有所出路，财民困商敝，危险堪虞，开发前途必多阻碍。尚望钧部对于绥远粮食输出，从优待遇，特别将平绥路由包头、萨县、绥远三站至西直门运费减轻，并请定以长期之规定，平绥路以外如北宁、津浦、平汉各路定以短期之办法，如此补救绥粮不致滞销，民困亦可销苏矣。谨电复，伏乞鉴核训示施行。绥远省建设厅长冯曦叩。世。印。

〔实业部档案〕

4. 湖北省建设厅关于湖北产麦滞销情形致实业部代电

（1933年9月6日）

实业部部长陈钧鉴：宥行密电奉悉。关于派员协助调查产麦滞销，并查报省内产麦滞销情形一案，已派本厅股长张正性、技士吴宝焘、科员万邦和前往接洽，并已将产滞销情形列表径交调查委员洪绍统，兹特另缮一份电复鉴核。湖北省建设厅厅长李范一叩。鱼。印。

附湖北省产麦滞销情形表一份

湖北省产麦滞销情形表

甲、滞销之原因

（一）运费太贵　十六年以前襄河船只约五十万号，现在不及十分之一。因船只缺乏，又因工价增高，以致现在运价较十年前约增两倍以上，于是陕南、豫西、鄂北之麦均无法运汉

（二）捐税太重　麦粉除照章缴纳统税之外，尚有各种苛细杂捐，尤以营业税为最繁重。

（三）行用重叠　小麦自收获后，由农家以至于面粉厂须辗转交易于小集市、小市镇、大都市之各种行家，多一次交割即多一

次行用，总计每麦一担约需行用七、八角之谱。

(四)车运太贵　由郑州、信阳一带运麦至汉口，每担约需运费及捐税一元七、八角，以与加拿大、美麦运汉之运费相交，高三倍有余。

(五)武汉上下驳运太高　驳船每驳麦一包需费一角，较沪上高三倍，码头伕抬麦一包上坡需力资五分五厘，较沪上高一倍又强。

(六)美麦质优出粉较多　美麦每包所出面粉量较华麦多十余斤，且色白味美。

有以上各种原因，故面粉厂多喜用美麦而不愿用华麦，设将来美麦大批来汉，对于面粉商人固有莫大利益，但华麦滞销情形当更较今日为甚。

乙、需要之情形

(一)武汉

厂名	所在地	月需量
福新	汉口桥口	4500吨
金龙	汉口法租界	1500吨
五丰	汉阳杨家河	2000吨
共计		8000吨

(二)沙市

厂名	所在地	月需量
信义福	三民街九十五号	7000担(每担一百斤，每斤十六两八钱)
正明泰记	崇文街三十六号	3500担(同上)
共计		10500担

总计本省面粉厂用麦每月约需一三〇〇〇吨，其中用华麦磨粉者只占全量三分之一弱。

〔实业部档案〕

5. 河北省实业厅关于天津麦产滞销情形致实业部代电

（1933年9月7日）

实业部部长陈钧鉴：宥电敬。悉。此案铁道部派俞委员安锟已来津接洽，声明天津市麦产滞销情形系归其负责调查，当派国货陈列馆总务股股长顾训贤帮同办理。至河北省麦产销售向以天津的大宗，理合将调查情形列表缮折送清鉴核。河北省实业厅厅长史靖寰叩。虞。印。附表折各一份。

中华民国二十二年九月七日

小麦产运销情形调查表①

民国二十二年八月二十八日调查

天津市区域

全年生产数量(担)：去年：无。

今年：无。

当地每担批发价格(自七月一日至八月二十五日)：去年最高：九元五·六角。

今年最高：七元二·三角。

去年最低：八元四·五角。

今年最低：六元一·二角。

去年平均：九元。

今年平均：六元三·四角。

增减原因：去年内地生产太少，受洋麦面粉充斥之影响。今年内地生产较丰，受洋麦面粉充斥之影响更甚。

当地全年消费量(担)：去年：七十万(粉厂自购除外)；今年：

① 原件系表格。

自一月至八月底消十五万。

本年已经外销数量(担)：数量：无；运销河地：无。

运销费用(以公吨约计)：铁路、水路或汽车路运费(元)：水路由直鲁豫三省、运津每担约八角；由产地全车站或码头杂费约计(元)：杂费约计五角。

税捐：机关及税捐名称：无；每公吨约计若干(元)：无。

当地现在囤积可以外销数量(担)：数量：三万担；囤积滞销原因：1. 农民成本过巨，所得不能偿其所耗，2. 洋麦、洋粉充斥影响甚巨，3. 上海面粉业因东北市场断绝，大多数运销平津，且价值较津市制品每包约廉二·三角之多，现北方面粉业难与竞争，收买小麦者愈少。

全年销行数量：去年：七十万担。

今年估计：若价不增则销行有限，若价高销行亦必增多。

当地每担批发价格(自七月一日至八月二十五日)：去年最高：同上。

今年最高：同上

去年最低：同上

今年最低：同上

去年平均：同上

今年平均：同上

增减原因：同上。

本年已经运入数量：数量：二十万担。

由何地运来：直鲁豫苏皖。

运输费用(以公吨约计)：同上。

税捐：同上。

当地市场现在如有充斥或缺乏现象原因何在：无充斥或缺乏之现象。

金融情形及其他：当地农民信用合作社名称：无；当地农民

放款机关名称：无，放款利率：去年：无，今年：无。

备考：因天津并非生产地，均按销行地情形填写，天津一担约合二万公斤。

调查人签名盖章　顾训贤

［实业部档案］

天津小麦市场状况

一、天津面粉业大多数仍须利用外麦，盖本国南方所产小麦多有沙石、草籽搀杂其间，质劣价昂，且粘合力远不及北产之佳。而因去冬雨雪太少，小麦收成有限，人民方面顾虑食料之缺乏、腾贵，又不能尽量出售，是以小麦市场颇为萧索，而面粉公司除收买本国出产以外，尚须买及澳洲、坎拿大、阿根廷 New South Wales等处之小麦。

一、从前天津两集（西集及北集）囤积之小麦常在十万包以上，而近来出产减少，麦价低廉，现在两集囤积之数不过五千包，每包一百六十斤上下，价值约六元二三角至六元七角之谱，每百斤约合洋四元余。

一、天津面粉厂向居于被动地位，因家数及资本比较细少，率受上海及外国面粉厂之压迫。例如现在上海面粉价每包二元二角，运至天津售价二元三角，而天津所制之面粉则售价须两元六角，悬殊甚多，竞争匪易。

一、面粉所纳税系每袋一角，得扣奖励金三分，实交七分，于出厂时缴纳。当初政府拟办面粉特税，不论国产与否，一律每袋一角，然外产面粉以先本须完纳子口税，国产则否，尚可有所保护，今一律代以特税，每包一角，外产即可不再完纳子口税通行国内，是外产税则减轻，即不啻国产之负担加重，势必受外货排挤，归于失败无疑。经国内面粉业力争，始得目前之规定，就天津现有之面粉公司言之，每公司每年所纳统税约十万余元。

一、刻下欧美三十余国成立小麦协定，规定小麦标准价格每一Picul 为一百二十佛郎，按此计算，运至中国每百斤约洋七元上下，价值太昂，恐难购用。盖中国面粉厂麦价每百斤以不得超过四元余、为适合，现在澳美两洲之麦价超过所定标准价格以上，而阿根廷则尚不及标准价格之数，协定之成立即所以谋调剂也。

一、面粉业不振原因：(1) 东北四省之沦陷：从前上海面粉销往东北者约占全额十分之五六，今因东北销路断绝，悉数运销平津，竞争甚烈，即以本市寿丰面粉公司一家而论，最近销路不能超过滦州，约较从前减少销数三分之一。(2) 运费太昂：平汉、平绥运价太昂，由天津运至包头一带运费每担几等于所值之价，寿丰公司曾运销保定，即以赔折而中止也，现在即就寿丰公司一家而言，每年运输费用约五十万元。

一、政府之美麦借款适成立于本国麦场收成之际，当时麦价尚未大落，惟将来究系全交美麦，抑系麦粉各半，尚无确息，故面粉厂多存观望，因之粉价暴落，从前五元余一百斤之麦价尚肯收买者，今则四元半一百斤者且不敢轻于从事矣。

民国二十二年八月二十八日调查

天津市区域

今年生产数量（担）		当地每担批发价格（元）（自七月一日至八月二十五日）							当地全年消费量（担）	
		最高		最低		平均		增减原因		
去年	今年	去年	今年	去年	今年	去年	今年		去年	今年
无	无	九元五六角	七元二三角	八元四五角	六元一二角	九元	六元三四角	去年内地生产太少，受洋麦面粉充斥之影响，今年内地生产较丰受洋麦面粉充斥之影响更甚	七十万担（粉厂自购除外）	自二月至八月底消十五万担

本年已经外销数量（担）		运输费用（以公吨约计）		税捐	
数量	运销何地	铁路水路或汽车路运费（元）	由产地至车站或码头杂费约计（元）	机关及税捐名称	每公吨约计若干（元）
无	无	水路由直鲁豫三省运津每担约八角	杂费约计五角	无	无

当地现在囤积可以外销数量(担)

数　量	囤积滞销原因
三万担	1. 农民成本过巨所得不能偿其所耗 2. 洋麦洋粉充斥影响甚巨 3. 上海面粉业因东北市场断绝大多数运销平津目价值较津市制品，每包约廉二三角之多，现北方面粉业难与竞争，收买小麦者愈少

今年销行数量(担)		当地每担批发价格(元)(自七月一日至八月十五日)							去年已经运入数量(担)	
去年	今年估计	最高		最低		平均		增减后因	数量	由何地运来
		去年	今年	去年	今年	去年	今年			
七十万担	若价不增则销行有限，若价高则销行亦必增多	九元五六角	七元二三角	八元四五角	六元一二角	九元	六元三四角	增减原因	二十万担	直鲁豫苏皖

运输费用（以公吨约计）		税捐	
铁路水路或汽车路运费（元）	由车站或码头至销行地杂费约计（元）	机关及税捐名称	每公吨约计若干（元）
水路由直鲁豫三省运津每担约八角	杂费约计五角	无	无

当地市场现在如有充斥或缺乏现象原因何在

无充斥或缺乏之现象

金融情形及其他

当地农民信用合作社名称	当地农民放款机关名称	放款利率			
		去年		本年	
		七月	八月	七月	八月
无	无				

备注	因天津并非生产地均按销行地情形填写　天津一担约合二万公斤

调查人签名盖章　顾训贤

〔实业部档案〕

6. 铁道部关于紧急救济麦市办法致实业部公函

(1933年9月7日)

铁道部公函　业字第一〇四七号

案查本月四日五部府会联席会议，会商麦产滞销紧急救济办法，经议决原则六项，并决定由本部径函行政院秘书处转呈，本部函稿，分送各部府会查照在卷。兹本部业已将联席会议决议案径函行政院秘书处转呈，相应检送该项函稿抄件一份，又联席会议会议录一份，即希查照为荷。此致

实业部

附本部致行政院秘书处函稿抄件一份，又五部府会调查麦产滞销第四次会议会议录一份

部长　顾孟馀

中华民国二十二年九月七日

本部致行政院秘书处函稿

案准贵处第二三八三号函略开：关于调查麦产滞销一案，奉院长谕：……应仍由铁道部分电各调查员，迅即调查报告，一面即照各该部会等第二次会议议决第五项，从速会商紧急救济办法，拟具草案呈核，俟各调查员报告调查材料后，再行参酌修订。函达查照，等由到部。准此，本部当于本月二日电饬各调查员，迅即调查，并随时供给材料，复于四日下午，召请各部府会代表来本部开联席会议，讨论紧急救济办法，经议决原则六项(详附送会议录内)，并决定由本部径函贵处转呈。准函前由，相应检同该项联席会议会议录一份，函复查照，即希转呈为荷。此致

行政院秘书处

附五部府会调查麦产滞销第四次会议会议录一份

铁道部部长　顾孟馀

铁道部、实业部、财政部、南京市政府、农村复兴委员会会议调查麦产会议

日期　二十二年九月四日下午三时

地点　铁道部

出席　俞　棪　潭沛霖　李丽莹　洪绍统（以上铁道部）　徐廷瑚　马克强（以上实业部）岑郊麟（财政部）　冯斌甲　王福山（以上南京市政府）　楼兆念　孙晓村　梁定蜀　昂觉民（以上农村复兴委员会）

主席　俞　棪

主席报告：关于麦产滞销一案，大体业已调查清楚，今日请各部府会代表会商紧急救济办法。关于铁路运价一层，铁道部前经将各种粮食一律由四等减按五等收费。近年又因各地丰收，深虑谷贱伤农，产销失其平衡，故更复酌量情形，订立特价以资调剂，其运价或与六等几相埒，或已在六等之下。但各种粮食虽各铁路不顾运输成本，竭力减轻运价，迄今似未能畅销，其关键实别有所在。现请各部府会调查员业已回京者，各就调查所得摘要报告，藉为讨论救济办法之参考。

各调查员简略报告后经讨论议决如下：

(一)救济办法原则

1．增加米麦、面粉进口关税及征收面粉倾销税。

(四部府会同部，财政部代表因部次长均不在京，事前未经训示，故未发表意见。)

2．严令禁止各地方一切不合法之粮食税捐。

3．尽量设法减低铁路小麦、面粉运价。

4．调查全国面粉业销用国麦、外麦比例，以便规定定比制度。

5。关于美麦进口空气影响国麦滞销，以后此类消息请慎重注意。

6。各地粮行经纪人、牙税手续费等应饬令各地方政府尽量设法规定公平办法，以图减轻农民负担。

（二）以上各项议决办法由铁道部径函行政院秘书处转呈，铁道路函稿分送各部府会查照。

（三）关于整理调查表格由各部府会各派一人会同办理。

实业部马克强、农村复兴委员会昂觉民、财政部李谊达、市政府王福山、铁道部谭沛霖，地点在实业部，由实业部召集。

〔实业部档案〕

7. 察哈尔建设厅关于产麦滞销情形致实业部呈

（1933年9月21日）

呈为呈报本省产麦滞销情形附具调查表请鉴核事：窃查前奉钧部行密宥电开：关于调查国内产麦滞销一案，兹由中央会派委员分赴各铁路沿线调查，仰俟调查员到境协助办理，并限于电到五日内将省内产麦滞销情形确实查报，以凭核办，等因奉此。遵即分饬所属各县依限详查具报，以凭汇转去后，因本省军事甫经结束，各县秩序多未恢复，而道路交通复感不便，辗转延候，是以未能依限奉覆。兹据万全等县将境内产麦滞销情形先后呈覆前来，本厅覆核尚属实在，除将协助到省调查委员情形业已电覆外，所有遵查本省各县产麦滞销缘由，理合附具调查表，备文呈请鉴核施行。谨呈

实业部部长陈

计呈送表一纸

中华民国二十二年九月二十一日

察哈尔省建设厅调查各县产麦滞销情形一览表

县别	产麦滞销情形	备考
万全	产麦极少尚无滞销情形	
宣化	县境以米食为大宗且麦价高贵运费又巨销路不免迟滞	
张北	尚无滞销情形	
龙关	产麦极少求过于供并无滞销情形	
怀来	向不产麦民鲜食麦是以销路迟滞	
涿鹿	产麦无多尚无滞销情形	
延庆	民食均以小米高粮为大宗加以麦价较高民力贫弱购用麦食者极鲜是以未能畅销	
阳原	向不产麦民户食用以小米为大宗惟麦价较昂购者甚少销路极滞	
康保	以地方不靖交通梗阻是以未能畅销	
宝昌	交通不便金融枯竭滞销原因即在于此	
附注	查本省未据呈报者尚有蔚县赤城怀安多伦沽源商都等六县或以交通梗阻或以杂军驻境无法调查谨按各该县已往之情形考察蔚县怀安赤城等三县产麦极少民食均以小米莜面为大宗尚无滞销情形沽源商都多伦等县均以交通不便运输维艰加以地方不靖农民经济拮据产麦滞销此为厥大原因谨此陈明	

〔实业部档案〕

8. 行政院与实业部关于实行全国粮食统制的往来函

(1934年4月—14日12月26日)

(1)行政院函(4月14日)

奉院长谕：奉中央政治会议公函，以刘委员峙等提出所拟统制全国粮食办法纲要一案，经本会议决议：交行政院会同全国经济委员会再拟切实办法呈候核定，函请查照会拟切实办法见复等因，交实业、内政、财政三部及农村复兴委员会各就主管范围，会同拟具切实办法呈复。等因。除分函外，相应抄同原件，函达查照。此致

实业部

计抄送中央政治会议原函乙件、原提案乙件、全国经济委员会审议意见乙件。

行政院秘书长　褚民谊

中华民国二十三年四月十四日

抄原公函

径密启者：前准刘峙、朱家骅、陈立夫、周启刚四委员提出所拟统制全国粮食办法纲要，经饬据全国经济委员会添具意见，复交孔委员祥熙等审查。兹据报告称：为复兴农村，调节民食起见，统制粮食办法自属可行，但所拟草案颇多应加斟酌之处，事实上恐难实行。拟请交行政院会同全国经济委员会再拟切实办法呈候核定。等语。当由本会议第四〇二次会议决议，照审查意见通过。除函全国经济委员会外，相应录案，并抄同刘委员等原提案及全国经济委员会意见书函达，即希查照，会拟切实办法见复为荷。此致

行政院

附抄提案及意见书各一件

中央执行委员会政治会议

二三、四、四

拟统制全国粮食办法纲要，以促农村复兴而资安内攘外案

理由

窃查我国现状不外两端：土匪扰攘，外侮凭陵，国脉垂危，千钧一发一也。农业则赤地千里，荒者固荒，而不荒者亦濒于荒。农

村则十室九空，流亡载道，良者举失其所，而莠者转多出路，以致廉耻道丧，生资破产，民族岌岌不可终日二也。观此两点，允可谓内忧外患，国危族危同臻其极矣。施政救济者率至，剿匪抵货同时并进，安内攘外斯为至计。殊不知匪亦民也，不有饥寒之交迫，孰肯挺身而走险。外侮之来，不有相当之生聚教训，而徒为断续式之抵货，恐亦绝少集事之望。识者以复兴农村，徐图振发为急务，诚不愧对症良药也。盖农村复兴，不惟匪患可清，而富强亦必基之矣，何内忧外患之足云。顾兹事体大，如民食之如何均足，粮食之经济压迫如何减除，粮食之价格如何调和，粮食之生产额如何充裕，粮食之品质如何改进，如何使人民安居乐业，如何使人民休养生息，诸大端，均非有全国通筹中枢，协谋整个支配系统措施细大不捐泛应由当之宏猷巨规不为功。若夫头痛治头，足痛治足，急抱佛脚，缓置脑后之琐屑政策，实不足以当此重任也。兹谨就管见所及，草具统制全国粮食办法纲要，一则聊资贡献，是否有当，敬请公决。

办法

一、组织

首都设一全国粮食统制委员会，下设管理、技术、训练三处，分各掌关于粮食统制之行政、技术以及训练事宜。

各省省会各设一某省粮食统制委员会，直隶全国粮食统制委员会，下设管理、技术、训练三处。管理处下再设各县市分处及区农业仓库两机关，技术处下再设稻麦场、杂谷场、昆虫局、农具制造所、土壤调查所、肥料管理处、集团农场七机关，训练处下再设农村合作训练所，农业训练所及仓储管理训练所三机关。全国粮食统制委员会之各处于必要时亦如之。

二、任务

统制委员会之任务：

1. 计划掌理全国或全省粮食统制事宜。

2. 颁订全国或全省各种关于粮食统制之法规。

3. 倡导粮食运销、消费、储藏等合作社及合作仓库。

4. 决定各地粮食存储、运销及分配之数量。

5. 决定粮食对外买卖之数量。

6. 宽筹调节粮价之经费。

管理处之任务：

1. 执行统制委员会各种议决案件。

2. 指导、督促办理全国或全省粮食之调查及统计事宜。

3. 指导办理全国或全省粮食收获及出入口时之登记事宜。

4. 设立并管理农业仓库。

5. 指导倡设并监督粮食运销、消费、储藏等合作社及合作仓库。

技术处之任务：

1. 执行统制委员会之各种议决关于粮食生产技术之改进案件。

2. 研究粮食生产额增加及品质改进等方法。

3. 设计新式仓库之建筑事项。

4. 研究节省粮食消耗之方法。

训练处之任务：

1. 增进农民农化上之知识与技能。

2. 增进农民农村组织上之新知识。

3. 增进农民互助上之真正精神。

4. 使农民改革农村中之不良习俗。

5. 使农民明瞭农业上各种合作社之利益及办法。

6. 培养仓储之管理人才。

各县市分处之任务：

1. 秉承省管理处之命，办理境内粮食统制事宜。

2. 调查及统计境内耕地面积与其生产量数。

3. 调查及统计境内人口及粮食消费数量。

4. 调查及统计境内粮食积储数量。

5. 办理境内粮食收获或出入口时之登记及市况情报等事项。

6. 决定各区粮食之存储、运销及分配数量。

7. 监督境内粮食价格并取缔垄断操纵与搀水搀杂等奸商。

8. 倡设及监督境内粮食运销、消费、储藏等之合作社及合作仓库。

9. 调查及统计境内粮食灾害状况及荒歉原因。

10. 筹集调节境内粮价之经费。

区农业仓库之任务：

1. 谋农业市场之稳定。

2. 谋农业金融之流通。

3. 谋粮食之集中。

4. 施用各种科学方法以管理粮食之储藏。

5. 倡设粮食运销合作社及消费合作社。

稻麦场办理选择产量丰穰及抵抗病虫害力强之稻麦品种，并分别改善其栽培方法，复推广于农民等事项。

杂谷场办理选择产量丰穰及抵抗病虫害力强之杂谷品种，并分别改善其栽培方法后推广于农民等事项。

昆虫局研究防治害虫，保护益虫方法及粮食杀虫药品器械等分发各地农民应用之。

农具制造所除研究创造各种适用之农具推广于农民外，并调查新旧各农具之用力少收效多者仿造或改良之，使其充分适用于各该地农业情况，复推广于农民。

肥料管理处除办理普通作物应用肥料之诸种试验及利用科学方法多制优良之人造肥料，规定其施给标准及方法后推广于农民外，并掌管取缔搀假混售有害田园之人造肥料等事项。

土壤调查所，办理调查及统计各地各种之土壤并研究其改良方法，推广于农民。

集团农场应用科学之新理、新法、新器等办理大面积之荒地屯垦事宜。

农村合作训练所授农民以农业上各种合作社之理论、利益及办法，以备作其自动普办各种农业合作社之用。

农业训练所授农民以农林、蚕畜上之各种新知识、新技术，以便全国经济委员会对于统制全国粮食办法纲要审议意见。

仓库管理训练所授农民以仓库科学管理新知识、新方法，俾便平衡价格，调剂盈虚，期人民获得标准限度的满足以及避免商人之操纵。

三、系统表：

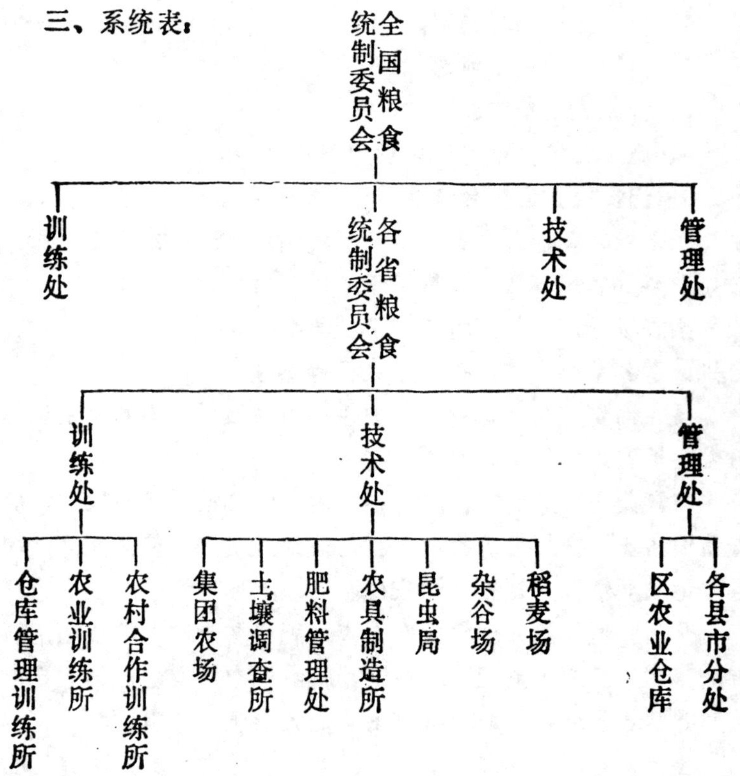

兹为明瞭粮食统制委员会之整个组织起见，特将其系统表列于左：

结论

以上所陈仅系原则或之简单建议，至于详细之具体办法犹有待于各种各专家之分别筹计也。

提案人　刘　峙

连署人　朱家骅　陈立夫　周启刚

全国经济委员会对于统制全国粮食办法纲要审议意见

查粮食之生产、分配、消费各项应由国家统制，方可审度机宜，统筹计划，平衡价格，调剂盈虚，期人民获得标准限度的满足以及避免商人之操纵，节省不当之糜费。平时行其一部份可以防灾歉，备非常，战时行其一部分可以固人心，操胜利。独立国家欲维持其永久的生存于现代列强角逐之会，统制粮食政策实为必要之举。原案列举理由甚为充分，惟实施办法似应有补充之处，爰就粮食统制性质分为调查统计、生产、分配、消费、组织、实施步骤六项，分别拟议如左：

第一、调查及统计

调查工作为统制粮食之入手办法，故应首先办理。

一、调查各省各县食用作物之耕地面积、生产数量、品质、虫害状况及荒歉原因等。

二、调查各省各县人口及粮食消费数量。

三、调查各省各县粮食积存数量，包含各地仓廒现状等。

四、调查粮食进出口数量。

五、调查各省各县粮食价格及运销情形，包含粮商之经济状况等。

六、编制统制报告。

第二、粮食生产统制概要

一、增加粮食生产，俾使供求相应，抵补现在产额之不足：

1。增加生产之必要。

2。增加生产之可能。

二、改良农作物品质，使能制成优良食料，以应社会之需要：

1。改良品质之需要。

2。改良品质之可能。

三、改进方法：

1。增辟食用作物面积。

2。改良食用作物品种。

3。改良食用作物栽培方法。

4。整顿农田水利。

5。防治作物病虫害。

6。利用适当肥料。

第三、粮食分配统制概要

一、办理境内粮食收获或出入口时之登记及市况情报等事项。

二、核定各省各县应留之粮食。

三、输出各省各县有余之粮食，以提高当地之价格。

四、接济各省各县不足之粮食，以抑低该地之价格。

五、调查决定及接洽国外粮食之需要及购买。

六、筹备大规模之粮食仓库，以积谷满至，并办理储押、收买、碾制、包装等项，各仓积谷非经核准，不得挪动。

七、励行粮食分级制度，统一包装。

八、取缔垄断操纵与搀水、搀杂等之积弊。

九、指导并协助各银行及殷商实户办理各省各县之粮食买卖、运销事项。

十、规定粮食之运费率以及优先输送之方法。

第四、粮食消费统制概要

粮食消费统制在平时似可从缓，惟准备工作自应注意，至战时其所关甚大，故必要时举行之。

一、各省各县于必要时设置粮食管理局及粮食管理员；粮食管理员由局遴选充任，督促各县及村镇组织粮食公营会。

二、各该粮食管理局会同各公法团核定各该地粮食买卖之价格，呈局核定公告之。

三、各该县粮食公营会就调查统计之数字，将粮食管理局所颁制定之粮食购买证发给各该范围内无粮及缺粮户。

四、粮食管理员应督促各该公营会尽量收买各户之余粮。

五、监督各该公营会不准留储限度以外之粮食，以免发生危险。

六、随时纠正各该公营会营业上之错误。

七、由局指定各该公营会屯粮之仓库。

八、修理各该指定仓库。

九、由各管理员指导各该公营会推选管库员。

十、各该县管理员指导管库员鉴别、登记及保管粮食之方法。

十一、督促余粮各户将剩余粮食尽量卖与公营会外，仍有余粮应即寄存于粮食管理局指定之最安全地仓库。

十二、限制谷物碾磨及制粉比例。

十三、规定各种代用品混和量。

十四、限制及禁止酿造及谷物之改用。

第五、粮食统制之组织系统

全国粮食统制委员会之下应于各省区设置粮食管理局，于各县设置粮食管理分局或粮食管理员。

第六、粮食统制之步骤

粮食统制步骤拟分三期进行：第一期着手调查统计各省、各县粮食生产、消费、存储之数量；第二期根据调查统计之结果，提倡奖励方法，规定各省县应行推广之作物面积亩数以及组织纯种

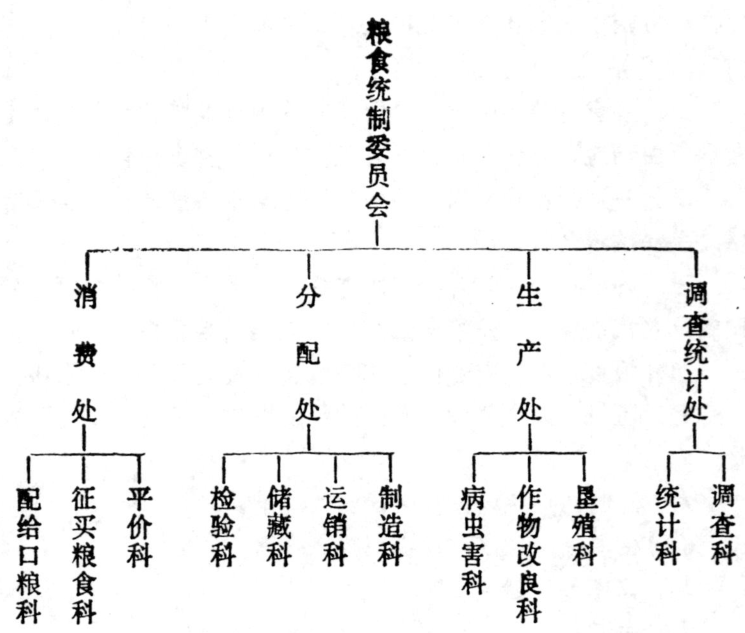

区，统一品种，并斟酌盈虚，调节运销，筹办粮食仓库，并和金融界商洽办理粮食买卖、运销等事项；第三期则于必要时举行粮食征收办法、定量配给制度等事项。

(2) 实业部公函(12月26日)

公函　民字第六八九号

案准贵处第一五五六号咨函，以奉院长谕：奉中央政治会议公函，以刘委员峙等提出所拟统制全国粮食办法纲要一案，经本会议决议，交行政院会同全国经济委员会再拟切实办法呈候核定，函达查照会拟切实办法见复等因，应交实业、内政、财政三部及农村复兴委员会各就主管范围会同拟具切实办法呈复等因，函达查照等因。当经本部会等会商决议进行步骤如左：一、中央先行设立粮食统制设计委员会，从事粮食调查统计及粮食统制方法之研究拟议等事项，其关于粮食之调查，得委托实业部中央农业实验所办理。二、筹设粮食统制机关，举行粮食调查统计，管理调剂盈虚，取缔垄断，平衡价格，筹办仓库，节省消耗等事项，于必要时，实行粮食公营，对外粮食贸易国营及其他关于粮食之强制执行办法。以上决议仅系关于进行步骤方面列举大纲，至于详细办法，拟俟粮食统制设计委员会成立后统交该会负责筹议，是否有当，相应复请查照转陈为荷。此致

行政院秘书处

附粮食统制设计委员会组织条例草案二份

中华民国廿三年十二月廿六日

粮食统制设计委员会组织条例草案

第一条　本会直隶于行政院。

第二条　本会设委员长一人，委员若干人，由行政院聘请专门人员并由有关系各部会派员组织之。

第三条　本会之职务如左：

一、关于国内外粮食调查统计之总核事项，

二、关于粮食统制政策方案之研究、拟议事项。

三、关于行政院及各部会交议事项。

四、关于各国粮食统制制度之比较研究事项。

五、其他关于粮食统制设计事项。

第四条　本会设秘书一人，办事人员若干人，承办会务。

第五条　本会经费预算另定之。

第六条　本会会议规则、办事细则另定之。

第七条　本条例自呈请国民政府核准后施行。

〔实业部档案〕

9. 刘湘关于四川省农村合作社兼营粮食储供储押业务呈①

(1937年1月30日)

案据四川省农村合作委员会委员长刘航琛呈称：案奉钧府二十五年十二月三十一日秘字第九八九九号训令，为奉委员长行营指令，本会二十五年十月工作报告表计划类第四项所定合作社兼营储供储押业务规划，应呈备查考一案，转饬遵照。等因。奉此。自应遵办。兹将该项业务规划各检二份，备文呈赍钧府，恳赐鉴核，分别存转备查。计呈送四川省农村合作社兼营粮食储供储押业务规则各二份。等情。据此。除指令并提留一份存查外，理合检同原附件，呈请钧座查核备案。谨呈

国民政府军事委员会委员长行营

计呈送四川省农村合作社兼营粮食储供储押业务规划各一份。

四川省政府主席　刘　湘

四川省农村合作社兼营粮食储供业务暂行规则

第一条　凡本省依法登记成立之农村合作社（以下简称合作社）为供给粮食之便利，得依本规则之规定，兼营粮食储供业务。

第二条　储供粮食以稻谷，玉蜀黍，麦，乔麦等为限，其他能充食用之产品，经核准者所得购储。

第三条　合作社储供之粮食，以社员为限。

第四条　合作社兼营粮食储供业务，分左列甲乙两种：

甲、凡社员能按所需数量，缴纳三分一以上定金者

乙、凡社员无力筹缴所需粮食三分一以上之定金者

---

① 沿用原标点。

第五条　合作社兼营储供业务时，其应办续手如左：

（一）调查业务区域内出产粮食种类，数量，现存数，需要量以及不足数量

（二）调查需要粮食供给之社员家属人口，耕地亩数，及其本年内之收获总量与不敷数量。

（三）预计进货地区食粮市价及社员筹集定金之限度。

上列事项办妥后，即应填具书表，报由农村合作指导员驻县办事处（以下简称办事处）审查，转呈合委会核准。

第六条　合委会对于合作社兼营粮食储供业务得予以贷款，其办法如左：

采用甲种办法者

（一）按照所缴纳之自筹金额加倍贷款。

（二）利率每月八厘。

（三）期限至长不得超过一年，但得分两期归还。

采用乙种办法者

（一）按照缺乏粮食总值全部贷放。

（二）利率按月九厘。

（三）期限至长不得超过一年，但得分两期归还

第七条　合作社储供之粮食，其采购方法如左。

（一）凡采用甲种办法者，由社员公推代表一人至三人，或由社员分编数组，每组各推代表一人，会同理事长及司库，集合或单独采购之，其数量以预定者为限。

（二）凡采用乙种办法者，由各社公推代表一人至三人，会同驻县办事处及县政府代表共同采购之，其数量每一社员平均不得超过五石，但家属人口过多，经特别许可者，不在此限。

（三）所需粮食应尽先就地收买，如不足时，得向外地购办，或请求县政府发给护照向邻县收集。

（四）采购之粮食，非因水运便利或道路遥远外，概由预定粮

食之社员自行搬运，合作社不得给予任何代价。

（五）所购粮食，均须纯对洁净干燥，并应折合市制量衡；报会备查。

第八条　合作社储供之粮食、其储藏办法如左：

（一）凡采用甲种办法者，应依左列规定之一办理。

（1）由合作社借用祠堂公仓或租用私仓集中藏储由理事会负责保管。

（2）由储押社员选择社员家资殷实者以其私仓分组储藏，负责保管，同组社员，须负连带担保责任，其由社员各别保管者，须有同社社员二人以上之保证。

（二）凡采用乙种办法者，以积储县城公仓为原则，必要时亦得斟酌情形分储于较大场镇，由各储押合作社推举代表一人至三人，会同办事处商同当地政府共同保管之。

（三）储藏粮食之入仓出仓，均应由办事处派员到场监视，并会同保管人盖印粘封。

（四）储供粮食无论采用何种保管方式，如发现鼠窃漏湿情事，应即报由办事处派员验明启封，加以调理，如有损失，除不可抗之灾害外，概须保管者负责赔偿，但采用乙种办法储存于县城或其他较大之场镇者，仍由各合作社负责。

（五）县政府对于合作社储供之粮食应予保护，并督饬各区保甲长随时协助保护，其协助不力，经查实后定予严惩。

第九条　合作社储供粮食之用费及其折耕规定如左：

（一）合作社设置仓库或租用仓库集中储藏者，其用费每石每月不得超过三分。

（二）由私仓分别储藏者，其用费每石每月不得超过二分。

（三）出仓折耗，概按九九计算。

第十条　合作社储供之粮食，其供给办法规定如左：

（一）凡采用甲种办法者，须于翌年清明节后，由合作社按照各社员预定数量，分批或一次供给，其售价照买价及购运费之合计数加一成计算（如买价及购运费用为三元，加一成售价则为三元三角）。

（二）凡采用乙种办法者，由办事处会同各社代表于清明节后公告各社，按照各社预定数量一次或分批交付，其售价照平均买价及购运费用之合计数加一成半计算（如平均卖价及购运费为三元，加一成半售价则为三元四角五分）。

（三）供给粮食概以现金缴价为原则，如遇社员无力缴付全价时，至少应缴纳半价其余半价得向合作社承借，按月利一分二厘计算，以三个月为限。

第十一条　各社或各社员储存之粮食，如经二次以上之通告仍不提取者，得由合作社或联合储供机关随时变卖，所有损失，概由预定社员负担。

第十二条　合作社或联合储供机关收到社员粮食储供借款全部或一部后，应即归还合委会借款之全部或一部，不得留存或移作他用。

第十三条　合作社收付款项及粮食之票据，均须理事长司库或合作社代表之连署，方生效力。

第十四条　合作社兼营储供业务，应以设置仓库为原则，所获盈余，概应拨为该社或联合会农仓基金，不得分配。

第十五条　合作社兼营储供业务，如有舞弊或转售情事，经查实后，应按左列规定惩处：

（一）凡经办人员舞弊者，处以诈欺取财罪。

（二）凡保管人员舞弊者，科以损失额三倍之罚金。

（三）凡社员转售粮食于他人藉以图利者，科以售价加倍之罚金。

第十六条　合作社之粮食储供业务，以联合经营为原则。

第十七条　区县合作社联合会兼营粮食储供业务时，得备用本办法之规定。

第十八条　合作预备社未改组以前，如有兼营粮食储供业务之必要时，呈经合委会核准者，得备用本规则之规定办理之。

第十九条　本规则如有未尽事宜，由合委会呈请修改之。

第二十条　本规则由四川省政府公布施行。

四川省农村合作社兼营粮食储押业务暂行规定

第一条　凡本省依法登记成立之农村合作社（以下简称合作社)为调节食粮,流通金融起见，得依本规则之规定，兼营粮食储押业务。

第二条　储押粮食以稻谷，玉蜀黍，麦，乔麦等为限，其他能充食用之产品经核准者亦得储押。

第三条　合作社储押之粮食，以社员自产或其所收入之租谷为限。

第四条　合作社兼营粮食储押业务时，应先将该社业务区域内出产粮食种类，产量，余存数量，需要储押金额，自筹金额，储存方法，以及收容数量等，填具书表，报由四川省农村合作指导员办事处(以下简称办事处)审查，转呈合委会核准。

第五条　合作社兼营粮食储押，应以设置仓库为原则，如设置不及时，应借用公仓或租用私仓，若无租借，得呈准合委会暨放款机关分别封存，由储押社员自行保管。

第六条　社员储押之粮食，储存于合作社仓库者，其押款不得超过产品时价百分之七十，由社员自行保管者，不得过产品时价百分之五十。

第七条　合作社储押粮食之藏储保管方法，规定如左：

（一）　由合作社设备或租借仓库集中藏储，由理事会负责保管。

（二)合作社无仓库设备者，得由储押社员自行储藏或邀集五人至十人选择社员家资殷实者以其私仓分组储藏，负责保管，同组社员须负连带担保责任。

(三)由社员个别保管者，须有同社社员二人以上之保证。

(四)如地方不安靖，合作社应将社员所储押之粮食设法移入安靖地方，并会同办事处商请地方政府负责保管之。

(五)储押粮食须洁净干燥，质齐量足，检定办法，由合作社自行规定，衡量用器，概以市制量衡为标准。

(六)储押粮食无论由社存储或社员保管，如发现鼠窃漏湿情事，应即会同办事处验明启封，加以调理，再行封存。

(七)储押粮食由社存储者，除不可抗力之灾害外，概须由合作社负责赔偿。

(八)产品出仓时，应由办事处派员到场监视。

(九)县政府对于合作社经营储押业务，应予协助保护，并督饬各区保甲长随时予以协助保护，如协助不力，经查实后，定予严惩。

第八条　合作社对社员押款数额，限度及利息，依左列之规定。

(一)社员以粮食储入合作社仓库者，其押款金额，至多以四十元为限，月息一分。

(二)社员粮食自行保管者其押款金额至多以三十元为限，月息一分。

第九条　储押社员在储押期间，得随时缴清押款，收回原押产品。

第十条　储押粮食期间，自储押手续完毕日起，不得超过六个月，但因特别情形，必需延长者，得呈准合委会延长两个月。

第十一条　合委会对于合作社兼营粮食储押业务，得予以贷款，其办法如左：

(一)按照所收产品时值百分之七十核放，每一社贷款最高额，暂定为一千元。

（二）利率按月八厘。

（三）期限至长不得超过一年，得分两期归还。

第十二条　合作社领得借款后，办事处即应派员前往该社指导，通告储押社员，检定产品质量，分别储藏，经指导员及理事长查验封存，一面由合作社填发粮食储押证，一面由储押社员填具押款收据（其由社员个别保管者，并应取得社员保管证）始得付款。

第十三条　合作社储藏粮食之用费及其折耗如左：

（一）合作社设置仓库集中储藏者，其仓租及费用每石每月不得超过三分。

（二）由私仓分别储存者，每石每月以一分为限。

（三）出仓折耗，概照九九折计算。

第十四条　合作社对于押款期满未能清还之粮食，得呈准合委会代为运出销售，所得代价，除清偿押款本息及运销手续费外，余数按照粮食数量品质，平均扣算，分别清还，但遇价格低落不及押款本息时，须由储押社员另行补缴。

第十五条　合作社收到社员粮食押款之全部或一部，应即归还合委会借款之全部或一部，不得留存或移作他用。

第十六条　合作社收付款项及粮食之票据，均须理事长司库或经理及合作社代表之连署方生效力。

第十七条　合作社兼营粮食储押业务，经储押社员多数之同意，得共同连销之。

第十八条　合作社兼营粮食储押业务，所获盈余，除开支外，概应拨为该社或联合会农仓基金，不得分配。

第十九条　合作社兼营粮食储押业务，如有舞弊情事，经查实后，应按左列规定惩处：

（一）凡经办人员舞弊者，处以诈欺取财罪。

（二）凡保管人员舞弊者，科以损失金额三倍之罚金，如保管人已领有押款者，并追回押款之本息。

（三）凡社员代非社员储押粮食藉以图利者，所储押之粮食由合作社没收。

第二十条　合作社之粮食储押业务，以联合经营为原则。

第二十一条　区县合作社联合会，兼营粮食储押业务时，得备用本办法之规定。

第二十二条　预备社未改组前，如有兼营粮食储押业务之必要时，经合委会核准者，得备用本规则之规定办理之。

第二十三条　本规则如有未尽事宜，由合委会呈请修改之。

第二十四条　本规则由四川省政府公布施行。

〔军事委员会南昌行营档案〕

二、茶　　叶

1．陆溁就我国茶业衰败情形致实业部呈

（1931年8月17日）①

敬呈者：窃查中国输出贸易茶为大宗，距今七十年前尚供给全世界饮料，自红茶见夺于印锡爪哇，绿茶见夺于日本、输出之数一落千丈。当一九〇五年溁赴印度、锡兰时，印茶产额已至二万二千一百七十万磅，锡茶产额已至一万七千五百万磅，合计已有二百九十七万担。观其种制革新，推销猛进，先在伦敦市上排斥华茶，继向美洲、澳洲侵销。幸其时俄办华茶，每年输出尚有一百四十万担（连绿茶、砖茶）。自一九一八年后，印锡茶增至五万七千万磅，爪哇茶增至一万一千万磅，日本、台湾茶增至六千

① 此为收文日期。

四百万磅，敌茶有五百六十万担之多，华茶遂降至四五十万担，大宗红茶且不及从前十分之一矣。而我国茶农、茶工、茶商复墨守其劣败之旧法，漠不关心。种茶则人用新知科学，努力于质厚味浓，我独守拙安愚，一任其山荒树老。制茶则人用机械，费轻价贱，我用人力，费重价昂。销茶则人有巨额经费，办赠品竞卖诸设施，我直一文不名，无广告宣传之能力，加以近年工价昂贵，生活艰难，金融枯窘，销场愈绌，产额愈低，一息奄奄，坐待斯灭，此正我华茶崩溃危急之期矣。

总理实业计划茶为最合卫生、最优美之人类饮料，其种植及制造为中国最重要工业之一。中国之所以失去茶叶商业者，因其生产费过高。在厘金出口税，又在种植制造方法太旧，若除厘金及出口税，采用新法，中国之茶叶商业仍易复旧，斯诚改革华茶扼要之言也。

涞抱茶业革命志愿，服务于茶三十余年，自乙巳至戊申，在印锡各茶厂实习，始知印锡植茶，自布种、耕耘、修剪、施肥以至采摘，事事讲求，而修割之勤，采摘之精，尤非我国茶农所能冀及。印锡制茶，自晾青、搓揉、发酵以至烘焙、筛切、装箱，各厂皆一气呵成，有条不紊。而我国习惯，则前三种归零星园户，初制毛茶，后三种归临时茶号，再制精茶。因毛茶有精粗、干湿、鲜黯、浓淡之差，加工焙筛，亦无法使之匀整。印锡茶厂自种茶、制茶以至销茶，皆由一公司直接经营，即海外承销茶商亦均有股份。返观我国，则一盘散沙，园户、茶号、茶栈、洋行分成四橛，层层剥削，绝无团结改良之力，曰种、曰制、曰销均欠农工商学。

庚戌回国、创办茶务讲习所，考选皖赣茶商子弟，自编课本，自置机械，讲授种制新法。辛亥革命，校所驻兵，经费无着，始告停办。

民国成立，复赴鄂、湘、皖、赣、浙、闽茶山，实地试验种制，在上海、汉口、福州行栈分途研究运销，历时三年，得悉各省、各埠习惯，改革全国茶业应分缓急，次第进行。

浙皖绿茶，欧美、非洲销路尚可支持，只须采法改良，机制尚可缓办。

福建红茶，因品质日低，灰末过量，销数大减，重以台湾茶之竞争，情势岌岌，改良采制已至急不容缓之时期。

两湖红茶，宜昌品质高而产额少，其产量最多之安化则因夏秋制秦陇黑茶，品质低，次之羊娄岗亦因秋间制俄蒙砖茶，树力已衰，外销之春制红茶，遂一蹶不振。

皖赣红茶，因著名之宁州产香低味淡，外人已不欢迎，惟祁门茶质，含特殊喷鼻之香味，实在印度大吉岭之上，绝非阿萨墨茶、锡兰、爪哇诸茶所可企及，故欲恢复华茶商业，非从改良祁茶入手，不易奏功。

民国四年冬，奉农商部派赴祁门创办茶业试验场，督同旧日学生布种新茶，一面自造小机，收无梗青叶揉制，测定炭量，用平均火候焙烘，所制五磅、两磅箱茶，外商重价争购。于是联合皖赣省府就祁秋浮修四县大造新茶，修剪茶户老树，督率子女学生实行新法采茶，居然自种之新茶，年可采至十次，修剪之老树年可采至六次，专待机厂完成，扩充制造。讵政变迭起，部长屡易，奉准之开办预算，财部延不筹拨，预备机制之茶，竟至半途而废。

所幸在祁五载，补助地方种茶、培茶，随同练习之学生传播采制新法，山户多家，已逐渐仿效，茶号箱面亦自行收青（春初收极嫩青叶自制白毫茶铺箱面），故祁茶到上海市场品质独佳，评价独优，十余年来，声誉鹊起，本年新茶上市，竟达三百六十两之高价，可见根本改进尚在教育。

夫吾国之学校教育病在学理之空泛，缺技术之练习，以致学生毕业无出路。兴办实业无人才，而茶业人才则连讲义、教师都感缺乏。茶商、茶户多处交通闭塞之山县，间有子弟入校，恒苦学非所用，或多志在猎官，因是产茶地方迄无茶业教育。于此而欲贯串农工商学，改革旧法，使种制销三项，皆趋于科学化，非造成多数专业人才，乌足以言改革。现值国民政府训政伊始，两三年来，国家社会已入于绝大革新时代，既蠲免出口关税，复废除内地厘金，亟应乘此时机，先就祁门设国营制茶厂，逐渐推行各省，恪遵总理遗训采用新法，以树风声。从前锡兰无茶，自英政府在惠富期纳地方，创办帝卯得洛厂，茶树自种至一万二千亩。青叶日采至二万五千磅，碾烘筛切，均用极新式之机械。输出箱茶，则厂栈铁道，御接海口，运送青叶则架空铁线，直接远山。年制干茶至一万万磅，故能使企业家观感而起，全岛商厂勃兴。

吾国茶业原有悠久历史，政府提倡，本甚平实易行，例如机器烘茶，究久香气，应仍参用旧法，使茶量、炭量、温度、时间有一定标准，晾青酿色，本赖人工，只须讲求设备，使天阴亦可制茶，筛切装箱，机械较为简单，人工稍费手续，或因或革，无关重轻，惟用足揉茶，亟须痛改，揉茶改用机械，应由政府毅然决然提倡改革。

何则机械揉茶须有长时间之青叶，从容揉制，欲养长时间之青叶，尤须采摘法之改良，故采茶、揉茶实有重要之连带关系。

查吾国采茶旧法，向于头春开采时，将新叶嫩梗倾山倒谷，一采无余。殊不知异日之新枝，即此日之嫩梗，叶梗间之隐藏芽蘖，实旬日后之一枪两旗(即一尖两叶)，芽蘖层出无穷，即新叶滋生不已，印锡采茶规则，止采二叶一尖，仍须留全叶六分之一，以保护叶梗间芽蘖，使新叶发生，故越一星期，万芽齐放，又已长成三倍新叶，周而复始，全年有四十余次可采，即有一百二十余倍新叶可收。溁在锡兰茶山，曾特别研究此事，旋因热带气候，与我皖赣湘鄂不同，复赴同气候之大吉岭茶山悉心试验，计低山七天采一次，高山旬日采一次，秋后春初半月采一次，除腊正月外，全年仍有二十余次可采。始悟我国采茶年止二、三次者，实因采法不良之故。大抵头春卤莽而采，嫩梗芽蘖全无，须经四十天，方有子茶，然因新茶发自老枝，已不如春茶柔嫩。子茶再卤莽而采，又须四十余日，方有秋茶，其质已成硬化，此后便无茶可采矣。此中新叶损失无算，树身受害尤深。滐到祁门改良采摘，阅时三载，计新茶已可年采十次，老茶已可年采六次，且愈采而枝叶愈繁茂。可见多叶之树，年仅采二三次者，并非树之本性，因摧残芽梗已尽，断其手足肢体，既戕害茶树生机。因并摘叶梗而制，再雇拣梗女工，复大背经济原理，新旧采法，孰得孰失，当能比较而知，此采法亟应改革之情形也。

至于揉茶，其要义在揉碎叶内包含膏汁之细管络，卷成条索，仍保留其原质，以便泡出时发味，此为制茶最重要之工作。吾国制茶古法原有卷模器具(茶经云：檐置承上规置檐上以造茶，即古揉茶之具。品茶录云：茶本以芽叶之物就之卷模，既出卷上笪焙之，可见当时有卷模之器)。后来古制失传，用足揉茶，不知始于何代，大都因赶制红茶时季，手工揉卷需时费力，代以足揉。岂知外人诋毁华茶，辄以足揉不洁，有碍卫生，为宣传之资料，甚至编入课本，使童稚即知华茶不洁，影响至为重大，故欲改良茶业，应先揉茶改用机械。印锡此项机械，有容生叶百磅至三百磅者，平均每次揉生叶二百磅，每天五次，可揉生叶一千磅，全年以一百天计，可造生茶十万磅，制成干茶二万五千磅。目前祁茶产额年仅五万担，有揉茶机器二百五十架，即已敷用，此项机器，工料单简，华厂多能仿制，止须配以发动机引擎，用油用电或用水力均无不宜，值此工价高贵之时，既省揉条之工，复省拣梗之费。本地山户及妇女，可以腾出时间，用新法从容采茶。生叶既一律旗枪，无粗老混合其间，搓揉自一律均匀，无嫩尖破碎之弊，成茶多而灰末少，无形之收益尤多，此揉法亟应改革之情形也。

惟是革新采制，其最要关键，在使生产费轻，尤在使关联之事业皆轻。

第一工价低廉：祁门米粮常年仅敷三个月，每届茶季，各路工人进山，同时茶号设庄即须大购米粮于赣境。此后采制既放长时间，茶号添置机械专收无梗生叶，直接揉制园户可省晾揉手续，细心采茶，售生叶于茶号，并可少雇外来短工，在农村经济受益匪浅。惟工价贵贱，无论长工、短工，全视米粮为根据，故机器茶厂应另室附带碾米机器，每年秋收时节，联合各茶户，组织消费合作社，向产米区域办进低廉谷稻，就制茶空隙之时碾米，以低廉之米价供给工人，而后工价可以轻。

第二茶箱自造：祁门装茶木箱，年需十万个上下，向由木作取本山枫木，用人工锯板，供应茶号之需。自近年工价高昂，板料粗薄，装茶出口，应另认洋栈修箱费，极不合算。且茶箱辗转驳运时，虞破损，经过热带，难免变坏。故机器揉茶工厂，附带锯木机件，自造坚厚箱板，使茶相工料结实，既可免修箱耗费，复可令箱本低廉。

第三燃料轻减：祁门山河向有水磨，利用天然水力，以捧捣白土，作景镇瓷坯，只祇以碓轴太旧，不克扩大用途。现为茶厂省费起见，应相度适当地势，借南河之水力，用以发电，一可供给厂方运转机械，二可推行电灯，增进收入，藉塞煤油漏卮。此外濒河傍涧之茶厂，仍可利用水力或加购低廉之电，以助水力，藉省燃料，而使制茶费轻。

故目前先决问题应以最经济之办法，从采茶，揉茶提倡改良，尤应先行设茶业研究所，编制茶业讲义，招农学有根基之员生研究，以两学期完毕。再就祁门茶业试验场扩充范围，添置机械，改为研究所实习部，实习培剪采制诸技术，毕业以后，即行派充技师，任改良种制之职务，或指导茶号、茶户，设讲习会、合作社，或派遣各省研究所，分任教师。其西文商学有程度之员生，则短期实习后，研究品评广告诸技术，预备派遣海外，任调查宣传之工作，或派往各地，任检验监查之事务。似此办理，则用皆所学，人尽其才，期月三年，华茶仍有称霸全球之望矣。抑又有进者，暨南大学本为造就南洋华侨子弟之学府，应使侨胞子弟，知与祖国有利害关系，毕业以后，一方宜以科学技术，用平和经济之势力，开拓南洋未辟之富藏，一方尤宜运用其才力技能兴办祖国伟大之生产事业，发展国际贸易于海外市场。即如爪哇红茶进步之速，价格之廉，莫与匹敌，名谓荷人事业，其实华侨之投资茶园及制茶机械厂者，所在多有爪茶勃兴，吾侨胞与有力焉。锡兰华侨最少，尚有与外商合作办茶者，此虽我从前政府不能延用，致人才资财两俱外向，亦由我内地茶商与教育实业界平素与侨胞未能沟通之故也。

倘能就暨南学校添设一茶业研究组，研究种茶、制茶各法、中国茶业历史、茶业地理、印锡爪日茶业状况，而辅之以茶业应用之土壤、肥料、栽培诸学、理化、机械、检验诸学、商业经济、广告诸学，一面至祁门实习种制，使侨胞子弟明瞭祁门茶质为世界第一，改良祖国茶业确简易可行，比较在白人属地经营茶业或树胶锡矿优胜实多，似此默化潜移，必能引起侨胞归国投资制茶之兴趣，加以钧部提倡奖励于上，茶商闻风兴起于下，逆料最短期内，就现成学校之基础，以养成专门之人材，就全球著名之茶山为中国兴业之张本，事半功倍，费少用宏，计无有便于此者。此外茶叶检验似应周谘博访。就上海、汉口、福州三埠同时举行，在未经实施检验以前，尤应训练专业人员，先就产茶区域按照步骤指导监督。第一禁止园户售卖湿茶，指导茶号改良制茶。第二取缔园户卤莽采摘，劝导茶号收青揉制，再渐进于第三步之改革足揉，推行机械，而后形状色泽水色香味，根本优良，检验工作方有标准，检验精神方显效用，此为检验红茶最重要之问题。至于绿茶销美须禁着色，销非州摩洛哥则须着色。近年非州销路华茶有独占趋势，此检验方法与日本不同之点，应注意者一。外人在沪汉闽三埠办茶取样压磅，种种剥削甚于丝经，正可利用重量检验。与内地茶帮共同没法减轻重负，此检验机关应通盘筹划以恤商艰者二。总之，此项学术，欧美无专校可供学习，日本尚在幼稚时代，非集合印锡爪日之特长，参以六省三埠之习惯，融会而贯通之，训练多数专业人才，不克救垂危之茶业。此则全在钧部之挈领提纲，因势利导者矣。谨呈

实业部长

前茶业试验场长　陆　溁

〔实业部档案〕

2. 实业部拟订改进全国茶叶销售办法

(1934年)①

实业部改进全国茶业办法

(一)导言　我国茶业近年凋蔽已极，内则茶农生活困难，茶商营业失败，对外输出日减、甚至日印红茶有充斥本国市场之势。故中央与地方对于茶业之改进俱感觉其切要，良以我国茶区广大，情形复杂，设各自为政，殊非良策，亟待统筹整个办法，以求步骤齐一，收效易宏。

(二)改进办法

甲、关于生产者〔略〕

乙、关于销售者

1. 集中茶业放款以利推销。

A. 说明：举办低利贷款以利茶农、茶商。

B. 办法：由实业部会同各省政府分别拟具办法，与各金融

---

① 原件无时间，据考证似为1934年3、4月间形成的文件。

团体协商组织茶业贷款银团。

2．设立共同贩卖机关。

A．说明：1．免除陋规，2．避免操纵，3．筹设公栈以利销售。

B．办法：拟就重要茶业市场，仿日印例筹设公开交易机关。

3．举办直接外销。

A．说明：1．推广国外销路，2．与世界重要茶叶市场取得联络。

B．办法：由实业部会同皖浙湘鄂赣闽等省政府平均分担，暂行一次筹足资金二十万元，令国际贸易局组织茶叶推销机关。

［实业部档案］

3．江西省政府为救济修水县茶业致豫皖鄂赣四省农民银行江西分行函

（1935年1月7日）

照抄江西省政府一月七日建一字第2010号公函一件：

案据修水县茶业代表王安澜等呈，为修水茶业日趋凋敝，附具治标意见，恳予设法救济等情。据此，查所呈治标意见四项，均尚扼要，兹就原拟各项意见，酌定实施办法如次：

一、关于调查销路及划一运销两项，着由农业院暨修水县政府，会同督促茶商迅速组织运销合作社，协助办理。

二、关于低利放款一项，着由农村合作委员会与四省农民银行江西分行商洽贷款，并会同派员办理放款事宜。

三、关于限制山价一项，着由农业院暨修水县政府，会同切实查明茶叶生产，及茶农生活状况，规定山价，呈报本府察核备案。以上各节，除批示并分令外，相应抄同原呈函请查核办理见复为荷。此致

豫鄂皖赣四省农民银行江西分行

附抄送原呈一件。

呈为修水茶业日趋凋敝，恳予设法救济，以维民生事：窃修水茶业，历史甚久，关系民生，至深且巨。迩年以来，生产衰落，比较盛时，不及十分之一。修水人民，生息于茶，产业不振，直接虽在人民，杼抽其空，间接及于省库。政府于此，原有统制之筹，调查之使，亦尝络绎于道，穷因究果，弊已周知，治本及标，势宜兼顾。农院林场之设，功效不可聚期，岁计生产之高，补救未容稍缓。代表等经营茶业，垂数十年，冶农工商于一炉，谋产销运之合作，竭尽心力，难挽颓风。爰本经历所及，蕲求有效之方上陈钧座，敬求鉴核，转行经委会暨财建二厅，会商办法，实行救济，以利民生，并附意见，以备参考。

一、调查销路，查修水茶叶，销于英俄美法，近以印锡爪日产茶叶过剩，夺我市场。去年印爪协约，限制生产，需茶之国，求过于供，因此本年华茶，销路略增。然而印爪减产，期以五年，我国若不及时努力，国际市场，终难立足，即我国东北省之销路，今因日伪抽收30%人口税，又将为日茶所夺。故生产为销路之源，而销路为生产之海。欲求源之流，必择海之量。为今之计，重要工作，首在调查修茶市场，近在上海、营口两处。营口销路，即转运东北省及内外蒙古者，上海销路，即转运英俄法美者，直接运销，既非一蹴可几。以茶易货，亦非事势所许，前者资本浩大，组织不易，后者如俄国买茶为一机关，卖油又一机关，且茶须记帐，油须售现。其他各国，情形亦同，惟有派人驻沪及营口，向各洋行及栈家，调查销路，某国某地能销若干，市价趋势若何，有定销者，则立定单，不定销者，则备数应销。斯为事势所可能，比较漫无限制，驾空应市为得也。

二、低利放款，查茶商连年失败，资本薄弱，经营茶业，全恃上海茶栈之垫款，茶栈之款，则在银行活动，以八厘之息借入，一分五厘贷出。签字起息，十天兑现，收到茶银，又复迟期列帐，茶商既受重息，又受虚息，此一弊也。茶商用款，均在县城，售卖汇票，而钱商银行，均按九五、九六兑现，贴汇之重，此二弊也。款经茶栈垫放，茶至九江，即由茶栈报运，修箱补磅，名目繁多，通盘计算，每箱虚耗，约在一元以上，此三弊也。茶入栈房，客商即不能自主，买方卖方两不见面，售价若干，概由栈房定盘，有无蚀价，不得而知，此四弊也。以积弱之商处积弊之下，产业前途，宁有幸理。全国经委会，已在省设办事处，其主要任务，为救济磁茶。钧府上年亦有提案，挽救茶业，以中央与省府，通力合作，筹款45万，低利垫放，自易周转。至放汇限度，亦按箱按篓，每件20元。茶脱售时，在政府可如数收回，不至亏垫；在商人得兹援助，脱离重重剥削，便可专一意志，从事业务之改进，顺其势而利导之，斯即与复茶业之展望也。

三、限制山价，谷贱伤农，谷贵伤商，政府于斯，乃有平价之法，今于茶业，宜师其意，山户种茶，制干一斤，产费几何，采工几何，极易估计。按照地区，分别节候，规定标准价格，不过贱以伤茶农，不过贵以伤茶商。惟产费宜于低，售价宜于廉。盖世界经济，同趋没落。凡百货物，企图倾销，故欲销路之广，不但价须低廉，而且货须精美，方能与外产竞存。明乎此，而后可言复兴茶业，扭于一孔之儒，以为限价，近于操纵，是为不识时务。即守旧之商，以为业茶，尚可获利，亦属不明趋势。证以近年售价，均系愈趋愈下，其削本在此，其减额亦在此。茶植于山，售于海外，采摘烘制，为贫生计所系，价贵难得顾主，价低易于脱售。故宜贱不宜贵，即图存在而虞销减，此限制山价实有注意之必要，且价目一定，山户周知，则小贩之欺朦蚀价，抢买钻卖，种种极弊，不除自剔，是在地方政府，于生产与消费之间，折衷至当，不偏不倚，为适当耳。

四、划一运销。修茶运输，由县而涂而浔而沪，经过民船大车轮船三种转载，每箱约须2元以上，以他货同量比价，均较昂贵，与各国国货出口运价相较适成反比例，此因商人仍旧习，无计划，无组织。茶栈之于水脚，又复从中撮取回扣。致蹈此弊，应藉政府之力，组织机关，统一运输，节省运费当在十分之三四。再由政府就沪设立推销处，接有定单者，照单交货，未接定单者，分向洋行布样。机关费之筹措，依照茶栈百分之二扣佣，箱篓并计，年值百万元，即为二万元之佣金，足敷机关费之用，其他一切开支，切可节省，茶栈之操纵，亦可打破。惟是主持运销，调查放款等任务，亦须具有经验，能称其职者，假如用方凿而塞圆孔不但失效，而且偾事，事若可行，是在政府之慎选人员耳。

综上四点，为治标之救急办法，如调查市情，筹备进行，通知茶商，勿向茶栈接洽用款，则有农业院所设之茶业试验场指挥研究，以供农之考镜，代表等所迫切请求者，为上述四点之设施。若政府另有方案实施统制，兴复茶业以利民生，尤所馨香祷祝，日夕翘企也。谨呈

江西省，江西省政府主席熊

修水县茶业代表　王安澜

（住大士院56号后进）

莫雪岷

（住中山路府学内仙记公寓）

民国二十三年十一月十日　谨呈

〔行政院档案〕

4. 湖南茶事试验场关于湖南主要产茶区茶叶贸易运销调查报告①

（1935年7月）

一、调查概况

本场夙以复兴华茶与扩展对外贸易，原以实地调查为当务之急，适值中央农村复兴委员会正拟举行全国茶业调查进而为保护改良之研究与本场计划同符。爰于二十二年秋呈准建设厅将湖南全省茶事分作两次调查，第一次于二十二年十月派遣专员周济猷等十人，调查近省三十县，两月完毕，第二次于二十三年九月派遣专员谢国权等十人，调查边远四十五县，三月完毕。除永绥、保靖、桑植、晃县、桂东五县适值匪炽，道梗未遑调查外，其余县份无论产茶与否，皆专员足迹所到。惟西南边地，山川险阻，地棘人稀，行路尤为艰苦，且有为匪所乘者，幸应付得宜，未遭危害。综计两次调查七十县，为期不过半载，所费只二千二百余元。兹值各员书表汇集，特整理成帙，并将各县产地、土质、面积、产量、输出、茶价及调查者之姓名制为图表，付诸剞劂，用供政府整理全省茶事计划之资，并备各方关心斯业者之参考。夫欲谋调查成绩之详确，必赖各业有完全组织之机关，在农村组织尚未完成之今日，益以本场场址不便交通，各员报告及本场咨询大抵仅凭书面，而欲求结果之圆满，不綦难哉。

抑尝考湘茶输出最盛时期，岁达百五六十万石，各国销数苏俄最多，英次之，其他国不过十之二、三。但征诸此次统计，外销红茶仅十余万石，运销苏联、蒙古及西北各地之老青茶亦只二十余万石，二者合计较曩日之输出额仅及四分之一。若论红茶之

---

① 选自1935年7月湖南茶事试验场刊物之十：《湖南茶产概况调查报告书》，沿用原标点。

英俄销场早为印锡所夺，自苏联五年计划成功，高加索设立茶场，国家及集体所营数达八百余处，栽培制造莫不精心研求，据其宣称，产量骤增，行将自给，是湘红于苏联之销场无复望矣。青茶一项曩以我国为唯一输出之国家，近年日本与我国青茶竞卖，致美国及苏联市场成为所占，近日本青茶又侵入非洲，有逐年猛增之势。非洲本华茶固有销场，今又将继美国、苏联而尽入日茶之手，我国茶于国际市场之情形如此，而我省农村状况之散漫衰落又如彼，倘不合全国上下共定具体之方案，急起直追世界茶叶市场，宁有华茶立足之地，此则不佞于编纂之余所为掷笔三叹者也。

中华民国二十四年春茶试验后罗远识于安化茶场

二、各县茶叶贸易运销状况

安化县

茶商贸易，向由晋、粤、皖、赣、及本省各资本家组合经营，分为本帮，外帮，属于本省者日本帮，来自外省者，曰外帮，又曰客帮，就中客帮之纪律严肃，资本雄厚，以西帮（即山西）为首屈一指，其组织，多采股东制，单独经营者少，每号资本，由数千元，至十余万元，专攻买红黑茶，分别精制，红茶运往汉口销售，黑茶则有黄黑二色，黑者销于陕西，谓之陕引，黄者销于甘肃，谓之甘引，是为引包，其品质较佳者，多为制花卷之原料，制造花卷，先称茶千两，以蒸气蒸软，踩入敷有棕箬之篾圆筒中，加力捆压，状成圆柱，置露天（雨则盖覆）约经一月，即称完成，多销于西北各省，及蒙古一带，亦有销于苏俄者，悉由平汉车经石家庄转运西北各地，行户共有二十八户（二十二年调查）行户设备茶行制造器具，并协助茶商买茶，抽收佣金，前年产量，计花卷一万三千支，引包一万五千包，每包重一百四十斤，上年因红茶销售不畅，价格低落，颇多改制黑茶，以其制法简，而更于久藏待价改也。至负纳捐税，属于园户者，有团防、教育、区邮行政、

安化县茶商状况调查表(民国二十三年)

牌名	地点	帮别	资本(元)		工作人数	出品种类	数量(箱)	每石成本(元)	备考
			固定	流通					
聚首顺	黄沙坪	山西	20,000	50,000	300—400	红茶	3,500	40—70	下半年兼做花卷三千支每支重六十四斤
民生	黄沙坪	山西	20,000	50,000	300—400	红茶	3,600	42—70	前名无一香兼办黑茶
大涌钰	黄沙坪	山西	12,000	40,000	120—200	红茶	1,200	46—70	
无顺长	黄沙坪	山西	10,000	40,000	120—200	红茶	2,500	40—70	
春记	黄沙坪	江西、安化	6,000	25,000	80—120	红茶	1,500	40—65	
兴隆茂	石西、沙川	山西	16,000	43,000	250—300	红茶	3,000	40—66	下半年兼采黑茶
永兴隆	石西、沙川	广东、湘乡	10,000	40,000	120—200	红茶	3,000	40—66	
源泰	石西、沙川	安徽、安化	10,000	40,000	120—200	红茶	3,000	40—66	
安源川	石西、沙川	山西	10,000	35,000	120—200	红茶	2,500	40—66	
宝聚兴	石西、沙川	山西	10,000	30,000	120—200	红茶	2,000	40—66	兼办黑茶

永兴	石西、沙川	江西	6,000	23.000	80—100	红茶	1,500	40—66
同裕泰	石西、沙川	上海、安化	8,000	30,000	100—200	红茶	2,000	40—66
福兴隆	石西、沙川	山西、湖北	10,000	30,000	120—200	红茶	2.000	40—66
裕盛和	石西、沙川	长沙、湖北	10,000	35,000	120—200	红茶	2.500	40—66
庆记	石西、沙川	安化	5,000	18,000	100—160	红茶	1.200	40—66
益川通	东坪	湘乡	10,000	35,000	120—200	红茶	2,500	40—66
孚记	东坪	湘乡	10,000	45,000	120—200	红茶	3,000	40—66
祥记	东坪	新化	10,000	30,000	120—200	红茶	2,500	40—66
裕益	东坪	新化	12,000	36,000	120—200	红茶	2,600	40—66
泰安	东坪	湘乡	10,000	40,000	120—200	红茶	2,500	40—66
元亨利	东坪	平江	8,000	40.000	120—160	红茶	2,400	40—66
茂记	东坪	安化、新化	8,000	30,000	100—160	红茶	2,000	40—66
义和祥	东坪	湘乡、新化	8,000	20,000	100—160	红茶	1,500	40—66
福记	东坪	宝庆	5,000	25,000	100—160	红茶	2,000	40—66
瑞生祥	东坪	湘乡	6,000	20.000	100—120	红茶	1,500	40—66

宾华	桥桥	安化	12,000	35,000	120—200	红茶	2,400	40—70	兼办黑茶
公记	桥桥	山西	6,000	20,000	100—160	红茶	1,500	40—70	前名天来香
阜康	运溪	湘	6,000	20,000	100—160	红茶	1,600	35—40	
晋福隆	小淹	湘	6,000	20,000	100—160	红茶	1,500	40—50	
豫亨	小淹	湘	4,000	14,000	80—120	红茶	1,000	40—50	
湘源隆	江南	湘	5,000	14,000	80—160	红茶	1,000	40—50	兼办黑茶
协义公	江南	湘	4,000	14,000	80—120	红茶	1,000	40—50	兼办黑茶
湘裕隆	江南	湘	5,000	20,000	100—160	红茶	1,200	40—50	兼办黑茶
生记	仙溪	湘	2,500	3,000	40—80	红茶	600	40—46	兼办黑茶
源记	仙溪	湘	2,000	2,000	40—80	红茶	500	40—46	兼办黑茶
庆记	仙溪	湘	2,000	2,000	40—80	红茶	500	40—46	兼办黑茶
合计平均			300,500	1,043,000	5,475		72,300	51,000	

备注：

安化县属之盐田尚有茶庄两三家约计资本二三万元可采制红茶二三千箱又一都边江有万石左右 茶庄八家资本各约二万余元可采花卷引包计万石左右

实业、慈善等捐，共纳百分之十三，属于茶商者，即为营业税，纳百分之三，捐税过重，损失殊多。

红茶贸易　茶商以毛茶含有水分，历来用七六扣秤，实际毋庸折扣为是之多，只旧习相沿，一旦难于改变耳。

我国漠北气候干燥严寒，民食腥膻，嗜茶而不产茶，唐自回纥入朝，以马易茶，此为茶运销边地之始，唐文成公主出嫁土蕃，说者谓湖南灉湖茶已随之入藏，德宗九年行什一茶税，岁入钱四十万缗，是为税茶之始。

宋史，陈恕为三司使，元茶法，各茶商数十人俾调利害，第为三等。

明置茶司马诸关津要害，置批验茶引所，其通商之法，一准盐法以行，是可觇我国茶历代以来之概况。

安化茶之沿革，由来亦久，自宋神宗熙宁五年，章惇开梅山置安化县，梅山烟岚万叠，崖谷间生植无几，惟茶甲于诸州县，旋置茶场于资上，而邑民于四五六月青黄不接，全赖市茶运来于宝庆益阳间，于启疆之初，茶犹力而求诸野，如旧志所云，山崖水畔，不种自生，故采时不无角逐，宋筑资水龙塘寨，设兵戍守，防奸究也。

元明以后，民渐移植，各有畛域。

引茶之制，始于宋，清初安茶日兴，贩夫贩妇逐其利者，十常八九，陕甘两省茶商领引来安采办，每年不下数千百万斤，向因等头银色，先卖后买，多所争执，乾隆二十一年巡抚陈云谋定章，等称曰官颁发价用数银九折扣算，谷雨前细茶，先尽引商收买，雨后之茶，方许卖给客贩，牙行不得多取牙用，高抬价值，远商采制曰引庄，曰曲沃庄，曰滚包庄，滚庄茶尚黄，曲沃庄茶尚黑，引庄如之，皆西北商也。

嘉庆间知事刘冀程颁定茶章，较准法码，轻重划一，规矩森严，俗所称刘公铁码是也。咸丰间洪杨乱起，关客裹足，茶中滞者数年，湖北通山、江西宁州，夙产茶，商转集于此，比洪杨由长沙顺流东下，数年出没江汉间，卒之通山宁州茶亦梗，缘此，估帆取道湘潭抵安化境。倡制红茶，转输欧美，称曰广庄，此东粤商授安化产户创制红茶之始，时维咸丰八年。

贡茶，查安化额有芽茶二十二斤，当年里递出办，时虞迟误，康熙三十三年定由巡抚委员汇解，民甚便之，同治间为永保贡税（茶税银一两二钱七分八厘）公置田产，每岁谷雨前由县发价户首承领，向产户收买生叶，每斤定价铜钱一百六十文，户首办纳，由工科经手过秤缴署，每斤以十六两为定，称为四保贡茶，四保者，邑北之大桥、仙溪、龙溪、九渡水，是也。

方红茶之初兴也，打包封箱，客有冒称武夷以求售者，孰知清香厚味，安化固不亚武夷，以致欧美商无安化字号不买，同治初，洪杨乱平，水面肃清，西北商亦踵至，自是怀金问价，安化茶为最名誉。光绪中叶，湘茶输出总额，岁达百余万石，实以安产为最多，维持安化茶号亦达百家，金融活泼，农村繁荣，至今询诸当地父老，犹艳称不已。

自是以后，印锡爪日之茶，蒸蒸日上，华茶销场遽受绝大打击，迄今湘茶输出，不过畴昔十分之一，而安化农村惟一出产之衰落，概可想见。近年中俄复交，差有起色，然抚今追昔，何能恢复旧观，此就安化茶业沿革言之，大致如是。

兹从安化茶户询及各情，并索得刊物，爰抄附后，以供参阅。

附安化茶户的白话报

列位！你们有生在茶山里的，有做茶生意的，有开茶行的，也晓得这茶的缘根，和那买茶的规矩吗？我且说与你们听：我们安化，有一座扬名的芙蓉山，不晓得是那里来的种子，长了一兜仙茶，隔远望见，清气蓬蓬，又好象有个和尚守着的一样，只是寻那那个地方不到手，后来那个和尚，下得山来，邀同地方的人，点出这个地方来，说这茶的好处，吃了清凉爽快，百病俱消，就检的检些种子，到一处种，到明朝的时候，就越发多了，就有那陕西的客，山东山西的客来，买我们地方的茶，教启产户，用摘刀摘来，放在锅子里炒熟，细的用手揉，粗的用脚踩，踩成条索，根根的搭得笔直，就烧起焙笼，火烘得焦干，名叫黑茶，买黑茶的规矩哪，是二十四斤一包，依衙门的官称，比找街上的称，一斤要重了三钱八分，有一个姓刘的县太爷，他怕后来的人弄弊，就铸成一个铁码，重十三斤，两码就是一包，于今称刘公铁码，就是这个缘故，买茶的客，要行户邀客进乡，沿门收买，这是什么意思咧？恐怕摘茶的产户，不晓得配堆口，转见搀坏了庄头，故此就要亲身到产户家里去买，行户老板，也是一门生计，每串钱，就取了佣钱二十个，产户是只有九百七十个钱到手的，那时节有个姓汪的跻子，最得客的信用，说好就好，说要就要，要产户许他五十个钱一串，价钱就买得高些，叫做插背手，得到咸丰八年的时候，又有一个江西客，招牌叫做吉茂隆，走到桥口谌引川行里，教摘的人家，就太阳晒软叶子，也是用脚踩成条线，晒个半干，收做一堆，发出汗来，又晒个大半干，再发汗一次，然后晒干，色片油油的漆黑，水叶样样的血红香味也就阵阵的入鼻，若是火烘的，不是有烟味，就是有火味，不怕如何的烘得好，总总没有得香气，买红茶的规矩哪，也是用的刘公称，一百斤就要除潮毛四斤，样茶一斤，额外作个八折，恰好是七十六斤，名叫七六扣称，买钱一串，行户也要取佣钱三十个，又山厘金，每斤要取钱两个，那时节的茶，不过十四五串钱一百斤，就是一串钱取了二十个，又因得太平王想做皇帝，吵得天下都不安然，我们安化的绅士陶伯庵、梁伯藩、那些人，就商量办起团练，保守地方，一串钱又抽了七个，总共就扣了五十七个了，叫做五七扣，用九四三兑帐，后来茶客日多，势子就大起来了，也要照汪跻子样，取钱五十个，我们乡里有句俗话的，茶是草，客是宝，得罪茶商不得了，也就依了他的，一串钱就只有八百九十三个人，故此又改名叫做八九三兑帐，只因安化后乡，是个九七钱的地方，一串十足钱，要除减三十个，也是正规矩，而今民国反了正，我们的都督、和财政司、见得扣水补水，都不是好法，就出告示来说，铜元钱票，通作十足钱，不得再扣钱三十个了哪，我们董事会的人，见得地方要吃亏十多万串钱，就约同地方的绅士，打禀帖到县里，请县官详得到都督府、和民政司、财政司、实业司，候批准了，又请县官出了许多告示，要茶客遵行，可恼那些湘帮老，拚命联合西广帮的客，大家停称不买，恐吓我们乡里的产户，不晓得这些产户，都是有团体的，也就不买茶到他，硬把这个十足的规矩，就争转来了，他们于今又想了一个害人无遏的法子，在省城内立了一个茶业总会，限定安化地方，只准五十家客，一家只准做三千箱子，比起常往年，就减少了二十多家客，一十一万多箱子了哪。他心想茶客一少，又没得子庄茶就堆山塞海，当了这人挤挤地的时候，只要上了盘，就欢喜不得了的，那一个还敢争价钱咧，他就安安然然得个便宜了，你看好很不好很，好恶不好恶哪，我们地方的童谣，说得很不错的，山西客、我要接，广东客，也接得，只有湘乡饿老虎剥了人家的皮，还要吃人家的血。这样看来，我们就要结成一个大团体，打一个硬主意，把他做一个恶老虫打，开行的，就莫接他，卖茶的，也莫问他，就是舍了今年个一年，都不思悔，总总莫惹那乡帮老，害个永世万代不脱根，这才算得我们安化人的能干，这才显得我们安化人的志气。列位，你说要紧不要紧咧，你说是真的，不是真的咧。

平江县

平邑茶商，多属本帮，资本系临时集股，数量多少不一，用秤每斤为正十六两，茶价计算，无折无扣，运销经由路经，东乡陆运长寿、嘉义一带交舟，南乡陆运雷家滩、大桥、交舟，经过县城，浯口、至湘隐汨罗、西乡陆运语口交舟，北乡陆运杨梅江交舟，至汨罗、均由汨罗换火车转运汉口销售，所有各乡运至汨滩之运费，计每石，东乡为二元上下，南乡为七角上下，西北二乡，为四五角不等，县城为六角，视途程之远近而定，但由汨至汉，每石悉为一元六角，至所纳捐税，属于地方捐者，计细茶每石，纳平江公益捐一元零八厘，毛红每石四角零七厘，花香每石三角六分七厘，杆皮三角一分七厘，又平江团捐，每石细茶，征纳四角八分，其余折半，属于省税者，计毛红每石，纳产销税三角，箱茶免征，营业税，估纳卖价千分之二，即卖价千元征税二元，名目繁多，捐税殊重，其征收机关，产销税，设于汨罗。营业税，设于浯口、平江公益捐，总卡设于县城，分卡设于浯口、由押运人报关征纳，细茶以箱为标准，毛红，花香，茶梗，茶末，则以石为标准，查民国二十二年税收总额，细茶一千七百四十八名，每石一元五角六分八厘，共银二千七百四十元零八分四厘，毛红一万八千零四十石，每石九角八分七厘，共银一千七百八十元零五角四分八厘，悉由茶商茶农，分别负担，两俱不利。

按平邑向为产茶中坚之区每届茶事方殷，所有县属长寿街、嘉义岭、献钟市、三眼桥、思村市、安定桥、长田市、张家市、瓮江市、梅仙市、南江市、虹桥市、童家坪等处，茶商云集，热闹异常，每岁吸收外金，以数十万计，金融极形活动，农村于以繁荣，嗣因匪祸连年，迄未宁处，加以中俄绝交，茶无销路，茶业遽形衰落，尤以县属东南一带，匪祸更烈，农村路绝人稀，满目凄凉，不独茶业失败，一蹶不振即农田亦多荒芜，无人耕耘，近虽中俄复交，茶已渐有起色，然以匪患未已，仍难复兴，形影所及，农村凋弊，以言挽回，必须安定社会，徐图整理，则得之矣。

桃源县

本邑茶商，分为本帮外帮，本帮为本县人，或本省他县人，外帮为湖北人、山西人，行户有十余家，均由政府发给丁种牙帖，经

桃源县茶商状况调查表

牌名	地点	帮别	资本(元)		工作人数	出品种类	数量(箱)	每石成本(元)	备考
			固定	流通					
源和县	沙坪	粤	10,000	30,000	120—200	红茶	2,000	35—45	
茂丰祥	沙坪	粤	10,000	30,000	120—200	红茶	2,000	40—45	
广华春	沙坪	粤	12,000	45,000	100—240	红茶	3,000	30—40	
福裕	沙坪	鄂	10,000	30,000	120--200	红茶	2,000	30—45	
大生	沙坪	鄂	15,000	65,000	400—500	红茶	6,000	30—40	
平均合计(五家)			57,000	200,000	1,120		15,000	38	

营贸易，茶商资本，大则五万元，小则数千元，共计十二家，用秤依本地公规，每正秤百斤，加二十，扣样数量，为百分之一，红茶运销沪汉，每石最高价额为八十元，青菜运销本省，及沪汉，黑茶每石普通价额，为十余元，或八九元，概归安化茶商出售，由山西帮收买，运销陕西甘肃等省，老茶以汉口时价为定，每石价额，为八九元左右，此茶近年方开始制造，运往汉口，交由协助会，压成砖茶，转运苏俄出售，上年仅有河坪之大生红茶庄，独家经营，颇占便宜，惟茶树所有老叶，一经完全摘采，顿成枯枝，殊于茶树有害，至所纳捐税，为团捐，学捐，及保护费等项，由茶农，或茶商缴纳。

沅陵县

查沅邑官庄一带，在昔亦设有行号，为之贸易，销往上游，及常、桃、各县，近十余年来，以茶价低落，致少经营，均由各茶农，自行运送安化各茶埠销售，间亦有茶商于茶事方兴之际，设临时交易所于沅陵，“俗曰挂良肩”，以收买之，红茶运往安化之东坪，湖南坡，坪溪等地各茶号收买，从事精制，青茶运销本县，及湘西各县，至所纳捐税，为字捐，团捐，及保护费等项，税率为百分之二五，由收买者代征代缴。

新化县

新化与安化接壤，所产之茶。多系运往安化之蓝田、东坪、西洲、黄沙坪等处销售，七区之杨木洲，有茶行六家，经营贸易，行屋新建，气象辉宏，茶商多本邑人，资本约万元上下，用秤斤两，每斤为十六两八钱，茶价计算，以七六扣秤，以九一二兑价，现在杨木洲、正拟加修茶行，扩充营业，将来茶业，或更有发展之一日也。

新化县茶商状况调查表

牌名	地点	帮别	资本(元)		工作人数	出品种类	数量(箱)	每石成本(元)	备考
			固定	流通					
宝聚祥	杨木洲	新化	10,000	40,000	110—200	红茶	2,500	40—50	
宝大隆	杨木洲	新化	10,000	30,000	120—200	红茶	2,000	40—50	
丰记	杨木洲	新化	10,000	30,000	120—200	红茶	2,000	40—50	
富润	杨木洲	新化	8,000	20,000	80—100	红茶	1,500	40—50	
平均合计(四家)			38,000	120,000	750		8,000	45	

醴陵县

本县茶业，曾有粤人来县经营，资本甚厚，嗣以茶业不振，粤商中止贸易，仅由本县商人，集资经营，悉为本帮，资本不及粤商远甚，用秤斤两，每斤为十八两，向例为四八扣秤，即每百斤，扣成四十八斤，扣样数量，在昔有九八扣样之规定，即毛茶每价计算，重则以斤为单位，价则以铜元或银元为单位，曾有九二或九六兑价之惯例，茶农颇受损失，今已革除积习，按重十足兑价，所有四乡之茶，昔年均须集中县城交舟，运经渌江、及铁江口、出渌口、入湘江、而直达汉口，今则株萍铁路通车，悉由对河阳三石车站，交车运往汉口销售，至所纳捐税，仅有正税一项，即本省之产销税，由茶商负担，在醴陵阳山石车站销税分卡，验关缴纳税率，计细茶五角二分五厘，毛红减半，花香三角，茶末茶灰，均为九分，系以石为单位，在茶业最盛之时，岁纳一千余元，上年多采用包征制，如由醴至汉之茶，由茶商向征收关，估计数量包征，沿途只征一次，迩以茶市不旺，税收亦减。

按醴邑向为出产红茶之区，尤以西北二乡为最，以前清同治末年，及光绪初年，为最盛时期，经济极形活动，昔有西乡殷家冲之殷石万刘逊齐二家，均以茶业贸易致富，获利甚厚，民元以来，茶业日见衰落，几已无人过问，虽间有本县及浏阳少数商人，共同贸易，终以获利甚微，愈呈不提之态，今昔悬殊，至为可惜。

湘阴县

茶商多系来自江西、湖北、山东等省之外帮，颇少本帮经营，行户有万留春、同兴福、意中祥、万盛隆、大生和、信记、等六家，悉为外帮，资本多则数万元，少亦数千元，本帮仅有白水钟生记等，设庄新市，资本甚微，用秤斤两，每斤二十两，按重算价，不扣样茶，所有出口之茶，均多集中白水、或汨罗，交本运汉销售，但亦有由县河交舟运汉者，在昔南渡，设有茶庄，自十九年经赤匪烧毁之后，迄今尚无恢复，以致长乐一带之茶，多运往平江制造，至所纳捐税，有正税之产销税，及地方捐之学捐，计产销税，每石细茶征收一元五角五分八厘，学捐每石征收四分，由茶商茶农分别缴纳。

浏阳县

浏邑茶业，曾有山东人来县，与本县茶商，合资贸易，嗣以匪患发生，外商早已视为畏途，仅由本县各商家集资经营，悉为本帮，资本由数千元至万元不等，行户之最大者，厥为县城之宝生东，系由本县商绅邓嘉宝沈资生及山东人共同组设，故取名为宝生东，厂屋宏大，可与蜈蚣岭茶庄比拟，计重以斤为本位，计价以银为本位，昔有四八扣秤九二兑价之规定，今则此例革除，悉照十六两计算，并无折扣，茶庄起样不扣样，各乡运输途径，因地势交通关系，不免稍异，如东乡由陆路运至永和市下河，船运经县下省转汉，西乡以地在县之下游，即由枨冲、普迹、镇头市、沿河交舟运省转汉，南北二乡，除北乡有一部分运送长沙高桥外，悉由陆运到县，交舟转汉，交通不若东西二乡之便利，运输既不一致，而运费亦随之而异，如由东乡船运至县，每石运费，为三角，或六角，南北二乡，陆运至县，每石运费，为六角，或一元，由县船运至省，每石悉为六角，西乡水程，不及由县至省之远，运费按照当地交舟地点递减，每石为三角或五角不等，惟由省交车运汉，每石车费，悉为一元四角，再由汉转运至沪，每石船费，为二元二角，青茶反能自给，并无出口，经营贸易系由茶农自制自买，概为内销，此为浏茶贸易运销之大概情形也，至所纳捐税，昔年有地方学捐之征纳，每斤生叶，征收铜元钱四十文，由茶庄代征，交由当地教育机关，作为学款，今已免除，以轻茶农负担，其属于正税者，即每石细茶，应纳产销税七角五分，毛红应纳山厘三角六分，则由茶商负担。

按浏邑居万山中，亦为产茶县份之一，在昔茶业极盛时代，金融颇形活动，农民于前年买卖货物，多有约定次年茶业上市时给价，俗谓之茶边兑钱，可见茶业之于农村经济，至有关系，嗣因销路日滞，茶业随之衰落，然茶市间亦有人问津，仍于地方金融，不无小补，比岁以来，匪祸频仍，荆棘载途，伏莽潜滋，向之赖以出产茶业之地，悉已沦为匪区，路绝人稀，备极凄凉，不独茶园荒废，疏于管理，即农田亦多芜秽不治，竟成不毛，所幸大军剿匪，肃清有期，欲图挽救，或可俟诸□□□□□。

临湘县

青茶销售省内外，贸易悉为本帮，红茶为本帮，及外帮，运汉销售，资本自二万元，至十万元，用称斤两，青茶，每斤为二十两，红茶，每斤为十八两，茶价计算法，向为九七，或九六，之惯例，即每铜元一千文，扣为九百七十文，或九百六十文，茶农所纳捐税，为区学捐，团学捐，县立公学捐，及湖南第三联合中学捐，团防捐，临湘县治建设等捐，现团防捐，及建设捐，业已免收，每石共捐一角之普，茶商所纳捐税，即产销税一项，至茶箱运输经由途径。(1)陆由云溪、五里牌、羊楼司等处，交车运汉。(2)水由聂家市、下河交舟，出长江运汉，临邑产茶尚丰，交通称便，倘能于栽培，及制造，加以改良，则收益更多矣。

附临湘砖茶调查笔记　调查专员周济猷。于填注调查表外，对于砖茶，另有笔记，尚属详确，爰附于后。

一、产地　全县划为一二三四五六七八九等区，除第五区不产茶外，余均生产。

二、历史　已有百余年之历史。

三、产量　在昔最盛时期，岁产四五十万石，本年估计约二十余万石。

四、品质　茶叶粗老，叶肉甚厚，故又名老茶，颇欠清洁。

五、采摘

(1)时期　自废历五六月起，至十月止。

（2）方法　用铁刀摘其全部老叶，每日可摘百余斤，至二百斤不等。

（3）摘工　多系包工采摘，计每斤生叶，须工资铜元钱三十文。

六、制造

（甲）初制

（1）先用釜炒，炒至叶已萎凋时为度，火力愈大愈好，但手术极快，只须一人负责。

（2）釜炒后，置诸地板，每五人轮流一班，用足踩蹂。

（3）踩蹂后，以一人搂松，曝之以日，俟其干燥，收回再炒，装入布袋，复用足踩，每人踩一包。

（4）二次足踩后，又曝以日，即为粗制手续终了，卖与茶号。

（5）每生叶三斤半，可初制一斤。

乙、复制

（1）茶号收买后，堆积干燥室内，或楼上，经一月、或半月之久，俾起发酵作用。

（2）经过堆积发酵时期，茶叶表面现黄色，用木制、或铁制之密齿扒翻出，拣去茶梗。

（3）拣净后，用铡刀切细，一人捻搂茶叶，□□□□，然后提筛分为粗细，继用风车，簸去茶末。

（4）簸净后，用甑蒸热，经三十分钟取出，置诸木制砖架内，压迫成砖，是为砖茶，但近年压砖，改用机器，即于切筛风簸之后，装入布袋或包，每包六十斤，运至汉口中俄协助会，用机器压砖，每方计重，自一斤至四五斤不等。

（5）压成砖后，用火焙干，以官堆纸封包，装入蔑篓，每篓计二十七口，或三十六口，至一百口，不等，视销售各处之庄口而异。

（6）每初制茶二百余斤，约可复制一百斤。

七、制工　每包六十斤，每石一百二十斤，由茶号收买起，至风簸装包止，约四五日，可制一石。

八、工资

（1）切茶　多的赣属修水人，大工日雇铜元钱一千六百文，或二千文，小工日雇铜元钱八百文，火食在外。

（2）压砖　多为本县人，日雇铜元钱二千文，火食在外。

（3）包砖　多为鄂省人，年雇铜元四百千文，至六百千文不等，火食在外。

九、茶贩　专向茶农收买老茶，转售茶号，所有产地，均有茶贩在焉。

十、茶号　本年全县计四十余家，分设县属五里牌、云溪、羊楼司、聂家市等处，就中以聂家市、羊楼司、为最盛，鄂属蒲圻、羊楼洞、各茶号，亦均分设子庄，于上列各处。

十一、茶商　多为山西省人，故名西帮。

十二、资本　少则十万元，多则数十万元，以一分为采置金，以一分为转运金，以一分为囤买囤卖准备金，即遇贱便买，遇贵便卖之意。

十三、用秤　用秤各处不同，如五里牌、每斤为四十两，聂家市，每斤为六十两，羊楼司每斤为十六两八钱，极不统一。

十四、茶价

（1）茶有面茶裹茶之别，细为面茶，粗为裹茶，细茶每斤价银七分，粗茶每斤价银五六分，并按各处用称之大小，而定价额之高低。

（2）茶价计算，聂家市为九六扣现，其余为九五通行，即茶价每铜元钱一千文，扣兑九百六十文，或九百五十文。

（3）聂家市、以铜元为码，每码十文，羊楼司、以银元为码，每码一分，如每斤价为十码，即银元为一角，铜元为一百文。

十五、买卖

（1）买卖时间，自每日黎明起，至傍晚止。

（2）买卖手续，由茶号起样，用目力测验品质，估定价值，取得双方同意，即行过称买卖，但不扣样。

十六、茶税　原为每石应征本省厘税一角五分，后已减半，近以砖茶为该县特产，又系老茶制成，业经该县政府，呈奉湖南省财政厅令准，从二十年起，全数免征，以示优异。

十七、茶捐　抽茶价百分之四，作为该县教育经费，以二分归县教育局，以一分归区学，以一分为团学，惟聂市则另抽一分，作为区高小学校建筑经费，概由各教育机关，派人分向各茶号，查照买茶总价，计算征收，即于茶价九六、或九五、计算数内扣出，悉为茶农所缴纳。

十八、销路

（1）山西省，（2）内外蒙古，（3）俄国

十九、起运地点

（1）云溪　（2）路口铺　（3）五里牌　（4）羊楼司　（5）聂家市

二十、运往地及经由途径，全县之茶，概行运往汉口压砖，所有云溪、路口铺、五里牌、羊楼司等处，均为湘鄂铁路必经之路、可直接交车运汉，交通便利，惟聂家市，距铁道颇远，须肩运羊楼司，交车运汉，或由该市交舟运经新堤，直下汉口。

二十一、运费　运费多少，视途程之远近而异，如由五里牌起运，每石悉为四角一分，此外，上至云溪，下至羊楼司，则远近不一，运费自不无多少之差。

二十二、砖茶功效　砖茶不独解渴，且有解瘴气、治疮疽、及解毒之功效，久为山西、内外蒙古、及俄国人民所嗜好，且已非饮不可，南人旅行内外蒙古，及俄国一带，只须携带茶砖，即可作为旅费，想见其日常需要，有如吾人一日三餐之重大。

临湘县茶商状况调查表

牌名	地点	资本（元）	工作人数	出品种类	数量（石）	每石成本（元）	备考
裕乾	长安	200	6	青茶	4	40—50	
义昌	长安	100	3	青茶	2	40—50	
志和	长安	100	3	青茶	2	40—50	
太和祥	长安	400	3	青茶	10	35—40	
长兴	长安	100	4	青茶	2	40—50	
三湘裕	长安	100	3	青茶	2	40—50	拣茶女工在外
长真和	羊楼司	10,000	40	红青茶	30	30—35	
义兴	羊楼司	12,000	43	青茶	40	25—35	
志竟成	羊楼司	300	14	青茶	12	25—30	
长盛春	羊楼司	300	14	青茶	12	25—30	
黎永泰	羊楼司	500	16	青茶	20	25—30	
恒升	羊楼司	600	16	青茶	25	24—28	
赵巨新	羊楼司	400	15	青茶	20	20—25	
九厚裕	羊楼司	500	16	青茶	22	20—28	
同兴祥	羊楼司	300	14	青茶	14	20—24	
恒兴祥	羊楼司	400	15	青茶	20	20—25	
永兴祥	羊楼司	500	16	青茶	24	18—22	
元大	羊楼司	300	12	青茶	14	20—24	
兴记	羊楼司	1,000	20	青茶	44	20—24	
昌生	聂家市	5,000	100	红茶	250	16—25	
福丰	聂家市	3,000	100	红茶	140	18—25	
新记	聂家市	3,000	100	红茶	140	18—25	
太和生	聂家市	500	40	红茶	24	20—24	
义兴祥	聂家市	500	40	红茶	24	20—24	
久康	聂家市	500	40	红茶	24	20—24	

新盛祥	聂家市	400	30	红茶	20	20—24
裕源祥	聂家市	400	30	红茶	20	20—22
方源顺	聂家市	400	30	红茶	20	18—22
德盛和	聂家市	500	40	红茶	24	18—22
义成永	聂家市	500	40	红茶	24	18—22
胡同兴	尖山	400	14	青茶	20	18—22
连城	尖山	600	16	青茶	30	18—22
顺和	尖山	400	14	青茶	20	18—22
日新公	尖山	500	15	青茶	24	18—22
志昌和	尖山	500	15	青茶	24	18—22
大同	尖山	500	14	青茶	24	18—22
田洪盛	云溪	5,000	33	红 青茶	255	16—22
永成公	云溪	5,000	34	红 青茶	255	16—22
朱冬太	云溪	1,000	23	红 青茶	54	16—22
李怡盛	云溪	2,000	25	红 青茶	110	16—20
王协泰	云溪	5,000	30	红 青茶	260	16—22
王沅茂	云溪	3,000	30	红 青茶	158	16—22
怡康	云溪	4,000	30	红 青茶	220	15—20
杨茂兴	云溪	3,000	30	红 青茶	158	16—22
德兴祥	云溪	3,000	30	红 青茶	158	16—22
席祥泰	云溪	3,000	30	红 青茶	158	16—22
王谷公	云溪	5,000	33	红 青茶	260	16—22
天然香	云溪	5,000	34	红 青茶	260	16—22

续表：

郑太祥	云溪	2,000	20	红青茶	110	16—20	
刘顺记	郑家嘴	1,000	20	红青茶	54	16—22	
陈桢祥	郑家嘴	2,000	35	红青茶	110	16—20	
德孚	理牌	2,000	40	红青茶	110	16—20	
新记	理牌	2,000	40	红青茶	110	16—20	
平均合计（53）		98.700	1,477		3,971	23.74	

二十三、砖茶与地方民生之关系　砖茶为临邑特产，岁产极丰，每石运至汉口压砖年产销二十余万石计，亦收入达二十余万元，以临邑弹丸之地，获此大宗收入，农村经济之活动，自不待言，实与地方民生，关系甚巨，苟能于茶树栽培，及茶叶制造，分别加以改良，则其品质优美，获利更当倍蓗，以全县计，收入尤未可限量，是在当地人士，注意及之。

长沙县

县属高桥，向为茶商云集之地，设立茶行十余家，规模宏大，贸易繁盛，除本县及平浏茶商集资经营外，尚有外帮至此贸易，近以茶业衰落，外商远来者少，仅由本地茶商五六家，临时集股经营，获利不厚，较之在昔茶业兴旺之时，相差甚远，茶价计算向为四八扣秤，九二兑钱，即老茶一百斤，扣成净茶四十八斤，茶价一元，折成九角二分，用秤斤两，以十九两为一斤，所有红茶悉由金井河、或高桥河，交舟起运，至捞刀河过载，入湘江，渡洞庭，运汉销售，青茶产量无多，仅内销本地，及长沙市，至红茶所负税捐，为本省产销税，及汉口茶业公曾捐，在湖南捞刀河、岳州、及湖北宝塔洲、汉口中国街等处征收，由押运人极关缴纳，细茶以石为标准，每石八角四分五厘，其余茶梗茶末，均以包为标准，每包五角八分。

岳阳县

茶商多为本帮，亦有外帮，均设茶行，为之贸易，就中历史之久，资本之厚，即为县城余复泰等十余家，用秤斤两，收茶每斤二十两，出货每斤十六两，至所纳捐税，茶农负纳学捐百分之四，茶商反纳正税。

按岳阳之茶，分为青茶红茶二种，亦为该县生产之一，以北乡为最多，东乡次之，城乡最少，虽制茶之法，比较精密，然以焙茶温度不确，搓揉程度不齐，未用机器，以代人工，故多劳而利微，颇不利于经济，尤以筛选不一，装璜欠精，香气易变，茶味不浓，颇欠卫生，更不适西人之嗜好，凡此诸端，均宜改良，若君山茶之栽培地，面积既不扩充，制茶又多伪品，市面所售，多系北乡之北港茶，鱼目混珠，希图渔利，真君山茶之代价，每斤三十二元，以前收入，概归该山方丈海修和尚，出产七八十斤，仅归二三十斤于地方财产保管处而已，至改良栽培方法，亦不讲求，致地多荒芜，茅柴丛生，加以鼠害颇烈，害及作物，尤为可惜，地方组耆，早议收归官有，以谋扩充，因海修和尚昔年凭籍曹琨之方，卒未实现，仍由其自主，为今之计，亟应收归省有，由茶事试验场，派员整理，扩充栽培，改良制造，以维名产，而尽地利，是亦增加生产之一端也。

汉寿县

茶商多为本帮，悉系来自湘潭湘乡二县，资本雄厚，组合经营，茶市以尧南潭首屈一指，设有茶号四所，贸易颇盛，此外凤桥及纸料洲二处，各设茶庄一所，亦系外县茶商，为之经营，用秤斤两，以十八两五钱为一斤，至茶农所纳捐税，系按茶叶收入，每元抽收学捐二分，茶商仅纳正税之产销税而已。

湘乡县

在昔红茶畅销，贸易注重红茶，嗣因红茶滞销，茶商几已绝迹，茶农类皆改制青茶，近年中俄复交，俄商在汉收买粗红茶，茶农又多复制红茶，茶商多为本帮，向系集中县属五里排，早具悠远之历史，当茶业最盛时代，常有客商二十余家，来此贸易，兹据前年调查，尚有聚宝堂、谦裕祥、正昌祥、福记、涤记、正记、升春、李长发、顺长等九家，均系采买毛红、花香、大包、颇少采买茶箱，每家资本，约数千元，均由帆船，运至易家湾，交车运汉销售，前年以红茶畅销，均获利倍蓰，茶业颇有起色，青茶产量稍逊，除内销本省外，亦略有运往他省销售者，至所纳捐税，税为产销税，捐为字捐育婴捐普仁捐等项，悉系茶商负担，由运茶人报关缴纳。

大庸县

青茶悉为内销，仅供本地及邻县之需要，由茶农自行制造，肩挑买卖，用秤斤两，以十八两为一斤，按重计算，并无折扣，亦无须征纳税捐，以其不产红茶，绝少茶行茶庄之设置。

邵阳县

邵阳之茶，均由湘乡客挂秤收买，运赴湘乡精制，资本不厚，营业亦不甚扩张，用秤斤两，每斤十六两八钱，按重给价，无折无扣，该县产量不多，故无正式行户，为之贸易，亦无捐税之征纳。

武冈县

武冈之茶，多由本地小茶贩，收买毛茶，加以精制，集成数十担，或百余担，运往洪江，或安化各茶市销售，既无茶庄之开放，亦无捐税之剥削。

郴县

茶商多为本帮，亦有外帮之广东商人，来县经营，除略有内销，用供本地需要外，多易运往广东销售，吸收省外金融，用秤斤两，每斤正秤十六两，九折扣除，茶农不纳佣金捐税，仅茶商纳捐税百分之三，佣金百分之五而已。

按郴县之茶，以县属秀良之五盖山，为最有名，惜其出产不多，莫供需要，求其品质优良，而产量又丰者，则为凤翻是也。查其茶之采取，非止一次，旧芽既去，新芽又生，随生随采，随采随卖，按其时节，略可分为四期，计三月采制者，为谷雨茶，五月采制者为夏至茶，七月采制者为禾花茶，九月采制者为桂花茶，当其茶盛之时，西帮、广帮、载钱而来，贩茶而去，得利之厚，略与烟等，郴县生产烟叶，倾销常德、津市等埠，而金钱又活动，尤过之也，近以焙制不精，拣选不净，品质日劣，色味日减，远商裹足，几不来县过问，而茶业衰落，每况愈下，利源枯竭，诚可忧也。

石门县

红茶贸易，在清光绪年间，有粤商卢次伦于泥沙经营茶业，设总庄于泥沙，牌名泰和合，设分庄于罗家坪、五里坪、莲花台、苏市等处，资本雄厚，获利甚丰，于泥沙建筑茶庄多栋，自备船只六十余艘，并将泥沙至石门县城二百余里之路，悉修辟为石路，以利行人，即石门街道，亦系该商修理，财力充裕，可以想见，卢次伦死后，其子卢月池继承其业，接续经营，仍不改旧观，民元以后，土匪充斥，民不安居，该商收来回粤，停止经业，迄今念年，几如黄鹤之去，所有茶庄器具船只，悉为本地茶商所有，而泥沙红茶，亦已不成问题，农村经济遂亦枯竭，近年虽有本地商人，集资经营，究以资本甚微，茶亦不多，终无恢复原状之望，不胜今昔之感，用秤斤两，每斤正秤十六两，按照斤两计算，并不折扣，亦不取样，由本县运经合口津市，转运汉口销售，每石运费，约十二元上下，至所纳捐税，仅在合口完纳本省之产销税，按照数量征纳，近因茶市不畅，总计岁纳税额，为四百元至八百元不等，系归茶商负担，地方附加，以茶业衰落，停止征收，青茶内销本地，多系茶农自制自卖，并无茶商贸易，亦无征收税捐之规定。

按石门之茶，品质优良，询之该县财政局，据谓汉口红茶，以宜昌帮为最佳，而宜昌帮，又以泥沙茶为最佳，可见在红茶贸易中，亦占有重要之位置，惟以泥沙之茶，须用帆船载赴津市，驳轮运汉，水程甚远，中间经过石门以上，滩险水急，行舟困难，且河道迂曲，岩石错列，帆船所至，一触即破，若非驾驶纯熟，最易发生危险，格于此点，每当汉口茶价高涨之时，不能如期运到，售卖高价，殊不经济，对于泥沙直下石门之河道，亟应加以开凿，以利运输，而免延误，据调查专员周济猷调查后之意见，以石门所属泥沙，逼近湖北鹤峰，向为红茶贸易繁盛之区，每岁曾有七十余万元之收入，农村经济，至为活泼，嗣因匪患频仍，遂至衰落，影响所及，民生凋敝，兹幸该县经罗团长致英，驻防清剿，四境尚安，又适红茶已有起色之时，茶业似可渐图复兴，应由该县茶商，约缴粤商，卷土重来，合资经营，以图恢复，挽回利权。

江华县

茶商来自外县，资本不厚，用料每斤十六两，无折无扣，亦无捐税。

宁乡县

茶商系本地人集资经营租用临时庄屋，并无茶行设置，资本约四五千元，另有茶贩，资本仅三四百元，在昔有新疆客商，来县贸易，并有茶商多家采办，因沩山之茶，多销新疆，茶价极高，每石可售一百二十元，其余各地之茶，仅值沩山茶价之半数，嗣以时局不靖，茶亦滞销，新商日见减少，前年仅有星恒茂一家采办，约一百石，以其交通不便，改用邮寄，每箱十六斤，邮资六元三角，当新疆茶市最旺时，每箱售银八十两，其六度庵之茶，多运销华容、长沙等县，用秤每斤十八两，买卖均以实价兑现，不折不扣。

益阳县

青茶销于本地，及安乡、华容、南县等处，每石价格，高达百元，少亦数十元，贸易向无外商，仅由本县，或宁乡商人，集资经营，临时设庄收买，并无行户，用秤以十六两为一斤，无折无扣，多系零售，绝少大宗买卖，故各项捐税，亦免不征纳。

祁阳县

茶商来自外县，资本六七千元，用料以二十两为一斤，按重给价，至茶农所纳捐税，按照茶价每铜元一千文，抽收学捐十文，由茶商扣收，茶商方面，仅纳佣金百分之二而已。

乾城县

青茶运销本县及邻近各县，每斤价额，特别为三元，普通为一元五角，悉系自制自卖，并无外商来县贸易，年来经营茶业者，均颇获利，惜其产量不多，营业不见发达。

湘潭县

青茶均系本县小贩贸易，间有三门、渌口一带茶商，来县收买，红茶则有本地及外商，共同经营，悉送至渌口精制后，始由株洲交车，运汉外销，资本不厚，约数千元，用秤以十六两为一斤，按重兑价，惟来代冲之茶，向有九扣秤之惯例，以其产量不多，尚无捐税之征收。

常宁县

常宁之茶，多系内销，间有少数运往衡阳销售，每斤价额，最高五角，以其产量不丰，悉为自行制卖。

酃县

产量仅供本县之需，并无外销，故无外来茶商，经营贸易。

永顺县

青茶仅能自给，悉为内销，均由茶农自行肩挑销售，并无内外茶商，为之贸易。

宁远县

产量仅供本县需要，由茶农挑运县境以内销售，并无茶商贸易。

沅江县

茶商多为本县及汉寿商人，资本不厚，仅数百元至千元之普，除内销本县外，多运往汉寿县属尧南潭一带销售，以其产量不多，不纳捐税。

攸县

普通茶由茶农自行制造，肩运县城，及乡镇零售，珠兰茶，由县城各小茶叶店，及烟店贩卖，并无外商来县，经营贸易。

衡山县

普通茶，悉为内销，由各茶农肩运县内销售，以其产量有限，并无茶商贸易，亦无茶庄茶行之设置，岳山茶，系南岳附近一带妇女采制，携赴各墟场零售，数量不多，人争购之，远来游人，尤视为珍品，悉欲购买尝试，供不应求。

衡阳县

青茶悉系就地销售，用供自给，并有多量运销县城住户及各茶馆，以其岁产不丰，并无茶商贸易。

道县

道县之茶，除供给本县饮用外，多运销于宁远零陵等县，亦有运赴长沙汉口销售者，以言贸易，则有宁远客商，集资来县经营，用秤以二十两为一斤，或则以盐易茶，几以盐为资金，即每盐一斤，易茶一斤，资本无多，营业不旺，捐税亦不免不征纳。

古丈县

古丈之茶，亦系自制自售，并无外商来县贸易，十年以前，尚无人十分重视，产量亦不及兹之多，后以改良种制，品质益优，因之销路亦广，几有供不应求之势，人民慕利而起，茶业愈见乐观，惟装璜不良，极宜改善，该县地少人稀，农产无多，除桐油为其大宗特产外，次则即为茶叶，倘再加以提倡，推广生产，则产量益增，输出更多，该县茶叶前途之发展，正未可限量也。

按古丈产茶最著者，厥为县属之青云山茶，在本省青茶品质中，已占有相当之位置，考其茶之所以有名，以邑人杨锡环、任涤岑两君，曾于种制改良，均能悉心研究，力谋推销，所制茶叶，匀嫩香鲜，冗称上品，并于县城下街，设有青云茶社，专任销售，极为一般有茶癖者所嗜好，是青云山之有今日，杨、伍二君，与有力焉，今杨虽逝世，而伍尚健在，仍能致力研求，不改旧观，具征热心事业，诚为难能可贵，尚望该县当局，商同此类热心公益之绅耆，力谋生产之扩充，则其收益增进，自当等于桐油，地虽偏小，民更富庶，此即总理所谓建设之首，应在民生也。

三、湖南茶产输出

湖南青茶分老青与细青，老青为砖茶原料，素销西北及苏联各处，近年输出只二十余万担（黑茶在内），足征输出额之锐减，细青输出甚少，概属本省内销，但以人口计其数量当亦在二十万担左右，今据调查所得如此之微，殆农村漫无组织，于此家用茶不易估及之欤。编者识。

1．青茶（单位担）

临湘：130,000

安化：109,000

其他：10,000

2．红茶（单位百担）

安化：367

平江：200

沅陵：100

新化：100

醴陵：100

浏阳：62

桃源：52

临湘：52

四、湖南各县茶价高低之比较

县制	22年		21年		20年		5年以前		10年以前		20年以前		附注
	最高	最低	最高	最低	最高	最低	最高	最低	最高	最低	最高	最低	
安化	52.00	19.00	38.00	18.00	29.00	9.00	20.00	8.00	28.00	10.00	65.00	25.00	1. 本表系指毛茶每担价而言。2. 本表所填最高最低数字系根据调查报告之头茶与二茶最高最低普通之三项平均数填列
平江	33.00	16.00	20.00	14.00	25.00	12.00	24.00	15.00	20.00	13.00	50.00	25.00	
桃源	26.00	18.00	26.00	14.00	28.00	18.00	20.00	12.00	20.00	10.00	32.00	12.00	
沅陵	28.00	10.00	25.00	10.00	20.00	10.00	18.00	9.00	20.00	12.00	30.00	15.00	
新化	40.00	18.00	28.00	16.00	20.00	12.00	22.00	9.00	28.00	18.00	24.00	10.00	
醴陵	35.00	20.00	28.00	16.00	26.00	18.00	20.00	8.00	18.00	6.00	24.00	12.00	
湘隐	22.00	12.00	22.00	12.00	21.00	10.00	22.00	18.00	18.00	8.00	24.00	12.00	
浏阳	20.00	9.00	15.00	10.00	28.00	10.00	19.00	10.00	20.00	12.00	22.00	10.00	
临湘	28.00	10.00	16.00	8.00	20.00	8.00	19.00	11.00	20.00	12.00	20.00	12.00	
长沙	24.00	12.00	18.00	10.00	24.00	10.00	15.00	8.00	24.00	11.00	25.00	14.00	
岳阳	28.00	16.00	28.00	15.00	25.00	15.00	26.00	16.00	30.00	17.00	30.00	16.00	
汉寿	20.00	11.00	17.00	6.00	25.00	8.00	18.00	12.00	16.00	9.00	20.00	12.00	
湘乡	23.00	11.00	18.00	9.00	29.00	10.00	15.00	7.00	16.00	9.00	24.00	15.00	

续表：

大庸	30.00	20.00	32.00	18.00	28.00	17.00	25.00	10.00	36.00	16.00	38.00	15.00
邵阳	26.00	15.00	22.00	11.00	24.00	10.00	18.00	7.00	30.00	20.00	26.00	12.00
武冈	20.00	14.00	24.00	15.00	29.00	13.00	24.00	18.00	20.00	12.00	28.00	18.00
郴县	32.00	16.00	28.00	15.00	30.00	14.00	25.00	13.00	28.00	20.00	25.00	19.00
石门	27.00	12.00	20.00	10.00	25.00	15.00	18.00	9.00	20.00	14.00	24.00	10.00
江华	30.00	15.00	32.00	14.00	28.00	12.00	30.00	13.00	34.00	14.00	35.00	16.00
宁乡	35.00	18.00	26.00	10.00	24.00	12.00	30.00	16.00	30.00	18.00	34.00	20.00
益阳	24.00	16.00	20.00	10.00	21.00	11.00	25.00	14.00	28.00	17.00	30.00	18.00
祁阳	45.00	18.00	48.00	16.00	40.00	20.00	42.00	22.00	36.00	18.00	30.00	16.00
乾城	50.00	34.00	45.00	32.00	52.00	40.00	48.00	30.00	45.00	30.00	60.00	48.00
湘潭	28.00	17.00	19.00	8.00	20.00	10.00	18.00	8.00	30.00	20.00	28.00	16.00
常宁	34.00	18.00	30.00	15.00	32.00	18.00	30.00	14.00	32.00	20.00	28.00	20.00
酃县	30.00	20.00	29.00	18.00	32.00	18.00	35.00	12.00	32.00	20.00	30.00	15.00
永顺	38.00	22.00	35.00	20.00	40.00	25.00	50.00	32.00	58.00	34.00	40.00	21.00
宁远	28.00	20.00	26.00	18.00	30.00	2.60	32.00	26.00	42.00	25.00	48.00	31.00
合计	856.00	441.00	737.00	388.00	775.00	406.00	708.00	387.00	779.00	445.00	894.00	485.00
平均	30.60	15.70	26.30	14.00	27.30	14.50	25.30	13.80	27.80	16.00	32.00	17.30

〔实业部档案〕

湘隐：52

长沙：33

汉寿：33

湘乡：17

邵阳：13

武冈：13

石门：13

湘潭：2

5．朱天修视察皖赣红茶运销报告书①

（1936年）

皖赣红茶运销视察报告书（附红茶改进办法） 中华民国二十五年视察专员朱天修

（甲）概论

祁至浮三县茶叶产量，从无精确调查，每年各关系方面所列产额数目字，系按红茶出口箱数，约略统计。其实产额除制红茶外，尚有毛峰，苏庄，济南庄，安茶。绿茶等名称，每年亦有净茶万余担，并无大规模茶园，茶株所占地亩，不及隙地千万分之一，若普遍植茶，收获至堪惊人！惜销路不畅，不敢培植耳！本年统一运销，尚属创举，时间较为仓促，计划亦欠周详；其所以有此成绩者？实缘各方办事人员得力，有以成之；有此一年经验，明岁斟酌改进，自收事半功倍之效，上海销售情况尚佳，惟推销组员役不甚健全，稍受影响，谨将视察所得并附刍见，分陈请鉴核！

一、本年贷款情形

本年祁门茶号贷款，较至德浮梁优厚，连同交通银行贷给合

① 沿用原标点。

作社之款，共一百二十余万元，浮梁四十二万余元，至德十九万余元，三县共有一百八十余万元，数目较少，不敷周转。且办理登记，时间仓卒，茶商既狃于积习，复被茶栈从中破坏；登记人员苦心劝导，几经波折；方始就范，犹不免疑虑横生，互相猜忌！政府规定放款办法，须有保证物品，方能贷给，在事实上，决难办到！势不能不变通责觅保证人。但此项保证人，亦非全能有力担负赔款责任者；然除此数人外，再谋与茶商有关系而能确保贷款无损之人，实难多见；是以：不放手贷款，则事不成；放手贷给，不免顾虑；此实两难之事；而无全策者也。闻此数保证人中，有不肖者，对其担保之茶号，凡贷款在七千元以下者，予其运动费百元；七千元以上者，予其二百元，并插入所保茶号干股，即有利同享，有害不管；迨茶箱制成，每箱再给其五分担保费，依天修调查所得，确属实在；惟系袖里乾坤，苦无实据，当事者又不承认，亦难惩办。是政府办理统一运销，而为若辈谋一发财好机会也。本年贷款标准，乃依茶栈所放各号贷给。按各县茶商，昔日多为富有之家，因频受茶价惨跌，逐年赔累，经济自然拮据；然制茶为其恒业，无论如何艰难，每年总须设号制茶，方能维持。否则？！即愁无所展矣。比如甲制茶二百箱，乙制三百箱，则乙之声价，处处高于甲。倘中途歇业，人皆卑视，目为堕落者！一切交际，遽失信仰！此属茶区特殊环境，数十年来，无论茶商盈亏，必设法归还栈款，从无潜逃之事。本年陈作诚携款潜逃一案，系因其欺压寡嫂孤侄，不齿乡里；故而潜逃，实开茶商潜逃新纪元，各商莫不痛恨。现政府已明令通缉，并查封其财产，人心稍平。综计贷款结果，因富商较有保障，不免偏厚；贫商而无保证人者，多属向隅，但有若干富商，昧却大义，匪第不肯加入私人资本，反将贷款移作他用；成绩极坏；已列表电请惩办；此种商人将来虽能归还贷款，亦须惩戒，否则？！人将效尤，即无法责备耳。

二、茶市情形

红茶全恃天时，晴天撷制之茶，质佳价高，一遇阴雨，不堪设想！本年茶期，首茶仅晴一日，茶农采叶无多，获资自寡。又因政府初次贷款，外边谣传："将来各县茶叶，无论一二三批，所得售价，汇总结算！"茶商本无深识灼见，闻此谣言，颇多相信，故不肯完全尽量加入私人资本，尽所贷款制茶者，有十分之三，加入私人资本，有十分之六，甚有奸猾商人，反将贷款抽出若干，移作别用者，亦有十分之一。实力既寡，茶市既然减色。当收毛茶时，久雨弗晴，茶叶放长，势将老硬，茶农勉强采摘，产量顿增！一户如是，各县园户，莫不如是。到处毛茶拥挤，求售颇急；茶号规模本狭，陆续收进，尚可烘焙，同时涌到，自然不及。且各号平日惟恐门市收茶不敷烘制，均分设数庄购买；在前数日，因雨均未收买，一旦毛茶上市，各庄经理以职责所在，又因消息不灵，利其价廉，无不争购。普通茶号，烘炉不过百余具；每具日夜至多能烘二十斤，积茶过多，虽将各分庄撤回；然对门市新到之茶，势难容纳。但毛茶源源而来，求售颇急，于是：供求悬殊，无法调剂；茶农求售愈切，茶号压价愈低；不平则鸣，茶农生计攸关，愤怀发泄，各处打茶号情事，警信频传！此五月九日事也，在此时期，天修甫赶到祁，下车睹此现象，不及盥沐，即赴县府，赶召各关系人，会商救济办法。在前数日，祁门武县长闻奸人煽惑茶农捣乱，恐影响治安，曾带队出巡西南茶区，风尘多日，历口茶农茶商一度发生严重变故，立予解决；未致扩大。此次惟恐演出不幸事端，当经议定"治标治本"两办法，由县会同驻军派大队军警维持秩序，调县府四人，茶税局四人；分往各处茶号，切实检查账簿，是否将所贷之款，完全制茶？曾否加入私人资本？如故意剥削茶农，立予带案严惩，并由县府布告，不准茶农出售湿霉茶，不准茶号过抑价格，以息纷争，用维茶市。天修亲到三县深山茶区视察，武县长亲到祁门南乡茶区视察；拼命维持，幸免意外，然茶质老硬，难获高价，此种损失，纯受天时影响，非人事不足也。

三、运输

祁门茶箱，各号自运公路旁边，由祁宣运输事务所派短途汽车运祁门车站，再换车运宣城交江南铁路联运至沪。至德由内河运安庆，交至安运输事务所装招商大轮运沪。浮梁茶箱，各号自运指定汽车站，由景鹰运输事务所车运鹰潭，交浙赣铁路联运至沪。至德运输，尚无困难。祁门汽车能跑长途者，仅二十余辆；由祁至宣二百七十公里，一车约装六十箱，派三人司机，轮流值班，日夜赶运，每日至多能运千箱；所幸舒主任恭指挥统一，沿站人员日夜轮班照料；处处予运输便利，并无人事贻误。浮梁汽车五十辆，因船渡三道大河，每车仅装四十箱之谱；又因桥梁多坏，夜间不能行车；且浮车多系临时调用各路客车，改装茶箱，每车一人司机，人事比较复杂。自景德镇至鹰潭，长一百六十八公里，傅主任邦达往来指挥，沿站人员，颇多努力；然每日至多能运五百箱。皖赣公路各站，均乏堆栈；所经之处，山脉绵亘，道路崎岖；天时阴雨，湾道遇迂，上下盘旋，危险异常！精神稍疏，难免失事！计祁门覆车三次，浮梁一次，损失虽不为多，有保险者赔偿；然皆系我国财力，深觉可惜！天修鉴于浮梁渡船覆车，及桥梁危险；曾阵同傅主任到南昌竭建厅李厅长报告，又至公路处与车务工务两科，洽商行车安全。当即商有妥善办法，以后极为安全。花香多由水路分运，由浙江，经新安江，钱塘江而下者，到杭州交驻杭运事务所装沪杭甬火车运沪。由饶州转运鹰潭者，仍交景鹰运输所由浙赣铁路运沪。由饶州过鄱阳湖而至九江者，由驻浔运输事务所，装轮运沪。至德花香，与红茶运法同，情形尚佳。

四、茶号资本概况及产额售价

各县茶号，独资经营者甚寡；多恃贷款，及集股本营业。其个人所有者，仅旧有器具，及预储木炭，个人茶山，并少数现金而已。即他人所认股本，多系指私有茶山作抵；比如能认一百元之股东，不过缴三四十元现款。凡能认制二百箱之茶号，其现金至多有二千元，所谓有三四千元者伪也。然此尚属中等以上茶号，此外尚有全恃贷款营业者。更有挪移贷款，而将少数制茶者。情形复杂，未可概论。本年计祁门共制净红茶三万九千余箱，至德一万二千余箱，浮梁一万一千五百余箱。每箱平均按六十五市斤计算，三县共产四万七千一百二十五市担。上海开盘，茶叶改良场头茶售价每市担洋二百七十五元，普通茶号首茶售价二百六十元，逐渐跌落，亦属洋行故技；然以整个计算，则茶商颇有利益。花香每担售价四十元左右，更有余润。综上所述，乃本年茶市实在状况，他如检验品质，保险，交箱，纳税，登记各问题，各有迂缓欠周之处，亦属初办自然现象；有此粗模，自易整理。下列改进办法，系检察本年缺点，加以补充；及应付明年需要而定。天修对于茶业，本属门外汉，仅就见到之处，聊供一得之愚；将来办理时，仍需专门技术人员，俾臻完善。

（乙）红茶改进办法

一、调查产量

山茶产量，本无精确统计，难定救济茶农，及贷款制茶标准，应列表（名为：某县第几区几保几甲园户茶叶产量调查表：内分：园户姓名，住址，茶园亩数，茶棵数目，春夏两季约共采茶草若干担斤，能制红毛茶若干担斤，每斤合普通秤若干两，并在备考栏内填注该村有几处茶号旧址，近两年内，所产茶草，约制几分之几红茶，几分之几绿茶），分发祁至浮三县政府，责成县长督促区保甲长等，逐户翔实填列每甲填写一张，限一个月内，（县长限区长十五天，区长限保长十天，保长限甲长五天）由县汇送运委员会核办。

二、茶号配备

各县产茶地点，及产量，并茶号旧址，审核清楚后，即划分茶区，指定某处设茶号几家；某处红毛茶，应在某处销售；不准茶号设分庄，免茶号放虚价，从中渔利；兼可节省茶农挑运求售时间，俾山茶早日采罄。

三、划一市秤

历年茶农吃亏，皆因山价忽高忽低所致！茶号用秤，花样繁多，茶农听凭绕算，任其宰割！然有狡黠茶农，报复茶号，故将客岁所储未售出之红毛茶，或本年坏茶，搀入新茶出售。倘掌号者，非老于看茶，一将此茶误入大堆，日久发生酸味，至沪无盘，损失不堪设想！且茶农刻苦茶工，每撷茶草四五十两算一斤，茶工多属妇女，远自太湖，宿松，望江各县而来，往返七百余里，步行十余日，仅获工资三四元，本年每工至多得洋一元二三角，情况更苦！相因为果，皆非善者。有此种种情形，不能不急谋衡制划一，以期公允！按祁门等处市秤，能称百斤者，每杆二元五角以上，安庆同样市秤，每杆一元以下。拟由运委会在安庆预制百斤新秤六百杆运茶区，于茶号登记时，每家令购二杆应用，或调戥秤工人到祁，搜罗茶号旧秤，改戥新秤；既可利用废物，旧秤即彻底取消矣。

四、规定茶号开秤日期

红茶含有时间性，天晴早撷，质美价高，而茶号往往故延时期开秤，以求贱价！刻苦茶农，莫此为甚！应规定清明节后三日，各号一律开市！布置一切，兼收购枪旗茶草，自制上茶。谷雨前三日开秤，收买官茶，（即红毛茶）若是年气候特别寒暖，应延后或提前三日开市，由茶区负责者事先酌定。

五、规定官茶价

自开秤之日起，算足十天，为首批官茶；规定每担（市秤）二十五元以上，四十元以下。头茶五天后为二茶，每担十五元以上，二十五元以下。二茶五天后为三茶，每担十元以上，十五元以下。每日由茶区负责最高机关视本日情况，在此范围内，核定标准价目，用电话通知各茶区，划一市价！按祁至浮三县茶区，多通电话，只须再添装十余架，消息更觉灵通；应令县责成茶业公会，就会费项下添设，俾易办理。

六、取消苛杂陋规

地方一切苛杂附捐，及茶号抽样，找尾折扣，以及其他手续费等，凡未经呈奉核准者，一律取消！以轻成本。

七、贷款标准

依各号本年制茶成绩，为贷款标准；规定连环担保人负责一切，及能制茶二百箱，私人资本有三千元者为合格。但贷款时，须要注意！茶商虽云有股东资本若干元，务要审查其股东红单，是否确实？或点验其现金，否则！拒绝登记。如查用二人名义贷款，而合在一处制茶者，应追还贷款，予以惩治！其范围较大茶号，不妨贷给巨数，免致假借名义贷款。盖政府本以救济茶农，复兴祁红为主旨，必使农商平衡发展，方收效果，决非专为少数商人图谋福利。三县贷款数目，每箱姑以三十五元为标准额，总数按六万五千箱计，至少预备国币二百三十万元之谱。祁门产茶较多，定为三万八千箱，贷款一百三十三万元。至德定为一万箱，贷款三十五万元。浮梁定为一万七千箱，贷款五十九万五千元。共贷二百二十七万五千元，余二万五千元垫支运费。茶号经济充裕，山茶方能采罄，不致货弃于地，贻茶农痛苦。再茶商贷款，应向一处具结办理手续，俾明界限。勿令办理二份，多事迂烦，贻人口实。好在统一运销，不虞其贷款不能归还也。

八、应设大规模烘焙厂三处

查茶农所以破产，皆因毛茶不能久待，山价乏一定标准所致。各号之茶，虽皆分为一二三批，然其品质，实不一致。在沪交易，同为首茶，一售二百六七十元，一售一百二三十元，此其例也。国际贸易，海外商人皆谓我国无标准茶，驻沪洋行即利用弱点，欢迎我国品质不一！以便从中渔利。现政府注重复兴红茶，若专统一运销，无补大计；必从根本着手，方收实效。在茶市正盛时，往往茶号停收毛茶，其所恃理由，则藉口烘焙不及，或补老火装箱；无暇收茶。而毛红茶含有时间性，逾三四小时，如发酵酸，而致霉烂；但遇毛茶价低，茶号无论如何，必予收买；茶农忍痛出售，损失奇重！谓茶号无好心，岂孰信之？若令茶农晒干出售，则乏香味，若令烘干出售，火工不一；反致偾事。且茶农贫苦，亦无相当设备。按毛茶成分，以晒至七八成为适度；然散漫无序之茶农，素乏组织，安能保其一致，即能一致，亦不过多延七八小时，仍不免受茶号操纵。现在改善办法，拟俟各县将各处产茶数量调查清楚后，就祁至浮三县各择一适中地点；由政府分设毛茶烘焙厂各一处，用机器烘焙，每机不过二百元，一小时能烘六百斤，每厂装设五机，只需千元，（房屋人员另行设计），既速且匀；制成品质，不会即时发酸，投资亦有保障；划定区域，先行试办；凡在此区域内之毛红茶，统领售给该厂！由厂视其品质优劣给价，随时烘焙；再评定等级，售给在此区域内之茶号，制做箱茶。不准此区域内茶号直接收买民茶！该厂系代表政府直接茶农，购烘转售之间，只须计算能敷烘焙费而已，决不能从中营利，如此办理，既免茶商操纵，实系救济茶农根本办法；且品质根本划一，将来制成箱茶，不过手工稍有上下，亦无大出入。匪特对外贸易发生信誉，洋行亦不能从中渔利；藉资考查制工优劣，以为汰留标准，如有成效，再行扩及全县，整个红茶，即有办法。万一红茶产量丰富，由厂斟酌情形，随时领导改制绿茶，自无过剩之虞。如办理时，最好责成茶叶改良场负责筹办！因其情形熟悉，技术人员较多，可以节省费用，藉收事半功倍之效。

九、实地检验茶市

茶农茶号，狃于积习，对于摘茶，晒青，制毛茶，烘，拣，筛，装，以及其他卫生设备，均不讲究。甚有狃于迷信者，品质既歧，制成之后，自难一致。应在开采之时，由商品检验局会同茶叶改良场，调遣精于制茶人员，分赴茶区，切实检验指导！优劣用言语奖斥之，使农商不敢疏忽，自求改进矣。

十、运输方法

三县茶号散处山陬，交通梗阻，有便水运，有利陆运，在贷款时，令商人自报运输道路，打破三县畛域，汇计水陆运输数目，再分配舟车。水路分安庆，杭州，及九江，（鄱阳湖中心，仅数十里，无风时，一小轮拖一茶船，不过三小时，即可稳渡，并无危险。客岁沉船，系装载过重，一轮拖二船，又值暴风，停车时，拖绳太短，后船撞前船所致，非覆船也。）交箱。陆运分祁门各站，及景德各船交箱。并预饬茶业公会曾在起卸地点，搭盖临时堆栈，商人将茶箱运至公路各站，即交茶业公会人员收存，不必使商人久待。如遇天雨，凡无篷汽车，均停装运，以免茶箱受湿发霉，而防路滑出险。

十一、严密茶业公会组织

各县茶业公会有名无实，会内人员，尽属茶商。在无事时，人员毕集，亦不过对外发发电报，应酬应酬而已。对茶业前途，毫无打算；一到茶期，各自旋里，会内事宜，毫不负责。但各茶号均担负会费，祁门每家十四元，年收一千五六百元，除开支不见面，找不到之某人某人车马费及杂支外，即归乌有。自应切实改选，严密组织；即会内委员不能常川驻会，亦当派得力干事负责办公！茶箱起卸地点，均由该会派人负责收储；代为登记运输，免致旷时废事。其会内挂名支干薪冗员，一律裁汰！实行干涉主义，勿以有用经济，作无谓开支。

十二、改良茶箱

红茶箱板，均用枫树。以其无碍茶味也。惟制造过箱，不甚坚固；车运辗转，时多破裂，稍受湿潮，茶即霉酸。亟应改良，以免无谓损失。改良式样及质料，当然由政府详细研究规定。依天修刍见，拟仿照蛋白箱装，内用锌罐嵌密，罐内衬白磅纸，磅纸内加衬粉连；罐外仍用枫木箱钉牢，外糊花纸，加三道铁箍。如此装璜，既美且坚，无论车运；船运，受雨，受潮，皆不足虞。即浸水数日，亦无关系；其价亦较锡罐低廉，并不妨碍茶味，枫木及人工，仍就地取材，以免原有工商失业。锌料在沪购运，由公家设立工厂，统一制销，如能达到此项目的，自属完善。惟洋行(汉奸主张)利用不坚锡罐，藉口茶叶出味，减低价值；每只破锡罐，能售一元余，自不欢迎改良。天修在沪闻洋行对其他绿茶改箱者，收补助费二元。祁至浮三县茶商，恐洋行为难，影响售茶，当商定仍用原箱，不过须将两头之板，用为五分板，加钉大钉；其他用二分五板，外加铁箍三道；即无破坏之虞，亦易办理；似可照办。

十三、保险

无论陆运，水运，茶箱一入堆栈，即行保险。(包括水火覆车等险)以至沪销出为止。

十四、上海及茶区分派专员负责

上海总处，当以推销组为最重要，惟人员杂役，须慎遴选！绝对不用有官腔官派，性贪意懒之人，以免误事！贻人指责。堆栈内绝不准居留闲杂人等，栈内尤应注意清洁整齐；出箱看样，更宜慎重！最好令茶商联合会派人守视，免有异言。至茶区情形特殊，时间紧促，人事复杂，难免发生问题。且贷款颇巨，茶商份子，良莠不一，更须切实监督；免生意外！运委会远处省垣，指挥不便，所派视察人员，环游一周，无非调查情况而已；不关痛痒！对于各种问题，既不能负责解决，即见到请示，文电往还，亦误时机。必须委派专员，负责一切；遇事随到随办，俾免滞误，遇重要事，仍须请示运委会核准，再行办理。

〔实业部档案〕

6. 上海市洋庄茶业公会恳请撤销皖赣两省红茶统制成命电

（1936年3月29日）

南京。实业部钧鉴：属会前因经委会召集茶业技术讨论会，皖建厅提议祁红运销办法，其提案：茶号有无在会借款，所制之茶均应由会代为向外销售，是即专买专卖统制办法。属会各茶栈大起恐慌，叠次电恳经委会、皖省府收回成命，旋由市商会转来经委会俭电、皖省府冬电、钧部通知书，均称并非统制祁茶。皖省府复称不碍茶栈放汇，毋庸疑虑，各等因。属会各栈仰承德意，遂放胆依旧进行，赴祁门、浮梁、至德放款接客，乃近日报纸迭登众口哄传皖赣两省合组运销委员会，加款百卅万元，赴各该处接客。虽运销章程如何，是否不妨碍茶栈营业，无从臆测。属会各茶栈痛定思痛，历年被各处红绿茶号亏欠至七百万元之巨，本年放与祁浮至各号亦有百余万元，满望收些旧账，保全新账。若由皖赣省府运销，不独剥夺商人自由，且由失政府威信。伏乞钧部俯恤商艰，电咨皖赣省府撤消运销祁茶成命，俾茶栈、茶号得以营业自由，无任感戴，不胜迫切待命之至。上海洋庄茶业公会。叩。艳。

〔实业部档案〕

7. 上海市商会恳请撤销皖省红茶运销统制之议致实业部电

（1936年4月9日）

南京。实业部钧鉴：据洋庄茶业同业公会洪孟盘、陈翌周等全高〔？〕茶商到会惶遽面称：敝会前四〔？〕皖建厅提议运销祁茶，深虑。近于统制，恳贵会电乞京皖撤消是议，先后奉到函，覆转来经委会俭代电，实业部通知书、皖省府冬电，均称并非统制祁茶，而皖冬电且有并无议决统制祁茶之事，不妨碍茶栈放汇，无庸疑虑等语。敝会奉此，胆敢进行祁方放款至百余万之巨，仇

〔?〕清明已过，恰当开放时期，而皖省府于三日忽宣布运销委会成立，其章程祁方箱茶全交该会运销，俟售完后始将余款交回原贷款人，如愿先收回贷款者，俟审查后合格移转其贷款及利息，并收取佣金百分之二等，云云。意外一雷，震骇欲绝。各茶栈放款为各合法营业，只得百分之二佣金，该会要夺去已垫款之箱茶，又要夺去茶沽请方找账款，先得回贷款者，又要候审查茶栈之血资营业剥夺殆尽，与冬电完全相反，竟置茶栈于死地。叠经呼吁，一概弗恤。贵会为群商领袖，乞赐转电行政院、全经委会、实业部分别转电皖省府，立即撤消统制运销祁茶之议，以安茶业，并电皖省政府俯察商情事实，立刻收回成命，以昭大信，上维国脉，下恤商艰，曷胜迫切待命之至。等语。查茶栈为合法营业，应取国家法令保护，今以统制之名，行省营之实，使茶栈七八十年之业务顿归于尽。一面又阳示抚慰，经委会俭代电则称会议目的在改良华茶，非统制祁红，对于茶栈地布，早经顾到。皖省电复，并称不妨碍茶栈放款毋庸多虑，而红茶运销会即于此时成立，何异陷人于井，使茶商求生无地。茶栈既系合法营业，应有依法维护其生存事权利，应请依据俭、冬两电，撤回统制运销祁茶之议，以期昭示大信，保全茶商营业，迫切陈词，鹄候电示。上海市商会叩。青。

〔实业部档案〕

8. 安徽省政府解释设立红茶运销委员会缘由的代电

（1936年4月14日）

实业部吴部长勋鉴：案准贵部二十五年四月一日农字第五二九二号公函，以据上海市商会敬电，为报载皖赣两省合组红茶运销委员会，恳依据前电明令维持茶栈营业等情，抄同原电，嘱查核见后等由，并附抄原电一件，准此。查皖赣两省所产之红茶品质优良，为红茶中之珍品，在出口贸易上，原有特殊地位，帷以茶商、茶农向无相当之联络组织，任人操纵剥削，运销均不能自由，遂致产量日减，销路日落，既于国际贸易有关，复为百数十万人民生计所系，省政府责职所在，未便坐视。前于全国经济委员会农业处召集技术会议时，饬由建设厅提经议决设立红茶运销委员会，负责改善运销，复商得江西省政府同意，于本年四月一日在安庆开成立会，商讨进行办法，所议决各案均就整个红茶业着想，拟从统一运销，以避免操纵剥削，于茶栈放款并无妨碍，至关于顾虑茶栈之失业及债权并经议决有如下三案，足资救济：(一)尽量罗致茶栈中之人才佐理会务。(二)凡债权人提出数额，经债务人承认应行偿还者，由该会运销处于售茶后召集双方依照习惯处理，如有纠葛由双方自行依法解决。(三)本年各茶号有已接受茶栈贷款者，则于将来该茶号出品售罄后所得茶价，除扣佣金及垫付费用外，悉数交由原贷款人与茶号结账，如原贷款人自愿收回贷款，在出品未起运前，倘所放茶号资格及其所贷款额合于该会规定，经证明属实者，即转移其贷款及利息。就上海经营出口红茶之茶栈而言，为数仅有六家，且均兼营绿茶，其数量超过红茶数倍。关于红茶方面，种种问题原非十分严重，兹复议决有各项救济办法，该茶栈等更不必多所顾虑。准函前由，除检同皖赣红茶运销委员会章程及业务计划纲要与江西省政府会衔函请查照备案外，用特电复，希即查照为荷。安徽省政府主席刘镇华叩。财建实。寒。印。

[实业部档案]

9. 中华国货维持会关于沪市洋庄茶业公会停兑歇业致实业部电

(1936年4月23日)

南京。实业部吴部长钧鉴：顷据本市洋庄茶业同业公会函称：敝会因皖政府突然发生统制运销祁茶，呼吁中央及皖政府经允官运交由商销，忽然又要官为监督指挥，剥夺商权，层出不穷，忍无可忍，被逼至无路可行，不得已，牺牲一切，全体茶栈一齐止兑红绿茶放出之汇票，停止营业。贵会维持国货，素具热诚，伏乞转电呼吁，以救垂尽之茶商，毋任感戴。等由。据此。查茶栈有百余年之悠久历史，与茶商、茶农关系密切，今若以统制茶业，遽绝数千百万人之生计，以加重社会之不景气，似非我党国政治尊重营业自由所宜出，况工业品以其粗制滥造，自可统制生产藉免过剩，而茶业为天然产品加以改良则可贵，无统制之必要。现该公会以祸关切身，公决停兑，歇业力争生存。然对于以前茶商贷款历年积欠，为数不赀，该项损失将何补偿，属会为维持茶栈起见，理合据情电呈，伏恳钧座察栈，俯赐救济，迅予撤销皖赣红茶运销委员会，俾维营业而安工商，不胜迫切待命之至。中华国货维持会常务委员王介安、汪星一、朱赓陶同叩。漾。

[实业部档案]

10. 安徽省建设厅为统制皖赣红茶成立皖赣红茶运销委员会函

（1936年5月1日）

顷准四月二十八日台函，敬悉一是。兹特检同皖赣红茶运销委员会章程、办事细则、二十五年业务划要、第一、第二、第三，三次会议记录、第一、第二两次常务委员会议记录及红茶号登记规则各一份，随函附上，希即察收为荷。此致

实业部农业司

附皖赣红茶运销委员会章程等八件

安徽省建设厅　启

五月一日

皖赣红茶运销委员会章程

第一条　本会以发展皖赣两省红茶为宗旨，定名为皖赣红茶运销委员会。

第二条　本会委员由皖赣两省政府就左列人员分别聘委之：

一、全国经济委员会农业处处长；

二、两省政府财政建设厅长；

三、银行及其他贷款机关代表；

四、茶业专家。

第三条　本会设常务委员五人，由全国经济委员会农业处处长暨两省政府财政、建设厅长兼任，并互推一人为主任委员。

第四条　本会设主任秘书一人、秘书一人，承主任委员之命办理本会会务；干事三人至五人，承秘书之命办理文书、会计、庶务、调查等事务。

第五条　本会任务如左：

一、关于指导种制之改良事项；

二、关于介绍贷款及保证信用事项；

三、关于便利运输事项；

四、关于推广销路事项；

五、关于调查宣传事项；

六、关于其他之改进事项。

第六条　本会为办理皖赣两省红茶运销事务，于上海设运销处，于适当地点得设分处。

第七条　总运销处设经理一人，副经理一人，由本会委任之。

第八条　本会及运销总分各处经费，经售茶叶价额百分之二之佣金拨充之。不敷时，由全国经济委员会补助二成，余八成由皖赣两省政府按所属地方产额摊派。

第九条　本会会址暂设安庆。

第十条　本会常会每年二次，于一、九两月举行，由主任委员召集，必要时得召集临时会议。

第十一条　本会办事细则另定之。

第十二条　本章程如有未尽事宜，由两省政府商同修正之。

第十三条　本章程自两省政府公布之日施行，并分报全国经济委员会暨实业部备案。

皖赣红茶运销委员会办事细则

第一条　本细则依据皖赣红茶运销委员会章程第十一条订定之。

第二条　本会委员除由两省政府依照本会章程聘委外，关于第二条第三项及第四项资格之委员，得由主任委员随时提请两省政府加聘之。

第三条　本会常会每年两次轮流在安庆、南昌举行。

第四条　本会常会以出席常务委员四人以上、委员三人以上为法定人数。

第五条　常务委员会议无定期，由主任委员随时召集之。

第六条　本会主任委员不能常川驻会办公时，得由常会推常务委员一人代行主任委员职权，处理日常事务。

第七条　本会职员应办事项由主任委员分配之。

第八条　本会办公时间遵照会址所在地省政府之规定。

第九条　本会休假日以法令所规定者为限。

第十条　本会职员须依照规定时间办公，不得迟到早退。

第十一条　本会职员及各附属机关人员办事之勤惰，由主任委员随时考核分别奖惩。

第十二条　本会对外行文以主任委员名义行之。

第十三条　本会处理文件由秘书、主任秘书核阅后，皆须由主任委员判行。

第十四条　本会经常费由主任委员指派干事一人，负责经管至总运销处，经费收支应由该处另立会计，惟须随时送会审核。

第十五条　本细则如有未尽事宜，得由主任委员提请常会修正之。

第十六条　本细则自经本会常会通过后施行。

皖赣红茶运销委员会二十五年业务计划纲要

一、产额：祁红六万箱、宁红二万箱。

二、贷款：祁红每箱贷银三十元，六万箱共需银一百八十万元，除各茶业合作社已由安徽地方银行与交通银行合放银五十万元外，尚需一百三十万元由运销委员会介绍银行以低利贷，与祁浮至三县合格登记之茶号而担保其信用。宁红每箱贷银十五元，二万箱共需银三十万元，由江西省政府介绍裕民银行全部贷放，其贷款手续由裕民银行与宁茶复兴委员会商洽办理。

三、运输：九江、安庆、屯溪三处设运销分处，接收各茶号所制祁红、宁红，负责转运上海。

四、销售：设总运销处于上海，所有两省祁红、宁红均由该处统一销售，并筹设分销处于国外伦敦等处。

皖赣红茶运销委员会成立大会及第一次委员会议记录

地点：安徽地方银行安庆分行。

时间：二十五年四月一日下午二时。

出席：刘贻燕、杨锦仲、刘体乾欧阳彦谟代、李德剑刘重炬代、凌舒谟、曾　震、刘重炬、欧阳彦谟、何崇杰、夏赓英、陈言、郭子潸、林甲第、卢兆梅、娄熹。

主席：刘贻燕。

记录：张孟陶、戴先和。

开会如仪。

甲　报告事项

(一)主席报告本会成立经过及其重要(略)。

乙 讨论事项

(一)依照本会章程第三条之规定请推定主任委员案。

议决：公推赵常务委员连芳为主任委员，在赵主任委员未就职前暂由刘常务委员贻燕代理。

(二)皖赣红茶运销委员会运销处组织规则业经草拟就绪，请审查通过案。

议决：修正通过。

(三)贷放茶号款项如何筹措案。

议决：由两省主管机关分向银行接洽，各按辖区产量分区商贷。

(四)依照全国经济委员会本年茶业技术讨论会决议，安徽建设厅所提之祁红运销委员会一案，其但书关于茶栈失业及债务事项应如何顾虑案。

议决：1．尽量罗致茶栈人才助理本会事务。2．债权人提出数额经债务人承认，应得偿还者，由运销处于售茶后召集双方依照习惯处理，如有纠葛由双方自行依法解决。

(五)本会办事细则暨预算等以及放款办法，应请推定人员负责起草案。

议决：1．本会办事细则暨预算推何委员崇杰、夏委员赓英起草。2．放款办法推卢委员兆梅、林委员甲第起草。

散会。

附录修正皖赣红茶运销委员会运销处组织规定一件

皖赣红茶运销委员会运销处组织规则

第一条 本规则依皖赣红茶运销委员会(以下简称委员会)章程第七条第二项之规定订定之。

第二条 总运销处设上海运销分处设伦敦等处，并于九江、安庆、屯溪、珀汗等处设运输事务所。

第三条 总运销处设正副经理各一人，承委员会之命办理皖赣两省红茶运销一切事务。

第四条 总运销处分设四组如左：

一、推销组：掌理国内外推销红茶及布样过磅等事项。

二、经济组：掌理介绍贷款及本处款项保管、出纳并会计手续事项。

三、运输组：掌理红茶收发、转运、起卸及保管事项。

四、总务组：掌理文书、庶务、宣传、统计、人事及不属他组事项。

第五条 每组设主任一人、组员若干人，分办各该组事务。

第六条 每运销分处及运输事务所各设主任一人，承总运销处之命主持各该处所事务，并各设干事若干人助理事务。

第七条 各组处所主任由正副经理遴员荐请委员会委任，其余职员由正副经理委派报请委员会备案。

第八条 本处及各分处事务所得视事务繁简酌雇用书记及工人。

第九条 总运销处及各分处事务所办事细则另订之。

第十条 本规则如有未尽事宜，得由总运销处随时呈请修正之。

第十一条 本规则由委员会议决施行并分报全国经济委员会、实业部及皖赣两省政府备案。

附记

全国经济委员会农业处代表凌舒谟先生对于皖赣红茶运销委员会章程提出意见二点，兹为记录如下：

1. 第二条就左列人员分别聘委之一句请暂保留。

2. 第八条关于经费由全国经济委员会补助二成问题请暂保留。

皖赣红茶运销委员会第二次委员会议记录

地点：安徽地方银行安庆分行。

时间：二十五年四月二日下午二时。

出席：刘贻燕、李德剑刘重炬代、刘重炬、杨绵仲卢兆梅代、刘体乾欧阳彦谟代、凌舒谟、卢兆梅、曾　震、欧阳彦谟、娄　熹、何崇杰、陈　言、郭子清、林甲第。

主席：刘贻燕。

记录：张孟陶、戴先和。

开会如仪。

甲、报告事项

(一)审查本会第一次委员会议记录。

通过。

乙、讨论事项

(一)卢委员兆梅、林委员甲第报告放款办法已草拟就绪，请付审查案。

议决：放款办法修正通过，由请书、契约书格式交由运销处遵照放款办法规定制订。

(二)何委员崇杰、夏委员赓英报告本会办事细则暨预算已草拟就绪，请付审查案。

议决：

1. 本会办事细则修正通过。

2. 本会预算通过。

3. 运销处预算原则通过，交运销处另编详细预算送会审核。

丙、临时动议。

(一)夏委员赓英提议运销处经济组办事处干事服务规则应否另加拟订案。

(二)曾委员震、何委员崇杰提议，承制茶商或两省地方出产之茶运销上有何规定案。

议决：凡皖赣两省地方出产红茶及花香，无论茶资谁属，制自何人，统应就近交由本会运输事务所运赴上海集中销售。

（三）何委员崇杰提议非向本会贷款茶号，其原贷款人与茶号间帐项应如何处理案。

议决：非向本会贷款茶号，其茶叶花香经本会代为运销者，该茶号出品售罄后所得茶价，除扣佣金及垫付用费外，悉数交由原贷款人与茶号结账。如原贷款人自愿收回贷款，在出品未起运前，得由本会审查所放茶号资格，合于本会规定所贷款额经证明属实者，移转其贷款及利息。

散会。

临时动议第二案备忘录

本年祁门茶业改良场委员会管辖下之祁门茶业改良场所组织之合作社制成之茶，因事关政府提倡茶业合作与本会所持宗旨相同，该项茶叶运销办法另商办理。

皖赣红茶运销委员会第三次委员会议记录

地点：安徽地方银行安庆分行。

时间：二十五年四月三日下午三时。

出席：李德剑刘重炬代、刘体乾欧阳彦谟代、杨绵仲、刘贻燕、欧阳彦谟、刘重炬、曾　震、卢兆梅、娄　熹、郭子清、何崇杰、陈　言、夏赓英、程振基、凌舒谟。

主席：刘贻燕。

记录：张孟陶、戴先知。

开会如议。

甲、报告事项

（一）审查本会第二次委员会议记录。

修正通过。

（二）报告收到与本会有关电文。

乙、讨论事项

(一)本会今后进行方针拟在报纸发表谈话，是否可行，请公决案。

议决：通过。

(二)本会及运销处重要职员应即斟酌支配，以利进行案。

议决：1. 推定方君强为本会主任秘书，在方主任秘书未到差前，由何崇杰代理。

2. 推定程振基为运销处正经理，曾震为副经理，推销组主任由何崇杰兼，经济组主任由卢兆梅兼，在未奉委前先行到处办公。

皖赣红茶运销委员会第一次常务委员会议记录

日期：四月五日上午九时。

地点：安庆地方银行。

出席：刘贻燕、李德剑刘重炬代、刘体乾欧阳彦谟代、杨绵仲。

主席：刘贻燕。

纪录：张孟陶。

甲、报告事项(略)。

乙、讨论事项：

一、本会红茶茶号登记规则，业经拟就请付审查案。

议决：修正通过。

二、登记专员人选应如何决定案。

议决：推刘委员重炬为浮梁登记专员，何委员崇杰为祁门登记专员，林委员甲第为至德登记专员。

三、对茶号放款应如何推进案。

议决：(一)利息八厘。(二)放款数额暂定至德贰拾万元、浮梁肆拾万元、祁门捌拾万元，合共壹佰肆拾万元。(三)放款办法推何崇杰、刘重炬、程振基、卢兆梅四委员拟订，再提本会讨论。

散会。

皖赣红茶运销委员会第二次常务委员会议记录

日期：四月六日上午十时。

地点：安庆地方银行。

出席：刘体乾欧阳彦谟代、杨绵仲、刘贻燕、程振基、李德劍、刘重炬代、何崇杰。

主席：刘贻燕。

纪录：张盂陶。

甲：报告事项(略)。

乙：讨论事项

一、何、程、庐、刘四委员拟定本会与地方银行贷款协定草案，请付审查案。

议决：修正通过。

丙：临时动议。

一、改推夏委员赓英办理祁门茶号登记事宜，何委员崇杰切实协助祁门、浮梁两县登记事宜案。

议决：通过。

散会。

皖赣红茶运销委员会红茶茶号登记规则

第一条、本会为复兴皖赣两省红茶促进制造技术起见，特订定本规则举行红茶茶号登记。

第二条、凡未经本会核准登记之茶号或茶庄、茶厂合作社，不得向本会请求介绍贷款。

第三条、申请茶号登记应由该号经理或负责人呈送左列文件：

一、申请书；

二、股东合同(如系独资经营须于申请书内注明)；

三、保证书或提供担保品证件。

第四条、申请书应载明左列事项：

一、申请人姓名、别号、籍贯、年岁、住址及性别；

二、申请人制茶经验；

三、最近五年所制红茶数量及售价并赢亏概况；

四、茶号名称及号止；

五、本年资本额；

六、各股东姓名、住址、性别及所认股额；

七、本年拟制红茶数量；

八、本年茶箱交运地点；

九、希望贷款最高数额；

十、亏短款项时偿还办法；

十一、本年度定雇工人名额；

十二、申请登记年月日。

第五条　股东合同验明后加盖验讫戳记发还，至担保品证件如经本会核准介绍贷款者，应交本会保存制给，收据俟本息偿清后发还。

第六条　茶号登记由本会特派专员分赴产区县政府所在地办理。

第七条　茶号登记每年于茶市前举行一次，其申请日期由本会规定通知县政府公告。

第八条　本会举办登记不征收任何用费。

第九条　茶号登记资格本年暂定最低标准如左：

一、资本：三千元；

二、箱茶：二百件；

三、掌号：五年经验；

前项标准得逐年提高之。

第十条　茶号申请登记应组织审查委员会审查，如认为合格由登记专员转请本会核定。

前项审查委员会由本会聘请该县县长、商会主席、茶业公会主席及当地声望素著之茶业专家组织之，开会时以登记专员为主席。

第十一条 凡经审查合格登记之茶号除于茶号登记簿为合法之登记外，并发给登记证，其有效期间为一年。

第十二条 凡经登记之茶号如发见其欺朦情形，本会得随时注销其登记并追还其登记证。

第十三条 申请书、保证书、登记簿及登记证等格式另订之。

第十四条 本规则如有未尽事宜得随时修正之。

第十五条 本规则由本会公布之日施行，并分报皖赣两省政府备案。

〔实业部档案〕

11．钱承绪受全国商会联合会等委托调停茶栈停兑纠纷的意见书

（1936年5月）

对茶栈停兑问题意见

钱承绪

主张

以维持从前茶栈经济上与贸易上之实力，应顺现代潮流在有计划之办法上，改组为新的财团，双方兼顾，以渡此难关，以后循局势之推移，进一步共图对外发展。本建议书之意旨，完全以第三者之眼光，从环境与事实为精密研究，就可能范围内建议应付方策，便于官商合作，并以利于国家整个经济上之建设，而达到将来莫大之成功。

建议人今以受中华工业总联合会及全国商会联合会两团体之委任，亲来贵地以代表资格，对上海茶栈停兑问题，向贵省府提出调停意见。而其唯一目的，则期望在此相持对抗之情势下，能以展布侧面实力，将此僵局打开，勿使纠纷扩大，以影响于别省

茶区。此外建议人并深切感觉，一国家经济组织，实为多部份之细胞集合而成，呼吸相通，然后肌体方有建全之望。今就贵省统制茶产一问题而论，在建议人目光所及，以为改良品质，救济农民统一产销，在在有感必要。但商事部份，中间尚有几种过程，非暂时经过商人，以为过渡，难以达到产销直接目的，并虑及今年华茶出口，所受影响必多。今建议人为双方利害方面着想，提议贵政府在目下已经成立之茶产运销机关（皖赣红茶运销委员会），仍当依照原定计划向前推进，而关于对外贸易部份，则就原有于此节。建议人于日前道经首都，曾向实业部方面征询意见，认为适当可行，并已电咨贵省政府查照有案，意见列左：

（一）茶栈商人因有其经验与历年国外贸易关系，在推销之地位上，比较适宜。今主张由官商共同发起华茶营业公司，额定资本三百万元，商人出资二百万，官厅一百万。

（二）公司以收买茶叶，推销国内国外为业务。

（三）公司之上应设一总管理处，采委员制。委员人数定五人至七人，而以官股代表一人为委员会主席。

（四）公司之总经理由委员会于商股代表中选任（即非商股代表，不得充任总经理）。

就现在之情况论，贵省政府所注意而加以统制部份，为祁门红茶之范围，而结果竟牵涉于绿茶同时停兑，将来事态变化如何，处理如何，贵省政府对此，自有见地，建议人未便表示。但以建议人之地位言，倘贵省政府有意接收上项原则，建议人自当竭力调停，以促其事之实现，并连带以解决茶商停兑之问题也。

附：安徽省政府提出对案之三条，为将来协商之基本原则。其文书于本月一日下午由省政府代表正式送达于调停人，当再以书面提出两种要求：

（一）在本问题尚未解决以前，安徽所组织之皖赣红茶运销委员会上海总经理处暂时勿组织，以免除再起纠纷。（允），只收暂缓出卖。

（二）此问题既信任中央处理，调人主张由实业部召集会议彻底解决，省方应服从中央命令，不得再有变更。（允），此节于附加意见第一条既有规定，无庸再行另文承认。

谨就所提意见附加原则三条

一、实业部对于华茶贸易公司如有整个计划负责主持，本省自当接受。

二、本省本年办理红茶运销，仅做到减轻贷款利息，减低茶税税率，与剔除茶栈以往对于茶号之种种陋规，并谋运输上之便利与安全，此后当逐步改进，以期产销合理化。

三、关于茶栈停兑绿茶贷款，已由全国经济委员会赵兰屏处长负责劝导，如在五月五日以后仍属停兑，本省当另谋救济方法。

〔实业部档案〕

12. 上海市商会会长俞佐廷为安徽省政府统制红茶运销引起官商纠纷案呈

（1936年5月6日）

达诠部长钧鉴：敬肃者：安徽省政府统制祁红运销，妨及沪市茶栈营业一案节。据洋庄茶业同业公会之报告，于二月感电、四月青电、贺电转呈钧部，请为咨商皖省府妥筹办法，俾得保全该业数十年国外贸易之业务在案。嗣奉钧部四月养电有当即电催，迅予解决并检同统制运销办法见复之语。该省政府是否已照电催各节办理，虽尚未奉钧部行知，惟事实上则确已步步紧逼，使茶栈感觉无业可营。例如，茶栈向以贷款于茶号为业务，当该省议决统制祁红之际，其议决文中曾有须顾及出口茶商（即茶栈）之失业与债务，皖省府于三月二月所复商会之冬电并有办法尚在妥慎研讨，不致妨碍茶栈放款，请转告毋庸多所疑虑之，语其表示并非与民争利之旨，尤为剀切。乃一面托词妥慎研讨，一面即于四月一日将运销委员会在皖省组织成立，且事实上已受茶栈贷款之茶号不愿再领官款者亦必强令就范。该省红茶运销委员会四月感电所称放款至一百九十万元之多，即其揽办贷款不遗余力之暗示，茶栈业对于皖省言行相违，抚慰于前，翻议于后，咸感失望，但仍以保全商节为重，于是遣派代表面陈皖省府提出官运商销之办法，据茶栈业报告谓已蒙面允不谓，嗣接皖省府四月养电与面允各节办法仍有出入。仅于该运销委员会运销总处之下设一推销组，罗致茶栈人才，办理是销之主体，仍在省方，茶栈但为雇员，于是茶栈业以该业之贷款运销业务尽为省方所夺，该省府所称统制，实系收归省营之代名词，不得已于四月廿三日起将以前开立各种票据到期应先票款一律止兑。该业此项主张盖以本届贷款原系先经皖省不致妨碍之特许，今省方既自食前言，则责任应由省方自负，且茶栈既濒于被迫停止状态，事实上亦实未能胜此担负。半月以来，内地产茶各县恃此项票款为周转者，一旦停兑金融，群感涩滞，且因茶栈停业影响所及，并使绿茶外销同时亦受牵连，故皖省现在之设施非但攸关沪茶栈一业之存废，亦为全国茶业外销与替之关键。假使皖省凭藉其公家力量之厚，不为茶栈稍留余地，诚恐官商为鹬蚌，而他人或为渔翁，将致一线仅存之外销茶叶尽断送于所谓祁红统制政策之中。方今经济统制、工业统制之说风行一时，所谓统制原非即系排斥私人企业，代以国营。该省以统制祁红为标榜，而以官运官销为归宿，其主张已不免误入歧途，且使人民误会此旨。谓现在时流所倡之种种统制，即系凡百事业收归国营之先声，尤恐谬说流传，使事业界起极大之惶虑而投资益形萎缩，此尤反复筹维不敢不直陈于钧座之前者也。佐廷忝主商会，职责所关，曾婉劝该业先行开兑复业，以期今春茶市不致连带波及，一面由商会分电全国经委会及本市市政府，请其咨商皖省采纳该业所提官运商销之折衷办法，以期茶商营业，幸得保全，呼吁已穷而成效未见，且愧且悚，万不得已，合再肃函渎陈于钧

座之前，万祈鼎力成全，切商皖省俯采该业折衷原议，即日妥筹解决，实为公便，专肃。敬颂勋绥

弟俞佐廷敬上

中华民国二十五年五月六日

［实业部档案］

13. 实业部商业司关于暂停皖省绿茶运销统制函

（1936年5月11日）

查安徽省政府因统制红茶引起茶栈反响，现侧闻皖省又派员与浙省接洽，欲续办绿茶统制，是将愈滋纠纷。兹拟决定本部主张即红茶暂许由皖省府办理，但须速定办法，顾全茶栈利益，不使有损失。绿茶既不偏重外销，且涉及茶业全部，应俟本部筹具整个计划，呈准实施后依照进行，经拟具提案初稿一件，送请酌核，饬科办稿呈判或即本此意备呈复，不另提案，统请酌夺。至皖赣两省府所送章程等件，似应会同经济委员会商定意见后呈院核示，并请查核办理。此复

农业司

附提案草稿一件

商业司启

五、十一

查我国茶叶出口贸易，虽以国际市场竞争之故，今逊于昔，但仍不失为输出之重要商品，尤以红茶一项，内销甚少，大部分均系运销外洋。本年二月间全国经济委员会农业处召集茶业技术讨论会，由安徽建设厅代表提出祁红运销统制办法，意在复兴祁茶，促进外销发展。经该会将原则通过（有须顾及茶栈失业及债务之但书）惟此项茶叶运销出口以及茶叶放款，向均由茶栈办理，一经统制，则茶栈无业可营，利权消失。故该案原则通过以后，茶栈方面纷向各方呼吁，并叠奉交办到部，即经电咨安徽省政府请检

送运销办法。正办理间，茶栈同业，以推代表诣皖请求救济，未得确复，而皖省府已联合赣省着手进行，经将红绿茶正款，一律止兑，各处到期汇票，未见票者，亦不签字，遂致绿茶金融，亦因之停滞，影响及于茶业全部。现虽由市商会劝告，业经开兑。然侧闻皖省府曾派员与浙省府接洽，欲联合续办绿茶统制，证以刘主席致本部鱼电，谓报载茶栈复业，如所传非确，只有联络邻省另谋救济法之语，当属非虚。是则绿茶统制之后，茶栈将全部停业，益将引起纠纷。本部意见，茶栈对于茶农、茶商种种剥削及高利贷之弊，虽系事实，实施统制，以谋复兴，非不可行。惟须有相当步骤与统一办法，不宜操之过急。红茶既偏重外销，且皖省府已着手办理，拟姑由皖省试办但须查照茶叶技术讨论会决议案原旨，速定办法，不使茶栈蒙受损失。至绿茶既不偏重外销，且涉及茶业全部，应俟本部筹具整个计划，呈准实施后依照进行。是否有当，敬候公决。

〔实业部档案〕

14. 徐方干关于调查浙江茶商经营状况及茶叶贸易情形致实业部呈

（1936年9月10日）

呈为报告视察杭绍茶业及改进机绍业意见事：窃职于七月一日奉部令第三〇三七号派为视察员等因，遵即向部请示，此后工作方针奉周次长面谕，仍返浙继续会同浙江省建设厅协办浙江省茶场事宜，并调查视察杭绍各地茶业等因。职遵于返浙后，先后亲赴杭绍各地，又在龙井平水实地研究绿茶制造方法，兹谨将杭绍茶业视察报告暨改进杭绍茶业意见书，分别呈部审核，是否有当，仰祈钧长批示，实为德便。谨呈

科长转呈司长、部长、次长

附呈视察曹娥江流域报告书壹件

视察杭州旧居茶业报告书壹件

改进杭绍茶业意见书壹件〔略〕

视察员　徐方干

中华民国二十五年九月十日

视察曹娥江流域茶业报告书

视察员　徐方干

一、绪论〔略〕

二、各县茶业生产概况〔略〕

三、茶商经营概要

(一)茶栈之组织

平水茶栈在清季末叶极为兴盛，各栈无不获利累累，顿成蓬勃之象。迨至欧战以后，逐年下降，大有江河日下之势，其中不无乐观之年，但较之盛年则不堪回首。其经营土庄茶栈者，尚可维持，于是土庄茶栈即风靡一时，盖土庄资本少，范围小，制茶种类亦复简章〔单〕，制造粗劣，重用色料以饰外观，大叶用铰工砻碎，以示细小。外商最初不察，并以优价购之，在茶业日渐式微之下，复有薄利可获，于是相率改作土庄。时至今日，平水栈家可分为土庄、洋庄，现时洋庄不过资本大，制造种类多而齐全，技术较为精致，其用铰工及色料与土庄稍胜一筹，余则无甚轩轾。各栈资本均为合股经营，有限责任，资本额自数千元至二万元不等，大抵固定资本少，流动资本多，其内部组织可分为两组：一为事务组，一为制造组，兹将平水各县茶栈之组织系统列表于下：

附注　职员茶司以包季论，每季一百日，职员以茶事终了为期，茶工在包期内不问箱额多少，开工与否，概须照给薪工，逾期另加伙食，凡职员、茶工概由资方供给，短工，如秤燀拣三工，伙食自备。

（表二）平水区各县茶栈组织调查表

组别	职别	人数	薪额	职务
事务组	经理	一人	80元	掌全栈一切事务
	评样兼配箱	一人	80	司门庄外庄毛茶进货品评货价兼司配箱装璜事宜
	内账兼信房	一人	60	司全栈银洋出纳兼司文书
	外账	一人	60	协助内账会计事宜兼掌外账进货事宜
	水客	六人～八人	各40	专司出栈采办毛茶
制造组	工头	一人	80	司全栈制造一切事宜
	头部	一人	50	司筛分
	副头部	一人	30	司筛分
	二部	一人	40	司筛分
	副二部	一人	30	司筛分
	筛头	一人	30	司筛分
	趸部	二人	各30	司筛分
	取扇	一人	40	司风扇
	副取扇	一人	30	司风扇
	前着火	一人	40	司煇场
	看台	二人	各30	司拣场
	装箱	一人	30	司装装箱
	打帮	三人	各20	司制造组各场事务
	平工	无定	以工计	司煇平灶
	拣工	无定	以工计	司拣
	铰工	一人	20	司铰铡及家砻
	厨夫	二人	各30	司膳
	管门	一人	30	司阍
	杂务	二人	各20	司杂务
	辉工	无定	以工计	司煇平灶

上表所列事务、制造两组之人数，在平水茶栈普通生产力之

下，工作足可支配，至制造特多或赶出货品，则制造组人数须酌加短工，以求其速。

薪额以二十四年为标准，各县高低大致相同。

(二)牙行之调查

牙行为茶叶买卖机关，居茶商与茶农之间，专司代客买卖，从中抽取佣金。在未开业以前，须备具申请书及殷实铺保三家保给各一纸，向牙行管业征收处请领牙行营业调查证，缴纳规定之牙行营业税后，方可正式营业。此种牙行各地皆有，惟正式大规模者甚少，惟新昌之儒岙、镜岭镇、大市聚等地方系以茶为专业，其余各处多系兼营山货业，茶为其附带经营，每年最多三五千担，少者数十担。大概以新昌居多，余则次之，其范围可分为圆茶及长茶两种，圆茶为制造洋庄茶之原料，长茶乃店庄茶之供应品。各家普通组织，计经理一人，行主自任之，秤手一人，拣工、打娄筛工等无定额，可临时招雇，杂务一人，其制茶用具使用费、折旧费、房屋租金、雇主招待费、牙行营业税及其他一切杂支，约需数百元之谱，视营业范围为增减。买主如系长茶，需用烘、拣、筛、打、篓等工及木炭、竹篓、箬叶等，由行代为招雇购买，费用由客人自备。圆茶手续极为简单，客人购妥之后即用布袋运出，无复多用手续，兹将平水茶区内之各县牙行列表于下(见下页)：

表三附注 牙行营业税税率按浙江省规定，全年买卖在五千元以上或牙用收入在五百元以上者为己等，应纳洋三十五元；又全年买卖不满五千元或牙用收入不满五百元的庚等，纳洋二十元。但其买卖数不满五千元或牙用收入不满五百元，其税率照上条规定分四级比例征收之，例如，买卖数不满一千二百五十元或牙用收入不满一百二十五元者为一级，每级征税五元，上表所列家数纳己等三家，纳庚等四家，纳庚等三级二家，余则为庚等四级。虽商人以多报少，或数家合伙营业，或两行仅领一帖者，或为包税人中饱而不按税例给证者，但各家之营业颇可作为比较也。

（表三）平水区各县茶叶牙行调查表

县份	牌号	经理人	设立地点	应纳牙行营业税等级	备考
新昌县	潘泰记	潘老二	儒岙	己等	
	协大	潘生荣	儒岙	庚等三级	
	潘合记	潘澄清	儒岙	庚等三级	
	协泰	潘箱云	儒岙	庚等四级	
	协兴	潘湘成	同上中街	庚等四级	
	潘源记	潘源记	同上中街	庚等四级	
	陈瑞兴	陈雪供	澄潭	庚等四级	
	陈万丰	陈定干	镜岭镇	庚等四级	
	何干泰	何沛泉	镜岭镇	庚等四级	
	陈德昌	陈文元	镜岭镇	庚等四级	
	张协昌	张春钱	镜岭镇	庚等四级	
	陈泰丰	陈如春	镜岭镇	庚等四级	
	丁福兴	丁竹生	镜岭镇	庚等四级	
	俞天德	俞小才	镜岭镇	庚等四级	
	赵源丰	赵汉老	镜岭镇	庚等四级	
	赵万丰标记	陈岳标	镜岭镇	庚等四级	
	杨公和	杨小波	镜岭镇	庚等四级	
	荣华	吕见华	小东门	庚等四级	
	黄源茂	黄荣铨	中镇	庚等四级	
	鼎和	杨叶焕	小东镇	庚等四级	
	徐大成	徐老六	新东镇	庚等四级	
	成大	张六水	新东镇	庚等四级	
	永源泰	陈士彬	槐巷	庚等四级	
	协昌	盛邦杰	狮子坊	庚等四级	
	合泰昌	史玉泉	学前	庚等四级	
	长兴	黄桂泉	义街口	庚等四级	
	元丰	梁席甫	大市聚	庚等四级	
	梁万丰	梁福招	大市聚	庚等四级	

续表

	梁滘泉	梁弟先	大市聚	庚等四级
	梁源茂	梁先标	大市聚	庚等四级
	义兴	楼才田	青坛	庚等四级
	万兴	吕奎高	忠信坊	庚等四级
	久大	贤　记	大市聚	庚等四级
徐姚县	永盛源记	史久康	城乡南门	己等
	万顺	魏荣堂	城乡南门	庚等
	万祥丰	黄汉朋	城乡南门	己等
	周仁甫	周仁甫	城乡南门	庚等
上虞县	马源兴	马源兴	章镇	庚等四级
	王信大	王信大	章镇	庚等四级
	卢鼎新		章镇	庚等四级
	谢德泰	谢德泰	章镇	庚等四级
绍兴县	阜泰	单培生	大江桥	庚等三级
	仁和	赵锦钊	大江桥	庚等四级
	协泰	陶明德	大江桥	庚等四级
	合兴		所前	庚等四级
	李顺记	李顺先	尧郭	庚等四级
萧山县	宏茂		城内大弄口	庚等
	骆信昌	骆昌言	城内绣衣坊	庚等

上表所列系二十三年份因记者调查时各行尚未开业，故暂以上年者为标准。

（三）茶号之营业

茶叶店之营业范围以门市折兑为主，并兼营生漆、佛金、颜料，规模大者则兼营批发。平水茶区本为产茶丰富之乡，除城镇以商务、交通、文化之关系有茶叶店之设立、余则多不需要经营茶叶店者。以安徽帮最占优势，资本大者二千元，最小者四五百元，普通为一千元。营业最大一万元，最少者八百元，普通为三千元。销售货品种类以粗货为大宗，占总销售数量百分之八十以

(表四)平水区各县茶叶店调查表

县别	牌号	经理	帮别	地址
绍兴县	悦名	钱耀生	绍	城内大街
	德康	郑国华	徽	大江桥下
	德昌	吴介卿	徽	利济桥后
	元丽恒	王申元	绍	公济桥下
	恒升	董如光	绍	安昌
	原生	张幼生	绍	孙端
	同德	陈桐生	徽	道圩
	德泰顺	程利生	徽	哨唫
	周恒源西栈	程海如	徽	大路口
	泳康	程沛霖	徽	轩亭口
	大有	王家骏	绍	安昌门外
	德利	黄元耀	绍	柯桥
	源泰	胡锦生	绍	安昌
	正昌	董庆亿	绍	下方桥
	永大	江东海	徽	东关
	德隆	陶锦昌	绍	安昌
	正裕	董文焕	绍	皋埠
	德和春	沈方春	徽	斗门
	冯春阳	李如龙	徽	城内
	悦成昌	董庆荣	绍	轩亭口
	鼎丰	汪汉卿	徽	利济桥后
	炳和	韩天生	绍	昌安门外
	德和	陶方卿	绍	柯桥
	恒慕协	周庭焕	绍	安昌
	周顺昌	陈春山	绍	下方桥
	新泰泉	程品珊	徽	东关
	源隆	黄子芳	绍	斗门
	正和	陶光照	绍	瓜沥

续表

	恒有	许机浩	绍	保佑桥
	吴永泰	吴慰庭	徽	县前
	泰丰永	姚星五	徽	利济桥
	元利	郑璋法	绍	柯桥
	越昌	程越生	徽	东关
	悦丰	吴永德	徽	马山
	亿昌正	董齐泉	绍	安昌
萧山县	吴永大	吴永清	徽	东门新市场
	同昌升	吴永清	徽	西门绣衣坊
	日增	江有松	徽	东门头
	汇天泰	江有松	徽	市心桥
	建宜		绍	陈阳桥
	吴同裕	吴福有	徽	临浦
	源丰	蒋阿祥	绍	临浦
余姚县	震裕	胡积裕	徽	新建路
	震牛	胡积裕	徽	新建路
	裕泰	王华山	徽	新建路
	恒大	姚福禄	徽	新建路
	振茂	王陪良	绍	南城
	震大	冯善志	绍	南城
嵊县	吴源盛	吴礼和	徽	城内
	陈正昌		徽	城内
	马厚生	马厚生	徽	城内
	张致美		绍	城内

上，近以其他南货业亦多兼销，且货物属于次货，而又以次货获利甚微，除绍兴茶叶店营业尚属可观外，余皆平平，兹将各县茶叶店如表四：

以上各店所售货品，绿茶多来自天台、东阳、诸暨、义马、浦江、新昌、嵊县，龙井茶来自杭州、浮山、良户，红茶来自江西宁州、玉山各地。其绿茶占百分之九，销售全属本地市场，尤以门市为多。至进货手续分派员采办或通信函购两种，有向产区采办，或向本地牙行购进，亦有少数各路掮客上门兜售者，此直接之进货也。间接者，先由批发处寄一样品，书明件数、价格、收货地点，如能合选再依定单寄货。有货款两交，有年节清算，大抵赊欠居多，悉视交易之习惯与信用之厚薄，无一定之成例。

(四)茶栈之分布

平水茶栈分布区域甚广，大抵在生产繁多之地及曹娥江流域水运较便之处为最多。此等茶栈此兴彼仆，岁有增减，良以资本不充，一有亏折即不能维持。股本有一次之改组，牌号即有一次之变更，其所持续经营数十年者，几如凤毛麟角，大多盈利则栈增，亏则栈减，为历来茶栈演进之公式。去年平茶各栈无不折亏甚巨，损失之重大者逾三四万元，少者亦有七八千元。考其致败之源，最初由茶栈增多购者激增，形成求过于供之势，成本因之提高，迨运至沪上而又供过于求，势不得不减低价格，以求脱去，截至今庚新茶上市时，而沪上尚有陈茶四千余箱，无法销清，是以今年平水栈家非稍有资力者已难先振旗鼓，即十九均勉强复业之栈，亦多怀戒心，咸抱缓购慢制宗旨，相机进行，免再亏负。今年栈家统计，仅有七十九家，较上年减少二十七家，数量虽号称七十九家，若究其各栈购买实力，亦复无上年之勇气。当春茶上市之时，各栈所如期开门者亦不过四十余家，后以本年的价较旧倍减，最高价仅及去年三分之一，其他人工、物料均又低落，成本既可廉宜，售出或无危险，认为有可营之机，失之未免可惜，原有各号不拟开办，现仍敢鼓其已疲精力作最后之挣扎，是以今年仍有七十九家以撑持。奄奄一息之平茶市场，所苦者一般以生活之茶农向恃茶价收入为挹注者，今者茶价奇跌，已抵于生产制造费以下，其苦痛之情诚非楮墨能形容，兹将本年平水区各县茶栈分布之地点列表如下：

（表五）平水区各县茶栈调查表

县别	栈名	经理	地址
绍兴	元利	董寿潜	汤浦
	协兴	戴振泰	平水
	源隆景记	吴景德	汤浦
	源泰	宋崇源	宦杨
	大义	毛茂生	达郭
	华泰永	张秀福	平水
	怡春	钟春杨	大坞
	隆泰	宋立言	平水
	全昌	谢秋星	平水
	同泰	金志义	平水
	庆和祥信记	戴文生	平水
	瑞升	宋易齐	西墺口
	瑞安	宋孟然	王化
	瑞升	宋敦夫	寺衙
	怡春仁	黄夫生	下堡
	正康	宋师镇	汤浦
	洽大	潘恒庆	岭下
	锦大	徐锦珊	徐家水埠
	賫记	宋小杨	达郭
	瑞昌	宋其琮	郑岸
	大隆	冯孟高	横溪
	新裕隆	董梦生	清坛
	裕隆	董寿青	清坛
	源丰	钟芳洲	汤浦
	义源	宋崇琳	水坑口
	益昌	郑兰生	平水
	亢大	吴云亭	汤湖
	深孚	钟文序	下穴
	永丰	杨如松	平水

续表

	瑞康恒记	宋鲁庭	上灶
	源记	孙衡甫	汤浦
	公泰协	余维善	东郭门
	瑞大	宋锦如	王化
	瑞祥	宋其鉴	王化
	瑞隆	宋桌夫	寺衙
	泰丰	宋和甫	王化
	泰和	黄为豪	大溪口
	元康	孙潮生	霞璋村
	乾泰	陶楚观	桑树门
	同昌	王培昌	达郭
	恰和	宋文明	霞璋溪
	万成锦	陶祖贤	黄坛
	慎大	董梦兰	黄坛
	乾和	董可爵	大王塘
	万升	董雅兰	坎上
	华昌	李玱输	平水
	人和	董华庭	王坛
	源丰	董儒馨	王坛
	锦源	蒋锦江	蒋村
	瑞源	宋友生	霞齐
嵊县	泰丰	吴善卿	城内
	震昌	金德宣	三界
	大升	黄桂兴	登岸
	鸣昌	董松臣	登岸
	协大昌	郑焕君	甘霖
	鼎泰	董长福	石坛
	祥记	张德忠	双江溪
	顺昌	宋顺风	双江溪
	升大	楼金生	罗镇

续表

	乾和	董伯荣	大王堂
	信成	马树棠	三界
	兴大	黄桂兴	登岸
	福源	董绥堂	登岸
	豫丰	王肇棣	石璜
	亦泰	黄康立	石坛
	恒泰	房墨林	石坛
	光华	任光文	双江溪
	浚昌	孙雪祺	喻宅
	永兴	马冠锡	罗镇
上虞县	源昌	金凤喈	章家埠
	协成	张雪葆	章家埠
	信康裕	马国俊	章家埠
	嘉泰	高金城	章家埠
	兴记	张雪宝	章家埠
	裕泰	金寿柏	章家埠
新昌县	何恒福	何生浩	镜脚岭
	德昌	陈吉庆	黄婆滩
诸暨县	元吉	陈仲明	枫桥
奉化县	震泰	李国宾	东墺

以上共计七十九家，在绍兴县境者五十家，嵊县境内者十九家，上虞县境者六家，新昌县境二家，其余诸暨、奉化两县各一家。

(五)买卖之手续

毛茶买卖之方法大别之有四：一有由茶农挑至茶行中求售者，一有送至茶栈中求售者，一有由茶栈之水客随同茶行职员向茶农收集者，一有由茶贩贩去转售于茶行者。买卖用秤各地亦有不同，须依各该地之用秤与售茶之种类之习惯而不同，如新昌镜岭镇地方长茶以三十一两八钱为一斤，圆茶以十六两八钱四分为 一斤，有每斤二十二两、二十一两六钱、十八两、十七两四钱，至少有十六两八钱，其在县城内之牙行现时有遵令改用公斤者，亦有阳奉阴违仍按旧扯办理。在茶农对于改用公斤，划一衡制意义亦不甚明了，故亦不乐用，而牙行于茶价并未以公斤折合旧秤论价，弊窦丛生，欺诈愈甚，致减少茶农对新衡器之信仰。其交易之手续，茶行为买卖之中介人，居间品价，有时对水客所带货款不足，水客即用该栈之戳记出具期条一纸，载明兑款地点、日期，由牙行转付卖方，此时牙行对于买卖双方均有相当担保，在卖方对买主素不认识，其交易之成系由牙行为之拢合，只认行家而不认客人，尚有买主货款不清，行户须代为追偿，万一有遗误，须负责偿还。论责任与地位，行主实为重大，亦有行主富于经济能力代为垫付若干，牙行俟交易成可取买卖双方佣金，有取买方百分之三卖方百分之五，亦有仅取卖主百分之九而买主不取者，亦有买卖各取百分之三，亦有买主不依营业额而付以佣金，即于茶事终了买主馈送一次之酬劳金，视营业盈亏为厚薄者，其买主佣金内还须帖回佣一分，以津贴来行采办之水客，此为水客之额外利润，聊以补助私人杂用，与买主无关。大抵长茶交易多用现款，买卖双方无拖欠不清之情事，行主亦可少负责任。圆茶交易极为困难，盖栈家资本甚短，非赊欠不易为也。在最初所集之资本，如器具、屋宇之修缮，购买制茶所用之物料，预付制茶人员之定洋，转运箱茶之费用，已所除无几，至购茶费用，以贷入资金为最多，俟箱茶至沪，倘市价尚可，即以第一批之箱茶存于茶栈，再接洽第二批借款，以第二次借来之款再向山户买毛茶，以半现半欠之办法大量搜办，辗转经营以维持耳。其余来之山价，如值营业平平者，尚顾信用如数照付，其有空头之栈家，一经挫折，前次所发期条俱为不兑现金之支票，其亏折稍小者，取折扣偿还。在茶行当时只图交易之成，可得双重佣金，亦不暇顾及买主之经济能力，有无信用，事后彼以无法代偿，每以不了了之，如此茶农之痛苦深矣。再茶农售茶零尾计算办法亦不一律，全以小洋计算，亦有售茶数量多而零尾数几角，完全抹去者。如童家埠嘉泰茶栈念三年一年间之营业钱角升水一项（即尾数以小洋折合大洋），已有二千一百三十八元之多，其他各栈亦多少不等，非该栈一家如此也，集腋成裘，数亦可观矣。

（六）茶贩之经营

茶贩即将茶农之货品贩于茶行或茶栈专以贩卖为业者，此种商人可分为两种：一为圆茶茶贩，一为长茶茶贩。长茶贩区域多在萧山、白鹿塘一带，圆茶贩区域以新昌、嵊县一带最多，此种商人对茶事颇有经验，善品茶叶品质之优劣，制茶技术之精粗，品质之纯杂。于茶市畅滞之情形，何种货品适合何地需要，均能深切认识。其最要条件的经济信用，盖此业中人资本多不充分，全恃信用维持。其最初资本不过三五百元，先向有往来者付以若干现金，将货赊去，赶将赊来之货转向茶行兜销，得有货款再偿付所欠各户挹彼注，此辗转经营。故虽资本不充亦可经营，其信用特厚，资本虽小，迨贩运灵活时，而赊之货愈多，营业亦随之扩大，一季之营业总值有二三千元者，间有买主以供不应求之关系，当有茶行担保贷款于茶贩者，现信用之厚薄酌贷以二三百元，嘱其向山户搜集，告以如何货品，可予以如何价格。债务者收得之货品，债权者有尽先收买之优先权，倘债权者以价高货低不愿收买时，始可转售于他人，贷金即于货价内扣除，倘一次不能扣清，视需货情形分期收回，约有计利息、有不计利息者，是以经营是业，信誉特著之贩，恒有不需资本为之者。但此种情形属于极少部分，百人不过一二人，非老于是途不能如也。近年经营此业者，均无甚好处，盖茶贩资本甚短，信用不著，多数山户愿直接售于行家，而茶贩需货势必较普通稍高其值，以资号召，或放秤以期多购。而茶栈收买毛茶又以沪市涨落为转移，倘大量或高价购入而沪情遽变，茶栈收盘立即紧抑，则茶贩亏折随之，价不坚定，为茶贩最困难之焦点。其营业方针，以中庄货品渗入高庄货中，俾受高庄货价之优待，或买入长茶加工改制圆茶出售，方针随市情而变更，未可一定也。

（七）茶工之待遇

查浙江制造洋庄绿茶以绍兴、平水为最早，其次为上虞之章镇。其所有制法及装璜形式与安徽庄相仿佛，其始制造工人概来自安徽，相沿之今平水人士亦有所担任者。平水各地制茶事业除徽帮、平水帮而外，无复有其他地人任之者，殆成为一种专门技术，故能独成一帮。拣茶女工除各栈所在地之附近者外，余为邻近县份之妇孺。茶栈一切进行，普通由总工头指导，总工头在茶季向资方接洽，言明雇工多少，由彼负责招致，其工作分配及每部计需几人，正手几人，副手几人，每人薪工之支配，资方无容顾问，概由总工头独自支配之。普通为十八人，此十八人称为长班（又曰飞脚），飞脚之外又有短工，如熚𡊅灶、熚平灶，拣梗片、铰工等统在总工头管辖之下，倘制茶程序上某一部份有未妥处，经理即告知总工头，再由彼分饬某一部份正手令其注意或改善之，秩序严肃，未可越级。至此等人员之待遇，以总工头为最优，总工头除有总包之优厚权利，复可于雇用人员内取得利润，如值营业有盈余之年，尚可分得少数之红利，其他人员则未可并论。其次为头部、看火、取肩三种工人，薪资较优，二部、看台较次，余利更次，至熚𡊅灶者以镬计算，每镬三分六厘，每工可𡊅十二镬熚平灶者以点香为标准，老伙以四支香计算，每支三厘六毫，摩头以三支香计算，每支亦三厘六毫，拣工以拣出之拣头计算，毛茶每两一分至一分五厘，干茶四分至五分以上。各工伙食概须自备。各部工人每日破晓即起，夜间八时以后始可休息，倘申市高俏，即须加紧。工人每人除得一季之额定之工资外，可望得月规，每人三角，每出货一帮得堆彩，每人一角二分，收庄时折酒资，每人五角，日常仅伙食三餐，果腹而已。

（八）茶业之团体

平水茶区内之有茶业团体者，在茶叶店方面仅绍兴一县有绍兴茶漆业同业公会一所，茶栈方面仅上虞章家埠有上虞县茶业同业公会一所，余则皆付阙如。绍兴茶漆业公会内设常务委员五人，为关慰庭、陶纯泉、姚星王、吴介卿、方华生，以陶纯泉为主席，会址设城内江桥张神殿内，会费由各委员店分担，按其营业数每千元认缴洋五角比例抽收工。上虞县茶业同业公会主席委员为金树棠，常务为贝再然、魏福锦，执委金凤喈、张雪葆、高金成、李国铨，侯补执委丁云峰、高亿兰、张君三，会址设上虞县商会章镇事务所内，会费来源以会员入会费为该会基本金，分甲乙丙三等，甲等二十元，乙等十元，丙等五元，至该会经常费则在各茶栈输出茶箱每联（两箱）收洋二分，茶行之篓茶每篓收洋元充之。该会组织尚好，领袖人才于茶业利弊亦能多数注意，倘有茶业改进机关加以指导，对茶业改进必有成效。再者，平水镇茶业人士亦多领袖人才，惜其太散漫，不能团结而为推进茶业改良机关，其同业间利益固须维持，但茶业改进责任亦不容偏废，其视新进之印锡、日本之茶业组合诚有惭色。

四、运销及贸易情形

（一）包装方式

平茶之包装可分为箱茶及篓茶两种，兹分述于下：

（1）箱茶

平水箱茶之包装方法亦甚简陋，大致与徽庄相同，仍不脱旧式包装之色彩。普通多用木箱，内衬锡罐，盛茶其中，印以茶叶名称、茶栈牌号，箱外裹以箬叶，最外一层以篾箱套之，印以牌号及其商标即可出运。兹将平水箱茶所用木箱之种别、容易、阔度、价格列表如下，

(表六)平水箱茶使用木箱之种别容量阔度价格调查表

种　别	阔　度 高阔长	每只 普通容量	每只价格	备　考
一五箱	七寸五分	20—30斤	三角三分	
二五箱	一尺七寸五分	30—40	三角五分	
三七箱	一尺八寸五分	40—50	五角二分	
大方箱	二尺	50—60	五角二分	

附注　木箱质料多以杉木制成，出自本山，每年冬季购办，以备第二年茶季用之。容量视茶粗细各有不同，大抵细茶茶身细嫩，而重容量稍多，粗茶粗而轻，容量即小。

其他装璜费用如铅罐原料，购自上海，运回后请工熔制，大约一五箱需铅一斤八两，二五箱约二斤，三七箱约二斤，十两大方箱三斤二两。青铅今年上海磅秤每石十六元，再加每只制工平均工资一角五分。木箱分有纸、无纸两种，每只工资有纸二方箱一角五分九厘，三七箱为一角四分九厘，一五箱为一角零三厘。无纸木箱每只工资二方箱为一角一分四厘，三七箱为一角零四厘。篾篓每只价洋连工资二方箱与三七箱每只一角五分，一五只箱价亦同，单箱为一角一分，衬篓、箬叶每篓需洋五分，多产自诸暨县，纸张、油漆、工在内大小箱每只平均一角。

(2) 篓茶

平水篓茶系买主将购妥之毛茶，即在代买之茶行内加以筛分、拣别、均堆等手续，装入篾篓后之篓茶也。此多为店庄之茶叶店，多在嵊县之长乐、新昌之大聚市、儒岙、绍兴之尧郭等处采办之，其每担需用包装各费列表如下：

此外尚有极少数上海土庄茶栈向平水之萧山、诸暨、余姚、上虞等地采办之毛茶，随用布袋或竹篓包装赶及运回沪上者，即可省去筛分、拣别、均堆等手续之劳臭。

(表七)平水篓茶使用篾篓各费调查表

种　　别	大号篓	中号篓	小号篓
容量	一百三十斤	一百斤	七十斤
篾篓每件价值	三角二分	三角	三角
每篓需用装篓工资	六分	六分	六分
每篓需用篓叶篾绳价格	一角	一角	一角
每篓需用薪炭价格	三角	二角	一角
每篓需用烘拣三工工资	四角	三角	二角

(二)运输之途径

平水茶栈计有三大集中地，如绍兴之平水区、绍嵊接壤之汤浦区、上虞之章家埠区，均为附近各地之箱茶会聚之处所。一因为该区本镇茶栈之林立，一因水陆交通之利便，致形成平水茶之三大特区，如平水镇之箱茶，先用挑力或用竹筏运至埠头，改用民船运至曹娥，凡上灶、沙地、蒋村、[illegible]岭下、东郭、双树门、烂田头、尧郭、梅园、王坛、青坛、叶家等地均由此道输出。汤浦区箱茶用竹筏沿小舜江运至曹娥，凡嵊县、双江溪、石坛唐、裹于坎、费头、喻宅、罗镇及绍兴之王化、西渡口、徐家水埠，达郭属之，章家埠区扼曹娥江之中段，为平水茶区水运之最便利者。陆地交通有萧绍嵊汽车，上可直达沪杭，下有嵊新、嵊长、义长等汽车路，各地之生叶原料可以源源供给，来程去路均极畅达，故该地水陆运费较各地为廉。其嵊县县城及三界、登岸、石璜、甘霖等地箱茶用竹筏沿剡溪运至章镇，再改民船至曹娥。以上三区箱茶由曹娥渡江至百官，由百官转运公司搭杭甬段火车运至宁波，再由宁波报关行，负责改装甬轮至沪。平水茶区内之公路现可四达，惟产茶之山区仍赖人力为之，转运汽车运费较昂，倘能低廉取费，水运殆难与之竞争。沪杭甬全线现正力谋衔接，今后平茶咸将舍宁波各取其所近，由沪杭甬铁路直达车至沪矣。

(三)运销机关

（表八）甬江平水箱茶转运公司及过塘行调查表

转运机关名称	所在地	经理人	运费	重量	佣金
越利转运公司	上虞百官	周松亭	一五单箱一角九分八厘五号	六十斤以内作一单	佣金在大轮
宁绍转运公司	上虞百官	谷成甫	一五双箱三角一分九厘	九十斤以内作箱半	运费中收取
慎大转运公司	同上	阮秋塘	一五双箱二角四分	六十斤以内作一箱	不另向茶栈
新记报关行	宁波	方掇芹	二五单箱二角四分一厘	六十斤以内作一箱	取　佣
西兴报关行	同上	陈芝青	二五单箱三角一分九厘	九十斤以内作箱半	
新水记过塘行	绍兴汤浦	吴水金	运费临时议价上落河力一五		
恰和过塘行	绍兴汤浦		单箱每件一分一五双箱每件		
源茂过塘行	绍兴汤浦	吴协昌	一分三厘二五箱每件一分三厘		

平水箱茶概由水运，由宁波出口，大部分各栈将货送至百官后始可有承运负责机关。

兹将百官、宁波两地之转运机关及汤浦之过塘行列表于下：

附注　查百官、宁波两地之转运箱茶，内地茶栈仅付以运费，至其承转佣金无容另给，盖其佣金系自运费中彼与大轮公司定约包载，得有相当回佣之报酬，其运输数多，特别回佣亦厚，故各家互相竞运，运费以每吨计算，每吨二元八角四分，二五箱每吨十二只，合四十方尺，其运费则由转运公司代垫。箱茶在宁波水脚之外，再加燕尾捐（即水险），每万元捐洋五元，其价由海关照内地价格估计，又叨用每箱一分，工程捐每箱一分三厘上下，河驳力每箱二分。

（四）贸易手续

一、上海售茶手续与费用

平茶运至上海即堆存于袋款之茶栈，由茶栈代为经售。先送小样于各家洋行，经茶师看样，由茶栈通事直接与洋商论价，如卖价议妥后再发大样过磅。上海茶栈甚多。各有营业范围之不同，兹将上海专售平茶之茶栈调查于下：

（表九）上海经售平茶茶栈调查表

栈名	经理人	地　址	备　考
怡泰茶栈	陈秉文	上海河南路如意里	
震和茶栈	朱衍庆	山西路德安里	
协隆泰栈	胡翼之	上海北京路清远里	系谦和改组
协泰茶栈	叶世昌	上海北京路宋家弄	

茶叶买卖系间接贸易，例由上海茶栈代为经售，其在上海茶栈及洋行一切用费由茶栈代为垫付，有系实际开支，有系无理剥削或者浮支滥付，统于茶售清时如数扣回，另开清单，用费种类不下二十余种。平水绿茶与徽绿祁红用费亦有差异之处，兹将平

（表十）上海茶栈洋行经售平茶各种用费调查表

名称	额数	备考
扣息	百分五即一百元实付九十九元五角	照旧章过磅，一星期即须付价，后来洋商虽过磅而延期付款，遂有九九五习惯产生，现时每每过磅后四五个付款，还扣此息殆成惯例矣。
打包	二五箱每只一角一分 二厘一五每只七分	
驭力	二五箱每只二角一分一 五箱每只一角三分三厘	
楼磅	二五箱每只四分 一五箱每只二分	
破箱	二五箱每只三角 一五箱每只二角	从前有破损者照数扣除破箱费，现在变本加厉，无论破否每百只箱以三十只破箱计算。
验关费	每只二分	此费不一定时有时无
票贴	每万元贴一元五角	即汇水
保税	二五箱每只二分八厘 一五箱每只一分四厘	
报关费	二五箱每只二分二厘 一五箱每只一分一厘	
保险费	每万元三十元	
经佣	每万元三百元	即每元三分
检验费	每百斤一角	
码头	二五箱每只三分四厘 一五箱每只一分八厘	
永锡堂	二五箱每只一分二厘 一五箱每只一分八厘	
商务律师	二五箱每只八厘 一五箱每只四厘	
六堂	二五箱每只一分六厘 一五箱每只六厘	即各捐
磅酒	每磅四元	
飞机捐	每万元五元	临时性质

续表

杂费	每磅四元	
栈租	每一大磅二十元	视时日之长短为增减

茶在上海茶栈洋行各种用费列举于下，以示中间商剥削之重而亟待改善交易方式也。

以上各费平均每百斤净茶共需三元七角左右，以前尚有西湖博览会，二五箱每只四厘、一五箱每只二厘，早经取消。此为规模大及历有信用，或为沪上洋行定货脱售早者，约如此数，若出售迟者，栈租、保险、经佣、扣息等项均须增高，其批数多而箱数少者，亦多吃亏，此项申缴各家不一，未可强同，其最高者有需五元。

视察杭州旧属茶业报告书视察员　徐方干

一、绪论(略)

二、产销状况(略)

三、栽培情形(略)

四、制造方法(略)

五、贩卖状况

翁家山、茅家埠、杨梅岭、满觉弄、龙井等处均设有茶行，所有茶叶于每日上午八时至下午一时担至茶行出售，或存留家中零售于游客，其产量较多者则设铺零售。

茶行以龙井茶品质较佳，可以混于他处茶叶内善价而沽，故对于龙井茶特别优待，不但不抽佣金且另津贴二成以广招徕。以前茶行用秤系十六两三钱为一斤，现改为十六两，付款以前凡零数付以小洋，均以九折计算，现经交涉亦改照市价。

近来龙井山之茶户利用游客每嫌杭垣商店所售龙井茶搀和他处茶叶不能纯粹，欲求真品必须道地，愿以高价入山购买之心理，乃在山广设茶铺收买留下四分等处茶叶搀和出售，冒充真龙井，以取渔利，并利用轿夫代为招揽，每成交一批津贴轿夫佣金三成，故游客之受欺者甚多。然而此种虚伪行为终必被人发觉，将龙井之声誉一经损失，顾客购买不能踊跃，致供过于求，茶价必跌，对于茶井茶之前途影响极大，亟应设法严加取缔，更望龙井山之业茶者，自行觉悟，切勿徒为目前之利益欺人而自欺也。

茶业价格较其他物价高低涨落情形较为复杂，标准颇难一定，盖因茶叶种类繁多，价格高低不一而同一种类制工巧拙不同，价格悬殊即制造工程问〔？〕同，而平地高山土质不同，原料各异，价格不能强同，甚至原料制工相同而早晚市价又不能一定，故精确分析事实上颇为困难，但以大概情形而论，以各地最高价与最低相比较，亦可标准约数，并可推测其茶叶品质之高低。如龙井茶最高价每斤达十六元，其他各县不过四五元而已，兹将各县最近茶价分最高、最低及普通三等列表如下：

各县茶价分区调查表(每斤)

县　别	区　别	最　高	最　低	普　通	备　考
杭州市	南山	16.00元	0.40元	3.00元	龙井茶高价者多
	灵庆里	12.00	0.64	2.00	狮峰茶高价较多
	北山	10.00	0.50	1.60	该区产茶甚少顾客亦不甚注意
杭　县	留下	2.40	0.15	0.50	
四　乡	6.00	0.40	1.00		
	湖山	4.00	0.40	0.60	

六、茶市概要

1. 杭州市□杭州市为浙省茶业贸易市场之一，本省所产茶叶因多由此销售或出口，即徽州茶亦多由此转运出口，故在茶业贸易上亦占一重要地位。其所销售茶叶除本省杭湖金严等属所产龙井、烘青、炒青及红茶外，安徽、江西、福建等省红绿亦为大宗之来源。每年销售茶叶数量除徽茶经过本市直接运沪者不计外，据熟悉茶情形者报告，约十二万担以上，约值银三百余万元，其中茶行贸易约十万担，值银二百万余元，茶叶店贸易约二万余担，值银约百万元。

茶行交易除代客买卖外，有时自行收买、转运、销售本地茶户所产茶叶，担至茶行由茶行看样谈盘，售于茶客。但茶户所售茶叶干燥程度仅八九成，须由茶行代为复火，其费用概由茶客担负。茶行佣金规定向茶客抽百分之五，茶户除龙井茶外，概抽百分之三，所用之秤旗枪为平天秤（十六两为一斤），红茶、粗茶则以二十一两大钱为一斤。茶行资本较厚者，每于茶市以前或秋冬之交，农民经济困难之时，亦可放款。但该负债之茶户所有茶叶必须在放款之茶行所出售所欠之款，即在茶价内扣还，其利息为月利二分以上。至于茶客方面，如所携之款不足，其信用较佳，亦代为垫款，所垫之款表面上并无利息，惟垫款者其佣金则较高。故实际上茶行则无往而不利也。

茶叶店所进茶叶由茶行代办或直接自行收买，其来源为本山龙井与留下四乡馀杭、临安等处之旗枪或烘青以及闽赣等省之红绿茶，其所进茶叶均须加以复火，筛分、拣选，分别种类定价出售。售茶除门市外，其规模较大者多由外埠来函定货批发，批发之价格较低，或表面上价格与门市相等，而所选之茶品较佳，使批发者有利图为原则。

税捐方面，统捐为每担二元，余海关每担关银一两，塘工捐每担四角，如由邮寄者，则由邮包税局抽邮包税每担二元，余以上各捐税多由茶行代纳，所有费用概由茶客担任，沿途厘金则由客自理，茶叶捐税如斯苛重，茶商固直接受其痛苦，而茶户亦间接受其影响。值此实行裁厘之际，极希对于茶业所订定良好之新

杭州茶行调查表

行号	行主姓名	资本额	售茶数量	售茶价值	行址
永大	王炎村	2,000元	28,000担	280,000元	候潮门外一〇四号
同春	吴达甫	8,000	14.400	80,000	候潮门外一〇一号
全泰昌	方冠三	5.000	5,440	81,600	候潮门外六九号
隆兴记	贝鸿儒	4,000	5,200	61,400	候潮门外一二三图
源记	莫五臣	2,000	4,800	37,600	候潮门外八四号
公顺	翁震镳	5,000	8,800	158,400	江平一三五号
庄源润	庄筱桥	5,000	5,760	92,160	候潮门外二二号
保太	方甸农	3,000	3,360	30,240	候潮门外八六号
裕泰	冯子严	3,000	2,800	49,800	候潮门外一三六号
沈荣桢	沈桐白	(代客买卖)	7,000	7,000	下满觉弄三〇号
吴钦记	吴耀昌	1,000	100	1,200	茅家埠
翁启隆	翁念滋	(代客买卖)	200	20,300	翁家山五号
鼎丰	戚元甫	(代客买卖)	20	3,000	龙井
龙章	戚阿喜	(代客买卖)	30	30,000	龙井一三号
翁月龙	翁健行	(代客买卖)	38	3,800	翁家山六二号
应公兴	应宝昌	(代客买卖)	45	4,500	杨梅岭一七号
合计		38,000	85,903	961,700	

〔附注〕上列表格均由各茶行自行填报数额、茶量，间或有让多报少者，但以此表观测，营业大小略可明了矣。

杭州茶店调查表

牌号	地址	牌号	地址
吴德昌茶漆店	湖墅卖鱼桥大街	胡恒春茶叶店	高乔巷口
德茂永茶叶店	湖墅茶亭桥直街	方福泰茶漆店	新市场
吴振泰茶叶店	拱宸桥大同街	永馨茶叶店	寿安坊大街
吴兴大茶叶店	忠清大街	方恒泰茶叶店	湖墅寺牌楼直街
可大茶叶店	湖墅珠儿潭	天泰茶叶店	小学前
乾坤和茶叶店	清泰马路	怡和茶叶店	仁和路鞋角
大成茶叶店	清河坊大街	翁隆盛茶叶店	清河坊大街
潘仁和茶叶店	藩司前	方正大茶叶店	羊坝头大街
汪仁大茶叶店	小学前	乾泰茶叶店	艮山门外河岸
汪永昌茶叶店	大关康家桥直街	汪生昌茶叶店	武林门外大关小河
吴正兴茶叶店	大同街	吴源隆茶叶店	艮山门外吊桥
义泰茶叶店	闸口小桥塘上	恒戚茶叶店	上仓桥
德茂永茶漆店	湖墅举亭大街	庆大茶叶店	太平桥西横街
翁隆顺茶号	西湖翁家山	吴德茂茶叶店	笕桥
瑞兴茶号	海月桥余家塘	天泰茶叶店	小学前
怡和茶店	新市场仁和路	吴恒大茶叶店	同春坊
大丰茶叶店	拱埠牌牌楼	洪泰茶叶店	笕桥
三恒大茶叶店	刊津桥	天乐齐茶叶店	卖鱼桥上
宜春齐茶叶店	卖鱼桥上首	吴恒有茶叶店	鼓楼前
永春茶叶店	太平坊	吴源大茶叶店	望江门直街
亨大茶叶店	陈列馆楼上	鼎新茶叶店	保佑坊
德盛茶叶店	城站平市路	茂记茶场总发所	仙林桥直街
吴永泰茶叶店	甘露茶亭直街	源顺昌茶叶店	青龙巷口
吴永隆茶叶店	大关紫荆街	大有茶叶店	皮市巷口
乾泰昌茶叶店	荐桥街	朱庆和茶叶店	石牌楼
德兴茶叶店	菜市桥十字路口东		

税则，以利茶商而维茶业为要，所有本市茶行十余家，茶叶店五十余家，其资本及营业情形列表如下：

2. 杭县　杭县茶叶交易最大之镇市即为留下镇，计有茶行十余家，每年售茶约有二十五六万元，兹将茶行所售价值列下：

行名	售茶价值	行　名	售茶价值	行　名	售茶价值
源茂	35,000元	协　利	35,000元	马礼懋	30000元
万茂	30000	恒　丰	23000	松　茂	24000
亢大	17000	昇和祥	15000	瑞　兴	16000
天亢	14000	同　茂	30000		

以上各行均领有杭县短期执照，计每张十二元，在四月中开始营业，至茶结束时即停。其性质均系代客买卖，兹向各山户及各茶客抽取百分之三之佣金，其他货来源为本地及龙井、梅家坞、翁家山、法院弄、西水坞、黄山四乡、慈田桥、龙门坑、小湖山等处，销路以杭州、上海、苏州为大宗，如哈尔滨、山东等处销数较少，转运均由杭州出口。其由本镇至杭州须费每担六角，包装多用箬篓，件约百三四十斤，税捐每担共计二元许外，如茶叶复炒费每担细茶一元四角，粗茶一元诸费，均由茶客负担，茶行不过代办性质，专抽佣金而已。

改进杭绍茶业意见书〔略〕

〔实业部档案〕

三、棉　　花

1. 棉统会关于1923年至1933年上海棉花市价统计①

（1933年12月）

上海棉花市价　民国十二年至二十二年

项目	通州棉（每担价格）		火机棉（每担价格）		陕西棉（每担价格）		余姚棉（每担价格）		美棉米特令（每担价格）	
	规元	银元	规元	银元	规元	银元	规元	银元	规元	银元
民国十二年一月	41.00	56.816								
二月	45.50	63.140								
三月	35.50	49.357								
四月	39.50	54.723								
五月	38.60	54.407								
六月	40.50	56.348								
七月	41.00	56.950								
八月	39.50	54.794								
九月	39.00	53.979								
十月	41.00	56.816								
十一月	48.50	66.896								
十二月	47.00	65.097								

① 选自1933年12月棉统会《棉花统计》。

续表

民国十三年一月	47.00	65.368								
二月	46.00	64.190								
三月	46.25	64.595								
四月	48.00	66.829								
五月	48.00	66.736								
六月	49.00	68.990								
七月	50.00	70.497								
八月	47.50	66.527								
九月	37.50	51.582								
十月	37.00	50.737								
十一月	39.80	54.307								
十二月	40.00	54.155								
民国十四年一月	40.00	54.477								
二月	41.50	57.449								
三月	44.00	60.784								
四月	43.50	60.000							52.125	71.896
五月	41.50	56.752							47.550	65.026
六月	42.00	57.613							47.550	65.226

续表

七月	43.00	59.310							48.700	67.172
八月	42.00	57.911							47.000	64.805
九月	38.50	53.094							47.750	65.851
十月	39.00	53.784							38.000	52.450
十一月	38.50	53.058							42.400	58.432
十二月	34.50	47.718							39.600	54.772
民国十五年一月	35.60	49.591							41.55	57.879
二月	35.50	49.607							43.65	60.996
三月	32.50	45.478							40.35	56.463
四月	34.25	47.752							41.00	57.163
五月	30.50	42.583							40.40	56.405
六月	32.00	44.779							37.25	52.125
七月	32.50	45.265	31.00	43.175					39.25	51.666
八月	34.25	47.694	32.00	44.560					39.45	54.935
九月	31.80	44.197	32.00	44.475					41.75	58.026
十月	33.50	46.399	32.00	44.321					37.50	51.939
十一月	33.00	45.229	31.00	42.487					36.00	49.340
十二月	32.00	43.280	30.00	40.575					35.25	47.675

续表

民国十六年一月	29.20	39.966	28.50	39.008					36.55	50.026
二月	30.00	41.340	29.20	40.238					38.35	52.846
三月	33.00	45.527	31.50	43.458					40.00	55.185
四月	32.50	44.422	31.25	42.713					39.50	53.989
五月	34.00	46.416	32.50	44.369					42.20	57.611
六月	35.00	48.193	34.00	46.816					43.20	59.484
七月	37.00	51.008	35.00	48.251					47.00	64.794
八月	39.00	53.867	38.00	52.486					49.95	68.992
九月	42.00	57.966	40.00	55.206					58.65	80.945
十月	39.00	53.535	38.00	52.162					54.20	74.399
十一月	35.00	47.937	33.50	45.882					51.15	70.056
十二月	34.00	76.715	32.50	44.654					47.95	65.882
民国十七年一月	34.80	48.249	32.75	45.407					49.00	67.938
二月	36.50	50.659	34.50	47.883					46.50	64.538
三月	38.00	52.559	36.50	50.484					48.15	66.597
四月	40.50	55.732	38.50	52.980					50.60	69.631
五月	42.00	57.941	39.50	54.492					51.25	70.702
六月	40.50	56.055	38.00	52.595					50.40	69.758

续表

七月	41.50	57.519	39.50	54.747					52.60	72.904
八月	37.00	51.433	35.00	48.653					45.85	63.736
九月	34.50	47.892	33.50	46.503					43.90	60.940
十月	34.50	47.656	33.25	45.929					46.50	64.232
十一月	34.00	47.026	33.00	45.643					47.05	65.076
十二月	33.60	46.675	33.25	46.188					49.10	68.206
民国十八年一月	35.00	48.738	33.00	45.953					48.95	68.164
二月	36.00	50.135	33.00	45.957					49.60	69.075
三月	37.00	51.487	35.00	48.704					52.10	72.499
四月	38.50	53.644	35.00	48.768					50.25	70.016
五月	36.50	50.902	34.00	47.416					49.70	69.310
六月	37.00	51.662	34.00	47.474					51.95	72.537
七月	36.50	51.862	33.50	46.682					51.45	71.695
八月	36.00	50.122	34.00	47.337					50.05	69.683
九月	36.00	50.000	34.00	47.222					52.90	73.472
十月	36.00	49.952	34.50	47.871					51.85	71.945
十一月	35.00	48.430	33.50	46.355					50.00	69.186
十二月	34.00	46.961	33.50	46.271					50.40	69.613

续表

民国十九年一月	36.00	50.104	35.00	48.712					54.75	76.200
二月	36.00	50.104	35.00	48.712					50.35	70.076
三月	35.50	49.297	35.00	48.603					48.55	67.419
四月	37.00	51.335	35.00	48.560					52.75	73.188
五月	36.00	50.017	35.00	48.628					55.95	77.735
六月	37.00	51.523	35.00	48.738					62.00	86.336
七月	36.50	50.137	35.50	48.764					54.75	75.206
八月	36.50	50.051	34.00	46.623					48.80	66.918
九月	34.50	47.232	32.75	44.836					46.00	62.976
十月	34.00	46.767	31.50	43.329					45.20	62.173
十一月	35.00	48.234	32.50	44.789					47.80	65.874
十二月	34.00	46.929	32.50	44.868					46.80	64.596
民国二十年一月	37.00	51.282	34.00	47.124	36.00	49.896	32.80	45.461	54.25	75.190
二月	47.00	65.125	44.50	61.661	46.00	63.739	40.00	55.426	64.65	89.582
三月	42.00	58.061	39.00	53.914	40.00	55.296	37.00	51.149	54.60	75.479
四月	43.00	59.056	39.50	54.249	41.00	56.309	37.00	50.815	56.30	77.322
五月	42.00	57.603	38.50	52.803	41.00	56.232	36.00	49.374	53.30	73.101
六月	41.00	56.367	39.00	53.617	40.50	55.680	37.00	50.868	51.95	71.421

续表

七月	41.00	56.522	38.50	53.076	39.00	53.765	37.20	51.284	50.40	69.481
八月	36.50	50.327	33.50	46.191	34.50	47.570	33.50	46.191	42.50	58.600
九月	37.00	51.043	35.00	48.254	35.00	48.284	36.40	50.215	38.85	53.595
十月	36.00	49.514	31.00	42.637	34.00	46.763	31.00	42.637	35.25	48.483
十一月	34.50	47.553	31.50	43.418	33.75	46.520	30.00	41.351	34.35	47.347
十二月	33.00	45.619	31.00	42.855	33.00	45.619	31.50	43.546	33.45	46.241
民国二十一年 一月	33.00	46.017	31.50	43.925	34.00	47.411	31.50	43.925	36.35	50.688
二月	(Ⅰ)									
三月										
四月	35.00	49.778	33.50	47.644	34.00	48.355	32.00	45.511	38.05	54.115
五月	33.50	47.742	30.00	42.754	32.50	46.317	29.50	42.041	35.30	50.307
六月	29.00	41.839	26.50	38.233	28.50	41.118	25.50	36.790	32.95	47.538
七月	30.00	43.368	28.50	41.200	30.00	43.368	28.00	40.477	35.10	50.741
八月	33.00	47.948	31.00	45.042	34.50	50.127	30.00	43.589	41.65	60.516
九月	33.00	47.696	30.00	43.360	33.00	47.696	29.00	41.915	41.35	59.765
十月	32.00	45.322	29.00	41.073	31.00	43.905	26.80	37.957	38.50	54.528
十一月	31.50	44.366	29.25	41.197	31.25	44.014	28.00	39.437	39.00	54.929
十二月	32.50	45.534	30.50	43.732	31.65	44.343	29.50	41.331	40.50	56.742

续表

民国二十二年	一月	45.913	42.758	46.614	42.408	57.759
	二月	44.064	40.916	45.462	40.567	54.555
	三月	43.357	42.657	43.357	49.559	56.713
	四月	43.050	40.950	43.400	38.850	57.000
	五月	45.000	42.750	46.000	40.000	61.300
	六月	47.700	44.000	47.500	42.500	61.800
	七月	46.000	45.500	47.500	45.000	61.850
	八月	44.500	43.000	45.500	42.000	56.400
	九月	39.500	36.500	41.750	36.000	55.050
	十月	40.750	39.500	40.500	37.500	53.400
	十一月	38.500	37.250	40.000	37.000	49.500
	十二月	38.000	36.000	38.500	37.000	51.650

（注） 资料来源：根据国定税则委员会上海货价季刊编制，民国二十一年前银价元依照每月平均洋厘折算。（Ⅰ）二十一年二、三两月因一二八沪战影响无行市。

〔全国经济委员会档案〕

2. 棉业统制委员会关于棉商统制工作报告

（1934年3月）①

全国经济委员会棉业统制委员会
工作报告及事业进行步骤

棉于平日供人民衣服之用，于战时供制药卫生之用，为国民经济上不可或缺之物。如无强大海军之我国，战时又不能得之外国，故棉之能否自给自足，实为国家生存上之一要素。反观我国棉业之情形，则棉产年约一千万担，尚不足供国内纱厂之需求，纱厂虽有纱线锭五百万枚，而中有外商者二百二十余万枚，亦不足供全国制布等之用，布机新式之力织机仅约有四万台，而外商者二万余台，亦不足供全国衣被等之用，以致年有三万万元巨额之棉货输入。就其量言，既不足如此，就其质言，则原棉绒短获少，搀水搀杂，纱厂机旧本缺，技劣工拙，重以捐税繁重，运输欠便，外货倾销，灾乱频仍，致棉价低贱，工商亏本。近年来，凡棉业之农工商，无不悲嗟悚惧，其业之将就衰亡。政府有鉴于此，知非急起兴革，集中力量，通盘筹划，不足以图存。爰于全国经济委员会之下设棉业统制委员会，自二十二年十月六日国府会派陈光甫等为棉业统制委员会委员，陈光甫为主任委员之后，即着手筹备，于十月十五日正式成立，迄今四月有余，所有之工作及拟定之进行步骤，兹陈叙于后：

一、棉业统制委员会成立后四月又二十日中之工作

（1）稳定纱价　去春以来，棉纱销滞仓壅，市价日跌。自春徂秋，上海华商纱布交易所存纱常在三万包左右，致人心看小，纱市常疲，商贩观望，不敢屯存，纱厂亏本，危危欲坠。纱业中人佥以为若不减交易所存纱，终不能去看低之人心而促进实销。去

① 原件无时间，据内容当为1934年3月。

年六月十六日由华商纱厂联合会请财政部购买交易所存纱，以去压低市价之病根。本会成立，财部即来函请查明纱价跌落原因，核议救济办法。本会再三审议之后，乃一面分函华商纱厂联合会及华商纱布交易所，请防止交易所再有存纱增加，一面督促纱厂界组织银团，收买交易所存纱，以疏通存纱而引起销机。几方并进，纱价得以稍为稳定，而各纱厂于危急之中得以少舒其窘。

（2）调查棉业原料制造运销情形〔略〕

（3）购买优良棉子分散播种〔略〕

（4）调查棉花分级及搀水搀杂，并拟定品质分级及禁止搀水搀杂办法，本会鉴于国内棉花品质不分，搀水搀杂之甚，有妨于制造及输出与商品检验。局会派叶元鼎君分赴各地调查棉花质量及搀水搀杂情形，以便制定棉花分级标准及禁止搀水搀杂之办法。现禁止棉花搀水搀杂办法已拟定，函送全国经济委员会核示。

（5）编制纱厂之各项标准〔略〕

三、事业进行步骤〔略〕

〔全国经济委员会档案〕

3. 取缔棉花搀水搀杂暂行条例

（1934年7月10日）

取缔棉花搀水搀杂暂行条例　二十三年七月十日国民政府公布，二十三年十月一日起施行

第一条　本国棉花以含水分百分之十一为法定标准。

第二条　本国棉花在市场买卖以含水分百分之十三为最高限度。

第三条　本国棉花所含水分超过最高限度者，绝对禁止买卖。

第四条　意图谋不法利益，故意搀水、搀杂者，处三年以下有期徒刑，得并科或易科一千元以下罚金。

第五条　纱厂打包厂或花行经手买卖之棉花，须在包外加盖

广名、行名以便查究。

第六条　纱厂打包厂或花行收买潮湿超过水分最高限度之棉花者，应停止其买卖与使用，并得处二千元以下罚金。

第七条　纱厂购买棉花遇有超过标准水分而不过最高限度者，应按其水分照价扣除，其有不满标准水分者，亦应照价补偿。

第八条　凡订期或现货买卖之棉花，较双方或公订标准棉多含棉子及其他夹杂物超过百分之0.5以上者，应停止其买卖与使用，并处二千元以下罚金。

第九条　凡订期或现货买卖之棉花，较双方或公订标准棉多含棉子及其他夹杂物超过百分之0.5以内者，应照其百分数加倍扣除。

第十条　细绒棉之混有粗绒棉者，其买卖价格应照粗绒棉价格计算。

第十一条　棉花须经法定检验机关检验合格后方准出口。

第十二条　棉业统制委员会及各商品检验局，有派员向棉业行厂查核之权。

第十三条　检验人员对于检验棉花时，如有串通舞弊，故意留难或挑剔等情，除应负刑事责任外，其因而损害营业人之利益者，并应负赔偿责任。

第十四条　本条例施行日期以命令定之。

〔全国经济委员会档案〕

4. 取缔棉花搀水搀杂暂行条例施行细则

（1934年9月20日）

取缔棉花搀水搀杂暂行条例施行细则

二十三年九月二十日国民政府公布

第一条　本细则依据取缔棉花搀水搀杂暂行条例之规定订定之。

第二条　全国经济委员会棉业统制委员会为施行取缔棉花搀水搀杂暂行条例(以下简称本条例)，设立中央棉花搀水搀杂取缔所，并酌设各省棉花搀水搀杂取缔所及分所。惟上海、宁波、汉口、沙市、青岛、济南等埠仍由实业部商品检验局及其分处检验取缔之。

第三条　关于各省棉花搀水搀杂取缔事宜之进行，由中央棉花搀水搀杂取缔所协助指导之。

第四条　各省棉花搀水搀杂取缔所，应酌量各该省情形，采用左列方式之一组织之。

一、由产棉省分建设厅或实业厅设立棉花搀水搀杂取缔所，由中央棉花搀水搀杂取缔所协助之。

二、由全国经济委员会棉业统制委员会会同产棉省分建设厅或实业厅合组棉花搀水搀杂取缔所。

三、由全国经济委员会棉业统制委员会于产棉省分直接设立棉花搀水搀杂取缔所，由所在省分建设厅或实业厅协助之。

第五条　各省以若干产棉县为一区，每一区设一取缔分所，施行该区棉花搀水搀杂取缔事宜。

第六条　每区之各产棉县之县政府应负责办理花行登记、轧户登记、秤手登记及宣传事项，各区县之公安局应协助各该区分所对于本条例之施行事项，其登记办法由各省建设厅或实业厅订定施行。

第七条　棉商或棉农如将棉花故意搀水搀杂，经人向取缔所或分所告发或由取缔所检得查有确据者，得由该取缔所派员向货主或其代理人所在地之公安局申请派警将该货主或其代理人拘局，送由县法院或兼理司法之县政府依法处理。

第八条　凡棉商(如纺织厂打包厂或花行)遇有不知情收买水分或杂质过量之棉花经自行发见者，应立即报该商所在地之棉花搀水搀杂取缔所或分所派员查明数量回所呈报，该商应负责迅即自行整理俾合法定数量，整理工作完毕时，呈请原取缔所复验销案。如不投报经取缔所或分所检得者，得照本条例第六条之规定向法院举发之。

第九条　本国棉花在市场买卖以含水分百分之十三为最高限度，但出国棉花之检验仍照实业部商品检验局原定办法行之。

第十条　通常买卖棉花所含杂质根据本条例第八条内载公订标准，暂定棉子、子棉、碎叶、铃片、棉枝、砂泥等总重量占百分之1.5为公订杂质标准。如有其他杂质,得依据本条例第四条办理之。

如所含棉子、子棉、碎叶、铃片、棉枝、砂泥等总重量超过公订杂质标准百分之0.5以上者，或超过百分之0.5以内者，即依据本条例第八条或第九条办理之。

第十一条　对于棉花搀水搀杂之取缔及处罚之检举，除实业部各商品检验局及其分处暨各省棉花搀水搀杂取缔所或分所外，人民或团体不得假借名义藉端索诈，违者作违法论,一经发觉,由各该地方县法院或兼理司法之县政府依刑法办理之。

第十二条　棉花搀水搀杂取缔所及分所对于查验棉花不得征收费用。

第十三条　各省棉花搀水搀杂取缔所应依据本细则，并得酌量各该省地方情形另拟取缔棉花搀水搀杂查验办法，此项办法由各该所主管机关送请省政府通过施行之。

第十四条　本施行细则以本条例施行之日行之。

〔全国经济委员会档案〕

5. 上海市棉花贩运业同业公会关于增加外棉进口税率稳定国棉市价的代电

（1935年3月26日）

南京。行政院、财政部、实业部、全国经济委员会棉业统制委员会钧鉴：窃吾国自棉业统制以来，对于扩充棉田，改良棉种，不遗余力，两载之间，成效卓著。全国棉商、棉农正深欣慰，以为吾国棉产从此可供全国需要，进而再谋国外销场，藉补漏卮而安国本。讵自美国白银政策实施以来，突飞猛进，吾国首先感受白银流出之影响，数月来波及市面，金融发生重大恐慌，有如怒潮澎湃，不可遏止。政府救济不遑，工商维持乏术，在此种情况之下，物价惨跌，固属意中事，然其中受害最烈者，要以棉业为甚，因此连带危及全国商业亦至钜。盖以棉花为吾国出产大宗，全国商业多赖以周转，一旦发生重大变化，即有一发牵动全身之虞。就目前统计，国内集中市场存棉约贰百万担。去冬今春，银根奇紧，贩运商停办，现尚存农村未经售出者，约数百万担，预计供给国内棉纺之需，绰有余裕。自遭市面巨变与外棉倾销，价格几至一落千丈。按最近售价与两月前比较，细绒棉花每担减值贰拾元弱，照实本已跌落三分之一。综合集中市场存棉，照目前售价，约计须亏折三千万元。未来市价能否保持不再倾泻，尚难臆测，且农村存棉尚多，设市价有跌无涨，将来损失更大。当此百业凋敝，金融枯窘之际，以一最短时期，仅棉花一业蒙此巨大损害，影响于未来商业为何如，有识者莫不惊惧，并诧为空前未有之奇变。尤可痛者，自外棉倾销以来，一般纱厂不思团结采用国棉，反以竞购外棉，胁制国棉为能事。最近调查各纱厂，购进印美棉花约拾万件，金钱流出达贰千万，诚属骇人听闻。伏查自冬迄春，政府在香港、伦敦购办白银，原为预防市面恐慌，一方面则希望国人减免购用外货，藉塞漏卮。据报纸所载，香港运沪现银约贰百余万元，由伦敦运到者约叁百万元，合计不过五百万元，仅以新近各纱厂购进外棉之数超过购到白银数三倍以上。一面驱使巨额金钱流出，一面促成国棉过剩，纱厂业之自杀政策如此，不能不令人痛惜，而虑及我棉业将陷于无法之拔也。或曰此次外棉交易，不仅属于国人，日本纱厂亦有购进，此举应认为日本纱广失计。夫驻在国厂家所倚赖销售出品者，仍为驻在国，若不注意销路，力予原料上以调剂，舍本逐末，结果必演成出品滞销，自召损失，言之深为可慨。窃以为今日吾国棉业之危殆已属一发千钧，除请求政府当机立断，迅谋增加外棉进口税，并设法稳定国棉价格，力谋出路外，实无他法可以补救。尝考世界各国防止外货侵入，莫不以税率为壁垒，吾国关税既已自主，非如从前束缚。兹为维护国本计，对于增加外棉进口税率，当可获得友邦谅解。谨电详陈，仰恳钧院部会俯念全国棉商濒于破产，迅赐实行增加外棉进口税率，一面设法稳定国棉市价，并力辟将来棉产增加后之出路，庶全国棉业得以昭苏，生产无过剩之虞，农村有新兴之望，临电无任迫切待命之至。上海市棉花贩运业同业公会叩。宥。

[全国经济委员会档案]

6．棉统会关于全国棉花搀水搀杂取缔机关的统计①

(1936年)

……

第一章　取缔机关

全国已设之取缔机关一为中央棉花搀水搀杂取缔所，二为江苏、上海、陕西、河南、山东、湖北、湖南各省市取缔所，苏沪两省市所系由中央取缔所兼领，不设省所，其余如陕、豫、鲁、鄂、湘各省均各设省所，并就各该省市产棉区域划区设分所，又于分所下设办事处及查验处，兹分节说明之。全国取缔所处计省所五区，分所三十一，办事处三十三，查验处二十二，合计为九十一所处。

〔以下略〕

---

① 选自1936年棉统会《棉花搀水搀杂取缔事业工作总报告第二期》。

全国取缔所处统计(廿四年度)

省市	省所	区分所	办事处	查验处	合计	附注
江苏	1	4	10	5	19	江苏省所中央所兼领
河南	1	5	9	—	15	
山东	1	3	—	13	17	另设济南稽查处
陕西	1	5	1	3	10	
湖北	1	10	11	—	22	
湖南	1	3	1	1	6	
上海	—	1	1	—	2	上海市所由中央所兼领
总计	5	31	33	22	91	

(全国经济委员会档案)

7. 棉统会关于全国棉商登记统计①

(1936年)

……

第五章　棉商登记

各省市棉商登记江苏、陕西、山东、湖北四省均于取缔所成立后陆续举办登记，较为踊跃，河南省则因修改办法进行稍迟，上海市成立后登记户数无多，分节说明之。

第一节　棉商登记统计

各省市棉商已登记者共八五三五户，以湖北省三六一六户为最多数，其次为苏、陕两省，兹列表统计并绘比较图于后。

第二节　本年与上年棉商登记比较

① 选自1936年棉统会《棉花搀水搀杂取缔事业工作总报告第二期》。

各省市棉商登记统计(廿四年度)

省市	花行	轧户	秤手	合计	附注
江苏省	245	889	296	1430	
河南省	374	137	231	742	
陕西省	689	555	254	1498	
山东省	40	1098	38	1176	
湖北省	1340	1815	461	3616	秤手项内数目湖北省所报称为花商
上海市	25	18	30	73	
总计	2713	4512	1310	8535	

(注)湖南省在进行中。

各省市本年与上年棉商登记之比较

省市	年别	花行	轧户	秤手	合计	附注
江苏省	上年	412	358	316	1086	
	本年	245	889	296	1430	
河南省	上年	78	—	—	—	此数第一期报告中漏填
	本年	374	137	231	742	
陕西省	上年	240	111	70	421	第一期报告中漏填秤手70,轧户82花行11
	本年	689	555	254	1498	第一期报告中漏填花行4家
山东省	上年	305	97	11	413	
	本年	40	1098	38	1176	
湖北省	上年	—	—	—	—	
	本年	1340	1815	461	3616	秤手项内数目湖北省所报为花商
上海市	上年	—	—	—	—	
	本年	25	18	30	73	
总计	上年	1035	566	397	1998	
	本年	2713	4512	1310	8535	

(注) 湖南省在进行中。

本年度棉商登计总计八五三五户，上年总计为一九九八户，本年增加四分之三而强，列表比较于后。

〔以下略〕

〔全国经济委员会档案〕

8. 棉统会关于各省市棉花搀水搀杂取缔所查验抽查棉花数量统计的笺函

（1937年4月5日）

案准贵处秘字第四三七四号函略开：准庆祝国民政府建都南京十周年筹备会函征纪念特刊文稿暨统计图表，嘱将棉业方面历年设施成绩之各项统计数字列表送达，以凭汇编转送等由。准此，相应检送本会关于历年设施成绩之统计图表十四份，至希察核并汇编转送为荷。

此致

秘书长秦

附本会所属各省棉场一览表〔略〕、本会在各省推广美棉亩数表〔略〕、本会在各省组织合作社状况表〔略〕、培养技术人才状况表〔略〕、充实研究机关状况表〔略〕、指导经营技术状况表〔略〕、全国纺织厂调查团分区地域图分区调查厂名表各一份〔略〕，各省市棉花搀水搀杂取缔所查验抽查棉花数量统计表、棉花水杂百分率统计表各三份。

主任委员　陈光甫

二十六年四月五日

棉业统制委员会各省棉花搀水搀杂取缔所抽查查验棉花数量统计表

二十三年十月至十二月

省别	查验数量(公担)		合计	抽查数量(公担)		合计	总计	附注
	合格	不合格		合格	不合格			
江苏省	118848.75	3572.80	122421.55	5222.38	126.63	5349.01	127770.56	自十一月至十二月
河南省	432375.85	74621.35	506997.20	—	—	—	506997.20	自十月至十二月
陕西省	88507.06	6744.93	95251.99	—	—	—	95251.99	自十一月至十二月
总计	639731.66	84939.08	724670.74	5222.38	126.63	5349.01	730019.75	

棉业统制委员会各省市棉花搀水搀杂取缔所查验抽查棉花数量统计表

民国二十四年一月至十二月

省市	查验数量（公担）		合计	抽查数量（公担）		合计	总计	附注
	合格	不合格		合格	不合格			
江苏省	940316.51	10110.05	950426.56	91335.53	1058.02	92393.55	1042820.11	
河南省	395468.55	51655.65	447124.20	63984.00	1708.00	65692.00	512816.20	
陕西省	471371.02	33951.97	505322.99	—	—	—	505322.99	
山东省	—	—	—	75807.93	7154.40	82962.33	82962.33	
湖北省	168063.68	1076.32	169140.00	2449.00	—	2449.00	171589.00	自二月至十二月
湖南省	7007.00	1706.00	8713.00	—	—	—	8713.00	自十月至十二月
上海市	—	—	—	15828.47	468.30	16296.77	16296.77	自十一月至十二月
总计	1982226.76	98499.99	2080726.75	249404.93	10388.72	259793.65	2340520.40	

棉业统制委员会各省市棉花搀水搀杂取缔所查验抽查棉花数量统计表

民国二十五年一月至十二月

省市	查验数量(公担)		合计	抽查数量(公担)		合计	总计	附注
	合格	不合格		合格	不合格			
江苏省	840182.96	6047.57	846230.53	99060.31	1859.78	100920.09	947150.63	
河南省	711169.42	33249.06	744418.48	48164.00	815.50	48979.50	793397.98	
陕西省	532692.68	9133.20	541825.88	—	—	—	541825.88	
山东省	492404.75	4684.30	497089.05	41994.91	698.90	411693.81	908782.86	
湖北省	338994.49	17657.00	356651.49	452507.15	20431.59	472938.74	829590.23	
湖南省	44054.16	7047.20	51101.36	19128.54	1507.42	20635.96	71737.32	
江西省	4544.68	147.97	4692.65	322.36	11.56	333.92	5026.57	十二月开始查验
上海市	—	—	—	63477.86	2518.32	65996.18	65996.18	
总计	2964043.14	77966.30	3042009.44	1093655.13	27843.07	1121498.20	4163507.64	

〔全国经济委员会档案〕

四、蚕　丝

1. 吴县云锦纱缎同业公会为蚕茧市场为日商操纵请求救济呈

（1928年7月14日）

为丝织原料被夺，工商俱将失业，呈请迅赐救济事：窃丝织业以原料为命脉，今以日商破坏茧市，原料被吸将绝，工商生计，非常恐慌，无法维持，兹将原因揭明如左，伏候钧鉴。

一、今年气候寒湿，蚕讯大为减折，而乡人之育蚕者又十九售茧，其缫丝者十不获一，原料本已枯竭；

二、日本茧商恃其政府援助之力，今以重金贿买我国内地乡民，购得无灶之茧帖，不惜放价，四出收茧，致苏地各乡鲜茧，几被吸收净尽。目下机织原料，势将因而断绝，各踏丝行，亦将无货可收，不能开市；

三、政府现正提倡国产丝绸，倘在日商深入搜括原料，则将来造货必致尽用外洋原料，纯粹国货丝绸，瞬将绝迹！更何提倡之可言；

四、苏地丝织业衰败已达极点，今更受此原料被夺之打击，各庄厂势必停顿，工人之童而习之无业可改者，其生计必致无法维持。

有此上述各情，窃恐商号停歇，工人失业日必增多，甚或影响地方治安，前途至为岌岌。为此，敬祈钧府设法迅赐救济，以挽危机，而保民生，感德无既。谨呈

国民政府

具呈人吴县铁机丝织、云锦纱缎、吴县丝业同业公会

〔行政院档案〕

2. 行政院关于实业部提请救济江浙蚕丝业案给苏浙二省的令文

（1932年4月4日）

训令　第九三六号

令江苏、浙江省政府

为令知事：案据实业部提议救济江浙蚕丝业办法一案，经本院第十八次会议决议，办法原则通过。除由院行知实业部暨浙江、江苏省政府，合行抄发原提议案，令仰该省政府知照。

此令

计抄发实业部原提议案一件

院　　长　汪〇〇

实业部部长　陈〇〇

中华民国二十一年四月四日

救济江浙蚕丝业办法案

实业部部长　陈公博提

一、理由

中国为蚕丝生产之国，蚕丝事业、向占极重要地位，每年生丝出口，价值达一万数千万两，居出口货之第二位。近年以来，外受日丝竞争之打击，及世界经济衰落之影响，内以灾害连年，茧量欠收，原料不良，以致蚕丝事业日见衰败，对外贸易，一落千丈，益以本年上海事变，所有江浙两省蚕丝事业遂陷绝境。查浙江人口约为三千万，其直接依蚕丝事业为生者约一千万人，江苏蚕丝事业之重要，虽略次于浙省，而直接间接依赖斯业者，亦近四十县。是蚕丝之盛衰，其于江浙两省关系至为重要，而于国家经济，亦有重大影响，急应设法救济，俾吾国蚕丝事业，免至破产。日前本部林垦署长谭熙鸿参加江浙蚕丝业会议，兹据报告经过并拟具救济办法呈请施行前来。查该项办法，均为目前切要之图。除由本部直接执行者外，其余涉及税则及发行地方兑换券等项，事属财政范围。是否可行，理合提请公决施行。

二、办法

(一)准予江浙两省政府发行江浙蚕丝茧定期兑换券一千万元，以便收买鲜茧，而利蚕户。至其发行办法及用途限制，俟原则通过后，由实业部会同财政部及江浙两省政府详细规定。

(二)豁免生丝出口税及增加外洋入口人造丝入口税。查华丝出口，每因成本过高，难与外丝竞争销路而人造丝之输入，转日益增加，亟应利用关税保护政策，庶对内可资提倡，对外可塞漏卮。至增减税率之标准，及增加人造丝入口税所得税收之用途，应俟原则通过后，再由实业部与财政部会商订定。

附谭署长熙鸿报告一件

奉派指导及接洽江浙蚕丝业救济事宜经过报告书

谭　熙　鸿

一、经过

中国为蚕丝生产之国，蚕丝事业，向占极重要地位，每年生丝出口价值达一万数千万两，居出口货物之第二位，其有关于国计民生者可知。惟近年以来，外受日丝竞争之打击，益以世界经济衰落，生丝出口逐年减少，内以灾祸连生，茧量欠收，原料不良，价格反而增高，以致制丝事业日渐疲乏，改良无术，对外贸易，一落千丈。而吾国向负盛誉之丝业，竟因是而有破产之势。本年蚕丝工作之期将近，忽有日军侵犯吾东南之事发生，问题益显严重，蚕丝事业遂陷绝境。本部有见于此，正拟会同各方筹商救济办法；而浙江省政府因地方事业关系，特为召集会议筹商救济。惟以事关重大，电请本部派员指导，熙鸿承部长之命，赴杭出席。兹谨将接洽经过及所拟救济办法约略报告于后。

熙鸿于十三晨离京，当晚抵杭，十四日与曾厅长筹商大概，

十五、十六两日开会，十七、十八、十九三日在厅中研究，同时与各方接洽。二十一日曾厅长约同赴沪，与厂商、银行界及美国驻沪商务参赞等处接洽。二十六日返杭。二十八日结束所商各种办法。二十九日回京。

二、江浙蚕丝业概要

(一)全国出口丝业概要

十八年份出口丝值一万六千万两，其中江浙占五万四千余包，约值六千万余两。广东占六万四千余包，约值五千万余两。其他川黄灰各经四川、湖北、山东所出者，约占三千万余两。

十九年江浙出口较十八年减五分之一，约四万三千余包。广东出口较十八年减四分之一强，约五万包。

二十年江浙出口较十八年减五分之二，约三万二千余包。广东出口较十八年减三分之一强，约四万六千包。

(二)江浙茧产之大概

(甲)浙江省

十八年约产鲜茧一百十万担，计值四千四百万元。内农民自缫土丝者，约五分之二，外约有干茧二十二万担，即鲜茧六十万担，可供丝厂缫出口丝三万六千包，占江、浙丝厂原料十分之七。

十九年约减出产五分之一，是年春茧欠收尚不仅减五分之一，因提倡秋茧，稀可补足。

二十年约减出产五分之二，是年春茧收成仅十八年三分之一，幸秋茧大增，故全年统计仅较十八年减五分之二。

乙、江苏省产茧数量，较浙江约为三与四之比，惟其中改良种茧，较浙江倍之。

(三)浙江人口与蚕丝有直接关系者之比较

(甲)浙江省蚕丝区域，以杭、嘉、湖为最，绍次之，宁又次之。而全省三千万人口，杭、嘉、湖、宁、绍要占三分之二，杭、嘉、湖人口中蚕丝业占三分之一，宁仅占五分之一，统计全省有三分之一之人口，约一千万人与蚕丝有直接关系。

（乙）江苏省蚕丝区域，以太湖区为最，其次则为江北区域，（南京与镇江在内）共包括三十九县，养蚕农民自较浙江略少。

（四）江浙丝厂之比较

上海原有丝厂一百零七家，现仅开车二家，且系英商即怡和。无锡原有丝厂四十九家，现仅开车一家，即永泰分设之兴华厂。浙江原有丝厂二十八家，现仅开车二家，即杭州丝厂与萧山东乡合作丝厂

（五）出口优劣之比较

全国出口丝之匀度，普遍丝厂均在七十五分以下，即向居上等照牌之丝，亦不过八十分，惟现在丝厂亦有能出八十七分以上之匀度，仅浙江二家，即杭州丝厂与萧山东乡合作丝厂。无锡一家即兴华丝厂。

三、救济办法

（一）救济农民办法

一、减低种价。

二、设法多用改良种。

三、设法收茧。

四、设法压低成本。

五、设法借贷。

（二）救济制种业办法

一、设法推销

二、减低成本。

三、供给良好原种。

四、规定价格，取缔不规则之竞卖。

（三）收茧办法

一、发行流通券。办法另拟。

二、压低茧价，以能出口之丝价为标准。

（四）救济丝业办法

甲、关于补助存丝出口者

一、豁免生丝出口税。

二、规定最低出口价格，再跌时，由政府补助。

三、在价格以下之损失，由丝商及银钱业分担之。

以上详细办法另计。

乙、关于补助丝厂缫制生丝者

一、供给低价原料及减少工资，以达到最低出口价格之标准。

（五）增加人造丝之入口税，以所得款项为救济及改良丝业之用。办法另拟。

（六）改良蚕种及养蚕方法，提倡大规模新式丝厂及制丝方法，请美国专家指导出口集中。办法另拟。

（七）与美国合作产、制、销，联成一气，复振中国之丝业。办法另拟。

四、结论

总之熙鸿此次奉命赴杭考察各方情形，详细研究，认为救济目下蚕丝业之困难，不外上列各种办法，积极进行，立解倒悬，不惟丝业得以复振，而数千万农民生计因而解决，诚本部当务之急也。惟是否可行，理合将接洽经过及所拟救济办法，呈请核示祗遵。谨呈

部长

〔行政院档案〕

3．全浙公会关于提供救济江浙丝茧市场办法致行政院代电

（1932年4月20日）

南京。行政院汪院长钧鉴：华丝海外贸易比年以来日形衰落，

向恃以挽回漏卮，发展国内生产者，适以促成金融停滞，农村经济崩溃之势，而以利擅东南之蚕桑事业已丧失殆尽之。数月中上海及浙江内地各丝厂继续开工者，殆硕果仅存。日者蚕讯已届，而摒挡下乡收茧之事，尚寂无所闻。本年丝茧市之暗淡，农民饲蚕无利可图，自可断言。比闻实业部有救济丝茧之提议，关于存丝、存茧部份，有由政府贴补亏蚀三分之一，并豁免生丝出口税及特税，与押款行庄对于押户限五月底结束，组织整理存丝、存茧委员会各办法。关于新茧部分，有指定茧行收价烘茧，提倡设立合作社，商金融界酌做抵押各办法，具征关怀民瘼，用意良厚。惟敝会默察丝茧现时状况，认为尚非彻底救济良法。现查沪上存丝与存茧，缫成丝斤共约三万余担，核其成本以及利息栈租均在一千两以上，前年存丝成本尤巨，照现市价格每售丝一担，须亏蚀四五百两，虽经政府酌予补助，尚有三分之二之亏蚀。以频经折阅负债甚巨之商人，一时从何弥补。是在政府虽耗损巨款，而存丝则仍难疏通，新茧上市必致无人过问，于农民生计蒙害非浅。兹为彻底救济计，拟请将存丝茧结束，所有亏耗由政府担任三分之二，以三万担计算，约需贴补银一千万两。是项补贴之款，请即增加人造丝及舶来绸缎进口税率，以资抵补。查二十年份人造丝进口计值银一千九百余万，如按照现行税率增加一倍计，可得八百万两弱，益以进口之人造丝织品或交织品及舶来绸缎一律加倍增税，当在一千万两以上。际此关税自主，只须提交立法院通过即可见诸实行，如是一转移间于国库丝毫无损，而于国民生计裨益良多。或者谓人造丝税率增加一倍未免过巨，查糖税近亦倍增，已超过值百抽百。糖为日用必需品，尚可课以重税，人造丝及舶来绸缎非我国必需品，增税一倍不过值百抽八十有奇，政府何所顾虑而不为耶。至救济新茧，如收价代烘，设立合作社等办法，意非不良，而苦于民智未开，收效未能普遍。至向金融界商做押款，以丝价连年惨跌，恐银行未必肯贸然放款救急之计，惟有请求政府贷款办理，其办法由部商定，令下财建两厅照办，令由各地县政府财政局或当地银钱业为贷放机关，准由各茧行缴纳保证金三成，开明住址、牌号、行户及贷款数目，觅具本县商会及殷实商铺两家保结，呈由贷款机关核准。茧行收市后，并须将栈租、行用、员工、薪给、伙食、杂用一切开支及用款数目、收茧价格、干鲜茧数量详晰开明，呈具转呈财建两厅备案。干茧出厂由县指定堆栈存储，并准豁免利息及茧业营业税、地方一切带征捐款，唯须规定销运期限，逾限未经销售由官厅代为处分，如有赢余仍由开设行号之商人享受，不敷由商人认赔。行用、烘工等开支余由政府贴补，其贷放之款请由政府发行定期兑换券三千万元，即以收存丝茧作抵，期内与现币一律通用。干茧出售后，由政府随时收回销毁。上述二办法如蒙鉴纳施行，新陈丝茧均可得充分之救济，庶蚕桑美利尚有复兴之日。蚕丝为江浙两省农业重要生产，浙省产蚕区域较苏省为巨，人民直接间接资蚕为生活者无虑数百万户，租赋于是，衣食于是，商市赖以兴盛，工业资为作品，上裕国库，下利民生，盛衰之间关系甚巨。自丝茧市场惨落，敝会怵于浙民生计之垂绝，曾一再缕陈管见，冀备采纳。际此倭变突起，江浙毗连，同蒙战祸，人民生计益形窘迫，若不亟予宽筹救济，不特丝茧商人胥蒙损失而骤失蚕桑大宗利益，朝野上下将同臻贫乏矣。值此非常奇变，万不能拘执常例以相绳，宜以最迅速之手腕为大规模之救济，国计民生实利赖之，迫切上陈诸祈鉴察。全浙公会。叩。智。

中华民国二十一年四月二十日

〔行政院档案〕

4. 广州商品检验局关于广东省茧市及生丝输出状况致实业部呈①

（1934年4月3日）

案奉钧部农字第3159号训令开：本部前为明瞭二十一年以前广东省茧丝业情况，曾经制定调查表，随文分发，令仰查填。并据先后遵照填报在案。兹为继续调查，以便统计起见。经将前发表式，略加修改制定民国二十二年广东产茧量调查表、生丝产量

广 东 茧 市 调 查

县名	茧市名称	地点	备考
顺德	丝业茧市	顺德桂洲	每造蚕成熟后，市茧一连约二十日
	均和安茧市	同右	同右
	盛丰年茧市	容奇	同右
	天和茧市	大良	同右
	广东兴茧市	伦教	同右
	大有年茧市	同右	同右
顺德	兆丰年茧市	同右	同右
	复兴茧市	龙山	同右
	穗益茧市	陈村	每造蚕市茧一连约二十日
	永和祥茧市	乐挺	同右
	泰和祥茧市	同右	同右
	公信茧市	勒流	同右
	利兴源茧市	同右	同右
	年丰茧市	同右	同右
	公益茧市	龙江	同右
	利兴祥茧市	同右	同右

① 沿用原标点。

民国二十二年生丝输出额表①

月　别	白丝〔担〕	月　别	白丝〔担〕
1月	1221	8月	3232
2月	1159	9月	3934
3月	915	10月	3193
4月	1362	11月	4730
5月	2943	12月	2789
6月	5690	总计	33302
7月	2230		

① 其他如经丝、土丝、柞蚕丝、双宫丝均无，故未列，原件无数量单位，估计为担。

调查表、茧市调查表、茧栈烘灶调查表、丝厂调查表、生丝输出额表、生丝市价变迁调查表各种式样，除分令外合行检发上项七种调查表表样式各五份，令仰该局遵照迅行依表切实调查填明报，以凭核办并将遵办情形，先行具报为要。此令等因，奉此，除派员依照表式，切实调查完竣，另文呈报外。理合先将遵办情形，具文呈复察核。谨呈

实业部

广州商品检验局局长胡弘成

副局长李庆荣

中华民国二十三年四月三日

民国二十二年各种生丝市价变迁表①（重量单位八十斤；市价单位港元）

月别	广东机械厂丝		
	最高	最低	平均
1月	590	530	553
2月	530	520	523
3月	520	480	500
4月	540	475	504
5月	540	495	512
6月	625	585	576
7月	580	510	540
8月	510	500	503
9月	495	475	489
10月	475	410	489
11月	420	370	389
12月	375	365	322

① 原表中上海、山东、四川等机械厂丝均无内容，故未列

〔实业部档案〕

5. 实业部关于1912—1934年中国生丝出口数量与价值统计

（1935年12月）

中国生丝出口数量与价值统计　民国元年至二十三年

年代	生丝出口数量		生丝出口价值	
	担	公担	海关两	国币元
1912	158,038	95,549	67,961,157	105,462,823
1913	149,006	90,088	73,509,675	114,528,074
1914	108,589	65,650	55,560,943	86,563,949
1915	143,097	86,510	69,079,324	107,625,587
1916	122,243	73,907	78,202,159	121,932,444
1917	125,820	70,070	79,148,603	123,313,523
1918	124,954	75,547	74,681,926	116,354,441
1919	165,187	99,871	102,548,888	159,771,168
1920	104,315	63,068	68,154,384	106,184,530
1921	151,064	91,333	112,142,984	174,716,769
1922	143,478	86,745	137,217,499	213,784,863
1923	138,423	83,690	138,915,695	216,430,653
1924	132,211	79,934	108,485,346	169,020,169
1925	169,619	102,533	140,980,523	219,647,655
1926	168,563	101,912	144,826,358	225,639,466
1927	160,002	96,736	128,705,732	200,523,530
1928	180,186	108,940	145,443,481	226,600,943
1929	189,980	114,861	147,681,338	230,087,525
1930	151,429	91,553	109,181,124	170,104,191
1931	136,186	82,322	84,680,482	131,932,191
1932	78,219	47,289	—	51,308,446
1933	77,075	46,615	—	48,242,110
1934	—	32,477	—	23,519,150

注：担为海关担，约合133磅或121市斤，海关担约合0.604公担。

〔实业部档案〕

6. 实业部关于1930—1934年上海生丝市价统计

（1936年3月）

上海生丝市价统计表　民国十九年至二十三年

月份	1930	1931	1932	1933	1934
一月	1561	1491	1106	893	592
二月	1569	1484	1123	857	655
三月	1607	1450	1078	819	607
四月	1568	1320	969	774	548
五月	1500	1260	854	731	540
六月	1589	1377	766	875	510
七月	1547	1379	826	900	470
八月	1540	1383	952	822	465
九月	1495	1379	962	795	460
十月	1351	1351	917	720	460
十一月	1251	1251	850	670	485
十二月	1239	1239	885	610	530

〔实业部档案〕

7. 曾养甫关于蚕丝出口衰落情形致实业部呈

（1936年 5 月11日）

谨略者：我国蚕丝为出口货大宗，年达二万万元以上，国人之赖以生活者数千万人。年来输出激减，丝业萧条，遂为农村崩溃之要素，虽由于市况之衰落而人事之不□亦为重要之阶段。前由全国经济委员会之蚕丝改良委员会努力改良蚕种，益以政府统制，社会指导，于制种育蚁，显著成效，蚕户渐见信。从而丝业颓运仍无挽救之望，丝厂之停工或倒闭者日有所闻，除受金融压迫外，工作技术墨守成法，使出品粗劣，成本高昂，欲与意法日本货高价廉之成品相竞争，丝业失败乌能幸免。又有任意抛售，而于价昂之后，措不交货，以致信用坠地，外商咸有戒心。坐是种种，一落千丈，殆无挽救之可能。现经集合江浙各丝厂，在蚕丝改良会指导之下，组织中华制丝社，将所收之茧委托各厂代缫，一方改良技术，用世界最新之丝茧制丝方法，一方竭力恢复信用，务期外商乐于承购。拟先以一千万元为购茧之款，惟时届初夏，南路已在育蚁，新茧转瞬上箔，亟须迅速进行。而以筹集款项为第一要点，更非有巩固之基金，不克周转灵动，应请俯念丝业关系于民生者，至重且大，事迫眉睫，可否先于民国二十六年度财政部拨农本局资本项下，拨借蚕丝改良会基金二百万元，使得收茧押款，即指此项基金为第二担保，庶令银行钱庄安心款。承拨基金即于二十六年度始代财部拨交农本局，如有盈余即缴纳财政部，如有亏折由财政部补足之。所有制出之丝，拟委托中央信托局代售，以昭核实，不特藉此可集中出口贸易，并可吸收外汇，巩固法币。蚕丝前途固受赐无穷，民生利赖，宁有涯涘。除分呈财政部外，谨呈

实业部

蚕丝改良会主任委员　曾养甫谨呈

二十五年五月十一日

［实业部档案］

（五）对外贸易

一、进出口管理与总值

倾销货物审查委员会关于审查外铁倾销案呈

（1933年12月5日）

为呈报事：案奉财政部关字第九二二三号令内开：据上海国货工厂联合会呈请维持国铁，征收外铁倾销税等情，到部。合行抄发原呈，令仰该会调查审议复夺，等因，并附抄呈一件到会，奉此。查近年外洋生铁输入吾国，年有三、四十万担，而以印度铁为大宗，占百分之五十至八十，日本及朝鲜铁次之，合占百分之八至三十不等(参阅附表一)。此外日资经营之东省鞍山及本溪湖生铁，往年由大连、安东等埠运销关内者，年有五、六十万担，去年数量较少，月达三万二、三千担，本年各月平均达二万担左右，以行销华北者为多(参阅附表二)。查此项外铁及东省生铁平昔在上海进口者，约占总量百分之六十，其在沪趸售市价，向亦无甚高下，数年来，每吨售价常在国币八、九十元之间，较国产生铁略高。近月印度铁在沪仍售七十余元至八十余元，较国产扬子铁高四、五元不等，惟鞍山、本溪湖生铁售价跌落颇巨，每吨约售四、五十元。该联合会原呈所称，外铁在华倾销一节，殆系指此项日资炼制之东省生铁而言，查此项生铁近月在大连趸售市价每吨为日币三十五元至四十元(合国币约略相同)。原呈所称日铁在沪每吨二十五元之价格，核与大连售价低去在十元以上，价格上具有倾销货物税法第二条第一项情事，惟查月来沪市外铁交易，仍以印度货为活跃，东省生铁因受机器同业公会严厉抵制关

年份	总输入		由印度输入		由日本输入	
十七年	374(千担)	753(千关两)	176(千担)	312(千关两)	88(千担)	208(千关两)
十八年	327(千担)	697(千关两)	203(千担)	386(千关两)	101(千担)	263(千关两)
十九年	333(千担)	853(千关两)	254(千担)	631(千关两)	57(千担)	160(千关两)
二十年	377(千担)	992(千关两)	309(千担)	776(千关两)	31(千担)	93(千关两)
二十一年	442(千担)	866(千关两)	224(千担)	484(千关两)	94(千担)	115(千关两)
二十二年(一至九月)	462(千担)	834(千关两)	—	—	—	—

系，市上未便公开售卖，暗中交易尚属有限，售价至为不一，每吨二十五元之售价，容或有之。据调查所得，每吨亦有售四十余元者，亦有售五十余元者，此项售价减去进口税及附加税（东省生铁现照外货征收进口税率），每吨国币十一元，再除去运费、保险及他项费用，约国币五元，则其出口趸售价格在三十元至四十元左右，与其在大连趸售价格尚无甚出入。总之，东省生铁现在市上殊无公开划一之价格可言，原呈所称，每吨二十五元之售价殊不能代表该项货物之趸售价格，未便即作为倾销之根据，故日铁在沪倾销，此时尚难，充分证明。原呈请加征倾销税一节，因未便照准，所有遵令审查外铁倾销各缘由，是否有当，除呈复财政部外，理合具文呈请钧部鉴核。谨呈

实业部部长陈

倾销货物审查委员会主席委员　沈叔玉

附表一：

近五年外铁输入统计

附表二：

近年东省生铁运销关内数值之估计

十七年	395(千担)	834(千关两)	
十八年	572(千担)	1220(千关两)	
十九年	600(千担)	1390(千关两)	
二十年	646(千担)	1830(千关两)	
二十一年	400(千担)	560(千关两)	
二十二年	200(千担)	350(千关两)	一至九月

附表三：

近月国产生铁及印度铁在沪趸售市价表(每吨售国币)

月份	国产扬子铁	印度铁
一月	84.00	87.00
二月	80.00	83.00
三月	79.00	82.00
四月	78.00	81.00
五月	76.00	80.00
六月	76.00	81.00
七月	72.50	77.50
八月	72.00	77.00
九月	72.00	77.00

此为头号生铁价格，尚有二号生铁售价较此项低去三、四元左右。

中华民国二十二年十二月五日

〔经济部档案〕

2. 上海市商会为请统制进口贸易呈

（1935年6月25日）

呈为呈请事：属会于六月廿三日开第六届会员大会，据监察委员骆清华提议呈请政府统制进口贸易，管理国际汇兑，以杜入超而维国本会。其提议原文内开：窃查我国对外贸易，自有关册记载以来，无年不呈入超现象，其数且常在二三万万海关两之间。过去因赖华侨汇款、外人投资及他种无形收入得以抵补差额，弥缝一时。但自一九二九年世界经济恐慌浪潮开始逆袭全球以来，产业先进诸国，无不陷入生产过剩，失业日增之重围。于是国际间经济的国家主义盛行一时，各国为保持本国市场，故高筑关税壁垒，限制外国货输入。为拓展海外市场，故又运用货币政策，实施对外倾销，彼此勾心斗角，互争消费市场。而我国以工业幼稚，生产落后，自给既感不足，遂成外货倾销之尾闾。益以连年灾害荐臻，农产歉收，大宗民食仰给外来，遂致出口锐减，进口激增，入超数字更趋庞大。翻阅近六年来之海关贸易册，则知民国十八年之入超额犹仅三万九千余万元，至十九年即突增至六万四千七百余万元，至廿年更激增至八万一千八百余万元，视十八年已增加二倍有余。至廿一年则因洋米、洋麦之大量输入，入超数字更扶摇直上，造成八万六千六百余万元之空前纪录，至廿二年虽略见减退，但为数犹达七万三千三百余万元之巨。至去年则以国内消费力之极度薄弱与外币比价之继续下跌，输出入同见衰落，对外贸易总额计为一五六四八九七五三〇元，其中进口额为一〇二九六六五二二四元，出口额为五三五二一四二七九元，出入相抵，全年入超四万九千四百四十五万零九百四十五元。至就本年第一季一月份至四月份之贸易情形言之，则对外贸易总额为五三五一五五二四五元，其中进口净值为三五七七九六八一三元，出口净值为一七七三五八四三二元，出入相抵，入超一八〇四三八三八一元。统计六年来对外贸易之差额，为数已达四十万万元之巨，过去外流之资金，更不知其几千百亿，此种贸易逆势之多年继续，实为造成客岁白银巨额外流之最大远因。设不亟谋补救，则内存银涸竭之日即全民经济破产之时，瞻念国家前途，能不栗栗危惧。窃以平衡国际贸易之方法，不外增加输出与减少输入之两途。我国既因生产落后，银价高涨，不能步武他国实施对外贸易倾销，则除奖励出口商，于可能范围内尽量输出土产外，其抵补贸易差额之唯一方策，厥为减少外货之输入数量，细考去年我国进口货物中，以棉织品、杂粮、油、烛、机器金属等项最巨，交通用具、食糖、烟草、化学产品、染料、颜料等项次之。至本年第一季之输入情形亦大致相同，以米居首位，五金次之，其次为机器工具、小麦、棉花、木材、染料、颜料、化学产品、糖、纸、交通器具、棉布、煤油、汽油等，其中除机器、交通工具等生产品外，其余各类输入货品或可求之于国内，或可减少其数量，或可禁止其输入，其进口额尽有伸缩之余地。查世界各国对于进口贸易既已群起实施统制，况我国生产落后，百不如人，更有加以管理之必要。惟统制进口贸易，不仅关连本国之经济结构，亦且涉及对外之通商关系，自非政府出而主持不能即行实施。本会忝居全沪工商业之最高领导机关，应请以国家利害为前提，建议政府当局特设进出口贸易统制机关，或责令其他主管机关选择适宜之统制方式，实行进出口贸易之管理。为加强统制之力量，应即授权中央银行管理国际汇兑，平准外汇汇率，藉以防止国内资金之外流，避免各国汇价之倾销，使垂危国本不致遭断伤。民族工业或得渐趋发展，福国利民均资攸赖。是否有当，敬候公决。等语。查上年白银大量外流之后，市面顿形空虚，虽由政府努力救济，创办平衡税，并由中央中交三行分向国外购回大量白银，以期充实准备。惟考核实际情形，筹码仍感缺乏，物价日益低落，以致全市困厄，酿成数十年未有之现象。凡此情形均在，当局洞鉴之中，无待续陈。吾国贸易入超，虽云不自今始，然从前白银输入之数转多于输出之数量，良由吾国为用银国，各国以白银在华运用较为有利，故贸易差额之抵付，毋须将白银实行输出。兹因国外市场银价高于我国，其抵付贸易差额之白银自不能再如从前之保存国内，故贸易大量入超，若再任其继续，全国白银必有涸竭之一日，此种迹象已甚明显。挽救危机，非由国家力量，谋国际贸易之均衡，殆无其他适当办法。吾国现在情形，虽尚不能仿行对外贸易国营制度，以及欧洲之进口货量限额分配办法，但如食糖管理委员之创设，即系一部分贸易统制之先声，似不妨略仿其意，将上述范围加以推广，其中施行条目更可博访用咨，期于斟酌尽善，讨论结果议决应予据情转呈政府平纳施行在案。理合录案，备文呈请钧部鉴核，俯准施行，实为公便，除分呈全国经济委员会、行政院、财政部外，谨呈

实业部

上海市商会主席委员　俞佐廷

常务委员　徐寄顾　金润庠

陈蔗青　柯干臣

中华民国二十四年六月二十五日

［经济部档案］

3. 行政院等关于统制棉花粮食出口的有关文件

（1936年2月——3月）

（1）行政院秘书处函（2月25日）

院奉院长谕：查军事委员会函请设法统制棉花、食粮出口，以保军需资源一案，经函请资源委员会核办在案，兹准函复。以此事关系重大，仍请由院主持办理等由，应即召集内政、外交、军政、财政、实业、交通、铁道七部并函请军事委员会，资源委员会会商办法。等因。兹定于本月二十八日（星期五）上午九时，在本

院前楼第一审查室开会。除分函外，相应抄同原件函达查照。
此致
实业部

计抄送军委会密函一件

行政院秘书长　翁文灏

中华民国廿五年二月二十五日

抄军委会密函

案查贵院特种问题情报委员会报告书第七号载有一月廿七日情报一段如左：日陆军省在辽宁设驻满作战材料采买厂，并设分厂于热河，并特在我内及西北设庄收买木材、棉花、什粮及皮革等原料。观察此段情报，可见日人积极备战，吸收我国物料充实自己军需，倘至战时，则我军资源定感缺乏，甚至民食、民衣皆有问题，其计之工而且毒，不可不先事预防。其中棉花、什粮两项尤关重要，为此请贵院密令各主管部及各省市政府，对于粮食出口设法统制，以保军需资源，至为急要，并盼见复为荷。此致
行政院

(2) 行政院密令(3月3日)

行政院密令　字第一三三二号

令实业部

查粮食、棉花出口，应设法统制，以保军需资源一案，经召集该部暨财政、军政、铁道、交通、外交、内政六部并函邀资源委员会开会审查。兹据该部等报告审查结果，查属可行，应准照办。除函请军事委员会查照办理并函达资源委员会暨分行原审查各部知照外，合行抄发审查会纪录，令仰该部知照。此令
中华民国廿五年三月三日

计抄发审查会纪录一份

统制棉花食粮出口审查会纪录

地点　行政院

时间　廿五年二月二十八日上午九时

审查意见：

众以近年来我国进口食粮、棉花数量比较出口数量超出甚多（详细数字列表于后），实施统制，在事实上、手续上及外交方面均极感困难，且无补于大计，依目前情势，亟须积极研究自给方法，以期适应非常时期之需要。现军事委员会正召集资源委员会、军政部开会，研讨粮秣问题。本案事关军需资源，似可送请军事委员会并案办理，并请加入实业、财政、内政三部派员出席讨论。

近三年米谷小麦棉花进出口数量表

年　份	米谷（公担）		小麦（公担）		棉花（公担）	
	进　口	出口	进　口	出口	进口	出口
民国廿二年	12956472	62693	10714638	23809	1206067	437645
廿三年	7710611	68289	4649419	132664	1163223	209409
廿四年	12964481	65689	5209087	94766	548662	314919

〔经济部档案〕

4. 对外贸易设计委员会第四次会议关于筹议国际贸易平衡具体办法的会议记录

（1936年3月25日）

一、会议记录

对外贸易设计委员会第四次会议记录

时间：民国二十五年三月二十五日上午九时

地点：实业部。

主席：张轶欧。

出席人：高秉坊、周典、袁子健、郭秉文（王世鼐代）、王世鼐、张铁欧、刘荫弗（欧阳仑代）。

列席人：马克强、沈国瑾、张觉人。

记录：张觉人、沈国瑾。

开会如仪。

〔一〕报告事项

主席报告第三次会议决议事件，办理经过。

（一）郭委员所提出专业协会简章草案，已与原拟出口业协会草案并案整理，并呈奉本部部长批交参事厅审核。

（二）工业制品输出国外请领产地证书办法，已由实业部参照本会决议意见，就原货物产地签发规则第三条增加但书规定，并已由部呈院备案。

〔二〕讨论事项

奉交讨论四六全会孔祥熙等六委员所提，努力生产建设以图自救案中之第九项，妥筹国际贸易平衡办法，请提具体办法，共同讨论案。

（一）张委员铁欧提平衡国际贸易原则如下：

甲、关于限制进口者。

1. 增进国内粮食、棉花及其制品之生产，以求自给。

2. 裁减国内内地税捐，便利交通运输，以调整国内产销。

3. 运用关税政策，抑制奢侈品及消耗品之输入，如化妆品、装饰品等。

乙、关于增加输出者：

1. 督促特产商品品质之改良，如丝、茶、桐油、蛋及蛋产品等。

2. 厉行出口检验，以符国际市场之需要。

3. 指导出口厂商切实团结，直接经营输出贸易，并就若干种重要商品由政府统制输出。

4．驻外使领馆积极呈报海外商情，以供国内工商界参考。

5。积极修订对外商约，以谋输出之便利。

（二）王委员世鼐提平衡贸易应以切实健全出口业组织为先决条件，亟待促成各出口业团结组织并筹议国际贸易公司为直接对外贸易之主要机构。

决议

（一）以张委员所提限制进口及增加输出各项方法，为平衡对外贸易之根本方策。

（二）请筹设国际贸易公司并指导组织出口业协会为直接经营对外贸易之主要机构。

（三）将本案讨论意见由外交、财政、实业三部会同呈复行政院，并推定实业部主稿。

散会

二、附件〔略〕

〔经济部档案〕

5．实业部报送限制铁砂出口办法密呈①

（1936年4月10日）

窃奉钧院第一八一八号密令内开：案查前准军事委员会函知，钢铁为国防要需，应有明令禁止出口，究应如何规定，请酌核见复等因。当经召集该部及财政、外交、军政三部开会审查，旋据报告经提出本院第二五五次会议决议：（一）禁止废铜铁铝等金属出口已有成案，废钢应包括在废铁之内。（二）钢铁制成品与国内工业发展有关，仍准出口。（三）铁砂应限制出口，由实业部拟具办法呈核。除函复并分行外，合行令仰该部遵照办理。等因。奉

---

① 此案经国民政府行政院第二五九次会议议决通过，并经一九三六年四月二十四日指令照派。

此。遵查铁砂一项原经矿业法第九条定为国营，如国家无自行探采之必要，始租与人民探采。故近年以来，本部对于呈请承租国营铁矿区者，均未予以核准，即在前农矿部时期，已经核准人民承租各铁矿，亦多依法撤销原订租约，如利华公司承租江苏铜山县利国驿、王家营等处铁矿，兴华公司承租安徽繁昌县横岭冲等处铁矿，因各犯有矿业法第五十六条所列各款(承租人有左列各款情事之一时，其租约应即撤销租约：一、违背第五十三条之规定者；二、逾期不缴租金者；三、承后三年内尚未从事矿厂设备并无正当理由者；四、承租后二年内尚未开工或中途停工至一年以上并无正当理由者。)情事之一，经本部先后撤销租约有案，此关于本部办理承租铁矿区及撤销租约经过各情形也。至在矿业法施行前人民呈准设定矿业权各铁矿，其中有已与外人订立售砂合同，经呈准前农商部或前农矿部有案者，势难加以否认。惟详核各原合同所载售砂之吨数及运砂之限期，多涉含混，经本部依据矿业法第九条第四项(前项矿产输出国外之数量及期限,其契约经中央主管机关之核准，方为有效，遇必要时,仍准加以限制)之规定，分别严加限制。如福利民公司与日商小柴商会订立售砂合同，其数量为九十万吨，截至二十三年六月二十三日止，共运砂二十五万七千零三十吨,所余未运之数尚有六十四万二千九百七十吨，该公司迭次呈请展限，业经本部令饬,尽于民国二十六年底运完，期满即将合同作废。又如宝兴公司与上海中公司订立售砂合同,其数量为百万吨，其期限则未载明，截至二十四年十一月底止，共运砂五十六万四千九百七十吨，所余未运之数尚有四十三万五千零三十吨,业经本部令饬该公司限于民国二十七年底运完,以资结束。又裕繁公司与中日实业公司订立售砂合同,其限期为四十年，其数量为每日不得过一千吨，为期既长，为数亦巨，而又与邻近已开各铁矿时有勾结情事，现经本部令饬裕繁铁矿监督严密稽核该公司运售之砂应以本矿区产出者为限，不得向他矿购运。此外如汉冶萍公司，自前清末年迭次与日商订立借款售砂合同，即起纠纷，又因债务及种种关系，无法整理，且该公司运砂出口，向归财政部办理，究竟已运铁砂若干，本部无从统计，现正由本部咨请财政部转饬江汉关及芜湖关，将两关关于铁砂出口情形，按月列表，汇报本部，以便稽核。此关于本部整理以前售砂合同及稽核铁砂出口之经过情形也。兹奉前因，此案既经钧院召集财政、外交、军政三部及本部会同审查，并经钧院决议由本部拟具限制铁砂出口办法呈核，自应遵照办理，谨拟具办法如下：

（一）铁矿既属国营范围，凡人民呈请探采者，除小矿业经省主管官署查明，确系专供当地制造普通用具者外，一律不予核准。其已经呈准设定矿业权或小矿业权各铁矿，如有私将铁砂直接或间接售与外人情事，即由本部严加制止，如有抵押情节时，即将其矿业权撤销，并将原矿区划为国营矿区。

（二）凡人民呈请承租国营铁矿区者，除呈请人本身已设有炼厂者外，一律不予核准，其已经呈准承租各铁矿，如有私将铁砂直接或间接售与外人及其他违法、违约情事，即由本部撤销原订租约，并没收原缴保证金，不再出租。

（三）所有公家经营或私人经营各铁矿，一律不得与外人直接或间接订立售砂合同及类似售砂之合同，如遇有特殊情形，应由主办或主管官署报由本部审核，转呈钧院核定之。

（四）凡与外人订立售砂合同，未经本部核准者，一概无效，其已经部核准有案者，如于原合同所载数量及限期内运砂出口时，须领有本部铁砂出口许可证，始得报关起运，其起运地点及填发许可证之官署，由本部分别指定之。

（五）铁砂出口许可证分为许可证原单、许可证报单及存根三联，由本部制就后预行颁发给所指定之给证官署，该项官署于填发许可证时，应同时将报单一联送部备查。

（六）本部对于给证官署所送之报单，如查与原合同规定不符或其合同已应作废时，得令饬调销其原发许可证，或咨请财政部转饬海关扣留其所运之铁砂。

所有上列各项办法，是否可行，理合叙明，原案经遵呈请钧院鉴核示遵。谨呈。

行政院

实业部部长　吴〇〇

中华民国二十五年四月十日

〔经济部档案〕

6. 实业部国际贸易局关于1933年上半年出入口贸易价值概况的报告①

……　　（1933年10月）

〔出入口贸易〕　近两年来世界经济之凋敝，已为早有现象。吾国情形，自亦难逃例外，百业凋零，贸易不振。本年岁首，虽无上年沪战之影响，贸易额之低微，亦与上年无轩轾。一月份出口净数，不过六千二百万元，二三两月，更趋下落，仅值四千五百三十万元。入口一月份值一万〇一百六十二万元，二三两月略增，为一万四千七百万元，合计第一季出口总数，仅值一万五千七百五十七万元。入口为三万六千二百万元。四月份以后，出口数更低，最小如四月份，仅值三千七百万元，五六两月，亦不过各值五千万元左右，折合关两不过二千三百八十六万四千两，殆为近年来之最低数。第二季出口，合计为一万三千八百八十九万元，较第一季略低一千八百六十八万四千四百三十五元。入口则四月份值一万四千七百万元，五月份最高，为一万五千一百七十万元，六月份减为一万一千万余元。第二季合计，为四万〇八百九十九

① 选自1933年10月实业部国际贸易局：《民国二十二年第一季第二季贸易报告》，沿用原标点。

(一)民国二十二年第一季第二季贸易统计表

月别	出口净数(国币)	入口净数		总计(国币)	入超(国币)
		金单位	国币		
一月	62,008,189	5,034,680 *50,292,775	101,734,825 *101,627,917	163,743,014 *163,636,106	39,726,636 *39,619,728
二月	50,270,989	57,060,440	113,436,611	163,707,600	63,165,622
三月	45,296,299	75,913,123	147,043,719	192,340,018	101,747,420
第一季	157,575,477	183,319,143 *183,266,338	362,215,155 *362,108,147	519,790,632 *519,683,724	204,639,678 *204,532,770
四月	37,180,999	76,016,791	147,168,507	184,349,506	109,987,508
五月	51,506,653	78,536,462	151,732,445	203,239,098	100,225,792
六月	50,203,390	58,253,379	110,098,886	160,302,276	59,895,496
第二季	138,891,042	212,806,632	408,999,838	547,890,880	270,108,796
上半年总计	296,466,519	396,125,875 *396,072,970	771,214,993 *771,108,085	1,067,681,512 *1,067,574,604	474,748,473 *475,641,566

* 系根据海关更正之数字

万九千元，较第一季增加四千六百八十九万一千五百九十一元。本年前六个月之出入口贸易数字，列表于左。

在本年前六个月中，出口贸易之趋势，颇为平稳，除四月份外，余均在五千万元上下。入口贸易之变迁颇巨，自金单经观察，一二两月为五千万金单位左右，三四五三个月，则增至七千五百万金单位至七千八百万金单位之间。六月份，又落至五千八百万金单位。总数方面，变动亦巨，一二两月均值一万六千三百余万元，三月份增至一万九千二百三十余万元，四月份又增至一万八千四百三十五万元，五月份更增至二万〇三百二十四万元，六月则陡落为一万六千万元。六个月合计，出口为二九六，四六六，五一九元，入口得七七一，一〇八，〇八五元，总计值一，〇六七，六八一，五一二元。第一二两季比较，出口第二季较第一季为低落，而入口则第二季较第一季为高涨。

银价之变迁，与贸易数字有密切关系，本年自三月以后，银价略趋上涨，自关册上比价观察，国币已由二〇涨至二六，即由五分之一增至四分之一以上。由此种比价折合之美金数字，实有供吾人之注意者。其情形与从银数字略异，其趋势则大致相同。出口之美金值以一月二月及五六两个月为高，（六月份最高值达一千三百万金元）入口美金值亦以四五两月为最高，总计方面，则折成美金之数字，颇有逐月循序上增之现象。除六月份略低外，余均逐月增高，颇足以表现本年贸易循序进展之趋向，然而出口数字之涨落无定，其正以表现吾国出口贸易之缺乏计划与组织，凭市场命运者，则又无足为讳者也。

〔与上年比较〕 本年前六个月贸易，与上年同期比较，出口最高不过等于上年同月百分之八三·三三，（一月份）最低仅等于上年同月百分之四八·〇〇。（四月份）入口最高，超过上年同月百分之一八·六六，（二月份）最低亦仅等于上年同月百分之六二·九九，（一月份）总计最高仅超过上年同月百分之二，最低则仅等

(二)民国二十二年第一季第二季对外贸易按美金折合统计表

月份	国币与美金比价	出口(折美金值)	入口(折美金值)	总计(折美金值)
一月	0.20	12,401,638	20,325,583	32,727,221
二月	0.20	10,054,198	22,667,322	32,741,520
三月	0.21	9,512,223	30,879,181	40,391,404
四月	0.22	8,179,820	32,377,072	40,556,892
五月	0.24	12,361,597	36,415,787	48,777,384
六月	0.26	13,052,881	28,625,710	41,678,591

〔注〕各数概以更正数字计算

于上年同月百分之六六·三四。下表为国币数字与上年同月比较之百分比，同时附以折美金与上年同月折美金数之百分比。

(三)民国二十二年各月贸易与上年同期比较表

月份	出口		入口		总计	
	国币等于上年同期	折金等于上年同期	国币等于上年同期	折金等于上年同期	国币等于上年同期	折金等于上年同期
一月	83.33	72.13	62.99	54.72	69.58	60.23
二月	77.77	67.31	118.66	102.72	102.16	88.43
三月	56.03	50.92	98.60	89.61	83.64	76.01
四月	48.00	47.00	73.88	72.35	66.65	65.26
五月	65.48	72.02	81.49	89.62	76.74	84.39
六月	57.15	70.15	65.09	87.88	66.34	81.44

由上表观察，与上年同月比较之趋势，出口前六个月，均远不及上年，一二两月后，更有下落之现象。唯折金方面，则三四两月最劣，一二五六四个月均在上年同期百分之七十左右，即本年出口贸易较上年同期下减百分之三十左右。入口方面，前六个月间，比例涨落无定，一月份，仅等于上年一月百分之六二·九

九，但二月份则陡增至一一八·六六，此点吾人应注意者，即二月份之超出于上年同月，乃上年沪战之影响，二月份贸易阻碍，惨落甚巨，而非由于本年二月入口贸易之徒增，此就各月统计数字上观察，可以明瞭者也。三月以后，比例逐渐减低，其原因一方面仍由于上年沪战后入口贸易之增长，唯折金比较，则除一二两月外，入口贸易，约在上年同期百分之八十至九十左右，减落尚不甚巨。总计方面，约在百分之六七十之间，本年贸易之不及上年同期，约低百分之三十左右，固极明显之事实也。更自贸易价值指数，与上年同期一比较之

(四)民国二十二年第一季第二季出入口贸易价值指数表(以民国十五年每月平均数为基数)

月份	出口	上年同期	入口	上年同期	总计	上年同期
一月	55.25	66.31	69.62	110.25	63.38	91.08
二月	44.79	57.60	77.72	65.49	63.41	62.06
三月	40.36	72.04	100.74	102.17	74.50	89.07
四月	33.13	68.98	100.83	136.47	71.41	107.13
五月	45.90	70.01	103.95	127.56	78.72	102.58
六月	44.74	78.28	75.43	105.36	62.09	93.59

〔注〕民国十五年关于两按一，五五八折国币每月平均出口为一一二，二一四，二七〇元入口为一四五，九六一，三九二元总计为二五八，二七五，六六二元。

上表以民国十五年为基年，出口贸易，六个月来指数均不过四五十左右，入口贸易一二六月指数在七〇上下，三四五三个月，则在一〇〇以上，总计均在六七十之间。与上年同期比较，指数之变迁，除入口贸易中之二月份外，亦均远不及上年，亦可充分证明本年前六个月贸易，又较上年为低落也。

本年贸易数字低落之原因，最关重要者，则为东北各关之无

统计报告，东北各关，(哈尔滨爱珲三春龙井安东大连牛庄)自上年七月以来，被叛逆占据，即无统计报告，上年前六个月，东北各关数字，出口值一九八，四五〇，五〇四元，入口值一一三，六〇五，九九三元，总计值三一二，〇五六，四九七元，(乃由关两按一五五八折算)为数颇巨。苟本年东北各关报告已到，其数字与上年不相上下者，则本年之贸易情形，又有一种不同之现象。兹

月份	出口(加入东北各关)		上年同期	入口(加入东北各关)		上年同期	总计(加入东北各关)		上年同期
	国币	指数	(指数)	国币	指数	(指数)	国币	指数	(指数)
一月	97,435,772	86.83	66.31	114.961,943	178.76	110.25	212,397,715	82.27	91.08
二月	72,642,186	64.73	57.60	125,796,795	86.18	65.49	198,438,981	76.86	62.06
三月	83,388,467	74.31	72.04	163,730,591	112.17	102.17	247,119,058	95.71	89.07
四月	68,042,422	60.64	68.98	168,696,543	115.57	136.47	236,738,965	91.70	107.13
五月	82,056,596	73.12	70.01	167,840,749	121.15	127.56	258,897,345	100.28	102.58
六月	91.351,580	81.41	78.28	134,687,457	92.27	105.36	126,039,037	87.55	93.59

假定东北各关上年数字包括在本年以内，以与上年同期比较，以观察本年贸易之是否衰落。

（五）民国二十二年第一季第二季出入口贸易统计表（假定加入东北各关）（以民十五年每月平均数为基本）

此中吾人所应注意者，则南部各关之贸易增加，与东北各关之被攫，有相当影响。东北被劫以后，贸易已有集中上海天津之趋向，其影响程度如何，虽无确切之推测，然上表内之假定，只能视为一种推测根据之一部份，固不能以此即作为本年贸易与上年比较增减之实际情形也。

上表加入东北各关所计算之指数，与上年同期比较，出口方面，除二四两月外，均较上年同期增加。入口方面，除二三两月外，均不及上年同期之多，总数方面，二三两月，较上年同期为增。一四五六四个月，则不及上年同期贸易之多。大致出口较上年为进步，入口则较上年为减退，若自六个月共计与上年比较，出口增高二九，一九六，四八九元，入口减退六一，一六四，九三二元，总计减退三一，九六八，四三三元，此点亦足以说明本年贸易，即包括东北各关在内，亦较上年为低落。不过，入口减退甚多，出口略有增进，尚属差强人意耳。

〔本年入超情形〕 本年入超，前六个月共计，为四万万七千四百六十四万一千五百六十六元，其中第一季，为二〇四，五三二，七七〇元，第二季为二七〇，一〇八，七九六元，较第一季多六五，五七六，〇二六元。各月情形，一月份为三千九百六十万元，二月份增加至六千三百十六万元，三四五月份均在一万万元以上，最高如四月份，入超达一万万〇九百九十八万元，其陡增之原因，一方面由于入口之增加，一方面由于出口之下落。六月份入超，又陡落至五千九百八十九万五千元，其原因纯由于入口之减低，出口则与五月份固无大变动也。此六个月来入超之情形，与对于我国贸易之影响，其最高者，等于入口总值内百分之七四·七三，即入超数，占入口总值为百分之七十四以上。第一季占百分之五六·四八，第二季占百分之六六·〇四，上半年共计，占百分之六一·五五。各月入超与入口总值百分比情形列表于下。

（六）民国二十二年上半年各月入超与入口总值百分比较表

月份	入超（国币）	与入口总值百分比
一月	39,619,728	39.09%
二月	63,165.622	55.68%
三月	101,747,240	69.19%
四月	109,987,508	74.73%
五月	100,225,792	66.05%
六月	59,895,496	54.40%

吾人须明了四月份入超，最高数占入口总值四分之三，换言之，即仅四分之一为出口总值，入超与出口总值，几为三与一之比。此种贸易情形之逆象，深足危惧，即以上半年全数计算，亦为六与四之比。

本年入超情形，与上年同期比较，略低五百五十一万七千余元。（上年为三万万〇八百十八万九千关两，折合四万八千〇十五万八千四百六十七元），但本年之百分比，则较上年为高。本年前半年占入口总值百分之六一·五五，上年则占百分之五四·七六，足以证明，唯吾人亦应注意东北各关数字，不在本年报告范围以内，设与上年同期统一，加入东北各关数字，则本年入超，仅占入口总值百分之四四·〇六，实较上年同期为低。若除出东北各关不计，上年同期，亦减出东北各关数字，其入超应为五万六千五百万元，占入口总值百分之六七·八九，在本年入超比例以上，换言之，即本年入超，亦低于上年，亦至为明显。吾人自此种情形观察，本年入超问题之严重，似不至超过于上年也。

本年入超额若干，尚难悬测，若自上年各季之增减比率推测，上年第三季较第二季，减少百分之三二·九五，第四季又较第三季减少百分之四·四八。苟本年下半年，无特殊变动，其贸易变态，与上年大致相同，则本年全年入超之推测，或将八万二千八百七十余万元，或等于五万三千一百九十三万余关两，较上年入超之五五六，六〇五，二四〇关两略低。唯吾人须注意上年各季入超之增减，恐未足以为平常推测之准绳。上年第三季起，除七月份一部份外。已无东北各关之报告，其中出入超，有极大之变动。设第二季除出东北各关不计，（其入超数应为二〇九，五八七，三六六关两，或三二六，五三七，一一七元）。则第三季较第二季应减少百分之三九·三八。依此推算之结果，本年入超或在八万万元以下。唯本年下期棉麦借款成立，值五千万美金之棉麦两项入口，当有大量增加，最近有分为两年输入之说，入超之数，或亦将因此增至八万七千万元至九万万元左右，亦未可料也。

〔下略〕

〔实业部档案〕

7．实业部国际贸易局关于1933年下半年出入口贸易价值概况的报告①

（1934年1月）

……

（第三四季贸易）本年第三四季我国对外贸易，承第一二季疲倦之后，不仅无甚转变，且每况愈下。就贸易总额以观，本年第一季为五万一千九百六十八万余国币，第二季增至五万四千七百八十九万国币，第三季减至四万五千四百七十三万国币，第四季又减至四万三千五百〇八万余国币，若就出入口贸易分析观察，则

① 选自1934年1月实业部国际贸易局：《民国二十二年第三季第四季贸易报告》，沿用原标点。

本年第三四季出口贸易与入口贸易情形，颇有不同，出口方面，第三季计值一万六千二百五十三万余国币，较第一二季均有增无减，第四季计值一万五千二百八十二万余国币，较第一季虽略减退四百七十四万余国币，较第二季则增加一千三百九十三万余国币，综计本年第三四季合计出口为三万一千五百三十六万余国币，较第一二季出口合计之二万九千六百四十六万余国币，实增加一千八百八十九万余国币，至于入口方面，则下半年锐减甚巨，第一季入口价值为三万六千二百一十万国币，第二季增至四万〇八百九十九万余国币，第三季锐减至二万九千二百一十九万余国币，第四季又减至二万八千二百二十六万余国币，综计第三四季入口合计值五万七千四百四十五万余国币，较第一二季入口合计之七万七千一百一十万余国币，减退一万九千六百六十四万余国币之多，本年下半年我国入口贸易之不振，由此可见一斑，考其原因，最主要者厥为我国内地经济日趋破产，人民购买力日益疲衰，入口贸易自随之愈趋退缩。此外我国五月二十二日始实施进口新税，则自亦为本年第三四季我国入口贸易不振要因之一，兹将本年第三四季我国出入口贸易列表于下：

(一)民国二十二年第三四季贸易统计表(见1023页)

(全年贸易趋向)民国二十二年我国全年对外贸易出口净数计六万一千一百八十二万七千余国币，入口净数计六万九千〇七千余金单位，折合国币一十三万四千五百六十六万七千余国币，贸易总额净数计一十九万五千七百三十九万五千余国币，各月变动趋向，贸易总额方面，全年各月涨落于一万万余国币至二万万国币之间，变动尚称平稳。最高为五月份，计二万〇三百二十三万九千余国币，最低的九月份，计一万三千七百三十四万九千余国币，就大体以观，一月至五月份有逐步上增之势，五月份以后，则愈趋愈下。十月份虽又略有回涨，但仍不足与五月以前各月比拟。出口方面全年各月变动，颇不规律，一月份至四月份有逐步下减

月　　别	出口净数(国币)	入　口　净　数		总计(国币)	入超(国币)
		金单位	国　币		
七月	62,,552,883	54,028,889	103,149,207	165,802,090	40,696.324
八月	51,354,424	51,319,681	100,227,337	151,581,761	48,872,913
九月	48,632,207	44,138,042	88,717,464	137,349,671	40,085,157
第三季	162,539,514	149,486,612	292,194,008	454,733,522	129,654,494
十月	47,948,656	46,935,415	44,621,797	142,570,453	46,673,141
十一月	54,210,172	49,148,923	96,183,147	150,393,319	41,972,975
十二月	50,663,129	48,263,932	91,460,151	142,123,280	40,797,022
第四季	152,821,957	144,448,270	282.265,095	439.087,052	129,443.138
下半年总计	315,361,471	193,934,882	574,459,103	889,820,574	259,097,632

趋势。由一月份之六千二百万国币减至四月份之三千七百一十八万国币，为全年最低数。五月份始即增加至五千一百五十万余国币，七月份又增至六千二百五十五万二千余国币，为全年之最高月份。此后虽互有升降，但为数至少亦在四千七八百万国币以上。较之一月份至四月份之下落趋势，实有进无退。至于入口方面，则自一月份起至五月份止，逐月增加。由一月份之一万〇一百六十二万余国币增至五月份之一万五千一百七十三万余国币，造成全年各月中之最高数。自六月以后，情势转变。步步减退。九月份减至八千八百七十一万余国币，为各月中最低月份。十月十一月及十二月虽较九月份略有增加，但均未能达到一万万国币之数额。各不过九千余万国币而已。

更以民国十五年(一九二六)每月平均为基数，而观察本年各月贸易之趋向，在出口方面最低指数为四月份之三三·一三，最高指数为七月份之五五·七四。入口方面最低指数为九月份之六〇·七八，最高指数为五月份之一〇三·九五。总额方面最低指数为九月份之五三·二〇，最高指数为五月份之七八·七二。全年平均出口指数为四五·四四，即出口仅等于十五年百分之四十五。入口指数为七六·八二，即入口仅等于十五年百分之七十六。总额指数为六三·一八，即总额仅等于十五年百分之六十三。由此可见本年贸易之不及往年，兹将本年各月各季及全年，我国出入口贸易价值及指数列表于次：

以本年贸易与去年比较，全年合计出口方面二十二年仅当二十一年百分之七九·七一。入口方面仅及百分之八二·三一。总额方面仅及百分之八一·四八。均远不及去年。考一年以来，世界经济依然不景气，我国东北各关仍未收回，内地经济愈趋破产，环境恶劣如故，贸易额之衰退，自无足怪。计全年各月份之中贸易总额与上年比较百分比仅二月份之一〇二·二六及七月份之一〇七·三九，在去年同月平面以上。其余则当去年同期百分之六

(三)民国二十二年各月各季及全年出入口贸易价值及指数表(单位国币)(指数以民国十五年为基年)

月份	出口		入口		总计	
	价值	指数	价值	指数	价值	指数
一月	62,008,189	55.25	101,627,917	69.62	163,636,106	63.38
二月	50,270,989	44.80	113.436,611	77.72	163,707,600	63.41
三月	45,296,299	40.37	147.043.719	100.74	192,340,018	74.50
第一季	157,575,477	——	362,108.247	——	519,683,724	——
四月	37,180,999	33.13	147,168,507	100.83	184,349,506	71.41
五月	51,506,653	45.90	151,732,445	103.95	203,239,098	78.72
六月	50,203,390	44.74	10,098.886	75.43	160,302,276	62.09
第二季	138,891,042	——	408.999,838	——	547,890,880	——
七月	62,552,883	55.74	103,249.207	70.74	165,802,090	64.22
八月	51,354,424	45.76	100,227,337	68.67	151,581,761	58.71
九月	48,632,207	43.33	88,717,464	60.78	137,349,671	53.20
第三季	162,539,514	——	292.194,008	——	454,733,522	——
十月	47,948,656	42.73	94,621,797	64.83	142,570,453	55.22
十一月	54,210,172	48.31	96,183,147	65.90	150,393,319	58.25
十二月	50,663,129	45.15	91,460,151	62.66	142,123,280	55.05
第四季	152,821,957	——	282,265,095	——	435,087,052	——
全年	611,827,990	45.44	1,345,567,188	76.82	1,957,395,178	63.18

十几至八十几不等。出口方面一月至六月指数均不过去年同月百分之五十至八十以上，七八九及十一月则在去年平面以上。最高如七月达到一三五。十月虽略为减少。但指数仍有九九·七三。十二月亦在八五·一三。本年我国出口贸易指数下半年较上半年增进情形，至为显然。至于入口方面，则仅二月份以去年适当沪战贸易极度衰败之故，今年较去年增加其余各月均有减少。平均约当去年同期百分之八十之谱。兹将民国二十二年各月贸易与上年同期比较列表于下：

（三）民国二十二年各月贸易与上年同期百分比较表

月份	出口	入口	总计
一月	83.33	62.99	69.58
二月	77.77	118.66	102.16
三月	56.03	98.60	83.64
四月	48.00	73.88	66.65
五月	65.48	81.49	76.74
六月	57.15	65.09	66.34
七月	135.73	65.33	107.39
八月	104.86	80.89	87.68
九月	102.10	82.13	88.24
十月	99.73	79.75	85.51
十一月	105.19	83.20	89.98
十二月	85.13	80.27	81.94
合计	79.71	82.31	81.48

上表中吾人有端不可不注意者，即二十二年与二十一年比较，上半年与下半年性质颇不相同。在二十一年上半期，我国关册内尚包括东北各关在内，自下半期以后，东北各关始不复再有报告，故吾人比较二十二年与二十一年贸易之实际增涨，不可不将上半期与下半期分别观察。例如据上表在出口方面二十二年上半期指

数均在去年同期平面以下，但此系以二十二年不包括东北数字者，与二十一年包括东北数字者比较之结果。二者范围不同，自不可同日而语。据本局民国二十二年第一二季贸易报告，若将东北各关加以估计并入，则二十二年上半期除二四两月外，均较上年增加。至于下半期则二十一年与二十二年均已不包括东北，其指数自无问题。根据上表六月至十二月除十月及十二月外，指数均较上年同期增加，由此可见民国二十二年全年，我国出口贸易（除东北不计）实较上年为佳。至少吾人可断言我国关内出口贸易有增无减。至于入口贸易据第一二季贸易报告，上半期即加入东北各关估计，除二三两月外，均不及去年同月。下半年则各月均较去年同期减少。综观本年我国对外贸易出口如不计东北，则较去年略有进展，入口则无论计东北与否，均不及去年。

以上均系就银计值者，若以本年我国对外贸易数额折成美金计算，则本年因银价有逐渐上涨之势，贸易额之减退似不如以银计之甚。本年平均关平与美金比价为○·四○五○八。以此为准，折金计算。计出口为一万五千九百○七万五千美金，较上年略减百分之五·一。（以银计减少百分之二○·二九）入口为三万四千九百八十四万七千美金，较上年减少百分之一·九四。（以银计减少百分之一七·六九）总额为一十二万五千六百三十五万一千美金，较去年减少百分之二·九三，（以银计减少百分之一八·五二）。兹列表于次：

（五）二十年来出入口贸易折金统计表（单位千）

（本年入超情形） 本年我国出口贸易较上年减退甚巨。但以同时入口贸易减退亦甚之故，入超情况较上年略佳。计第一季入超二万○四百五十三万二千国币，约当上年同季百分之一一○·五，即超出上年百分之十。第二季入超增至二万七千○十万○八千国币。但与上年同季比，则百分比为九一·四。第三季始因入口税减，入超减至一万二千九百六十五万四千国币，约当上年同

年份	关平与美金比价	出口			入口			总计		
		千关两	折美金	增减率	千关两	折美金	增减率	千关两	折美金	增减率
民国二年(1913)	0.73	403,206	294,413	100.0	570,163	416,219	100.0	973,468	710,632	100.0
三年(1914)	0.67	356,227	138,672	80.7	569,241	381,392	91.6	925.468	620,064	87.2
四年(1915)	0.62	418,861	259,964	88.2	454,476	281,775	67.7	837,337	541.469	76.2
五年(1916)	0.79	481,797	380,020	129.3	516,407	407,962	98.0	998,204	788,581	111.0
六年(1917)	1.03	462,932	476,820	162.0	549.519	566,004	136.0	1,012,450	1,042,804	146.5
七年(1918)	1.26	485,883	612,213	207.9	554.893	699,165	168.0	1,040.776	1,311.378	184.5
八年(1919)	1.39	630,809	876,815	297.8	646.998	899,327	216.1	1,277.807	1,176,152	249.9
九年(1920)	1.24	541,631	671,623	228.1	762,250	945,190	227.1	1,303,882	1,616,813	227.5
十年(1921)	0.76	601,256	456,954	155.2	906,122	688,653	165.5	1,507,378	1,145,607	161.3
十一年(1922)	0.83	654,892	543,560	184.6	945,050	784,391	188.5	1,599,942	1,327,952	187.0

续表

十二年（1923）	0.80	752,917	602,334	204.6	923,403	1738,722	177.5	1,676,520	1,341,056	188.7
十三年（1924）	0.81	771,784	625,145	212.3	1,018,211	824,751	198.2	1,789,995	1,449,896	204.0
十四年（1925）	0.84	776,353	625,136	221.5	947,985	796,207	191.3	1,724,218	1,448,343	203.8
十五年（1926）	0.76	846,295	656,864	223.1	1,124,221	854,408	205.3	1,988,516	1,511,272	212.7
十六年（1927）	0.69	918,620	633,848	215.3	1,012,932	698,922	167.9	1,931,551	1,332,770	187.5
十七年（1928）	0.71	991,355	703,862	239.1	1,195,969	849,138	204.0	1,187,324	1,553,000	218.7
十八年（1929）	0.64	1,015, 678	650,040	220.8	1,265,779	810,098	194.6	1,281,466	1,460,138	205.5
十九年（1930）	0.46	894,844	411,628	139.8	1,309,756	602,488	144.8	2,204,599	1,394,116	142.7
二十年（1931）	0.34	909,476	309,000	105.222	1,433,489	487,386	117.1	2,342,935	796,608	112.1
廿一年（1932）	0.34	492,641	167,498	57.0	1,049,247	356,743	85.7	1,541,888	524,242	73.8
廿二年（1933）	0.40508	292,701	159,075	54.0	863,650 373	349,847	84.1	1,256,351	508,923	71.6

期百分之六五·四。第四季又减至一万二千九百四十四万三千国币，约当上年同期百分之六八·四。综计全年共入超七万三千三百七十三万九千余国币。占入口总额百分之五四·五三。与上年之入超额八万六千七百一十九万国币比较，约减少一万三千三百四十五万余国币。即本年我国入超约当上年百分之八四·六。就表面观之，本年我国素以出超著称之东北各关全年无数字报告，而入超，竟能反较上年减少，似不失为本年差强人意之事实。然究诸实际，本年我国各业衰败，人民购买力疲弱不堪，入口货物之销量，不免紧缩，入超减少，自无足怪。且历年我国资为抵补入超一大项之华侨汇款，本年以世界不景气之故，有减无增。我国国际贷借平衡，更难维持。准此以观，单纯的入超之减少，实仍不足以为我国贸易抱乐观也。兹列表于次：

（六）二十二年各月对外贸易入超与入口总值百分比较表（单位国币）

月份	入超	入口总值	入超占入口总值百分比
一月	39,619,728	101,627,917	83.99
二月	63,165,622	113,436,611	55.68
三月	101,747,420	147,043,719	69.20
四月	109,987,508	147,168,507	74.74
五月	100,225,792	151,732,445	66.05
六月	59,895,496	110,098,886	54.40
七月	40,696,324	103,249,207	39.42
八月	48,872,913	100,227,337	48.76
九月	40,085,257	88,717,464	45.18
十月	46,673,141	94,621,797	49.33
十一月	41,972,975	96,183,147	43.64
十二月	40,797,022	91,460,151	44.61
总计	733,739,198	1,345,567,188	54.53

〔下略〕

〔实业部档案〕

8. 实业部国际贸易局关于1934年上半年出入口贸易价值概况的报告①

(1934年10月)

上篇〔略〕

下篇

一、出入口贸易情形

(一)出入口情形 本年世界经济仍属凋敝，国内经济也不见景气，对外贸易之依然陷于不振，自无待言。就贸易总额观，第一季计四一六，五七二，七四九元，第二季略增，计四二一，八二一，八〇一元，若就出入口贸易分析观，无论出入口数字，均以一月份为最高，出口方面，一月份出口净数为五〇，七七五，七八三元，二月份以值废历年关，素为淡月，故出口大见陡减，仅三千八百〇三万五千余元，三四两月，略增至四千一百万元左右，五六两月，则升至四千九百余万元。唯仍未打破上半年一月份之最高出口数字，就第一二两季之出口数字比较，则以第二季较强，第一季出口总额计一万二千八百九十二万元，第二季则达一万四千〇六十一万元，入口方面，一月份入口净数计一万〇五百四十六万元。二月份计八千二百七十五万余元，三月份计九千九百四十二万元，合计第一季入口总额为二万八千七百六十四万余元，四月份入口净数略见增加，达一万〇九十六万元，五六两月，进口数值又趋下落，计五月份为九千四百九十八万元，六月份为八千六百二十五万元，合计第二季入口总额为二万八千二百二十万元，与第一季进口额比较，略低五百四十四万元，本年上半年总计出口为二万六千九百五十四万元，入口为五万六千九百八十四万元，对外贸易总额为八万三千八百三十九万元。兹列表于下：

①选自1934年10月实业部国际贸易局《民国二十三年第一季第二季贸易报告》，沿用原标点。

(一)民国二十三年第一季第二季贸易统计表

月别	出口净数	入口净数		总计	入超
	国币	金单位	国币	国币	国币
一月	50,775,783	56,036,215	10,460,157	156,235,940	54,684,374
二月	38,035,733	42,548,915	82,757,640	120,793,373	44,721,907
三月	40,115,421	51,119,802	99,428,015	139.543.436	59,312,594
第一季	128,926,937	149,704,932	287,645,812	416,572,749	158,718.875
四月	41,123,563	51,093,304	100,960,369	142.083,932	59,836,806
五月	49,321,418	45,819,702	94,984,242	144.305.660	45,662,824
六月	49,172,796	42,118,854	86,259,413	135,432,209	37,086.617
第二季	140,617,777	139,031,860	282,204,024	421,821,801	142,586,247
上半年总计	269,544,714	288,736,792	569,849,836	838,394,550	301,305,122

银价之变迁，与贸易数字有密切关系，唯本年银价继往年涨风之后，已无大变动，自关册上比价观察，一月份为○·一二三六，二月份后涨落于○·三三九至○·三四二之间，五月份起始见跌落至○·三二，由此种比价折合之美金数字，其情形与从国币数字无甚差异，出口之美金值仍以一月份为最高，计一七，○七三，三五七金元，五六两月份次之，以两月份为最低，入口之美金值亦以一月份为最高，计三五，四七○，九七八金元，三四两月份次之，均在三千四百万金元以上，以二月份为最低，仅二千八百一十万金元。总额方面数字则涨落于四千万至五千万金元之间，无一定之趋向，足见我国对外贸易之无计划与无组织，不能循序进展也，兹列表于下：

（二）民国二十三年第一季第二季对外贸易按美金折合统计表

月份	国币与美金比价	出口（折美金值）	入口（折美金值）	总计（折美金值）
一月	0.33625	17,073,357	35,470,978	52,544,335
二月	0.33966	12,919,217	28,109,460	41,028,677
三月	0.34290	13,755,578	34,093,866	47,849,444
四月	0.33964	12,957,207	34,290,080	48,247,287
五月	0.32216	15,890,388	30,600,123	46,490,511
六月	0.32760	16,109,108	28,258,584	44,367,692

本年前六个月贸易，与上年同期比较，出口最高超过上年同月百分之一○·八一，（四月份）最低不过等于上年同月百分之七六·○○，（二月份）入口最高如一月份超过上年同月百分之二·九四，最低如五月份，入口等于上年同期百分之六二·五○，总计方面，各月均较上年同期下落，百分比以一月份为最高，不过等于上年同期百分之九五·一二，最低为五月份，仅等于上年同期百分之七○·九三，唯此系从国币数字计算者，若就折金数字观察，则情势大不相同，出口各月均超过上年同期，最高者超过百

(三)民国二十三年各月贸易与上年同期百分比较表

月份	出口		入口		总计	
	上年同期国币等于	上年同期折金等于	上年同期国币等于	上年同期折金等于	上年同期国币等于	上年同期折金等于
一月	82.25	141.66	102.94	175.00	95.12	160.60
二月	76.00	130.00	73.45	121.73	73.78	124.24
三月	88.88	140.00	67.34	109.67	72.91	120.00
四月	110.81	175.00	68.70	106.25	77.17	117.07
五月	94.23	133.33	62.50	86.11	70.93	93.87
六月	98.00	123.07	78.18	98.60	84.37	106.49

分之七五，(四月份)最低者也超过百分之二三·〇七，(六月份)入口最高如一月份，也超过上年同期百分之七五，最低如五月份，尚等于百分之八六·一一，总计方面，除五月不及上年同期外，其余各月均超过上年同期百分之六十至一十不等，本年折金数之所以超过上年同期，其最大原因自系银价上涨，上年六个月国币折金比率最高不过〇·二六，本年前六个月折金比率最低者也〇·三二二(五月份)以上，最高者且在〇·三四二以上(三月份)也。

若再以民国十五年为基年，计算本年前六个月贸易指数，与上年同期作一比较。出口方面，本年六个月来指数均在三四十左右，与上年同期比较，除四月份外均较上年低落，入口方面，本年一月份指数为七二·二五，三四五各月指数则在六五以上，二六两月份则在五六以上。除一月份外，也均远不及上年，总额方面，以本年一月份指数为最高，但也不过六〇·五一，三月份突降至四六·七九，三月以后，指数则均盘旋于五十左右。若与上年同期贸易总额指数比较，本年各月无有不低落者，是则本年前六个月贸易之更较往年衰落，诚无可讳言矣。

(四)民国二十三年第一季第二季出入口贸易价值指数表

(以民国十五年每月平均数为基数)

月　份	一月	二月	三月	四月	五月	六月
出　口	45.25	33.89	35.75	36.65	43.95	43.82
上年同期	55.25	44.80	40.37	33.13	45.90	44.74
入　口	72.25	56.70	68.12	69.17	65.07	59.09
上年同期	69.62	77.72	100.74	100.83	103.95	75.43
总　计	60.52	46.79	54.05	55.03	55.89	52.45
上年同期	63.38	63.41	74.50	71.41	78.72	62.09

(二)入超情形　本年上半年入超，共计三万万〇一百三十万五千一百二十二元。较之上年同期入超额，计减少一万七千三百

三十三万余元。本年入超情况所以较佳之缘故，实由于入口贸易之减少甚于出口贸易减少之程度所致，各月情形，一月份为五千四百六十八万四千元，二月份因贸易淡薄，入超额也仅四千四百七十二万一千元，三四两月，因入口贸易之进展，入超额遂增达五千九百万元以上，五月份降至四千五百六十六万元，六月份复以入口巨减，入超额遂也陡落至三千七百〇八万元，为上半年入超额最低之一月。

再就各月入超在入口总值中所占百分比观察，则本年上半年之情况也较上年同期为佳，上年同期共计，平均每月入超额占入口总额百分之六一·五五，本年各月则未曾有如此高之百分比。其最高者也不过五九·六五(三月份)最低者占四二·九九（六月份)上半年六个月合计，入超额占入口总值百分之五二·八七。

(五)民国二十三年上半年各月入超与入口总值百分比较表

月份	入超（国币）	入口总值（国币）	入超与入口总值百分比
一月	54,684,374	105,460,157	51.85
二月	44,721,907	82,757,640	54.03
三月	59,312,594	99,428,015	59.65
四月	59,836,806	100,960,369	59.26
五月	45,662,824	94,984,242	48.07
六月	37,086,617	86,259,413	42.99
上半年共计	301,305,122	569,849,836	52.87

〔下略〕

〔行政院档案〕

二、国 别 贸 易

1. 实业部国际贸易局关于1933年上半年出入口贸易国别概况的报告①

（1933年10月）

……

本年上半期，对各国贸易，仍以美国为第一位，占百分之一九・八五，（去年同期为二〇・九四），日本(台湾在外)次之，占百分之一〇・九一（去年同期为六・二〇），英国再次之，占百分之九・六五（去年同期为九・四七），此外依次为香港，澳洲，德国，印度，安南，荷属东印度，暹逻，法国等。

注：本表(表十九)为进口总值数(包括洋货复出口。8,327,487国币）及出口总值数(包括土货复进口214,599国币)

就出入口贸易分析，入口方面仍以美国为最多，占百分之二〇・三七，其次为英国，占百分之一〇・七〇，再次为澳洲，占百分之一〇・三四，更次为日本，占百分之九・三一，此外依次为德国、安南、荷属、东印度、暹逻、香港等，出口方面上半年同期以往日本为最多，占出口总额百分之二五・五〇或四分之一以上，本年则因东三省各关数字不包括在内之故，对日本出口贸易，一落千丈，于是香港一跃而居第一位，占百分之二〇・七六，美国次之，占百分之一八・五一，日本退至第三位，占百分之一五・一一，再次为英国占百分之六・九，此外依次为法国，印度，德国，朝鲜等，入超方面以美国为最多，计达一万万余国币，澳洲

---

① 选自1933年10月实业部国际贸易局：《民国二十二年第一季第二季贸易报告》，沿用原标点。

(十九)民国二十二年第一季第二季出入口贸易国别统计表

(单位国币)

国别	出口		入口		总值		入超(-)或出超(+)
	价值	百分比	价值	百分比	价值	百分比	
美国	54,906,224	18.51	158,735,823	20.37	213,642.047	19.85	(-)103,829,599
日本(台湾在外)	44,844,511	15.11	72,529,109	9.31	27,373,618	10.91	(-)27,684,569
英国	20,479,766	6.90	83,393,159	10.70	103,872,925	9.65	(-)62,913,393
香港	61,579,014	20.76	30,357,400	3.89	91,936,414	8.54	(+)31,221,614
德国	10,751,717	3.62	55,801,585	7.16	66,553,302	6.18	(-)45,049,868
印度(缅甸)	14,429,331	4.86	40,721,897	5.22	55,151,228	5.13	(-)26,292,566
荷属东印度	3,344,478	1.13	40,944,778	5.25	44,289,256	4.12	(-)37,600,300

续表

澳洲	678,555	0.23	80,607,144	10.34	81,285,699	7.55	(－)79,928,589
俄国	3,308,621	1.3	14,244,147	1.83	17,552,768	1.63	(－)10,935,526
安南	1,668,036	0.56	48,429,546	6.32	50,097,582	4.66	(－)46,761,510
朝鲜	5,662,052	1.91	56,927	0.07	6,231,169	0.58	(＋)5,092,935
暹逻	3,502,661	1.18	36,940,027	4.74	40,442,688	3.76	(－)33,437,366
法国	16,630,414	5.61	2,820,049	1.52	28,450,463	2.64	(＋)4,810,365
意大利	243,094	0.72	10,321,855	1.32	12,465,571	1.16	(－)8,178,761
其他	52,752,644	17.78	94,019,938	12.06	146,771,960	13.64	—
总计	196,681,118	100.00	779,329,000	100.00	1,076,116,690	100.00	—

次之，计九千九百余万国币，英国又次之，计六千二百余万国币，此外依次为德国，荷属东印度，暹逻，日本，印度，俄国等，亦均入超数千万国币，出超国家则以香港为第一位，计出超三千一百万关两，此外朝鲜，法国亦均出超四五百万国币。

〔美国〕 美国为一九三二年来占我国对外贸易领袖地位之国家，本年上半期仍能保持其第一位，但总值方面，则较去年低落甚巨，本年上期六个月与去年同期比较，曾未有与上年数字相等者，最高如二月份亦不过等于去年同期百分之九四·七，最低如一月份更仅及去年同期之半，数额则各月平均均在三四千万国币之间，甚鲜涨落，就出入口方面观察，则本年上期有一可注意的现象，即出口较去年同期增加甚多，入口则大为减少，就数字上言，本年上期出口以一月份为最多，计一千一百一十余万国币，等于上年一月份百分之二〇四，以四月份为最少，计六百二十余万国币，等于上年四月份百分之七〇·六，此外除二月份等于上年同期百分之九六，略有减退外，其余各月均较上年同期增加，入口方面以五月份为最多，计三千一百余万国币，六月份为最少，计二千万国币，与上年同期比较，一月份仅等于百分之三七·一，二月份等于百分之七三·七，三月份等于百分之七六·二，四月份至六月份则在百分之五十至七十之间，兹将民国二十二年第一二季中美贸易统计列表于下(见二十、二十一表)：

本年来美国输华重要商品仍以棉花，煤油，烟叶，面粉，汽油，小麦等为主，但数量除煤油汽油较上年同期增加外，余均较上年同期大减，例如美棉上年一月至六月输入我国达六千一百余万金单位，本年上期竟减至一千九百万金单位，面粉去年上期计一千三百余万金单位，本年上期减至三百六十余万金单位，小麦去年上期计六百三十余万金单位，本年上期竟减至十三万余金单位，考本年上期美国输华各货大减之原因，与我国工厂之停工减(下转1043页)

(二十)民国二十二年第一季第二季中美贸易统计表(国币)

月份	出口		入口		总计		入超(－)或出超(＋)
	数值	与上年同期比	数值	与上年同期比	数值	与上年同期比	
一月	227,975	204.4	22,268,528	37.1	33,386,503	51.0	(－)2,150,553
二月	7,744,485	98.3	28,340,293	93.7	36,084,778	94.7	(－)20,595,808
三月	8,218,720	100.9	29,056,941	76.2	37,275,661	80.5	(－)20,838,221
第一季共计	27,081,180	——	79,665,762	——	106,746,942	——	(－)52,584,582
四月	6,265,001	70.6	27,249,361	69.6	33,514,362	69.8	(－)20,984,360
五月	10,544,173	131.1	31,458,435	63.8	42,002,608	73.2	(－)20,914,262
六月	2,015,870	201.1	20,362,265	56.4	31,378,135	75.5	(－)9,346,395
第二季共计	27,825,044	——	79,070,061	——	106,895,105	——	(－)51,245,017
总计	54,906,224	——	158,735,823	——	213,642,047	——	(－)103,829,599

(二十一)民国二十二年第一季第二季中美贸易重要商品统计表

入口由（金单位）

商　品	第一季	上年同期	第二季	上年同期	共　计	上年同期
面粉	1,934,467	8,445,309	1,758,913	5,439,757	3,693,380	13,885,066
小麦	130,654	5,931,217	3,994	417,186	134,648	6,348,403
棉花	10,389,229	27,557,162	8,805,614	33,844,327	19,194,843	61,401,489
汽油	1,715,591	1,266,581	1,538,624	1,290,620	3,254,215	2,557,201
烟叶	3,588,730	6,686,243	1,868,589	1,941,764	5,457,313	8,628,007
煤油	7,904,767	8,045,622	8,980,494	6,536,128	16,885,261	14,581,750

出口往（国币）

商　品	第一季	上年同期	第二季	上年同期	共　计	上年同期
桐油	5,458,965	3,802,125	4,420,488	3,351,030	9,879,453	7,153,155
猪鬃	318,778	950,999	689,189	1,049,524	1,007,967	2,000,523
蛋品	426,057	275,146	409,629	849,614	835,686	1,124,760
茶叶	414,156	414,914	317,120	193,381	741,276	608,295
花生	35,249	17,227	21,306	361,257	56,555	533,374

（上接1040页）工及人民购买力之减退自有重要关系，至于本年来我国输往美国之商品为桐油，猪鬃，蛋品，花生等。桐油最多，计九百八十余万国币，较上年同期增加二百七十万国币，猪鬃较上年同期约减少一半，蛋产减少百分之二五·七，花生减少八九·四，茶叶则增加百分之二一·八。

日本　一九三三年上期我国对日贸易又有减退，计六个月出口四六，四八二，五八八国币，入口七四，〇一三，八一九国币，总额合计一二〇，五一六，四〇七国币，与去年（一九三二）同期比较，一月份出口货等于去年同期百分之五一·八，入口货等于去年同期百分之八四·三，总额仅等于去年同期百分之六三·四，二月份出口增减率为五六·八，入口增产率九〇·一，总额七二·一，三月份出口方面为二九·五，入口方面六四·八，总额方面四六·九，四月份出口增减率为二二·八，入口为四〇·七，总额三三·九，五月份出口为三一·三，入口为五一·九，总额为四三·四，六月份出口为三五·五，入口为二二·七，总额为二八·二，至于出入超，则一月份及六月份各出超一百余万国币，其余各月则均入超数百万至千余万国币不等，六个月合计共入超二千七百余万国币，综观半年来我国对日贸易较去年同期实大为减少，其最重要原因，乃在去年上期我国关册数字尚包括东北各关，至本年上期，则东北各关正被攘夺，不复计入我国关册，而东北为我国对日贸易最发达地域，故数字之减退，殆为必然之现象，非日本之损失也。

本年我国自日输入商品仍以棉布为第一，六个月共计约一千一百余万金单位，其次为糖，面粉橡皮车胎鱼介钢铁等，与去年同期比较，本年除糖一项以外，其余均较去年同期减少，至于我国输日商品往年均以豆饼类为最盛，本年因东北各关丧失之故，豆饼类往日一落千丈，计本年上期出口往日商品以棉花为最多，计七百八十余万国币，棉纱次之，计六百七十余万（下转1047页）

(二十二)民国二十二年第一二季中日贸易统计表(国币),(包括复出口在内)(包括台湾在内)

月份	出口		入口		总计		入超(－)或出超(＋)
	数值	与上年同期比	数值	与上年同期比	数值	与上年同期比	
一月	13,100,805	51.8	2,823,227	84.3	14,924,013	63.4	(＋)1,277,578
二月	7,576,951	56.8	13,022,954	90.1	19,599,905	72.1	(－)4,446,003
三月	6,572,577	29.5	14,001,345	64.8	20,593,922	46.9	(－)7,428,768
第一季合计	27,250,333	——	37,847,526	——	65,117,859	——	(－)13,152,349
四月	4,547,232	22.8	13,467,780	40.7	18,015,012	33.9	(－)8,920,548
五月	6,723,557	31.3	15,956,040	51.9	23,679,597	43.4	(－)9,233,483
六月	7,961,466	35.5	6,742,473	22.7	14,703,939	28.2	(＋)1,218,993
第二季合计	19,232,255	——	36,166,293	——	55,398,548	——	(－)16,934,038
总计	46,482,588	——	74,013,819	——	120,516,407	——	(－)27,531,231

入 口 由 （金单位）

商品	第一季	上年同期	第二季	上年同期	共计	上年同期
面粉	964,677	1,953,989	768,738	3,959,600	1,733,415	5,913,589
糖	1,511,262	—	739,790	180,538	2,251,052	180,538
棉布	5,431,206	7,558,043	6,135,429	12,698,701	11,566,635	20,256,744
鱼介	769,473	780,665	39,799	945,200	1,161,272	1,725,865
钢铁	418,845	1,151,288	597,661	2,069,852	1,016,506	3,221,140
纸	667,402	1,259,447	591,693	2,055,258	1,259,059	3,314,705
橡皮车胎及制品	678,359	369,656	719,780	1,481,141	1,398,139	1,850,797
棉花	326,755	568,196	11,132	1,328,327	337,887	1,896,523

出口往（国币）						
商　品	第一季	上年同期	第二季	上年同期	共　计	上年同期
食粮及粉	1,457,868	4,535,538	1,688,465	5,803,451	3,146,333	10,338,989
豆类	142,192	10,894,548	282,030	9,484,499	524,212	20,379,047
肉类	648,773	1,078,638	656,385	1,291,636	1,305,158	2,370,274
棉花	4,275,895	5,881,277	3,541,869	2,903,341	7,817,764	8,784,618
棉纱	3,493,857	2,573,179	3,277,077	2,274,354	6,770,934	4,847,533
豆饼	——	9,007,923	3,234	12,207,220	3,234	21,215,143
煤	821,871	5,390,469	533,756	5,794,718	1,355,627	11,145,187

(上接1043页)国币，此外食粮及粉煤等均在百万国币以上，豆类则减至五十余万国币，豆饼更不过三千余国币而已。

(二十三)民国二十二年第一季第二季中日贸易重要商品统计表(台湾在内)(见1045—1046页)

英国　本年以来，中英贸易在世界经济衰落声中，仍无发展，六个月合计出口二〇，四七九，七六六国币，入口八三，三九三，一六〇国币，总额一〇三，八七二，九二六国币，入超六二，九一三，三九四国币。各月份变迁颇有上增趋势，出口在五月份为最盛，计四百七十余万国币，三月份为最少，计二百三十余万国币，入口以三月份为最盛，计一千五百余万国币，一月份为最少，计一千万国币，总额以五月份为最盛，计一千九百余万国币，一月份为最少，计一千三百余万国币，与去年各月平均比较，出口方面，均较去年各月减少，入口方面，除二月份较去年增加约百分之四〇以外，均不及去年各月，总额方面亦与入口同一情形，惟二月份较去年增百分之二一，其余各月则均仅等于去年同月百分之七八十之间，兹将本年上期中英贸易统计列表于下：

(二十四)民国二十二年上半年中英贸易统计表(单位国币)(见1048页)

本年我国自英输入商品，仍以棉布为最多，计八百万金单位，其次为钢铁机器硫酸亚呢绒等，钢铁呢绒较去年同期略有增加，其他如棉布机器等则较为减退，至我国出口往英商品以蛋品为最盛，计值七百八十余万国币，其次以茶桐油猪鬃生丝等，但出口数量均较去年同期减退。

(二十五)民国二十二年上半年中英贸易重要商品统计表(见1049页)

德国　我国对德贸易近年有极为自然之发展现象，本年以来，一方面因东北海关丧失之影响，一方面以国际国内经济不景气之故，未能与去年比拟，出口方面减落尤甚，计本年上期六个月我

月份	出口		入口		总计		入超(－)或出超(＋)
	数值	与上年同期比	数值	与上年同期比	数值	与上年同期比	
一月	3,359,076	98.14	10,288,652	71.87	13,647,728	76.94	(－)6,929,576
二月	2,495,992	70.47	12,998,612	141.04	15,494,604	121.44	(－)10,502,620
三月	2,349,150	58.84	15,531,079	90.51	17,880,229	84.53	(－)13,181,929
第一季	8,204,218	——	38,818,343	——	47,022,561	——	(－)30,614,125
四月	2,901,598	62.66	15,486,184	69.13	18,387,782	68.02	(－)12,584,586
五月	4,781,809	67.46	15,071,656	72.34	19,853,465	71.14	(－)10,289,847
六月	4,592,141	43.91	14,016,977	78.86	18,609,118	65.92	(－)9,424,836
第二季	12,275,548	——	44,574,817	——	56,850,365	——	(－)32,299,269
上半年共计	20,479,766	——	83,393,160	——	103,872,926	——	(－)962,913,394

入		口	由		(金单位)	
商　品	第一季	上年同期	第二季	上年同期	共　计	上年同期
棉布	3,805,212	4,631,561	4,201,386	9,305,976	8,006,598	13,938,537
机器	2,237,042	2,298,769	1,874,224	3,372,800	4,111,266	5,671,569
钢铁	2,602,340	2,623,261	3,371,774	2,303,098	5,974,114	4,926,359
硫酸亚	479,208	358,322	1,567,086	2,115,287	2,046,294	2,473,609
呢绒	1,293,831	678,423	716,307	1,127,892	2,010,138	1,806,315

出		口	往		(国币)	
商　品	第一季	上年同期	第二季	上年同期	共　计	上年同期
蛋品	2,255,077	3,405,721	5,553,784	10,163,607	7,808,801	13,569,328
猪鬃	437,288	502,249	660,513	602,915	1,097,801	1,105,164
桐油	547,461	566,743	711,949	725,014	1,259,410	1,291,757
生丝	504,985	469,953	418,195	595,465	923,180	1,065,418
茶	175,413	66,246	1,109,138	2,546,590	1,284,551	2,612,836

(二十六)民国二十二年上半年中德贸易统计表(单位国币)

月份	出口		入口		总计		入超(－)或出超(＋)
	数值	与上年同期百分比	数值	与上年同期百分比	数值	与上年同期百分比	
一月	2,238,841	43.20	7,469,672	69.99	9,708,513	61.24	(－)5,230,831
二月	2,163,446	72.61	8,319,615	170.03	10,493,061	133.19	6,166,169
三月	1,528,184	27.15	12,053,771	141.49	13,581,955	96.00	(－)10,525,587
第一季共计	5,930,471	——	27,853,058	——	33,783,529	——	(－)21,922,587
四月	1,151,441	23.90	9,209,941	71.08	10,361,382	58.35	(－)8,058,500
五月	1,657,665	21.66	9,694,024	93.82	11,351,689	63.12	(－)8,036,359
六月	2,012,140	21.77	9,044,563	84.04	11,056,303	54.97	(－)7,032,423
第二季共计	4,821,246	——	27,948,528	——	32,769,774	——	(－)23,127,282
上半年共计	10,751,717	——	55,801,586	——	66,553,303	——	(－)45,049,869

国出口往德价值每月均不过一二百万国币，与去年同期比较，除一月份约当百分之四三，二月份约当百分之七二以外，三四五六月均不过百分之二十左右，衰落之甚，可见一斑，入口情形略佳，二月及三月均较上年同期增加，其余各月则不及上年同期，总额方面除二月份较上年同月增加百分之三三以外，亦均不若上年，至于入超总计，上半年共达四千五百余万国币，各月中以三月为最多，计一千〇五十余万国币，以一月份为最少，计五百二十余万国币。

本年我国自德输入商品以染料、钢铁、纸、硫酸亚、机器、人造丝为最多，除钢铁较去年略增外，其余各项，均较去年同期减少，我国出口往德商品去年最盛之豆类及豆油二项，本年上期已减至等于零，计今年上期仅有花生二百余万国币，蛋品一百八十余万国币，牲肠七十八万国币，食粮及粉二千余国币出口往德而已。

(二十七)民国二十二年上半年中德贸易重要商品统计表（见1052页）

俄国　我国本年上期对俄贸易，在总额方面，上半年共计一千六百八十八万国币。各月变动与上年同期比较，总额均不及上年。第一季与上年同期比率在百分之二十至四十五之间，第二季在百分之五十至六十之间。各月中未有能达到去年数字者，但其中入口方面，本年上期各月除六月份以外，均较上年同期各月大增。比率最高如四月份达四四七，最低六月份亦有七一·七。而出口则减落至巨，与上年同期较，除六月份达百分之四三·八，五月份达百分之一〇以外，其余各月均在百分之十以下。我国对俄出口衰退之甚，由此可见。一方面入口增加，一方面出口大减，其结果我国对俄贸易平衡，乃由历年之出超，一变而为巨额入超。本年上期六个月合计共入超一千一百六十一万国币，占入口总额百分之八一·五〇。此实不可不注意者也。

(二十八)民国二十二年第一季第二季中俄贸易统计表（单位国币）(1057页)

入　口　由　（金单位）

商　品	第一季	上年同期	第二季	上年同期	共　计	上年同期
人造丝	672,049	288,148	531,104	1,004,417	1,203,253	1,292,565
机　器	875,348	1,011,436	712,178	1,752,934	1,587,526	2,764,370
钢　铁	1,573,138	971,454	1,590,707	1,633,830	3,163,845	2,609,284
硫酸亚	1,040,800	152,103	612,342	1,525,855	1,653,142	1,677,958
染　料	2,170,710	2,640,607	1,767,426	2,072,959	3,938,136	4,113,566
纸	901,038	1,494,989	1,122,306	1,394,391	2,023,344	2,889,380

出　口　往　（国币）

商　埠	第一季	上年同期	第二季	上年同期	共　计	上年同期
豆类	——	4,578,995	9	10,495,861	9	15,094,856
花生	1,916,474	1,606,788	219,916	2,600,941	2,136,390	4,207,729
豆油	——	3,147,593	——	2,684,970	——	5,832,563
蛋品	434,205	421,297	1,444,927	1,213,977	1,879,132	1,639,274
食粮及粉	1,396	424,814	1,217	741,174	2,613	1,165,988
牲肠	417,046	360,241	365,000	262,967	782,046	623,208

月份	出口		入口		总计		入超(－)或出超(＋)
	数值	与上年同期百分比	数值	与上年同期百分比	数值	与上年同期百分比	
一月	——	——	3,400,634	210.65	3,400,634	43.55	(－)3,400,634
二月	626,892	6.21	1,969,017	187.29	2,595,909	23.31	(－)1,342,125
三月	534,565	5.72	2,734,608	312.18	3,269,173	31.97	(－)2,200,043
第一季共计	1,161,457	——	8,104,259	——	9,265,716	——	(－)6,942,802
四月	278,294	5.07	3,198,653	447.46	3,476,947	56.05	(－)2,920,359
五月	187,309	10.03	1,909,235	112.51	2,096,544	58.32	(－)1,721,926
六月	1,007,649	43.83	1,033,263	71.71	2,040,912	54.57	(－)25,614
第二季共计	1,473,252	——	6,141,151	7,614,403	——		(－)4,667,899
上半年共计	2,634,709	——	14,245,410	——	16,880,119	——	(－)11,610,701

我国自俄入口商品以煤油为最多，上期共达四百十九万余金单位，木材次之，计九十一万五千金单位，鱼介又次之，计五十万〇七千余金单位，我国出口往俄商品方面，则历年大宗出口货之豆类豆油殆已完全绝迹，本年上期惟茶叶有三百一十九万八千国币出口往俄而已，兹列表于下：

（二十九）民国二十二年第一季第二季中俄贸易重要商品统计表

入口由（金单位）				出口往（国币）			
商品	第一季	第二季	上半年共计	商品	第一季	第二季	上半年共计
煤油	3,039,032	1,159,340	4,198,372	豆类	—	—	—
木材	377,752	537,335	915,087	茶	1,763,540	1,435,296	3,198.836
鱼介	480,043	27,748	507,791	豆油	—	—	—

〔下略〕

〔实业部档案〕

2. 实业部国际贸易局关于1933年下半年出入口贸易国别概况的报告①

（1934年1月）

……

〔第三四季对各国贸易概况〕 本年第三四季对外贸易，以国别言，在贸易总值方面，仍与去年及本年上半期无大差异，以美国为第一位，占百分之二二·一九，(去年同期为二一·四八〇，本年上半期为一九·八五)日本(台湾在外)次之，占百分之一二·一一(去年同期为一三·九五)，本年上半期为一〇·九一(英国又次之，占百分之一一·四六)(去年同期为一〇·九五，本年上半期为九·六五)香港更次之，占百分之八·四五(去年同期为百分之九·二三，本年上半期为百分之八·五四)，此外依次为德国，印度(缅甸)，荷属东印度，安南，暹罗，法国，朝鲜，俄国，意大利等地，对澳洲贸易下半期大减，只占百分之〇·五七，(去年同期为二·一七，本年上半期为七·五五)在地位上随亦由上半期之第八位退至第十四位矣。就本年上下两期比较，下半期美国日本英国所占百分比均见增加百分之二左右，德国、法国、东印度、及印度、朝鲜等地亦见微增，香港、澳洲、俄国、安南、暹罗、意大利则见下减。尤以澳洲减落程度为最大，计较本年上半期跌落百分之六·九八，此中原因几全由于入口数值之低落，考澳洲输入我国之重要商品为小麦及麦粉两者，本年上半期合计两种商品输入价值达四〇，一八六，二七〇金单位，下半年来，输入不旺，只值一，四七四，九一一金单位，贸易总值之低落，自在意中。就出入口贸易分析，出口方面，往美大增，去年同期本以往香港的

① 选自1934年1月实业部国际贸易局：《民国二十二年第三季第四季贸易报告》，沿用原标点。

最多，日本次之，美国更次之，本年上半期虽以往香港为最多，但往美国之数字已驾往日本之上，而居第二位，本年第三四季，往美国之数字计占百分之一九·四〇，已跃居香港之前。而占第一位，香港占百分之一八·三〇，居第二位，日本仍处香港之后占百分之一五·九三，居第三位，再次为英国，占百分之九·一二，此外依次为法国、印度、朝鲜、德国、及荷属东印度等，入口方面，仍以美国为最多，占百分之二三·七一，比较本年上半期之百分比增多百分之三·三四，其次为英国，占百分之一二·七四，比较本年上半期之百分比增多百分之二·〇四，更次为日本，占百分之一〇·〇三，再次为德国，占百分之九·二六，此外为荷属东印度、印度、安南、暹罗、香港、法国、俄国、意大利等，对澳入口贸易上半年原占百分之一〇·三四，居入口之第三位，下半年计减落百分之九·六一，只占百分之〇·七三，地位上随亦降至第十三位矣。贸易差额方面，下半年入超总额仅值二万二千二百六十六万余元国币，较上半年计减少二万五千九百九十八万余元国币，入超方面各国几无有不减落者，出超方面各国亦无有不增加者，入超减落最巨者为澳洲、美国、日本、英国、安南等处，出超增加较著者为香港、朝鲜，及法国等处，惟此科贸易差额减少之原因，几全为入口贸易实际数值之特殊下落，而非由于出口贸易之增加，大可为我人注意者也。综计下半期入超各国仍以美国最为多，计达六千四百二十一万六千余元国币，比较上半期减少三千九百六十一万四千余元国币，英国次之。计三千七百九十八万二千余元国币，比较上半期减少二千四百九十三万一千余元国币，德国又次之，计三千六百五十九万七千余国币，比较上半期减少八百四十五万三千余元国币，此外依次为荷属东印度、安南、暹罗、印度、日本、俄国、澳洲等处，日本在我国对外贸易中，近年来亦为主要之入超国家，去年下半期计入超四千一百八十三万五千余元国币，本年上半期已见减低，但尚达二千七百六十八万四千余元国币之数字，下半年来，入超数字减落程度更大，仅有六百七十万〇九千余元国币，在入超国家中只占到第八位，对日入超减少之主要原因，在于日货输入减退，尤以棉布面粉为尤甚。出超国家则以香港为第一位，计出超三千三百三十九万三千余元国币，比较上半年增加二百十七万一千余元国币，次之为朝鲜，计出超九百十八万三千余元，比较上半年增加四百〇九万余元国币，再次为法国，亦出超五百二十余万元国币以上。

（三十二）民国二十二年第三四季出入口贸易国别统计表（单位千国币）

国别	出口		入口		总值		入超(－)或出超(＋)
	价值	百分比	价值	百分比	价值	百分比	
美国	51,388	19.40	115,604	23.71	166,992	22.19	（－）64,216
日本（台湾在外）	42,202	15.93	48,911	10.03	91,113	12.11	（－） 6,709
英国	24,140	9.12	62,122	12.74	86.262	11.46	（－）37,982
香港	48,477	18.30	15,084	3.09	63,561	8.45	（＋）33,393
德国	8,402	3.17	44,999	9.26	53,401	7.10	（－）36,597
印度（缅甸）	11,386	4.30	27,501	5.64	38,887	5.17	（－）16,115
荷属东印度	3,435	1.30	32,161	6.59	35,596	4.73	（－）28,726
澳洲	753	0.28	3,549	0.73	4,302	0.57	（－） 2,796
俄国	2,094	0.79	6,656	1.37	8,750	1.16	（－） 4,562
安南	1,996	0.75	23,136	4.75	25,132	3.34	（－）21,140
朝鲜	9,888	3.73	705	0.15	10,593	1.41	（＋）29,183
暹罗	1,985	0.75	21,814	4.47	23,799	3.16	（－）19,829
法国	13,789	5.21	8,584	1.76	22,373	2.97	（＋） 5,205
意大利	2,447	0.92	5,500	1.11	7,947	1.06	（－） 3,053
其他	42,499	16.05	71,220	14.60	113,719	15.12	—
总计	264,881	100.00	487,546	100.00	752,427	100.00	（－）222,665

〔全年对各国贸易概况〕 本年对各国贸易，无论进口或出口，比较上年份，多有减退，在进口方面，惟澳洲及苏俄两处比较去年增加。在出口方面，不过美国香港及安南三处微见增加。此外各国，则大都衰退，兹以民二十一年之贸易额为一〇〇，计算对各主要国家之贸易指数如下：

国别	进口	出口
美国	71	121
英国	83	83
日本	57	57
德国	96	45
澳洲	135	85
荷属东印度	87	86
安南	93	102
印度	71	88
暹罗	100	97
香港	51	103
法国	98	91
俄国	157	16
朝鲜	25	57

就各国在华贸易之地位上观察，仍以美国居第一位。贸易总额占百分之二〇·八二，日本居第二位，占百分之一一·五八，英国第三，占百分之一〇·二八，合计三国贸易总额，达八万四千一百五十七万余元，已占我国对外贸易总额百分之四二·六七，可见我国贸易实以美英日三国为最大。在出口贸易内，香港居第一位，占百分之一九·七五，美国次之，占百分之一八·四八，日本又次之，占百分之一五·六五，英国计占百分之七·九六，居第四位，此外依次为法国、印度、德国、朝鲜等处。在入口贸易内，仍以美国居第一位，占百分之二一·八六，即吾国由美输入价值，占吾国入口总值中五分之一以上，英国第二，占百分之一

一·三三，日本所占之地位则继续后退，本年居第三位，占百分之九·七一，德国居第四位，占百分之七·九五，此外依次为澳洲、荷属东印度、安南、印度、暹罗、香港、法国、俄国、意大利等处。兹列表如下：

（三十三）民国二十二年出入口贸易国别统计表（单位千国币）

国别	出口		入口		总额		入超（－）或出超（＋）
	价值	百分比	价值	百分比	价值	百分比	
美国	113,146	18.48	297,468	21.86	410,614	20.82	（－）184,322
日本（台湾在外）	95,807	15.65	132,349	9.71	228,156	11.58	（－）36,542
英国	48,765	7.96	154,041	11.33	202,806	10.28	（－）105,276
香港	120,955	19.75	48,287	3.55	169,242	8.58	（＋）72,668
德国	20,795	3.40	108,016	7.95	128,811	6.54	（－）87,221
印度（缅甸）	28,822	4.72	72,239	5.35	101,061	5.14	（－）43,417
荷属东印度	7,391	1.23	79,477	5.84	86,868	4.42	（－）72,086
澳洲	1,495	0.24	85,731	6.33	87,226	4.43	（－）84,236
俄国	5,911	0.96	21,960	1.60	27,871	1.41	（－）16,049
安南	3,993	0.65	75,526	5.58	79,519	4.03	（－）71,533
朝鲜	17,643	2.88	1,504	0.12	19,147	0.97	（＋）16,139
暹罗	5,826	0.95	62,066	4.58	67,892	3.44	（－）56,290
法国	32,217	5.26	23,821	1.75	56,038	2.84	（＋）8,396
意大利	5,154	0.84	16,729	1.23	21,883	1.11	（－）11,575
其他	104,373	17.04	179,764	13.22	284,137	14.41	—
总计	612,293	100.00	1,358,978	100.00	1,971,271	100.00	—

与去年比较，各国对华贸易之地位，在进出口贸易上虽稍有变动，但就贸易总额上观察，则绝少升沉。美国在去年已跃居日本之前，本年仍居第一位，占贸易总额百分之二〇·八二，换言

之，即美国在我国之贸易，已占全数五分之一以上。日本自民国二十一年时退居第二位后，本年地位虽仍无变更，但所占之百分比已由一七·〇七减落至一一·八七，若不连台湾在内，则只占百分之一一·五八，英国贸易之百分比，较诸去年又稍增长，本年仍居第三位，占百分之一〇·二八，与日本所占百分比仅相差一·三〇，香港贸易，本年亦仍居第四位，占百分之八·五八，其余依次为德国、印度、澳洲、荷属东印度、安南、暹罗、法国、俄国、意大利诸国除澳洲、荷属东印度、暹罗、法国等处之百分比较去年增加外，其他各国则均趋低落。兹将最近五年对各国贸易情形，列表于下：

（三十四）最近五年贸易总额按年国别百分比统计表

国别	十八年	十九年	二十年	二十一年	二十二年
	百分比	百分比	百分比	百分比	百分比
美国	16.16	16.52	18.85	21.16	20.82
日本（台湾）	25.40	24.66	23.93	17.07 *16.45	11.87 *11.58
英国	8.48	7.75	7.88	10.07	10.28
香港	17.01	17.07	15.81	8.75	8.58
德国	3.92	4.19	4.55	6.54	6.54
印度（缅甸）	3.17	6.76	4.41	5.54	5.14
荷属东印度	3.00	2.73	2.89	4.14	4.42
澳洲	0.31	0.40	2.67	2.69	4.43
俄国	3.30	3.38	3.40	2.15	1.41
安南	0.88	1.45	0.59	3.53	4.03
朝鲜	2.43	2.64	1.72	1.53	0.97
暹罗	0.41	0.41	0.43	2.81	3.44
法国	3.28	2.71	2.38	2.47	2.84
意大利	1.59	1.09	1.20	1.13	1.11
其他	10.66	8.24	9.29	10.42	14.12
总计	100.00	100.00	100.00	100.00	100.00

注一：日本包括台湾在内故贸易额较前表为高*此数不包括台湾

〔对美国贸易〕 美国为民国二十一年来占我国对外贸易领袖地位之国家，本年仍能保持其第一位置，唯总值方面实际数字比较往年逊色。在上半期内，六个月合计入口不过等于去年同期百分之六十五左右，出口则超过去年同期百分之三十四左右，总计以入口减落之关系，仅等于去年同期百分之七十上下，下半年内出口共计为五八，二四○，二二○元国币，以第三季出口较旺，计值三五，八一六，八七二元国币，第四季略差，计值二二，四二三，三四八元国币。与去年同期比较，第三季各月均见增高，计七月份等于去年百分之二九一·一九，八月份等于去年百分之一五六·六一，九月份等于去年百分之一一六·九○，惟第四季各月出口状况，较去年同期均见低落，计十月份占百分之七八·四八，十一月份占百分之九八·九五，十二月份则仅占百分之六五·六四，入口方面，第三四季共计为一三九，六六四，二九四元国币，比较上半年减少一九，○七一，五二九元，各月与去年同期比较，除十月份超过百分之四·四四外，其余几月均不及去年同期之多，七月份计占百分之九二·一一，八月份占百分之七三·五二，九月份占百分之七五·七一，十一月份占百分之八三·八五，十二月份占百分之七八·五五。总额方面，第三四季共计为一九七，九○四，五一五元国币，比较上半年减少甚微，与去年同期贸易总额比较。以七月份为最佳，超过百分之二八·五一，其余数月均有减退，以十二月份所占百分比（百分之七五·一七）为最低。贸易差额方面，我国对美贸易欧战以后向居入超地位，惟每年平均入超数值亦不过数千万关两，去年以出入口增减程度相差之关系，遂致酿成二万○九百九十一万关两（合三万二千五百九十万余元国币）之入超，实为历年来之最高记录，本年来美货输入比较低落，同时华货输美甚旺，入超数字遂亦减少，计上半期

月份	出口		入口		总值		入超(－)或出超(＋)
	数值	与上年同期百分比	数值	与上年同期百分比	数值	与上年同期百分比	
七月	15,417,887	291.19	21,798,389	92.11	37,216,276	128.51	(－) 6,380,502
八月	11,480,335	156.61	23,742,660	73.52	35,222,995	88.89	(－) 12,262,325
九月	8,918,650	116.90	19,914,971	75.71	28,833,621	84.97	(－) 10,996,321
第三季共计	35,816,872	—	65,456,020	—	101,272,892	—	(－) 29,639,148
十月	7,212,102	78.48	27,089,181	104.44	34,301,283	97.65	(－) 19,877,079
十一月	8,358,924	98.95	23,990,584	83.85	32,349,508	87.29	(－) 15,631,660
十二月	6,852,322	65.64	23,128,509	78.55	29,980,831	75.17	(－) 16,276,187
第四季共计	22,423,348	—	74,208,274	—	96,631,622	—	(－) 51,784,926
总计	113,146,000	121.05	297,468,000	70.93	410,614,000	80.07	(－) 184,322,000

入超共计一〇三，八二九，五九九元国币，下半期更见减退，不过八一，四二四，〇七四元矣。全年合计，共入超一八四，三二二，〇〇〇元，比较去年减少一万四千余万元，惟本年美国入超数字，仍占本年入超总额百分之二五·一二，居我国对外贸易入超国家中之第一位，此我人不能不注意者也。兹将本年第三四季及全年中美贸易统计，列表于下：

（三十五）民国二十二年第三四季及全年中美贸易统计表（国币）（见1062页）

自历年来中美贸易观之，入口极度增加，出口无大进步，其趋势固颇明显。若以民国元年时为一〇〇，廿二年来出口指数最高不过四二八·二八（民国十五年）其余大都维持在三〇〇左右，去年出口衰落不堪，指数更曾降至一七一·一六，为民国四年以来之最低数，本年华货输美情形稍佳，全年对美出口价值为一万一千三百十四万余元，折合关两亦达七千二百六十二万余之数字，比较去年增加一千二百六十三万关两，指数随亦增至二〇七·一九，入口方面，二十年来颇有进展，民国二十年之指数（八八七·七三）为历年来之最高数字，去年贸易虽然衰落，但指数尚在七四三以上，除民国二十年外，且为历年来之最高数，本年因国内产业界不景气，美货在华不能畅销，进口价值仅二万九千七百四十六万八千余元，折合一万九千〇九十二万余关两，比较去年又减少七千八百二十四万余关两，指数低落至五二七·四六，为近六年来之最低指数，因进口贸易之衰落，于是中美贸易总额亦随而减少，计本年全年中美贸易总额为四万一千〇六十一万余元国币，折合二万六千三百五十五万余关两，指数为三六九·六四，为民国十年来之最低数，兹将民国元年以来中美贸易统计表列后：

在我国贸易史上，美国霸权时代始于去年，当民国元年时美国在华贸易之地位，出口不过占总出口数百分之九·四六，入口不过占总入口数百分之七·六五，总额不过占百分之八·四五，以

(三十六)民国元年以来中美贸易统计表(单位千关两)

年份	出口		入口		总计	
	数值	指数	数值	指数	数值	指数
民国元年	35,050	100.00	36,198	100.00	71,248	100.00
二年	37,650	107.42	35,427	97.87	73,077	102.56
三年	40,213	114.73	41,232	113.90	81,445	114.31
四年	60,579	172.84	37,043	102.33	97,622	137.01
五年	72,081	205.65	53,824	148.69	125,905	176.71
六年	94,786	270.43	60,961	168.41	155,747	218.59
七年	77,134	220.07	58,686	162.12	135,820	190.63
八年	101,119	288.49	110,237	304.54	211,356	296.64
九年	67,111	191.47	143,199	395.60	210,310	295.16
十年	89,542	255.47	175,789	485.63	265,331	372.40
十一年	97,579	178.39	169,005	466.89	266,584	374.16
十二年	126,804	361.78	154,448	426.67	281,252	394.75
十三年	100,754	287.46	190,057	525.04	291,711	409.43
十四年	143,153	408.42	142,513	393.70	285,666	400.94
十五年	150,113	428.28	187,647	518.39	337,760	474.06
十六年	121,753	347.37	166,794	460.77	288,546	404.99
十七年	127,205	362.92	205,541	567.82	332,746	467.02
十八年	137,836	393.25	230,844	637.72	368,680	517.46
十九年	131,880	376.26	232,406	642.04	364,286	511.29
廿年	210,205	342.95	321,342	887.73	491,547	619.73
廿一年	59,993	171.16	269,176	743.62	329,169	462.00
廿二年	*113,146 72,623	207.19	*197,468 190,929	527.46	*410,614 263,552	369.64

* 系国币数字

后虽见逐年增高，但终居日本之后，迄至去年，因日本对华贸易急遽下转，美国之指数遂突然增加，计出口占百分之一二·一七，入口占百分之二五·四三，总计占百分之二一·一六，驾越日本而居第一位，本年对美贸易虽见低落，但在此贸易普遍衰落之季节，美国所占之百分比仍能维持其领袖地位，计出口占百分之一八·四八，入口占百分之二一·八六，总额占百分之二〇·八九，近两年来，诚可称为美国霸权时代点。兹将其历年来地位之增长，列表于后以资参考。

(三十七)二十年来美国对华贸易地位比较表

(数字为所占出入口贸易百分比)

年份	出口	入口	总计	年份	出口	入口	总计
民国元年	9.46	7.65	8.45	二年	9.43	6.21	7.51
三年	11.29	7.24	8.80	四年	14.46	8.15	11.18
五年	14.96	10.42	12.61	六年	10.42	11.09	15.38
七年	15.88	10.58	13.05	八年	16.43	17.04	16.54
九年	12.39	18.79	16.13	十年	14.89	19.40	17.60
十一年	14.90	17.88	16.66	十二年	16.84	16.73	16.78
十三年	13.06	18.66	16.30	十四年	18.44	15.04	16.57
十五年	17.37	16.69	16.99	十六年	13.25	16.46	14.94
十七年	12.83	17.19	15.21	十八年	13.57	18.24	16.16
十九年	14.74	17.74	16.52	二十年	13.22	22.42	18.85
二十一年	12.17	25.33	21.35	二十二年	18.48	21.86	20.89

本年美国输华主要商品均以国内产业界不景气，销胃呆滞，数字均有减退，而我国输美商品则颇有发展，除蛋品一项较去年减少外，其余主要商品均见增加。就美货输华言，本年仍以棉花为最多，计值三四，〇七六，〇三二金单位，惟比较去年则已大为减少，次之为煤油，计值二六，一九五，〇七四金单位，较往年减少有限，再次如烟叶，进口为一三，四二一，六二九金单位，比较往年亦减少甚巨。其余如面粉汽油小麦等，亦远不如往年之盛。对美主要出口商品仍以桐油为最多，计由去年之一千四百万元增至二千一百万元，此外如生丝猪鬃茶叶等亦均有增加，惟蛋产品

则见减少耳。兹将本年第三四季及全年对美贸易商品统计表列后。

(三十八)民国二十二年第三四季及全年对美贸易重要商品统计表

入口由(金单位)				出口往(国币)			
商品	第三季	第四季	全年共计	商品	第三季	第四季	全年共计
面粉	1,300,505	830,046	5,823,931	桐油	7,340,169	4,236,538	21,456,160
小麦	292,920	43	427,611	猪鬃	2,060,442	1,492,812	4,561,221
棉花	7,293,340	7,587,849	34,076,032	蛋品	427,602	71,142	1,334,430
汽油	1,168,802	1,334,707	5,757,724	茶	2,123,895	795,836	3,661,008
烟叶	1,535,046	6,429,260	13,421,619	花生	12,375	22,650	91,580
煤油	4,408,039	4,901,774	26,195,074	生丝	7,078,369	1,709,439	15,205,464

〔对日本贸易〕 对日贸易，自民国二十一年以来，一方面以九一八事变之影响，一方面以东北各关报告之残缺不全，贸易数字，下落之趋势颇为显明，本年上期，减退更大，下半年来仍不见起色，而以入口数值减退程度为尤甚。出口方面，第一二两季共计，为四六，四八二，五八八元国币，第三季为二一，七六一，九三四元国币，第四季出口渐旺，出口数值增至三一，〇三二，八七七元国币，合计第三四季出口总值为五二，七九四，八二一元国币，比较本年上半期增加六，三一二，二三三元国币，与去年(民国二十一年)同期比较，七月份等于去年同期百分之一四五·一三，八月份等于一〇二·九九，九月份等于九五·二五，十月份等于一一八·三一，十一月份等于一一三·八四，十二月份等于七七·五八，入口方面，第一二季共计为七四，〇一三，八一

九元国币，第三季仅二五，一八四，〇二八元国币，较第一二各季减退近三分之一，第四季渐见发展，增至三五，四九八，〇五四元国币，合计第三四季入口总值为六〇，六八二，〇八二元国币，比较本年上半期又见减少一三，三三一，七三七元国币，与去年同期比较，各月均在百分之八十以下，计在七八两月，占去年同期百分之五十左右，九十两月占百分之六十以上，十一及十二两月，则占百分之八十稍强，入口贸易衰退之程度可以想见。总额方面，第一二两季合计为一二〇，五一六，四〇七元国币，第三四季合计一一三，四七六，九〇四元国币，比较第一二季减少七，〇三九，五〇三元国币，与去年同期总额比较，均见减少，以十一月份为较高，但亦不过占百分之九四·二〇，八月份为最低，只占百分之六七·五五，其余几月，均不过占百分之七八十左右。入超方面亦较去年减少，日本原为我国对外贸易中长期入超国家之一，欧战以后，入超数字常在五六千万关两左右，一九二五年以后，入超且超过一万万关两以上，为数之巨，实可惊人，去年来以对日贸易趋于衰落，入超数字减至四千〇八十九万余关两，（合六千三百七十余万元国币）已为数年来低落之数字，但在本年内入超数字益见减少，第一二季合计为二七，五三一，二三一元国币，第三四季更见惨跌，合计不过七，八八七，二六一元国币，兹附本年第三四季及全年中日贸易统计表于下：

（三十九）民国二十二年第三四季及全年中日贸易统计表

（国币）（包括复出在内）（包括台湾在内）（见1068页）

本年全年之中贸易，出口为九千九百二十七万八千余元国币，进口为一亿三千四百六十九万六千余元国币，总值为二亿三千三百九十七万四千余元国币，全年入超为三五，四一八，〇〇〇国币，比较上升，出口计减去百分之四四·五九，进口减去四二·七五，总值减去三·四五，且出口与总值为民国二年来之最低数，入口更为民元以来之最低数，考日本在华贸易，数十年来均有长

月份	出口		入口		总计		入超(－)或出超(＋)
	数值	与上年同期百分比	数值	与上年同期百分比	数值	与上年同期百分比	
七月	7,685,977	145.13	7,264,754	50.37	14,950,731	75.82	(＋) 421,223
八月	6,349.154	102.99	8,175,867	53.31	14,525,021	67.55	(－) 1,827,713
九月	7,726,803	95.25	9,743,407	61.88	17,470,210	73.22	(－) 2,016,604
第三季合计	21,761,934	—	25,184,028	—	46,945,962	—	(－) 3,422,094
十月	9.950.490	118.31	12,157,546	69.22	22,108,036	85.12	(－) 2,207,056
十一月	11,972,079	113.84	12,231,129	80.59	74,203,208	94.20	(－) 259,050
十二月	9,110,318	77.58	11,108,379	80.91	20,219,697	79.37	(－) 1,999,061
第四季合计	31,032,887	—	36,498,054	—	66,530,941	—	(－) 4,465,167
全年共计	99,278,000	55.61	134,696,000	57.25	233,974,000	56.55	(－) 35,418,000

全年合计系依海关册累积数计算

足之进步，以民元为一〇〇，出口自七年起指数即达二九五·六七，以后各年均在三〇〇以上，二十年时更增至五三五·一四，迄二十一年始见衰退，指数落至二〇七·三三；本年低降更大，指数竟落至一一五·三〇点。入口方面，六年起为二四三·五四，以后逐年增加最高为十五年达三七〇·一七，民国二十一年时与出口同陷于衰退之命运，指数减落至一六五·九一，但比较民元时犹增百分之六五·九一，迄至本年，进口数值大为降低，指数遂更下落至百分之八六·四五，比较民元时尚差百分之一三·五五，其衰退之情形，固较出口尤为明显也。

（四十）民国元年以来中日贸易统计表（单位千关两）（包括台湾）（有★者为国币）（见1070页）

若自地位上比较，其情形更较往年恶劣，考近三四十年，日本在华贸易所占之地位，突飞猛晋，比例数字，已驾美国之上，而占吾国对外贸易总值中四分之一，居第一位，其势力可以想见，去年以九一八事变之影响及东北各关报告残缺之缘故，百分比曾下落至一六·四五，退居美国以后，本年更大为低降，百分比下落至一一·五八，实为民国元年以来之最低数。出口方面，百分比亦由去年之百分之二一·八〇下落至百分之一五·六五，地位上更由第一位降至第三位，退居美国香港之后，进口方面，百分比下落较微，计往年占百分之一三·九五，本年占百分之九·七一，在地位上亦由第二降至第三，退居美国英国之后矣。

本年中日贸易商品，各种主要商品大都减退，出口品为豆类豆饼及食粮等，以均为东北特产品，其贸易额均不包含在关册数字之内，故减退程度为尤大，计豆类减少百分之九十三，豆饼减少几达百分之一百，食粮亦减少百分之五十四，就本年输入日商品观察，以棉花为最多，全年值二三，五二〇，〇〇二元，但与去年比较，尚减少一，五六二，八六九元。

其中季节关系，下半期输出额几占全数百分之七十，次于棉

年份	出口		入口		总值	
	数值	指数	数值	指数	数值	指数
民国元年	55,262	100.00	91,017	100.00	146,279	100.00
民国二年	65,544	118.61	119,347	131.13	184,891	126.39
民国三年	64,616	116.93	127,120	139,67	191,736	131.08
民国四年	77,677	140.56	120,249	132.12	197,926	235.31
民国五年	112,922	204.33	160,491	176.34	274,413	186.91
民国六年	105,774	191.40	221,667	134.54	327,441	223.84
民国七年	163,394	295.67	238,859	262.43	402,253	274.99
民国八年	195,006	352.88	246,941	271.31	441,947	302.13
民国九年	141,928	256.83	229,136	251.75	371,064	253.67

续表

民国十年	172,111	311.45	210,359	231.12	382,470	261.46
民国十一年	159,754	289.08	231,429	254.27	391,183	267.42
民国十二年	198,517	359.23	211,024	231.85	409,541	279.97
民国十三年	201,176	364.04	234,762	257.93	435,938	298.02
民国十四年	186,337	337.19	299,756	329.34	486,093	332.31
民国十五年	211,743	383.16	336,909	370.17	548,650	375.07
民国十六年	208,839	377.90	293,794	322.79	502,633	343.61
民国十七年	228,603	413.67	319,293	350.81	547,896	374.56
民国十八年	256,428	464.02	323,142	355.04	579,570	396.21
民国十九年	216,555	391.87	327,165	359.45	543,720	371.70
民国二十年	295,727	535.14	264,956	291.11	560,683	383.30
民国廿一年	114,576	207.33	151,007	165.91	265,583	181.56
民国廿二年	*99,178 63,721	115.30	*134,696 86,454	94.99	*233,974 150,176	102.66

(四十一)二十年来日本对华贸易地位比较表(数字为所占出入口贸易总额百分比)

年份	出口	入口	总计	年份	出口	入口	总计
元年	14.91	19.24	17.34	十二年	26.37	22.85	24.43
二年	16.25	20.93	18.99	十三年	26.07	23.06	24.36
三年	18.14	22.33	20.72	十四年	24.00	31.62	28.19
四年	18.54	26.46	22.66	十五年	24.49	29.97	27.59
五年	23.44	31.08	27.39	十六年	22.73	29.00	26.02
六年	22.85	40.34	32.34	十七年	23.06	26.61	25.05
七年	33.63	43.05	38.65	十八年	25.24	25.53	25.40
八年	30.91	38.17	34.59	十九年	24.20	24.98	24.66
九年	26.20	30.06	28.46	二十年	32.51	18.48	23.93
十年	28.63	23.22	25.37	二十一年	23.24	14.21	17.07
十一年	24.40	24.49	24.45	二十二年	16.22	9.88	12.11

花者为棉纱，全年输日值一三，八二九，四二四元，比较去年增加六，〇九二，二二九元，其余依次为食粮及粉煤，肉类等，但数额均较去年低落甚巨，由日入口，仍以棉布为最多数，全年进

口价值为一七，〇三二，二八二金单位，但较之往年已低落一半尚强，因日本棉布近年来大部均输往东北也，此外如糖进口数值亦较往年减落几达一半，更次如钢铁，橡皮制品，鱼介面粉等，亦均较往年低落不少。

（四十二）民国二十二年第三四季及全年对日贸易重要商品统计表（台湾在内）

商品	入口由（金单位）			商品	出口往（国币）		
	第三季	第四季	全年共计		第三季	第四季	全年共计
面粉	23,841	89,371	1,846,627	食粮及粉	1,365,196	2,149,595	6,661,124
糖	1,492,867	1,020,228	4,764,147	豆类	622,353	282,992	1,429,567
棉布	1,965,240	3,500,407	17,032,282	肉类	607,696	707,933	2,620,787
鱼介	329,095	939,338	2,429,705	棉花	4,435,672	11,266,566	23,520,002
钢铁	773,107	1,053,971	2,843,584	棉纱	3,768,989	3,289,501	13,829,424
纸	617,253	834,639	2,710,987	豆饼	—	—	3,234
橡皮车胎及制造品	621,242	840,902	2,860,283	煤	695,013	1,319,806	3,370,446
棉花	4,425	19,819	362,131				

〔对英国贸易〕 本年中英贸易，在贸易普遍衰落时季之下，仍无发展。在上半期内，合计出口为二〇，四七九，七六六元国币，入口为八三，三九三，一六〇元，总额为一〇三，八七二，九二六元，入超为六二，九一三，三九四元，各月份变迁虽有上增趋势，但与去年同期比较，出口方面均较去年减少，入口方面除二月份较去年增加约百分之四十以外，均不及去年各月，总额方面亦与入口同一情形，除二月份外均仅等于去年同月百分之七八十之间，下半期以来，贸易趋势转变甚少，出口方面，以第三季较旺，共计达一六，五六二，五〇一元之数字，为本年四季中出口最旺之一季，第四季出口又稍衰落，每月平均出口三四百万元左右，合计一一，七二三，〇三六元，各月与去年同期比较，七月十一月及十二月均较上年同期增加，其余三个月均不过占上年百分之八九十左右。入口方面，仍与上半期相同，亦以第三季为较旺，计达四〇，〇四一，八六九元，第四季减少甚多，仅值三〇，六〇五，八二七元，各月中以八月进口数值为最多，十二月为最少，与去年同期比较，以七月份为最高，占百分之九三·一〇，十二月份为最低，仅占百分之七三·〇〇，其余四个月均不过占百分之八十左右，总额方面，第三四季合计为九八，九三三，二三三元，比较上半期减少甚微，与去年同期比较，除七月份外亦均不及去年同期之数字，入超方面，下半期共计为四二，三六二，一五九元，计较上半期减少三分之一左右，兹将第三四季及全年中英贸易统计表列后：

全年共计系依海关册累积数计算

全年共计，对英贸易出口为四八，七六五，〇〇〇元，入口为一五四，〇四一，〇〇〇元，总额为二〇二，八〇六，〇〇〇元，贸易差额计入超一〇五，二七六，〇〇〇元。出入口数值及贸易总额均不及去年之多。仅占到百分之八十几左右，入超数值虽较去年减少二千一百八十六万余元，但除去年不论，此种数字

（四十三）民国二十二年第三四季及全年中英贸易统计表（国币）

月份	出口		入口		总值		入超（－）或出超（＋）
	数值	与上年同期百分比	数值	与上年同期百分比	数值	与上年同期百分比	
七月	9,020,466	166.83	12,360,281	93.10	21,370,747	114.42	（－）3,349,815
八月	4,349,748	87.27	14,269,415	82.51	18,619,163	83.58	（－）9,919,667
九月	3,202,287	98.64	13,412,173	84.90	16,614,460	87.24	（－）10,209,886
第三季共计	16,565,501	—	40,041,869	—	56,604,370	—	（－）23,479,368
十月	3,209,784	86.17	11,415,431	82.91	14,625,179	83.60	（－）8,205,683
十一月	4,367,977	108.14	106,641,903	88.82	15,032,880	93.68	（－）6,296,926
十二月	4,145,311	104.36	8,525,493	73.00	12,670,804	80.95	（－）4,380.182
第四季共计	11,723,036	—	30,605,827	—	42,328,863	—	（－）18,882,791
全年共计	48,765,008	83.28	154,041,000	82.95	202,806,000	83.03	（－）105,276,000

亦为民国十四年来之较高数，且自各国贸易比较，英国本年入超，为美国以外之最高数，占本年入超总额百分之一四·三五。

考英国原为对华贸易之主要国家，在我国贸易史上，前清同光年间，进出口贸易，均以英国为第一位，例如在一八七〇年时，由英输华数值，占吾国入口总额百分之三十八，出口往英，占百分之五十二，总计占百分之四十四，其势力之雄厚，远非任何他国所可比拟，诚可称为英国霸权时代矣。惟自日本维新以后，国势日盛，对华贸易蒸蒸日上，在光绪二年（一九一〇）时即驾凌英国而居首位，最近两年来中美贸易又有惊人之发展，中英贸易远更趋萎靡不振之境地，民国二十年后，虽以九一八事变之影响，日本对华贸易，急遽下转，但英国在华贸易亦始终未能乘机发展，本年贸易，更不及前数年，试由下列一表观察，则近二十年来中英发展之迟钝，尤为明显矣。若以民国元年时为基年，则出口增加之程度较速于入口，照指数最高亦不过四六七·五四（民国十八年）其余几年均在二〇〇——三〇〇之间，本年指数更见低落，仅一九六·八七，入口则二十年来除民国十年时曾达二〇〇·二九外，其余各年始终在二〇〇以下，本年亦益见衰退，指数仅一三二，二一，可谓毫无进步矣。

（四十四）民国元年以来中英贸易统计表（单位千关两）

（有*者为国币）（见1077页）

就英国在我国对外贸易中所占之地位观察，五十年前几占吾国对外贸易总额二分之一，其势力之雄厚，已如前文所述。但近年来，其地位已成逐年低落之现象。在一八八〇年，总值已减退至百分之三一·六，一八九〇年更减至百分之一七·六，民国前二年（一九一〇）仅等于百分之一〇·六，自后日本逐年增进，英国则逐年下减，每年总值不过占贸易总额中百分之八·九，本年百分比虽见增至一〇·二八，但地位上仍屈居日本之后而居第三位也。

年份	出口		入口		总计	
	数值	指数	数值	指数	数值	指数
民国元年	15,899	100.00	74,856	100.00	90,755	100.00
二年	16,346	102.81	96,911	129.46	113,257	124.79
三年	22,577	142.00	105,207	140.55	127,784	140.80
四年	31,935	200.86	71,558	95.59	103,493	114.03
五年	34,919	219.63	70,353	93.98	105,272	115.99
六年	26,090	164.09	51,989	68.54	78,079	86.03
七年	25,265	158.91	49,890	66.65	75,155	82.81
八年	57,186	359.66	64,292	85.89	121,478	133.85
九年	45,804	288.09	131,720	175.96	177,524	195.61
十年	30,914	194.44	149,936	200.29	180,850	197.08
十一年	38,508	242.20	415,292	194.09	183,800	202.53
十二年	43,207	271.76	120,397	160.84	163,604	180.27

续上表

十三年	50,251	316.06	126,011	168.34	176,262	194.22
十四年	47.643	299.66	93,138	124.43	140,781	155.12
十五年	55,836	351.19	116,269	155.32	172,105	189.64
十六年	57,991	364.75	75,072	100.29	133,063	146.62
十七年	61,064	384.07	113,756	151.97	174,820	192.63
十八年	74,334	467.54	119,149	159.17	193,483	213.19
十九年	62,669	394.17	108,258	144.62	170,927	188.34
二十年	64.526	405.85	119,985	160.28	184,511	203.31
二十一年	37,584	236.39	119,192	159.23	156,776	172.75
二十二年	*4,876,531,300	196.87	*15,404,198,871	132.21	*202,806,130,171	143.43

本年输英主要商品均较上年减退，即如占居第一位之蛋产品，出口值二千一百万余元，比较上年约减百分之十一，其次的茶，值三百八十四万余元，比较上年约减少百分之十六，其他依次为猪鬃生丝桐油，亦均较上年稍为减退。由英输入商品，仍以棉布为最多，计九百余万金单位，其次为钢铁机器呢绒硫酸铔，惟数值上均较去年减落不少。

〔对德贸易〕我国对德贸易近年来本有极为自然之发展现象，但自九一八事变以后，东北海关

（四十五）民国二十二年第三四季及全年对英贸易重要商品统计表

入口由（金单位）				出口往（国币）			
商品	第三季	第四季	全年共计	商品	第三季	第四季	全年共计
棉布	1,081,608	822,744	9,910,950	蛋品	9,418,546	4,676,620	21,904,027
机器	1,749,445	1,973,381	7,834,092	猪鬃	523,803	895,138	2,516,742
钢铁	3,135,899	2,306,788	11,416,801	桐油	365,625	225,313	1,850,368
硫酸錏	1,134,476	346,609	3,527,379	生丝	618,568	635,484	2,177,232
呢绒	1,441,359	583,283	4,034,780	茶	1,727,779	836,054	3,848,384

被叛逆劫攫，对德重要出口之豆类豆油来源断绝，同时以国际国内经济不景气之故，方兴未艾之中德贸易遂受挫折。出口方面，上半年的一千〇七十五万余元国币，各月与去年同期比较，除一月份当百分之四三，二月份当百分之七二外，三四五六各月均不过百分之二十左右，衰落之甚，可见一斑，下半年来，出口仍无起色，每月往德不过一百七八十万元国币，但与去年同期比较，则相差甚微，九、十两月超过去年之数字，七月与十一月约当百分之九十四，八月及十二月则约当百分之七十八，其中原因，尽以去年下半期，东北各关已被劫攫，往德数值亦同不包括豆类豆油在内也。入口情形略佳，上半期合计为五千五百八十万余元国币，与去年同期比较，二月及三月均较去年同期增加，其余各月则较去年同期减少甚微，下半年来，入口合计为五千二百二十一万余元，较上半年略见减少，与去年同期比较，十一月超过百分之二〇·一〇，其余各月亦均当百分之九十几。总额方面，上半期合计为六千六百五十五万余元，下半期三四季合计为六千二百二十五万余元，与去年同期比较，十一月超过百分之一五·五六，其余各月则均不若去年，至于入超总计，上半年共达四千五百余万国币，下半年合计为四千二百十七万余国币，以第三季为较多，计二三，四五一，六三六元，第四季则稍减，为一八，七一九，一六八元。

全年合计，对德贸易，出口为二〇·七九·五千元，入口为一〇八·〇一六千元，总额为一二八·八一一千元，贸易差额计入超八七·二二·一千元，与去年全部数值比较，出口减落百分之五五左右，入口则相差甚微，贸易总额因出口减少之缘故，遂致较去年减落约百分之一八。入超则增加二千四百余万元，与历年来中德贸易最高入超数字（民国二十年入超达九四·〇六六千元）相近，此吾人不能不注意者也。

考我国对德贸易，在民国十一年后，始见进展，民国十七年时，贸易总额达七千八百五十余万关两，比较民元年增加两倍有

(四十六)民国二十二年第三四季及全年中德贸易统计表(国币)

月份	出口		入口		总值		入超(-)或出超(+)
	数值	与上年同期百分比	数值	与上年同期百分比	数值	与上年同期百分比	
七月	1,747,575	94.04	8,943,040	93.87	10,690,615	93.89	(-)7,195,465
八月	1,549,378	78.28	10,527,742	94.72	12,077,120	92.24	(-)8,978,364
九月	1,455,851	107.97	8,733,659	95.01	10,189,511	96.67	(-)7,277,807
第三季共计	4,752,805	—	28,204,441	—	32,957,246	—	(-)23,451,636
十月	1,766,668	102.42	7,453,503	86.91	9,220,171	89.51	(-)5,686,835
十一月	1,881,469	94.38	9,341,609	120.10	11,223,078	115.56	(-)7,460,140
十二月	1,642,496	77.56	7,214,689	95.69	8,857,185	91.71	(-)5,572,193
第四季共计	5,290,633	—	24,009,801	—	29,300,434	—	(-)18,719,168
全年共计	20,795,000	44.74	108,016,000	96.41	128,811,000	81.26	(-)87,221,000

全年共计系依海关册 累积数计算

（四十七）民国元年以来中德贸易统计表（单位千关两）（有*者为国币）

年份	出口		入口		总计	
	数值	指数	数值	指数	数值	指数
民国元年	14,339	100.00	21,130	100.00	35,469	100.00
二年	17,025	118.73	28,302	133.94	45,327	127.79
三年	12,063	84.13	16,697	79.02	28,760	81.10
四年	—	—	160	0.79	160	0.45
五年	—	—	24	0.11	24	0.06
六年	—	—	—	—	—	—
七年	—	—	—	—	—	—
八年	164	1.14	—	—	164	0.45
九年	1,761	12.28	5,418	25.64	7,179	20.24
十年	6,774	47.24	13,349	63.17	20,123	56.73
十一年	9,805	68.38	24,744	117.10	34,549	97.41
十二年	11,915	83.09	32,456	153.60	44,371	125.09

续上表

十三年	15,949	111.23	38,688	183.09	54,637	154.04
十四年	16,427	114.56	32,511	153.86	48,938	137.97
十五年	17,760	123.86	45,678	216.18	63,438	178.86
十六年	20,355	141.95	39,354	186.25	59,709	168.34
十七年	22,824	159.17	55,697	263.59	78,521	221.37
十八年	22,458	156.62	67,076	317.44	89,534	252.43
十九年	23,361	164.31	69,105	327.04	92,466	263.51
二十年	23,138	161.36	83,514	395.24	106,653	300.69
廿一年	29,833	208.05	71,914	340.34	101,747	286.86
廿二年	* 20,795,13,347	93.08	*108,016,69,330	328.11	*128,811,82,677	233.09

余，十八年至二十年间，增加程度更见迅速而稳定，民二十年时指数达三〇〇·六九，即较民元时增加三倍，为历年来之最高数字，去年因在贸易普遍衰落季节，指数已见减落，本年则以出口数值减少甚巨之关系，贸易总额指数又见降低，仅达二三三·〇九，但如出口所维持往年数字，指数断不致减至现在的程度，此就统计数字上观察，可以明了者也。

本年自德输入商品，仍以染料钢铁机器纸硫酸錏及人造丝为最多，除钢铁输入价值较去年增加外，其余各项均较去年同期减少，我国出口往德重要商品，如豆类及豆油两类，因东北各关被叛逆占据，本年上半期已毫无数字，下半年来，豆油仍等于零，豆类虽在第四季内稍有输出数字，但亦绝微，即其他向为东北各埠出口之商品，如花生及食粮等本年亦减落甚巨，惟蛋品牲肠二项则较往年略增耳。

(四十八)民国二十二年第三四季及全年对德贸易重要商品统计表(见1085页)

〔对俄贸易〕 我国对俄贸易，向来我国常处于出超之地位，但同去年第三四季后，因东北各关被叛逆攫劫，大豆及茶叶输俄极端减少，遂致转为入超，本年上半期，各月入口贸易除六月份外，均较去年同期各月增加，而出口则每况愈下，减落甚巨，除六月份占去年同期百分之四十三，五月份占去年同期百分之一〇以外。其余各月均在百分之十以下。入超达一千一百六十一万余元，下半年来，出口如故，惟入口则趋下落，入超数字亦较减退，此可稍告慰于国人者也。综观下半年第三四季对俄贸易，出口计共二百六十万〇二千二百五十一元，比较上半年减少甚微（仅少三万余元），惟与去年同期比较所占百分数，则较上半年为高，最高为八月份，竟达六九〇·五二，七月份与八月份亦比较去年同期增加两倍有余，即如第四季各月，虽未能超过去年同期之数字，但亦相差不大，入口方面，下半年共计七百七十一万六千六百〇八元，比较上半年减少六百五十二万八千八百〇二元，与去年同期比较，七，八，九，十四个月均超过去年同期，十一月及十二月则只等于去年同期百分之六十左右，总额方面与入口情形相似，下半年共计达一千〇三十一万八千八百五十九元，与去年同期比较，以八月份所占成数为最高，为二九八·一七，七月份次之，占百分之二一五·〇九，九十两月则与去年同期相差不多，十一(下转1087页)

入口由（金单位）				出口往（国币）			
商品	第三季	第四季	全年共计	商品	第三季	第四季	全年共计
人造丝	390.002	193,618	1,986,873	豆类	—	30,081	30,090
机器	1,183,551	916,534	3,687,611	花生	711,762	263,587	3,111,690
钢铁	1,275,237	1,245,246	5,684,328	豆油	—	—	—
硫酸铔	625,957	387,440	2,666,539	蛋品	938,918	779,024	3.597,074
染料	1,037,664	1,994,349	6,970,149	食粮及粉	245	500	3,358
纸类	871,702	499,650	3,394.696	牲肠	338,934	500,872	1.621.852

(四十九) 民国二十二年第三四季及全年中俄贸易统计表(国币)

月份	出口		入口		总值		入超(－)或出超(＋)
	数值	与上年同期百分比	数值	与上年同期百分比	数值	与上年同期百分比	
七月	1,019,434	276.14	894,149	171.79	1,913,583	215.69	(＋)125,285
八月	225,869	690.52	1,983,309	280.05	2,209,178	298.17	(－)1,757.440
九月	652,185	201.52	1,207,188	103.02	1,859.373	127.41	(－)555.003
第三季共计	1,897,488	—	4,084,646	—	5,982,134	—	(－)2,187.158
十月	179,367	97.42	1,979,506	145.58	2.158,873	103.94	(－)1,800,139
十一月	17,430	19.83	591,982	62.55	609,412	33.318	(－)574,552
十二月	507,966	70.80	1,060,474	68.75	1,568,440	69.40	(－)552,508
第四季共计	704,763	—	3.631,962	—	4,336,725	—	(－)2,927.199
全年共计	5,911,000	15.55	21,960,000	157.46	27,871,000	53.64	(－)16,049,000

全年共计系依海关册累积数计算

(上接1084页)月及十二月则仅等于去年同期半数上下，入超方面，下半年合计仅五百十一万四千三百五十七元，比较上半年减少六百四十九万六千三百四十四元，各月中以十月份之入超数字为最高，计一百八十万余元，七月份虽曾一度发见出超十二万五千余元之数字，惜昙花一现，八月份后又复转为巨额入超矣，兹将本年第三四季及全年中俄贸易统计表列后：

全年共计，对俄贸易出口较去年大减，仅五百九十一万一千余元，只占去年同期百分之一五·五五；入口则较去年增加，计达二千一百九十六万余元，占去年同期百分之一五七·四六，总额因出口减落太巨，亦随而降低，为二千七百八十七万一千余元，占去年同期百分之五三·六四，对俄贸易平衡自去年下半期转为入超后，本年以出口减落及入口增加之关系。入超额更巨，达一千六百〇四万九千余元，此后对俄贸易若再无计划，则入超额诚有益趋增加之可能，此吾人不能不注意者也。

考俄国向为我国对外贸易之重要出超国家在民国元年出口数额计为四千五百十九万余关两，入口有二千一百二十三万余关两，计出超二千三百九十六万余关两，虽在民国六年至民国九年中间，为欧战及俄国革命之时期，中俄贸易额曾趋减少，但在民国十三年后，又见转机，惟其进步速率甚缓，不能与美日诸国并论，去年复因世界经济不景气，东三省被暴日强占，对俄陆路贸易毫无，豆类输俄减少，对俄出入口贸易均见大减，若以民国元年为基数出口指数，仅为五三·九九，入口为四三·一六，本年出口益减，指数降至八·三九，为民国元年以来之最低指数，入口则较去年稍增，指数随较去年稍高，为六六·三八。

(五十)民国元年以来中俄贸易统计表（单位千关两）（有*者为国币）（见1088页）

本年中俄贸易商品，入口仍以煤油为最多，全年计达五百廿万七千余金单位，木材次之，计二百〇一万八千余元，鱼介又次

年份	出口		入口		总计	
	数值	指数	数值	指数	数值	指数
民国元年	45,197	100.00	21,232	100.00	66,429	100.00
二年	44,921	99.39	22,153	104.34	67,074	100.97
三年	43.779	96.86	22,275	104.91	66,054	99.44
四年	59,398	131.44	17,027	80.19	76,425	115.05
五年	65,514	144.95	52,695	121.02	91.209	137.30
六年	49,750	110.07	11,218	52.84	60,968	91.78
七年	14.603	32.31	6,389	30.09	20,992	31.60
八年	21,322	47.18	14,061	66.23	35,383	53.26
九年	14,481	32.04	9,625	45.33	24,106	36.29
十年	22,865	50.59	8,759	41.25	31,624	47.61
十一年	39,244	86.83	14,276	67.24	53,520	80.57

续上表

十二年	34,092	75.43	10,203	48.05	44,295	66.68
十三年	46,359	102.57	10,098	47.56	56,457	84.99
十四年	47,962	106.12	13,465	63.42	61,427	92.47
十五年	64,120	141.87	22,712	106.97	86,832	130.71
十六年	77,174	170.75	22,607	106.48	99,781	150.21
十七年	89,730	198.53	28,563	134.53	118,293	178.07
十八年	55,986	123.87	19,377	91.26	75,363	113.45
十九年	55,413	122.60	19,020	89.58	74,433	112.05
二十年	54,657	120.93	24,999	117.74	79,656	119.91
廿一年	24,400	53.99	8,951	42.16	33,351	50.21
廿二年	*59,113,794	8.39	*2,196,014,095	66.38	*27,871,17,889	26.93

之，计七十七万二千余金单位，我国出口往俄商品，向以黄豆茶叶豆油大宗，惟黄豆与豆油两项，自本年下半期起，因东北陷落关系，对俄输出已完全绝迹，仅茶叶有四百五十四万二千余元往俄而已。

(五十一)民国二十二年第三四季及全年对俄贸易重要商品统计表。

入口由（金单位）				出口往（国币）			
商品	第三季	第四季	全年共计	商品	第三季	第四季	全年共计
煤油	635,434	373,598	5,207,404	豆类	—	—	—
木材	561,783	542,074	2,018,944	茶	1,036,288	307,769	4,542,893
鱼介	38,487	225,892	772,170	豆油	—	—	—

下略

〔实业部档案〕

3. 实业部国际贸易局关于1934年上半年出入口贸易国别概况的报告①

（1934年10月）

……

三 出入口贸易国别情形

① 选自1934年10月实业部国际贸易局：《民国二十三年第一季第二季贸易报告》，沿用原标点。

（一）概况　本年上半期，对各国贸易，仍以美国为第一位，占百分之二五·四六，即占我国全部对外贸易额中四分之一以上，其地位之益较往年（上年同期占一九·八五）趋于重要，至为显明。日本次之，占百分之一二·二四，（上年同期为一〇·九一，）英国再次之，占百分之九·七七（上年同期为九·六五）此外依次为香港、德国、印度、荷属东印度，安南，法国，暹罗，俄国，意大利等。

就出入口贸易分析，入口仍以美国为最多，占百分之二八·二六，其百分比且较往年增高百分之八，（上年同期为二〇·三七）主要原因在于美麦之大批输入，其次为日本，占百分之一〇·五五，再次为英国，占百分之一〇·四六，更次为德国，占百分之八·三七，此外依次为荷属东印度，印度，安南，暹罗，香港，法国，意大利，俄国，澳洲等。出口方面，也以美国为最多，占百分之一九·六九，香港居第二位，占百分之一九·三〇。日本居第三位，占百分之一五·八二，英国居第四位，占百分之八·三一，此外依次为印度，德国，法国，朝鲜，俄国，荷属东印度等。

贸易平衡方面，本年有一大变动，即向为出超之法国，本年上半年竟转为入超，推究其原因，大部系由于生丝法销之衰落，国人幸注意之。此外依次如美国，德国，英国，荷属东印度，安南，日本，印度，暹罗等处，仍为主要入超国家，尤以美国入超数字为最惊人，计达一亿〇八百七十八万八千余元，占入超总额百分之三五·六，次之如德国，英国，及荷属东印度，也各入超三千余万元，出超方面，以香港为最多，计三千七百十八万余元，朝鲜次之，计四百七十七万余元。

（二）美国　自民国二十一年来，美国占我国对外贸易之领袖地位，在本年贸易普遍衰落声中，美国非但仍保持其第一位置，且在总值方面，尚较去年同期微增，上半年六个月与去年同期比较，

(二十六)民国二十三年上半年出入口贸易国别统计表

国别	价值		入口		总值		出超(+)或入超(-)
	价值	百分比	价值	百分比	价值	百分比	
美国	52,911,109	19.69	161,699,466	28.16	214,610,515	25.46	(-) 108,788,573
日本(台湾在外)	42,509,550	15.82	60,669,061	10.55	103,178,611	12.24	(-) 18,159,511
英国	22,321,114	8.31	60,084,655	10.46	82,405,769	9.77	(-) 37,763,541
香港	51,877,655	19.30	14,694,990	2.56	66,572,645	7.89	(+) 37,182,665
德国	10,216,310	3.80	48,064,027	8.37	58,280,337	6.91	(-) 37,847,717
印度(缅甸)	12,401,259	4.61	30,229,534	5.25	42,630,793	5.05	(-) 17,828,277
荷属东印度	3,351,136	1.25	35,105,546	6.18	38,456,682	4.56	(-) 31,754,410
澳洲	655,052	0.24	6,143,992	1.08	6,799,044	0.82	(-) 5,488,936
俄国	4,116,202	1.53	6,850,711	1.19	10,966,913	1.30	(-) 2,734,509

续上表

安南	1,851,163	0.69	26,714,069	4.60	28,565,232	3.39	(－) 24,862,906
朝鲜	5,869,019	2.18	1,089,626	0.19	6,958,645	0.83	(＋) 4,779,393
	2,196,326	0.82	6.733,817	3.25	20,930,143	2.48	(－) 16,537,491
法国	9,707,007	3.62	11,460,385	2.00	21,167,392	2.52	(－) 1,753,318
意大利	2,240,036	0.83	7,423,261	1.30	9,663,297	1.14	(－) 5,183,225
其他	46,527,121	17.31	85,348,119	14.86	131,875,240	15.64	
总计	268,750,059	100.00	574,311,259	100.00	843,061,318	100.00	(－) 305,561,200

第一季三个月均超过去年同期百分之十以上，第二季三个月则不过等于去年同期百分之八十五上下，数额则除五月份外均在三千万元以上，五月份则达四千二百余万元。较出入口方面观察，出口较去年同期减退百分之三·六，入口则见增加百分之一·九，各月情形，出口以三月份为最多，计一千一百十五万余元，等于去年同期百分之一三五·八，以六月份为最少，计七百四十一万余元，等于去年同期百分之六七·三，此外二四两月较去年同期增加，一五两月则均较去年同期减退。入口方面，以二月份为最多，计三千四百十四万余元，以六月份为最少，计二千〇五十五万余元，此外各月数额则均在二千余万元。与去年同期比较，四六两月份等于百分之八十几，三月份等于百分之九十六，一，二，五，各月份则均超过去年同期，兹将民国二十三年第一二季中美贸易统计表列下：

（二十七）民国二十三年第一季度第二季度中美贸易统计表

月份	出口			入口						
	价值	上年同期价值	与上年同期比较	价值	上年同期价值	与上年同期比较	价值	上年同期价值	与上年同期比较	入超（－）或出超（＋）
	（国币）	（国币）	%	（国币）	（国币）	%	（国币）	（国币）	%	
一月	9,922,943	11,117,975	89.3	29,834,939	22,268,528	133.5	39,757,882	33,386,503	119.1	（－）19,911,996
二月	8,385,087	7,744,485	108.3	34,000,000	28,340,293	120.5	42,534,697	36,084,778	117.9	（－）35,764,523
三月	11,156,764	8,218,720	135.8	27,962,331	29,056,941	96.2	39,119,095	37,275,661	105.0	（－）16,805,567
第一季共计	29,464,794	27,081,180	108.8	91,946,883	79,665,762	115.4	121411,674	106746,942	113.7	（－）62,482,086
四月	7,961,028	6,265,001	127.1	22,000,000	27,249,361	81.3	30,120,548	33,514,362	89.6	（－）14,198,492
五月	8,072,740	10,544,173	76.6	27,036,852	31,458,435	85.9	35,109,592	42,002,608	83.6	（－）18,964,112
六月	7,412,547	11,015,870	67.3	20,556,214	20,362,265	100.9	27,968,761	31,378,135	89.2	（－）13,143,667
第二季共计	23,446,315	27,825,044	84.3	69,752,586	79,070,061	88.2	93,198,901	106895,105	87.2	（－）46,306,271
总计	52,911,109	54,906,224	96.4	161699,466	158735,823	101.9	214610,575	213642,047	100.5	（－）108788,357

本年上半期美国输华重要商品，仍以棉花、小麦、煤油、烟叶、汽油、面粉等为主，但进口数值除小麦、烟叶两项较去年增加外，余均较去年同期大减，上半年小麦进口数值因美麦借款之关系，高达九百八十八万七千余金单位，与去年同期数字（一三四、六四八金单位，比较，计增加九十倍之谱，烟叶进口数值也较去年同期增加五分之四，至于输华各货减退最巨者为煤油，去年上半期为一千六百八十万余金单位，本年上期减至八百〇五万余金单位，其他如面粉减至六十九万金单位，较往年同期减少三百余万金单位，棉花减至一千七百〇一万余金单位，较往年同期减少二百余万金单位，汽油减至一百九十八万金单位，较往年同期减少一百三十余万金单位。我国输美商品，本年仍为兽皮，桐油，猪鬃，抽纱品，蛋产品，及茶等，以兽皮为最多，计一千六百九十一万余元，桐油次之，计七百零五百万元，再次如棉纱品及猪鬃，各达二百余万元，蛋产品，茶，及花生等则均不过五十万

（二十八）民国二十三年上半年中美贸易重要商品统计表

商品	入口由		
	上半年		上年同期
	数量	价值(金单位)	价值(金单位)
面粉	103,149 烟公担	693,304	3,693,380
小麦	2,866,143 公担	9,887,922	134,648
棉花	372,889 公担	17,012,204	19,194,843
汽油	27,282,327 公升	1,983,827	3,254,215
烟叶	176,656 公担	9,300,614	5,457,323
煤油	169,152,699 公升	8,050,185	16,885,261

商品	出口往		
	上半年		上年同期
	数量	价值(国币)	价值(国币)
桐油	184,856 公担	7,058,300	9,879,453
猪鬃	5,651 公担	2,111,397	1,007,967
蛋产品	—	469,651	835,686
茶	4,354 公担	399,369	741,276
花生	22,537 公担	196,551	56,555
兽皮	—	16,916,406	16,655,115
抽纱品	—	2,571,991	2,465,161

元。与去年同期比较，猪鬃计增加一倍，兽皮，棉纱品及花生也见微增，桐油，蛋产品及茶等项则均较去年减落。

（三）日本　本年上半期我国对日本贸易，又有减退，计本年前六个月出口总值为四二，二七九，一二二四元国币，仅等于上年同期数字百分之九一，入口总值计六〇、三七三、二六〇元国币，仅等于上年同期百分之八一·六，合计总额为一〇二，六五二，四九四元国币，较上年同期减落百分之一五，各月情形，出口方面以五月份为最多，计九百十七万余元，三月份为最少，仅四百六十六万余元，其余各月均在六七百万元之间，与上年同期比较，除四五两月超过往年同月百分之三十许外，其余均较往年低落，入口方面以四五两月份较旺，均达一千一百余万元以上，一，三，六各月份则在一千万元左右，以二月份为最少，计六百三十三万余元。与上年同期比较，除六月份超过上年同期百分之四十外，其余各月均较低落百分之二三十不等。至于出入超，仅二月份

（二十九）民国二十三年第一季第二季中日贸易统计表（台湾在内）

月份	出口			入口			总计			出超（+）或入超（-）
	价值	上年同期价值	与上年同期比较	价值	上年同期比较	与上年同期比较	价值	上年同期价值	与上年同期比较	
	（国币）	（国币）	%	（国币）	（国币）	%	（国币）	（国币）	%	
一月	7,977,843	13,100,805	60.9	10,363,799	11,823,227	87.7	18,341,642	24,924,032	73.6	（-）2,385,956
二月	6,360,396	7,576,951	84.6	6,333,515	12,022,954	52.7	12,693,911	19,599,905	64.3	（+）26,881
三月	4.664,492	6,572,577	71.0	10,748,189	14,001,345	76.8	15,412,681	20,593,922	74.8	（-）6,083,697
第一季共计	19,002,731	27,250,333	69.7	27,445,503	37,847,526	72.5	46,448,234	65,117,859	71.3	（-）8,442,772
四月	6,165,610	4,547,232	135.6	11,554,046	13,467,780	85.7	17,719,656	18,015,012	98.4	（-）5,388,436
五月	9.174,498	6,723,557	136.5	11,836,161	15,956,040	74.2	21,010,759	22,679,597	92.6	（-）2,661,563
六月	7,936,395	7,961,466	99.7	9,537,550	6,742,473	141.5	17,473,945	14,703,939	118.4	（-）1,601,155
第二季共计	23,276,503	19,232,255	121.0	32,000,000	36,166,293	91.1	56,204,260	55,398,548	101.5	（-）9,651,154
总计	42,279,234	46,482,588	91.0	60,373,260	74,013,819	81.6	102652,494	120516,407	85.2	（-）18,093.926

出超，仅二月份出超二万六千余元，其余各月则均为入超，总计上半年对日贸易入超额为一千八百〇九万余元，较往年同期入超数字，减少九百余万元。

本年我国自日输入商品，仍以棉布为第一，六个月共计三百九十四万三千余金单位，其次为纸，计一百九十万金单位，再次如钢铁鱼介糖及橡皮制品等，也均达一百万金单位，棉花及面粉则均不满七万金单位，与上年同期比较，除鱼介钢铁纸三项外，其余均较上年同期减少，尤以棉布减落为最巨。至于我国输日商品，则仍以棉花为最多，计值五百〇五万余元，棉纱次之，计四百五十五万余元，食粮面粉再次之，计三百七十三万余元，煤更次之，计二百二十万余元，肉类也达一百六十二万余元，至于向为输日主要商品之豆类豆饼，本年则毫无地位可言，与上年同期比较，除煤，食粮面粉两项外，其余也均较减退矣。

（三十）民国二十三年上半年中日贸易重要商品统计表

商品	入口由		
	上半年		上年同期
	数量	价值（金单位）	价值（金单位）
面粉 公担	5,065	24,129	1,733,415
糖	—	1,330,288	2,251,052
棉布	—	3,943,437	11,566,635
鱼类	—	1,469,441	1,161,272
钢铁 公担	230,980	1,748,858	1,016,506
纸	—	1,901,290	1,259,095
橡皮车胎及制品	—	1,131,016	1,398,139
棉花 公担	1,573	64,036	337,887

商　　品	出　　口　　往		
	上　半　年		上年同期
	数　量	价值(国币)	价值(国币)
食粮及粉 公担	1,070,729	3,733,939	3,146,333
豆类 公担	54,799	402,522	524,222
肉类 公担	40,633	1,621,005	1,305,158
棉花 公担	71,221	5,052,120	7,817,764
棉纱 公担	40,254	4,558,865	6,770,934
豆饼 公担	562	2,250	3,234
煤 公顿	265,945	2,203.102	1,355,627

(四)英国　本年上半年对英贸易，入口益较往年衰敝，惟出口则见增进。计六个月来入口总值为六〇，〇八四，六五五元仅等于上年同期百分之七三，出口总值为二二，三二一，一一四元，等于上年同期百分之一〇八·九，即比较增加百分之九，考察上半年对英出口之增进，系由于羊毛、蛋产品、猪鬃等商品英销畅旺所致，诚为一良好现象。各月情形，出口方面以六月份为最多，计六百三十七万余元，三月份为最少，计二百十三万余元，与上年同期比较，除三，五两月份稍见减退外，其余各月均较上年同月增加。入口方面以三月份为最多，计一千二百二十七万余元，二月份为最少，计七百九十七万余元，与上年同期比较，各月无不均见减少。至于出入超，上半年对英入超额共计为三千七百七十六万余元，与往年同期入超额(六二，九一三，三九四元)比较，约减少十分之四，此系出口进步入口减退的结果，是足以欣慰的。

(三十一)民国二十三年第一季第二季中英贸易统计表

月份	出口			入口			总计			入超(－)或出超(＋)
	价值	上年同期价值	与上年同期比较	价值	与上年同期价值	与上年同期比较	价值	上年同期价值	与上年同期比较	
	(国币)	(国币)	%	(国币)	(国币)	%	(国币)	(国币)	%	
一月	3,905,281	3,359,076	116.3	9,988,634	10,288,652	97.1	13,893,915	13,647,728	101.8	(－)6,083,353
二月	2,568,034	2,495,992	102.8	77,979,925	12,998,612	61.4	10,547,959	15,494,604	681.4	(－)5,411,891
三月	2,131,014	2,349,150	90.7	12,274,771	15,531,079	79.0	14,405,785	17,880,229	80.5	(－)10,143,757
第一季共计	8,604,329	8,204,218	104.9	30,243,330	38,818,343	85.6	38,847,659	47,022,561	82.6	(－)21,639,001
四月	3,292,555	2,901,598	113.5	11,146,565	15,486,184	71.9	14,439,120	18,387,782	78.5	(－)7,854,010
五月	4,051,353	4,781,809	84.6	9,450,604	15,071,656	62.7	13,501,957	19,853,465	67.9	(－)5,399,251
六月	6,372,877	4,592,141	138.7	9,244,156	14,016,977	65.9	15,617,003	18,609,118	84.5	(－)2,871,279
第二季共计	13,716,785	12,275,548	12.7	29,841,325	44,574,817	66.9	43,558,110	56,850,365	76.6	(－)16,124,540
总计	22,321,114	20,479,766	108.9	60,084,655	83,393,160	73.2	82,405,769	103872,926	79.3	(－)37,763,541

上半年由英输入商品，以机器为最多，计四百九十万余金单位，棉布次之，计三百四十八万余金单位，钢铁再次之，计三百〇五万余金单位，此外依次为呢绒硫酸錏等，与往年同期比较，仅机器一项微见增加，其余各项则均较减退，棉布钢铁两项为尤甚，各较低落百分之五十左右，至于我国输英商品，上半年仍以蛋品为最多，计八百八十四万余元，羊毛次之，计八百〇九万余元，茶再

（三十二）民国二十三年上半年中英贸易重要商品统计表

商品		棉布	机器	铜铁	硫酸錏	呢绒
上半年	数量	—	—	287,866 公担	96,992 公担	—
	价值（金单位）	3,485,656	4,906,375	3,050,452	604,887	1,896,285
上年同期	价值（金单位）	8,006,598	4,111,266	5,974,114	2,046,294	2,010,138

商品			蛋品	猪鬃	桐油	生丝	茶	生油	羊毛
出口往	上半年	数量	—	5,548 公担	17,872 公担	5,848 公担	20,771 公担	22,347 公担	94,207 公担
		价值（国币）	8,842,200	1,649,793	702,166	848,135	2,266,163	431,306	8.098.829
	上年同期	价值（国币）	7,808,861	1,097,801	1,259,410	923,180	1,284,551	—	2,422,562

次之，计二百二十六万余元，此外依次为猪鬃，生丝桐油，生油等。与往年同期比较，仅桐油生丝两项稍有减退，其余各项商品均见增加，羊毛增加数额尤大，计增五百六十余万元，或三倍之谱。

（五）德国　上半年对德贸易，无论进出口，均较去年同期减落，入口方面为尤甚，总计六个月来出口往德价值，计一千〇二十一万余元，等于去年同期百分之九五，由德输入价值计四千八百〇六万余元，等于去年同期百分之八六，合计总额为五千七百二十八万余元，等于去年同期百分之八六。各月情形，出口除六月份达二百六十五万余元外，其余各月均不过一百余万元，与去年同月比较，三、四、六各月份均较增加，入口方面，以一，三，四，各月份为较多，计达九百余万元，二月份为最少，计四百三十三万余元，与去年同月比较，除一月份约当百份之一二六外，其各余月均不满一〇〇，最少如二月份且只当百分之五二，至于入超总计，上半年共三千七百八十四万余元，与去年同期比较，约减少七百余万元。

上半年自德输入商品以染料为最多，计值四百〇三万余金单位，钢铁次之，计值二百七十三万余金单位，此外依次为机器，纸，硫酸錏及人造丝等，与去年同期比较，除机器及染料略见增加外，其余各项均较减少，我国出口往德商品，本年以蛋产品及牲肠为大宗，各值一百余万元以上，花生也达九十六万余元，此外如豆类豆油则为数极微。与去年同期比较，仅牲肠略有增加，其他均见减落。

（六）俄国　本年对俄贸易，出口激增，入口则甚为衰退，合计六个月来出口总值为四百十一万余元，比较往年同期数额（二，六三四，七〇九元）增加一百四十八万余元，或百分之五六·二入口总值仅六百八十五万余元，比较往年同期数额（一四，二四五，四一〇元），减少七百三十九万余元，或百分之五一·九，在贸易总额方面，因入口减落之过巨，仅达一千〇九十六万余元，只等

（三十三）民国二十三年第一季第二季中德贸易统计表

月份	出口			入口			总计			出超（＋）或入超（－）
	价值	上年同期价值	与上年同期比较	价值	上年同期价值	与上年同期比较	价值	上年同期价值	与上年同期比较	
	（国币）	（国币）	%	（国币）	（国币）	%	（国币）	（国币）	%	
一月	1,609,534	2,238,841	71.9	9,433,286	7,469,672	126.2	11,042,820	9,708,513	113.7	（－）7,823,752
二月	1,304,352	2,163,446	60.3	4,331,995	8,329,615	52.1	5,636,347	10,493,061	53.6	（－）3,027,643
三月	1,786,694	1,528,184	116.9	9,471,543	12,053,771	78.7	11,258,237	13,581,955	82.8	（－）7,684,849
第一季共计	4,700,580	5,930,471	79.2	23,236,824	27,853,058	83.4	26,937,404	33,783,529	79.7	（－）18,536,244
四月	1,451,528	1,515,441	126.1	9,007,620	9,209,941	97.8	10,459,148	10,361,382	100.8	（－）7,556,092
五月	1,414,032	1,657,665	85.3	8,064,155	9,694,024	83.2	9,487,187	11,351,689	83.5	（－）6,650,123
六月	2,650,170	2,012,140	131.6	7,755,428	9,044,563	85.9	10,405,598	11,056,703	94.1	（－）5,105,258
第二季共计	5,515,730	4,821,246	114.8	24,827,203	27,948,528	88.8	30,342,933	33,769,774	92.3	（－）19,311,473
总计	10,216,310	10,751,717	95.3	48,064,027	55,801,586	86.1	57,280,337	66,553,303	86.0	（－）37,847,717

（三十四）民国二十三年上半年中德贸易重要商品统计表

			人造丝	机器	钢铁	硫酸铔	染料	纸
入口由	商品		人造丝	机器	钢铁	硫酸铔	染料	纸
	上半年	数量	316,501公斤	—	396,745公担	99,907公担	—	—
	上半年	价值（金单位）	464,721	1,755,078	2,730,972	650,994	4,035,910	1,111,034
	上年同期	价值（金单位）	1,203,253	1,587,526	3,163,345	1,653,141	3,938,136	2,023,244
出口往	商品		豆类	花生	豆油	蛋品	食粮及粉	牲肠
	上半年	数量	761公担	113,164公担	—	—	—	3,884公担
	上半年	价值（国币）	4,614	965,171	56	1,423,869	—	1,159,931
	上年同期	价值（国币）	9	2,136,390	—	1,879,131	2,613	782,046

于往年同期百分之六五，各月数字与往年同期比较，出口除三，五，六，各月外，均较往年同期大增，比率最高如四月份且达五八三·五，入口除六月份外，无不均见减落，比率最低如五月份且只当往年同期百分之二三·九，因入口减退出口激增之结果，上半年对俄入超，遂较往年同期

（三十五）民国二十三年第一季第二季中俄贸易统计表

月份	出口			入口			总计			出超（+）或入超（-）
	价值	上年同期价值	与上年同期比较	价值	上年同期价值	与上年同期比较	价值	上年同期价值	与上年同期比较	
	（国币）	（国币）	%	（国币）	（国币）	%	（国币）	（国币）	%	
一月	884,243	—	—	1,621,181	3,400,634	47.7	2,505,424	3,400,634	73.7	（-）736,938
二月	676,218	626,892	107.9	1,145,821	1,969,017	58.2	1,822,039	2,595,909	70.2	（-）469,603
三月	82,043	534,565	15.3	956,057	2,734,608	35,0	1,038,100	3,269,173	31.8	（-）874,014
第一季共计	1,642,504	1,161,457	141.4	3,723,059	8,104,259	45.9	5,365,563	9,265,716	57.9	（-）2,080,555
四月	1,623,755	278,294	583.5	1,486,144	3,198,653	46.5	3,109,899	3,476,947	89.4	（-）137,611
五月	2,868	187,309	1.5	457,117	1,909,235	23.9	459.985	2,096.544	21.9	（-）454,249
六月	847,075	1,007,649	84.6	1,184,391	1,033,263	114.6	2,031,466	2,040,912	99.5	（-）337,316
第二季共计	2,473,698	1,473,252	167.9	3,127,652	6,141,151	50.9	5,601,350	7,614,403	73.6	（-）653,954
总计	4,116,202	2,634,709	156.2	6,851,711	14,243,412	48.1	10,966,913	16,880,119	65.0	（-）2,734,509

大为减少，合计本年六个月入超额为二百七十三万余元，只当往年同期数额（一一，六一〇，七〇一元）百分之二三·五。即减少四分之三也。

本年由俄国输入商品如煤油，木材，及鱼介等项，数额均较往年同期大为减退，煤油减落为尤甚，上半年进口仅值一百七十七万余金单位，只当往年同期进口数百分之四二，即减少五分之三，至于我国输俄商品，上半年以茶为大宗，出口数额计一二九，二二二公担，值四百一十万余元，比较往年同期数增一百余万元。

（三十六）民国二十三年上半年中俄贸易重要商品统计表

商品			煤油	木材	鱼介		商品		茶
入口由	上半年	数量	40,772,831 公升	—	—	出口往	上半年	数量	129,222 公担
	上半年	价值（金单位）	1,772,472	375,300	125,626		上半年	价值（国币）	4,106,501
	上年同期	价值（金单位）	4,198,372	915,087	507,791		上年同期	价值（国币）	3,198,836

〔下略〕

〔行政院档案〕

三、埠 别 概 况

1. 实业部国际贸易局关于1933年上半年出入口贸易埠别概况的报告①

（1933年10月）

……

本年前半期我国各埠对外贸易，仍以上海为最盛，计总额约五八七，九〇九，〇〇〇国币，其次则为天津胶州九龙汕头等。与上年同期比较，各埠进口贸易增加者，仅九江一埠，计增加百分之一一，其余各埠，加上海胶州九龙汕头汉口等均当上年同期百分之九十以上，天津广州厦门则为百分之七十至八十之间，惟宁波减少最巨，仅及上年同期百分之二八左右，出口贸易较去年同期增加者首推上海，计增加百分之六八，此外九龙广州芜湖亦均略有增加，其他各埠则均减退，而以汉口宁波为最甚，总额方面，则仅上海一埠较上年同期增加约百分之九·七，其余均不及去年，兹将本年上半年进出口埠别贸易与上年同期比较列表于下：

就各埠贸易在全国总额中所占地位而言，则本年有一可注意之现象，即贸易中心有集中于上海之趋势，去年上期上海在全国入口贸易中不过占百分之四五·九八，出口贸易中占百分之二七·二七，今年上期入口贸易中百分比增至五五·二二，出口贸易中百分比增至五二·九三，换言之，即现在全国对外贸易有半数以上海为吐纳地点，大连因海关被夺关系，已毫无数字，其他天津地位本年较上年减退，尤以出口为然，广州则出口增加颇剧。

---

① 选自1933年10月实业部国际贸易局：《民国二十二年第一季第二季贸易报告》，沿用原标点。

(三十)民国二十二年上半年进出口埠别统计表(单位千国币)

埠别	进口		出口		总计		入超(－)或出超(＋)	
	上半年	与上年同期比	上半年	与上年同期比	上半年	与上年同期比	上半年	与上年同期比
上海	430,868	97.43	157,041	168.17	587,909	109.76	(－)273,827	78.50
天津	64,019	76.85	42,045	91.07	106,064	81.92	(－)21,974	59.17
大连	—		—		—			
广州	35,905	78.75	26,720	20.58	62,625	89.78	(－)9,185	42.87
胶州	41,413	94.14	21,267	87.32	62,680	91.71	(－)20,146	102.58
九龙	55,736	98.93	1,941	124.26	57,677	99.61	(－)53,795	98.20
汕头	35,365	96.57	7,822	71.27	43,187	90.74	(－)27,543	107.39
汉口	20,789	96.41	3,303	13.40	24,092	52.14	(－)17,486	—
厦门	17,702	83.35	1,515	99.28	19,217	84.42	(－)16,187	82.12
南京	9,487	59.67	—	—	9,487	58.38	(－)9,487	61.01
宁波	2,090	27.87	16	4.68	2,106	26.86	(－)2,074	28.98
九江	2,142	110.87	—	—	2,142	35.67	(－)2,142	—
芜湖	700	62.84	577	132.34	1,277	82.39	(－)123	18.14
其他各埠	63,113	—	34,434	—	97,547	—	(－)28,679	—
总计	779,329	81.11	296,681	63.65	1,076,010	75.41	(－)482,648	97.56

总计本年上期我国各埠入口贸易以上海为第一，天津九龙胶州广州汕头等次之，出口贸易亦以上海为第一位，天津广州胶州汕头等次之。

(三十一)民国二十二年上半年重要商埠出入口贸易百分比较表(单位千国币)

埠别	进口		出口		总计	
	总值	百分比率	总值	百分比率	总值	百分比
上海	430,868	55.22	157,041	52.93	587,909	54.63
天津	64,019	8.21	42,045	14.17	106,064	9.85
广州	35,905	4.61	26,720	9.01	62,625	5.82
九龙	55,736	7.20	1,941	0.65	57,677	5.36
汕头	35,365	4.55	7,822	2.64	43,187	4.01
厦门	17,702	2.27	1,515	0.51	19,217	1.78
胶州	41,413	5.30	21,267	7.17	62,680	5.82
汉口	20,789	2.67	3,303	1.11	24,092	2.23
南京	9,487	1.23	—	—	9,487	0.88
拱北	10,914	1.40	475	0.16	11,389	1.05

上海　本年上半期上海对外入口贸易，共计四三〇，八六八，三四五国币，较上年同期减少百分之二二·〇，出口贸易额共计一五七，〇四一，四二五国币，较上年同期增加百分之七一·六，考出口增加之原因，乃以长江各埠金融呆滞，商业萧条，于是出口均集中上海之故，至入口贸易之减少，则受美国金融风潮及我国购买力低弱之影响，就各月份入口方面而论，第一季较去年同期增加，此种现象，实因去年上期适逢一二八事件，贸易停顿之故，第二季则较去年同期减少，各月中以四月份入口最旺，计达八千四百三十余万国币，以六月份为最少，计五千三百八十余万国币，至于出口方面，则第一季及第二季均较去年同期增加，各月份亦均较去年同期有增无减，本年上海出口贸易之发达，实为

无可讳言之事实，各月中以一月份出口最多，计三千五百二十余万国币，四月份为最少，计二千〇六十五万国币。

(三十二)民国二十二年上半年上海出入口贸易统计表

月份	进口		出口		入超(－)或出超(＋)
	国币	上年同期	国币	上年同期	
一月	57,730,392	94,724,608	35,298,345	13,141,395	(－) 22,432,047
二月	74,133,114	39,125,548	24,484,493	14,909,234	(－) 49,648,621
三月	80,953,370	55,884,598	24,614,040	13,164,531	(－) 56,339,330
第一季	212,816,876	189,734,754	84,396,878	41,215,160	(－)128,419,998
四月	84,323,837	87,574,903	20,657,910	14,900,869	(－) 63,665,927
五月	79,869,960	88,774,796	24,106,984	16,567,649	(－) 55,762,976
六月	53,857,672	74,487,788	27,879,653	18,832,947	(－) 25,978,019
第二季	218,051,469	250,837,487	72,644,547	50,301,465	(－)145,406,922
上半年共计	430,868,345	440,572,241	157,041,425	91,516,625	(－)273,826,920

（三十三）民国二十二年上半年天津出入口贸易统计表

月份	进口		出口		出超（+）或入超（-）
	国币	上年同期	国币	上年同期	
一月	8,892,935	7,482,074	9,261,028	8,409,638	（+） 368,093
二月	7,638,724	7,478,001	6,710,339	8,839,531	（-） 928,385
三月	13,154,510	15,629,136	6,164,930	7,343,723	（-）6,989,580
第一季	29,686,169	30,629,211	22,136,297	24,593,892	（-）7,549,872
四月	13,987,602	24,344,983	4,939,747	7,593,594	（-）9,047,855
五月	13,313,837	14,524,256	8,093,065	5,880,833	（-）5,220,772
六月	7,031,257	13,844,404	6,875,936	8,100,020	（-） 155,321
第二季	34,332,696	52,713,633	19,908,748	21,574,447	（-）14,423,948
上半年共计	64,018,865	83,302,844	42,045,045	46,167,339	（-）21,973,820

天津　本年天津对外贸易因华北战事关系，极为不振，货物停阻月余之久，计进口六个月合计达六四，〇一八，八六五国币，较上年同期减少百分之二三·一，出口合计达四二，〇四五，〇四五国币，较上年同期减少百分之八·九，就各月份变动而论，进口以三四五月为较旺，各值一千三百余万国币，一二六月则不过七八百万国币，除一二月较去年同月略有增加外，其余均较减少，出口则以正月为最多，计九百二十六万余国币，以四月为最少，计四百九十余万国币，除一月五月以外，各月均较去年同期减退，考天津出口最盛之皮毛蛋棉毡等，素以美国为销场，本年因受美国金融风潮之打击，一落千丈，加以华北时局时有山雨欲来风满楼之慨，故本年天津出口贸易乃陷入不振之景况也，计本年上半期又入超二千一百九十七万国币。

汉口　近年汉口对外贸易，每况愈下，极不景气，本年上半期以来，不仅毫无转机，亦且变本加厉，入口计二千〇七十八万余国币，较上年同期又减少七七三，三七〇国币，出口更不过三百三十万国币，较上年同期减少二千一百三十四万国币，入超计一千七百四十八万余国币，衰退不止，有如此者。各月份变动，进口第一季与第二季略等，出口则第一季三个月共不过一千五百三十三国币，第二季中五六月两月始略现转机，二个月合计三百三十万国币，是汉口本年上期出口贸易可谓集中于五六两月，二月与四月，且毫无出口，考汉口受水灾及匪患影响，商业萧条已极，而内地之麻棉油籽等，均因水阻不能运出，即以汉口为转运中心之四川桐油，亦因川战之影响，来货断绝，故贸易仍呈极度之衰退也。

广州　本年上期广州对外贸易以时局较为平稳之故，尚称平稳，六个月合计，进口值三千五百九十万国币，较上年减少百分之二一·二，出口计二千六百七十二万国币，较上年增加百分之一〇·六，入超值九百一十八万余国币，以第一季与第二季比较，

(三十四)民国二十二年上半年汉口出入贸易统计表

月份	进口		出口		出超(+)或入超(-)
	国币	上年同期	国币	上年同期	
一月	2,515,654	2,827,103	751	2,942,026	(-) 2,514,903
二月	2,888,258	1,548,409	—	2,885,126	(-) 2.888,258
三月	5,294,910	3,311,326	782	5,598,592	(-) 5,294,128
第一季	10,698,822	7,686,838	1,533	11,425,745	(-)10,697,289
四月	3,788,977	3,985,196	—	4,480,135	(-) 3,788,977
五月	4,354,693	5,048,908	1,777,793	4,632,733	(-) 2,576,900
六月	1,946,545	4,841,465	1,523,235	4,109,613	(-) 423,310
第二年	10,090,215	13,875,569	3,301,028	13,222,481	(-) 6,789,187
上半季共计	20,789,037	21,562,407	3,302,561	24,648,226	(-)17,486.476

无论进口出口，第二季又略胜于第一季，各月份变动亦颇为平稳，入口涨落于四百余万国币至七百余万国币之间，出口涨落于三百余万国币至五百余万国币之间。

（三十五）民国二十二年上半年广州出入口贸易统计表

月份	进口		出口		出超（＋）或入超（－）
	国币	上年同期	国币	上年同期	
一月	5,281,985	5,671,787	4,365,703	3,017,539	（－） 916,282
二月	4,188,915	6,907,173	4,062,286	3,570,146	（－） 126,629
三月	7,555,486	6,201,242	3,850,649	4,157,168	（－） 3,704,837
第一季	17,026,386	18,780,202	12,278,638	10,744,853	（－） 4,747,748
四月	7,740,709	13,499,020	4,337,716	5,282,447	（－） 3,402,993
五月	6,492,956	7,486,070	5,282,885	3,812,713	（－） 1,210,071
六月	4,644,717	5,824,525	4,820,811	4,323,198	（＋） 176,094
第二季	18,878,382	26,809,615	14,441,412	13,418,358	（－） 4,436,970
上半年共计	35,904,768	45,589,817	26,720,050	24,163,211	（－） 9,184,728

〔下　略〕

〔实业部档案〕

2. 实业部国际贸易局关于1933年下半年出入口贸易埠别概况的报告①

（1934年1月）

……

本年下半期我国各埠对外贸易，上海仍居首席，占全国贸易额百分之五十一强。天津次之，广州胶州九龙汕头又次之。与上半期情形相同，惟广州又跃居胶州之前矣。下半期之进口贸易，与上半期比较，除南京芜湖两埠略增外，其他各埠一致衰落，而以宁波汉口汕头为甚，皆减少百分之三十五以上，上海亦减少百分之二十一强。出口贸易方面。除胶州宁波减少外，其他各埠较诸上半期皆见增加，而以芜湖为甚，计增加百分之四十强，汕头广州次之，亦在百分之十九以上。

自全年观察，本年各埠贸易，出口方面仍以上海为最盛。计值三一五，七五八，〇〇〇国币，较上年增加六九，〇八九，〇〇〇国币。其次为天津，计值八八，四七二，〇〇〇国币，较上年减少九，四九〇，〇〇〇国币。再次为广州，计值五八，四〇四，〇〇〇国币，较上年增加五，二五三，〇〇〇国币。此外如胶州汕头等。汉口则由二十一年之三千一百六十余万元，突减至七百六十余万国币，即减去百分之七十六之巨。综观全年各埠出口贸易，除汉口天津汕头各有跌落以外，其余如上海胶州广州九龙等则多有增加。至于入口方面，则本年各埠，普遍减落。尤以上海广州天津减额最巨。计全年上海仍居第一位，值七三六，二二〇，〇〇〇国币，较上年则已减少四五千八百九十余万元。天津值一二〇，七七八，〇〇〇国币，较上年减少四千二百余万元。九龙值九六，六二二，〇〇〇国币，较上年减少八百余万元。胶州值

① 选自1934年1月实业部国际贸易局：《民国二十二年第三季第四季贸易报告》，沿用原标点。

七〇，八四六，〇〇〇国币，较上年减少一千六百余万元。广州值六二，〇〇九，〇〇〇国币，较上年减少二千二百余万元。其他各埠亦各减数百万元或数十万元不等。兹附表于次：

(五十二)民国二十二年第三四季出入口贸易埠别统计表

埠别	出口价值(国币)			入口价值(国币)			总额价值(国币)		
	第三季	第四季	全年共计(单位千)	第三季	第四季	全年共计(单位千)	第三季	第四季	全年共计(单位千)
上海	82,613,869	76,102,915	315,758	155489,537	149861,958	736,220	238103,406	225964,873	1051,978
天津	23,937,214	22,490,009	88,472	27,546,728	29,211,912	120,778	51,483,942	51,701,921	209,250
大连	—	—	—	—	—	—	—	—	—
广州	15,844,932	15,799,211	58,404	13,393,345	12,710,995	62,009	29,278,277	28,510,206	120,413
胶州	11,000,327	9,340,405	41,608	13,690,881	15,741,028	70,846	24,691,208	25,082,433	112,454
九龙	834,676	1,109,568	3,886	21,850,388	19,034,960	96,622	22,685,064	20,144,528	100,508
汕头	5,328,883	4,626,567	17,778	17,835,287	6,576,332	59,776	23,164,170	11,202,899	77,554

续上表

汉口	3,627,747	719,042	7,649	6,554,197	6,916,122	34,259	10,181,945	7,635,164	41,908
厦门	936,220	920,015	3,372	9,472,729	5,808,683	32,984	10,408,949	6,728,698	36,356
哈尔滨	—	—	—	—	—	—	—	—	—
南京	1,019	434	2	1,927,433	9,954,770	21,370	1,928,452	9,955,204	21,372
宁波	1,429	1,028	18	670,212	521,586	3,282	671,641	522,614	3,300
镇江	20,670	6,317	64	1,388,242	1,695,449	8,059	1,408,912	1,701,766	8,123
九江	636	678	2	558,446	892,948	3,593	559,082	893,626	3,595
芜湖	282,054	514,054	1,373	486,043	744,299	1,931	768,097	1,258,353	3,304
其他各埠	18,197,848	21,313,837	73,907	24,436,321	24,677,667	107,249	42,634,169	45,991,504	181,156
总计	162667,524	152944,080	612,293	295299,790	284349,709	1,358,978	457967,314	437293,789	1971,271

自各埠在全国贸易中所占地位观察，本年有一端足以注意者。即进出口均有集中于上海之势。民国二十一年上海在我国入口贸易中占百分比为四八·〇三，二十二年增至五四·一四。在出口贸易中所占百分比二十一年为三二·一二，二十二年增至五一·五七。在贸易总额中百分比二十一年为四二·九九，二十二年增至五三·三六。考上海在我国对外贸易地位日趋增进之原因，一方面乃因东北各关报告缺乏数字毫无，因而上海所占百分比在相对上自觉增加，一方面则因近年内地不靖人口资金均会集于上海，

(五十三)民国二十二年第三四季出入口贸易埠别百分比较表

埠别	出口			入口			总计		
	第三季	第四季	全年共计	第三季	第四季	全年共计	第三季	第四季	全年共计
上海	50.76	49.76	51.57	52.65	52.70	54.14	51.99	51.67	53.36
天津	14.72	14.70	14.45	9.32	10.27	8.88	11.24	11.82	10.62
大连	—	—	—	—	—	—	—	—	—
广州	9.77	10.33	9.54	4.54	4.47	4.56	6.39	6.52	6.11
胶州	6.76	6.11	6.80	4.64	5.54	5.20	5.39	5.74	5.71
九龙	0.51	0.73	0.64	7.40	6.69	7.14	4.95	4.61	5.10
汕头	3.28	3.03	2.90	6.04	2.32	4.42	5.06	2.56	3.93
汉口	2.23	0.47	1.25	2.22	2.43	2.52	2.22	1.75	2.12
厦门	0.58	0.60	0.55	3.21	2.04	2.34	2.27	1.54	1.84
哈尔滨	—	—	—	—	—	—	—	—	—
南京	—	—	—	0.66	3.50	1.58	0.42	2.28	1.08
宁波	—	—	—	0.23	0.18	0.24	0.15	0.12	0.17
镇江	0.01	—	0.01	0.47	0.60	0.59	0.31	0.39	0.41
九江	—	—	—	0.19	0.32	0.26	0.12	0.20	0.18
芜湖	0.17	0.34	0.22	0.15	0.26	0.14	0.17	0.29	0.17
其他各埠	11.18	13.93	12.07	8.28	8.68	7.90	9.32	10.51	9.19
总计	100.00	100.00	100.00	100.00	100.00	100.00	100.00	100.00	100.00

因而全国对外贸易亦有偏集上海之势。除上海以外，各埠贸易地位，出口方面以天津为第二，占百分之一四·四五，广州第三，占百分之九·五四。胶州第四，占百分之六·八〇。汕头第五，占百分之二·九〇。汉口则由二十一年百分之四·一二落至百分之一·二五。在入口方面亦以天津为第二位，占百分之八·八八。九龙第三，占百分之七·一四。胶州第四，占百分之五·二〇。广州第五，占百分之四·五六。此外则为汕头汉口厦门等。总额方面以天津为第二，占百分之一〇·六二。广州第三，占百分之六·一一。胶州第四，占百分之五·七一。此外九龙汕头汉口厦门等地。兹列表于次：

贸易总额方面，往年我国出超埠为东北各埠及胶州广州九江等处。今则东北各关，业已丧失。广州胶州在二十一年，亦即变为入超。九江一埠二十一年尚出超六十余万关两，本年则改为入超。是全国重要各埠，已几无一出超者矣。计本年入超数额以上海为最大，计达四二〇，四六二，〇〇〇国币，占本年全国入超总额百分之五六·三。其次为九龙，计入超九二，七三六，〇〇〇国币。再次为汕头，计入超四一，九九八，〇〇〇国币。此外天津厦门胶州汉口等地亦各入超二千余万国币至三千余万国币不等。兹列表于次：

〔上海〕上海贸易，本年上半期六个月进口总额为四三〇，八六八，三四五元，出口总额为一五七，〇四一，四二五元，共计五八七，九〇九，七七〇元。若与上年同期比较，入口贸易则减少百分之二二·〇，出口贸易则增加百分之七一·六，第三四两季上海贸易又见逊色。贸易总额仅四六四，〇六八，二七九元，较上半期减少百分之二一·〇。进口贸易计三〇五，三五一，四九五元，较上半期减少百分之二九·〇，惟出口贸易略见增加，计一五八，七一六，七八四元，较上半期约增百分之一强。

总观全年上海进出口贸易，总额计一，〇五一，九七八，〇

(五十四)民国二十二年第三四季及全年贸易出入超埠别比较表(复出口数字计算在内)

埠别	出超(+)或入超(-)(单位国币)		
	第三季	第四季	全年总计(单位)
上海	(-)72,875,668	(-)73,759,043	(-)420,462,000
天津	(-)3,609,514	(-)6,721,903	(-)32,306,000
广州	(+)2,491,587	(+)3,088,216	(-)3,605,000
胶州	(-)2,690,554	(-)6,401,623	(-)29,238,000
九龙	(-)21,015,712	(-)17,925,392	(-)92,736,000
汕头	(-)12,506,404	(-)1,949,765	(-)41,998,000
汉口	(-)2,926,451	(-)6,197,080	(-)26,610,000
厦门	(-)8,536,509	(-)4,888,668	(-)29,612,000
哈尔滨	—	—	—
南京	(-)1,926,414	(-)9,954,336	(-)21,368,000
宁波	(-)668,783	(-)520,558	(-)3,264,000
镇江	(-)1,367,572	(-)1,689,132	(-)7,995,000
九江	(-)557,810	(-)892,270	(-)3,591,000
芜湖	(-)203,989	(-)230,245	(-)558,000
其他各埠	—	—	—
总计	(-)132,632,266	(-)131,405,629	(-)746,685,000

四九元。较二十一年度之六六六，四四三，六六六关两（合国币一，〇三八，三一九，二三一元)。增加国币一三，六五八，八一八元。其中出口增加约六千九百余万元，入口则减少五千八百九十余万元。全年入超为四二〇，四六一，六二九元。兹列表于次。

〔天津〕 本年天津贸易，上半年以华北战争关系，极为不振，货物停阻月余之久。计半年进口总额为六千四百〇一万余元，出口额为四千二百〇四万余元。下半年一方面以塘沽协定成立华北

（五十五）民国二十二年第三四季及全年上海出入口贸易统计表

月份	进口（国币）	出口（国币）	出超（+）或入超（-）（国币）
七月	50,572,349	29,352,218	（-）21,220,131
八月	57,316,800	28,180,846	（-）29,135,954
九月	47,600,388	25,080,805	（-）22,519,583
第三季合计	155,489,537	82,613,869	（-）72,875,668
十月	50,351,533	25,459,066	（-）24,892,467
十一月	46,567,396	27,653,029	（-）18,914,367
十二月	52,943,029	22,990,820	（-）29,952,209
第四季合计	149,861,958	76,102,915	（-）73,759,043
全年共计	736,219,840 *736,220,000	315,758,209 *315,758,000	（-）420,461,631 *（-）420,000

有*共记者为累积数

时局较为安定，一方面以天津产业本以秋季以后为繁荣季节之故，出口额增至四千六百四十二万余国币。入口则仍无起色，略减至五千六百七十六万余国币。总计全年进口为一二〇，六八七，五〇四国币，约当上年百分之七四，出口为八八，四七二，二七八国币，约当上年百分之九〇。入超三二，二一五，二二六国币，约当上年百分之四九。

〔汉口〕 汉口贸易自受水灾匪祸影响以后，本已衰落不堪。本年更形凋敝。上半年入口计二千〇七十八万余国币，出口计三百三十万国币。入超计一千七百四十八万余国币。下半年入口计一三，四七一，三二〇国币，较上半年又减少百分之三五。出口贸易额较上半期虽略有增加，但为数仍不过四，三四六，七八九国币。综计全年汉口对外入口贸易值三四，二五九，三五七国币，仅及上年百分之八九。出口贸易更不过七，六四九，三五〇国币，仅及上年百分之一一四。全年入超计二六，六一〇，〇〇〇国币。至

(五十六)民国二十二年第三四季及全年天津出入口贸易统计表

月份	进口(国币)	出口(国币)	出超(+)或入超(-)(国币)
七月	8,809,356	11,002,347	(+)2,192,991
八月	8,302,467	7,264,439	(-)1,038,028
九月	10,434,905	5,670,428	(-)4,764,477
第三季共计	27,546,728	23,937,224	(-)3,609,503
十月	9,529,596	6,612,945	(-)2,916,651
十一月	10,030,782	8,147,597	(-)1,883,185
十二月	9,651,534	7,729,467	(-)1,922,067
第四季共计	29,211,921	22,490,009	(-)6,631,903
全年共计	*120,777,505 *120,778,000	88,472,278 *88,472,000	(-)32,215,226 * 32,306,000

有*记者为累积数

本年汉口出口贸易极度衰落之原因。一方面乃受四川战争及华中各地不靖农村经济破产之影响。一方面则以桐油茶叶等货出口,一部改由上海集聚所致，要之汉口贸易之前运，实深可悲观者也。

(五十七)民国二十二年第三四季及全年汉口出入口贸易统计

月份	进口(国币)	出口(国币)	出超(+)或入超(-)(国币)
七月	1,624,050	2,806,277	(+)1,182,227
八月	2,879,144	496,915	(-)2,382,229
九月	2,051,004	324,555	(-)1,726,449
第三季合计	6,554,198	3,627,747	(-)2,926,451
十月	2,784,806	359,593	(-)2,425,213
十一月	2,521,434	247,270	(-)2,274,164
十二月	1,609,882	112,179	(-)1,497,703
第四季合计	6,916,122	719,042	(-)6,197,080
全年合计	34,259,357 *34,259,000	7,649,350 *7,649,000	(-)26,610,007 * 26,610,000

〔广州〕 本年广州对外贸易，出口计值五八，四〇四，二九三国币较上年增加约百分之十，入口计值六二，〇〇九，一〇八国币，上年约减少百分之二七。入口以上半年为较旺，值四千五百五十余万国币。下半年则不过二千六百十余万国币，较上半年减少百分之二四。出口则上半年为二千六百七十二万国币，下半年增至三千一百六十八万余国币，即增加百分之一八左右。贸易总额上半年除六月之外，均为入超。下半期则一律为出超，两抵全年入超三，六〇四，九一五国币，约及上年百分之一二左右。

（五十八）民国二十二年第三四季及全年广州出入口贸易统计表

月　份	进口（国币）	出口（国币）	出超（十）或入超（－）（国币）
七月	5,208,295	5,871,374	(＋)663,079
八月	4,089,398	4,145,095	(＋)55,697
九月	4,095,652	5,868,463	(＋)772,811
第三季合计	13,393,345	15,884,932	(＋)2,491,587
十月	3,869,615	4,469,852	(＋)600,237
十一月	5,094,192	6,029,921	(＋)935,729
十二月	3,747,188	5,299,438	(＋)1,552,250
第四季合计	12,710,995	15,799,211	(＋)3,088,316
全年共计	62,009,108 *62,009,000	58,404,193 *58,404,000	(－)3,604,915 *(－)3,605,000

有*记者为累积数

〔下略〕

〔实业部档案〕

3. 实业部国际贸易局关于1934年上半年出入口贸易埠别概况的报告①

（1934年10月）

……

四　出入口贸易埠别情形

(一)概况　本年上半年全国对外贸易衰落，各埠贸易总额与去年同期比较也多见减退。贸易总额方面，虽仍以上海为最盛，计达四亿七千一百八十五万一千元，但与上年同期比较，仅等于百分之八〇·二，数额方面，计减落一亿一千六百余元，次于上海而居我国对外贸易之第二重要商埠之天津，本年上半期贸易为九千二百九十九万九千元，与上年同期比较，仅等于百分之八七·七，数额方面，计减落一千三百〇六万余元，再次如九龙胶州广州三处，本年上半期贸易额均不过四千余万元，较上年同期均减落一千五百万元左右，其他次要商埠，除芜湖比较上年同期增加百分之一百二十一，南京增加百分之二十三外，贸易总额无不低落。

就进出口分析观察，则进口方面，除芜湖增加百分之一百四十二强，南京增加百分之三十三强外，其他各埠均见衰落，而以汕头、广州、厦门、为尤甚，均减少百分之五十以上，上海天津两大商埠，也减落百分之二十二。出口方面，芜湖增加百分之九四·九，九龙增加百分之四二·一，厦门增加百分之三·九，天津增加百分之二·三，此外如胶州，汕头，汉口，宁波等，本年上半年出口较去年同期减少尚微，唯上海及广州两埠，均较去年同期减落百分之十二三。

---

① 选自1934年10月实业部国际贸易局《民国二十三年第一季第二季贸易报告》，沿用原标点。

（三十七）民国二十三年上半年进出口贸易埠别统计表

（单位：国币千元）

埠别		上海	天津	大连	广州	胶州	九龙	汕头
进口	上半年	338,405	49,559	—	17,880	23,966	45,453	15,103
	上年同期	430,868	64,019	—	35,905	41,413	55,736	35,365
	与上年同期百分比%	78.4	77.3	—	5.02	58.5	80.3	42.8
出口	上半年	33,446	43,440	—	23,632	20,342	2,727	7,455
	上年同期	157,041	42,045	—	26,720	21,267	1,941	7,822
	与上年同期百分比%	84.7	102.3	—	88.8	95.2	142.1	96.1
总计	上半年	471,851	92,999	—	41,512	44,308	48,180	22,558
	上年同期	587,909	106,064	—	62,625	62,680	57,677	43,187
	与上年同期百分比%	80.2	87.7	—	66.6	69.8	82.7	53.4
入超（－）或出超（＋）	上半年	（－）204,959	（－）6,119	—	（＋）5,752	（－）3,624	（－）42,726	（－）7,648
	上年同期	（－）273,827	（－）21,974	—	（－）9,185	（－）20,146	（－）53,795	（－）27,543
	与上年同期百分比%	74.8	27.8	—	—	17.9	79.6	27.6

埠别		汉口	厦门	南京	宁波	九江	芜湖	其他各埠	总计
进口	上半年	15,004	8,873	2,646	1,155	2,039	1,699	43,529	54,311
	上年同期	20,789	17,702	9,482	2,090	2,142	700	63,113	779,329
	与上年同期百分比%	71.4	50.1	133.3	57.1	95.1	242.7	69.8	73.6
出口	上半年	3,171	1,582	1	15	—	1,125	31,814	268,750
	上年同期	3,303	1,515	—	16	—	577	34,434	296,681
	与上年同期百分比%	96.9	103.9	—	93.7	—	194.9	94.1	90.5
总长	上半年	18,175	10,455	11,647	1,170	2,039	2,824	75,343	843,061
	上年同期	24,092	19,217	9,482	2,106	2,142	1,277	97,547	1,076,010
	与上年同期百分比%	75.0	54.1	123.4	55.5	95,1	221.1	76.5	78.3
入超(−)或出超(+)	上半年	(−) 2,833	(−) 7,291	(−) 11,645	1,140	(−) 2,039	(−) 574	(−) 11,715	(−) 305,561
	上年同期	(−) 17,486	(−) 16,187	(−) 9,487	(−) 2,074	(−) 2,142	(−) 123	(−) 28,679	(−) 482,648
	与上年同期百分比%	67.8	43.7	123.4	54.9	95.1	466.6	41.3	63.3

就各埠贸易在全国所占地位言，则全国贸易集中于上海之趋势，益见显明。上半年上海在进口贸易中占百分之五九·〇一，出口贸易中占百分之四九·六六，总计占百分之五五·九七，换言之，即上半年全国对外贸易大半数系以上海为吐纳地点。次于上海为天津，其所占地位无论出

入口，均较往年同期增高，进口贸易由往年百分之八·二一增至八·六二，出口贸易由往年百分之一四·一七增至一六·一六，此外入口贸易依次为九龙，胶州，广州，汕头，汉口等，出口贸易依次为广州，胶州，汕头，汉口，九龙等。

(三十八)民国二十三年上半年重要商品埠出入口贸易百分比比较表（单位为千国币）

埠别		上海	天津	广州	九龙	汕头	厦门	胶州	汉口	南京	拱北
进口	总值	338,405	49,559	17,880	45,453	15,103	8,873	23,966	15.004	11,646	4.638
	百分比	59.01	8.62	4.61	7.20	2.64	1.53	4.17	2.64	2.02	0.81
出口	总值	133,446	43,440	23,632	2,727	7,455	1,582	20,342	3,171	1	494
	百分比	49.66	16.16	8.79	1.02	2.77	0.59	7.57	1.18	—	0.18
总计	总值	471,851	92,999	41,512	48,180	22,558	10,455	44,308	18,175	11,647	5,132
	百分比	55.97	11.03	4.92	5.71	2.68	1.24	5.26	2.16	1.38	0.61

(二)上海　本年上半期上海对外入口贸易，共计三三八，四〇五，一一一元国币，较上年同期减少九千二百四十余万元，即百分之一一·六，出口贸易共计一三三，四四六，三六三元，较上年同期减少二千三百五十九万余元，即百分之一五·三。至于出入口贸易之均趋减落，乃处全国

对外贸易衰落声中之必然现象，且就实际情形观察，本年上半年全国对外入口贸易较去年同期减落百分之二一·六，全国对外出口贸易减落百分之九·五，而上海达六千五百余万元，四五两月份各达五千余万元，二六两月份为最淡，仅四千余万元，至于出口方面，第二季较第一季为好，以五月份出口为最旺，计达二千五百八十余万元，一六两月份也达二千四百余万元，四月份也在二千一百万元，三月及二月份出口则均不满二千万元。就本年上半年上海入超而言，上半年共计入超二〇四，九五八，七四八元，较去年同期减少六千八百八十六万余元，就各月入超比较，以三月份为最多，计四六，二八五，九二七元，五月份为最少，计二一，一一八，九六八元。

(三十九)民国二十三年上半年上海出入口贸易统计表

月份		一月	二月	三月	第一季	四月	五月	六月	第二季	上半年共计
进口	国币	65570971	47073843	65898119	178542933	59384070	54882231	45595877	159862178	338405111
	上年同期	57730392	74133114	80953370	212816878	4323	79869960	53857672	218051469	430868345
出口	国币	24246847	18671435	19112192	62030474	21061373	25877607	24476909	71415889	133446363
	上年同期	35298345	24484493	24614040	84396878	20657910	24106984	27879653	72644547	157041425
出超(+)或入超(-)		(+) 41324124	(+) 28402408	(+) 46785927	(+) 116512459	(-) 38322697	(+) 29004624	(+) 21118968	(+) 88446289	(+) 204958748

（三）天津　天津对外贸易，自去年受华北战事影响，后极为不振，本年上半期因全国整个贸易衰敝。天津贸易自难见恢复，合计六个月来，进口仅四九，五五九，一一三元，较上年同期减少一千四百四十五万余元，出口合计达四三，四三九，八〇四元，较上年同期增加一百三十九万余元，出口增加虽微，但与进口巨减之情形相拟视，尚可引为欣慰也。就各月份变动而论，进口第一季计二三，八八三，八五九元，第二季计二五，六七五，二五四元，各月之中，以四月份为较旺，计仅九百〇五万六千四百九十元，一五六各月，各值八百余万元，二三两月为最淡仅值七百余万元，就各月进口数字与上年同期比较，无有不较低落者，最旺之四月份尚较上年同期减少四百九十三万余元，最淡之三月份且较上年同期减少五百四十三万余元之多，出口方面，第一季计二三，六五七，九四四元，较上年同季增加一百五十二万余元，第二季计一九，七八一，八六〇元，较上年同季减少甚微。各月中以三月份出口最旺，达八百七十八万元，一二四各月较为清淡，各值七百余万元，五月份不过六百六十五万余元，六月份为最少，仅五百九十三万余元，与上年同期比较，二三四各月均较上年多一二百万元不等，其余三个月则稍见短少。就贸易平衡方面论，上半年净入超共达六百十一万九千余元，比较上年同期入超额（二一，九七三，八二〇元）减少一千五百八十五万余元，即百分之七二，就各月份观察，三月份尚可有一百〇五万八千余元之巨额出超，实为可注意之现象，其余入超各月，最多如六月份也不过二百四十四万三千余元，最少如一月份，只入超四十一万余元。

（四）汉口　汉口对外贸易，近年每况愈下，本年上半期益趋凋敝，六个月来入口共计一千五百万〇三千五百三十七元，较之上年同期减少五百七十八万余元，即百分之二九，出口共计三百十七万一千二百九十八元，较之上年同期减少尚微，不过十一万余

(四十)民国二十三年上半年天津出入口贸易统计表

月份		一月	二月	三月	第一季	四月	五 月	六 月	第二季	上半年共计
进口	国币	8234267	7927874	7721718	23883819	9056490	8239018	8379746	25675254	49559113
	上年同期	8892935	7638724	13154510	29686169	13987602	13813837	7031257	34332696	64018865
出口	国币	7818126	7059418	8780400	23657944	7196068	6650422	5935370	19781860	53439804
	上年同期	9261028	6710339	6164930	22136297	4939747	8093065	6875936	19908748	42045045
出超(+)或入超(-)		(-) 416141	(-) 868456	(+) 1058682	(-) 225915	(-) 1860422	(-) 1588596	(-) 2444376	(-) 5893394	(-) 6511309

元而已，因进口减落程度较大之故，上半年入超额遂也减至一千一百八十三万二千余元，较上年同期入超额减少五百六十余万元，就各月变动情形而论，进口以二月份为最旺，计值五百二十六万五千余元，一月份较少，计三百二十五万六千余元，四月份计二百十一万五千余元，此外三、五、六各月，均不过一百余万元左右。与上年同期比较，除一二两月较上年增加外，均较低落。出口方面，第一季向为清淡季节，共计不过八千六百余元，第二季中以六月份出口为最多，计二百〇六万六千余元，五月份也达一百〇九万三千四百余元，此外各月则均不满九千元。与上年同期比较，一、二、四、六各月均较微增，唯五月份则较上年同期减落颇巨，出入超方面，除六月

份出超七十万余元外，其余各月均入超，一月份入超额为最巨，计达五百二十六万余元，五月份为最少，为四十五万一千余元。

(四十一)民国二十三年上半年汉口出入口贸易统计表

月份		一月	二月	三月	第一季	四月	五月	六月	第二季	上半年共计
进口	国币	3256058	5265895	1463239	9985192	2115138	1545123	1358084	5018345	15003537
	上年同期	2515654	2888258	5294910	10698822	3788977	4354693	1946545	10090215	20789037
出口	国币	1848	1260	550	8658	8137	1093425	2066078	3167640	3171298
	上年同期	751	—	782	1533	—	1777773	1523235	3301028	3302561
出超(+)或入超(－)		(－)3254210	(－)5264635	(－)1462689	(－)9981534	(－)2107001	(－)451698	(+)707994	(－)1850705	(－)2832239

(五)广州　本年上半期广州对外贸易，非常凋敝，进出口比较，以进口衰落之程度为尤甚，合计上半期六个月进口为一千七百八十八万余元，较上年同期减少一千八百〇二万余元，即百分之五〇，出口为二千三百六十三万二千三百五十九元，较之上年同期减少三百〇八万余元，即百分之一二，就各月变动情形而论进出口变动均甚少，进口一、四、六各月各值三百余万元，二、三、五各月，各值二百余万元，出口一月份为四百二十三万余元，二、三、四、五各月份则均在三百

万元以上，六月份为最多，计五百九十六万〇四百〇一元。因进口大为减少之故，本年上半期广州对外贸易，遂由往年同期之九百一十八万元之入超变为五百七十五万二千余元之出超，是诚足使吾人注意者。各月中仅四月份入超二万余元，其余各出超月份以六月份为最多，计达二百八十四万七千余元，二月份次之，计一百〇四万余元，出超额最少之一月份，也在七十三万元以上。

民国二十三年第一季第二季贸易报告

月份		一月	二月	三月	第一季	四月	五月	六月	第二季	上半年共计
进口	国币	3499553	2459701	2851654	8810908	3411268	2544962	3112890	9069120	17880028
	上年同期	5281985	4188915	7555486	17026386	7740709	6492956	4644717	18878382	35904768
出口	国币	4235654	3499930	3031327	10766911	3390886	3514158	5960401	12865448	23632359
	上年同期	4365703	4062286	3850649	12278638	4337716	5282885	4820811	14441412	26720050
出超（+）或入超（-）		（+）736101	（+）1040229	（+）179673	（+）1956003	（-）20382	（+）969196	（+）2847511	（+）3796325	（+）5752325

结论

综观民国二十三年上半期我国贸易，无论出入口方面，均趋萎缩，计上半年出口共值二万六千九百余万元，较上年同期减少百分之九，入口共值二万八千八百余金单位，折合国币五万六千九百余万元，较上年同期减少百分之二六，贸易总值计八万三千八百余万元，较上年同期减少百分之二二，入超方面，因入口减少之程度远在出口之上，于是较上年减少一万七千三百三十三万余元，两季入超计三万〇一百余万元，考入超减少，本不失为一差强人意之事实，然吾人所不可不注意的，即我国入超之减少，并非由于出口之增进，殆完全由于入口之锐减，而入口之减少，又非我国国产有代替洋货能力之结果，实由于国内经济破产，人民购买力疲弱所致，故本年上期我国入超之减少，实未足 引为乐观者也。

至于商品贸易，本年上期，根本性质，一如往昔，唯出入口重要商品次位，互有升降，就本年上半期之出口价值与上年同期作一比较，则皮货、茶、五金、猪鬃、烟草、煤及席各项均有增加，生丝、棉纱、蛋产品、绸缎、桐油、棉布、棉花、花生等项则有减少，去年上期土货出口以生丝为最多，本年则皮货活跃而居于第一位，其次为棉纱、五金、蛋产品、茶、生丝、桐油、绸缎、花生等，洋货入口方面，本年上期较去年同期大都俱见减少，尤以米及小麦减落最巨，此外棉布，煤油、面粉、煤、纸、化学产品，人造丝、鱼介、砂糖也见减少，唯机器、烟草、棉花、五金各项，则大有增加，入口洋货次序以棉花为最多，其次为五金，米面粉，煤油，小麦，机器，纸类等。

要之，本年上期我国对外贸易，实陷于不振之状态，其根本症结，盖在内地经济破产与实业衰微，吾人苟不从根本方面着手改进，则贸易必终无法以言发展也。

〔下略〕

〔行政院档案〕

四、商 品 结 构

1．实业部国际贸易局关于1933年上半年出入口商品结构及重要商品市况的报告①

（1933年10月）

……

〔商品分类比较〕 本年第一季第二季各种商品，按性质分为四大类1．饮食物及烟草，2．原料及半制品，3．制造品，4．杂货。此种分类标准，仍根据杨端六侯厚培之六十五年来中国国际贸易统计接续编制，以便利作长时期之比较，而此种分类比较，又足以窥及一国产业之盛衰，及经济之推移。本年第一季，在出口货内，以制造品为最多，占百分之四十八，几及全部出口之半数。饮食物及烟草与原料及半制品次之，各占百分之二十五以上。第二季情形，与第一季同。制造品仍占百分之四六·八九，原料及半制品次之，占百分之二六·二八，饮食物及烟草占百分之二四·八一。入口方面，第一二两季，亦均以制造品为最多，饮食物及烟草次之，然无大量之差异，均在百分之三十三至三十八之间。原料及半制品第三，亦占百分之二十五以上。其情形由下表可以见及。

下表内与上年同季比较，吾国贸易商品，已有极大之变动。出口内，素以饮食物及烟草占多数者，已由制造品跃居第一位，而百分比之增长，且达百分之四十八。上年同季制造品，则仅占百分之二十五左右，居第三位，而饮食物烟草，则占百分之四十以

① 选自1933年10月实业部国际贸易局：《民国二十二年第一季第二季贸易报告》；沿用原标点。

（4）民国二十二年第一季第二季出入口商品分类百分比较表

类别	出口				入口			
	第一季	上年同季	第二季	上年同季	第一季	上年同季	第二季	上年同季
第一部饮食物及烟草	25.41%	40.95%	24.81%	44.88%	32.88%	33.95%	33.33%	31.66%
第二部原料及半制品	25.86%	32.00%	26.28%	26.75%	25.38%	26.91%	25.65%	24.63%
第三部制造品	48.00%	25.85%	46.89%	24.94%	39.34%	37.58%	37.59%	41.36%
第四部杂货	0.73%	1.20%	2.02%	3.43%	2.40%	1.56%	3.43%	2.35%

上。本年位置，恰相倒易。出口内，制造品比率之增加，应为工业渐趋发展经济逐渐改进之表现，唯吾人须注意本年与上年同季比较，其比率之大变更，东北各关内豆类数字之不全，为一重要原因。往年仅豆及豆饼两项，即单独占出口总值内百分之二十一以上，（二十年豆占百分之一五·二豆饼占百分之六·〇一）本年比率之特变，多由豆类数字之缺略，固未能谓为我国工业之进步之确证也。入口方面，其趋势与上年同季相同，唯本年下期内，棉麦借款之大宗输入，第一二两部之数字，或将增加，此又吾人所可预料者也。

（八）民国二十二年第一季第二季出入商品分类统计表（见下页）

类别			出口（国币）				入口（金单位）			
			第一季	上年同季	第二季	上年同季	第一季	上年同季	第二季	上年同季
第一部饮食及烟草	食品饮料	五谷类	69,413	10.616,413	50,410	15.790,813	37,214,947	37,888,176	50.968,777	53,144,495
		杂粮类	1,107,636	39,752,912	971,124	36,307,051	325,460	166,578	323,368	215,185
		粉类	4,774,195	2,029,351	1,542,934	1,757,535	5.360,727	11,244,020	6,162,310	10,133,996
		糖类	17,865	9,861	3,922	6,539	6,269,275	12,264,422	4,528,841	15,345,619
		菜蔬类	2,318,718	2,634,430	2,445,394	2,260,038	219,253	452,003	251,145	531,066
		百果类	1,940,528	1,746,580	941,956	773,176	470,102	1,018,487	611,368	1,172,501
		栗子类	8,487,575	9,316,499	3,896,332	13.834,517	49,100	103,345	37,122	65,376
		糖食类	55,126	63,232	35,094	62,458	526,230	888,907	587,238	972,369
		牲畜类	2,296,521	2,080,966	2,176,068	2,865,886	63,235	25,270	93,334	61,328
		肉类	1,491,027	2,494,163	851,257	1,539,641	356,209	503,064	384,770	584,576
		蛋类	5,058,041	6,001,530	10,081,026	15,756,051	—	—	—	—
		鱼介类	1,000,178	1,329,379	670,009	1,111,251	4.063.999	5,293,168	2.700,899	3,717,201
		盐类	674,018	983.153	445,381	1,370,856	2,730	6,294	2,502	6,258
		他类食品	2.177,758	2,755,733	2,186,433	2,659,032	1.192,541	1,311,603	1,143.088	1,619,251
		食品合计	31,568,599	81,814,202	26,297,340	96,094,844	56,113,808	71,165,337	67,794,762	87,569,221
		茶类	5,641,934	5,481,853	6,831,033	11.624,054	24,867	211,729	39,064	264,506
		酒类	185,819	201,485	223.799	213.886	475,226	1,087,965	547,999	1,709,297

续上表

		其它饮料	—	—	—	—	59,306	680,884	86,886	173,057
		饮料合计	5,827,753	5,683,338	7,054,832	11,837,940	559,399	1,368,538	673,949	2,146,860
		烟草	2,652,149	2,541,165	1,102,828	1,552,940	3,590,569	7,405,068	2,450,316	3,014,631
		第一部共计	40,048,501	90,038,709	34,455,600	109485,724	60,263,776	79,938,943	70,919,627	92,730,712
第二部原料及半制品	纺织原料	棉类	7,770,679	6,868,085	6,019,199	3,688,059	13,283,460	32,968,221	15,439,765	41,476,774
		毛类	3,423,779	2,804,059	4,229,841	2,779,266	108,828	97,229	225,868	85,945
		蚕茧类	146,919	58,006	72,681	105,964	—	—	—	—
		其它纺织原料	1,524,672	1,416,155	519,000	841,742	375,493	444,564	196,151	398,028
		合计	12,866,049	11,146,705	10,840,721	7,415,031	13,767,781	33,510,014	15,861,784	41,960,747
	燃料	固体燃料	1,586,672	9,034,213	1,349,481	8,905.980	3,540,817	2,942,580	4,065,388	2,623,138
		液体燃料	2,309	657,122	1,018	335,302	18,925,255	18,267,174	20,342,433	17,316,588
		合计	1,588,977	9,691,335	1,350,499	9,241,282	22,466,072	21,209,754	24,407,821	19,939,726
		木料	382,115	841,539	431,617	951,172	2,720,954	3,816,713	5,218,232	3,818,792
		兽皮	1,713,082	1,609,848	1,540,400	1,314,776	31,256	34,120	34,841	33,429
		矿砂	817,204	526,799	782,118	1,037,237	19,440	39,730	38,639	28,490
	种子及油	种子类	3,231,643	4,384,086	2,631,803	3,718,767	48,624	48,100	27,011	48,804
		油类	9,439,455	12,678,116	8,313,122	11,833,099	4,045,286	1,808,193	5,161,691	2,489,288
		合计	12,671,098	17,062,202	10,944,925	15,551,866	4,093,910	1,856,293	5,188,702	2,538,092

第二部半制品及原料	杂类 消费品	2,777,235	2,666,324	2,580,709	2,673,580	1,724,176	1,018,055	1,601,777	1,374,930
	杂类 生产品	7,939,256	26,812,247	8,036,747	27,082,323	1,699,465	1,883,260	2,238,115	2,432,601
	杂类 合计	10,716,491	29,478,571	10,617,456	29,755,903	3,423,641	2,901,315	3,839,892	3,807,531
	第二部共计	40,755,016	70,356,999	36,507,736	65,267,267	46,523,054	63,367,939	54,590,007	72,126,807
第三部制造品	纺织品 棉货类	9,705,927	4,095,749	3,871,438	4,733,397	10,674,359	12,917,267	12,786,903	23,479,032
	棉纱类	9,668,002	7,168,795	9,373,288	6,917,986	1,055,584	3,781,956	1,052,784	3,635,427
	全棉呢类	—	—	—	—	125,601	116,363	184,271	118,439
	呢绒类	—	—	—	—	2,515,084	1,797,506	1,387,445	2,735,481
	生丝类	11,758,100	10,150,769	14,642,380	10,906,715	—	—	—	—
	丝绣货	6,535.179	6,504,784	7,466,094	7,551,872	11,717	147,784	16,715	335,764
	其它纺织品	7,082,038	6,706,944	8,178,349	8,759,812	3,581,915	4,195,303	3,757,941	10,498,713
	合计	44,749,246	34,627,041	43.531,549	38,869,782	17,964,260	22,956,179	19,186,059	40,802,856
	机械	74,162	35,872	55,434	70,266	5,743,025	7,596,898	5,429,202	8,936,063
	交通器具 铁路材料类	—	—	—	—	1,567,908	1,794,126	11,224,274	1,192,693
	车辆类	—	—	—	—	1,959,747	2,601,755	2,527,042	3,470,111
	船舶类	—	—	—	—	201,710	112,833	67,185	298,338
	航空类	—	—	—	—	746,628	231,661	1,096,898	316,126
	邮电类	—	—	—	—	445,576	1,393,266	580,828	622,225
	合计	—	—	—	—	4,921,569	6,133,641	5,496,227	5,899,493

金属品	钢铁类	178,932	239,374	167,596	302,769	6,684,006	7,857,279	9,176,027	9,496,279
	生铁类	—	2,587,406	—	4,529,776	338,473	380,057	375,028	396,683
	利器类	—	—	—	—	426,885	371,603	444,483	550,914
	铜　类	176,551	213,521	190,447	222,179	654,703	815,803	932,945	1,234,134
	锑　类	1,090,856	878,447	847,305	762,051	—	—	—	—
	其它金属类	7,272,648	1,061,342	2,515,689	791,288	4,209,056	4,660,600	4,464,747	6,115,541
	合　计	8,718,987	4,980,090	3,721,037	6,608,063	12,313,123	14,085,342	15,393,230	17,793,551
电汽及煤汽	电汽类	158,849	206,958	190,930	322,467	1,497,782	1,936,971	1,669,453	2,575,915
	煤汽类	—	—	—	—	—	—	—	—
	合　计	158,849	206,958	190,930	322,467	1,497,782	1,936,971	1,669,453	2,575,915
化学工业制造品	窑业类	936,678	1,233,274	992,243	1,941,924	2,299,342	3,026,933	2,290,776	3,463,813
	皮货皮革类	10,931,507	7,500,771	8,716,553	9,850,539	639,575	975,710	723,530	1,073,609
	染料颜料类	581,156	770,800	205,338	87,362	5,741,037	5,448,847	4,976,793	5,866,055
	纸　类	1,709,714	1,274,126	1,218,836	962,585	5,482,627	7,500,305	6,685,831	8,484,852
	药材类	181,523	57,682	153,776	57,688	1,223,193	1,494,326	1,363,050	1,670,722
	其他化学工业制造品	1,745,794	1,712,448	1,770,796	2,183,587	8,523,275	7,389,610	9,598,927	13,239,845
	合　计	16,086,372	12,549,101	13,057,542	15,083,685	23,909,049	25,835,731	25,638,907	33,798,897
	文化品类	1,371,364	570,717	997,084	611,122	1,901,002	1,954,697	2,081,597	2,471,346

杂类	家用品类	2,281,477	1,515,214	1,862,777	1,366,006	2,136,440	1,792,681	2,187,868	2932.160
	其他制造品	2,190,439	2,364,655	1,714,772	2,838,110	1,716,163	6,187,076	2,914,711	5,933,152
	合计	5,843,280	4,450,586	4,574,633	4,815,238	5,753,605	9,934,454	7,184,176	11,336,658
第三部共计		75,630,896	56,849,648	65,131,125	65,769,501	72,102,413	88,479,216	79,997,253	121143433
第四部杂货		1,141,065	2,645,915	2,797,181	3,381,890	4,430,000	3,665,411	7,300,345	6,891,442
总计		157575478	219891267 *221755822	138891042	243904382	183319243 *183226338	235,451509	212806632	292892394

* 系更正数字

上表为本年第一二两季各种分类商品之数字。与上年同期比较，其中出口之五谷杂粮两类，有显著之降低。栗子蛋品鱼介茶类出口，亦均不及上年，遂促成上半年第一部饮食物及烟草一万二千五百余万元数字之降落。在原料品内棉类出口，本年较上年增加三百二十余万元，固体燃料，则降落一千五百余万元。在制造品内，棉货棉纱生丝出口，均较上年略有增加，以是制造品方面，较上年同期略增一千余万元。入口内，饮食物及烟草，均有下落，而酒类入口，减低尤巨，故上半年第一部合计，较上年同期减少四千一百余万金单位，棉花入口，亦远不及上年同期，减少四千五百七十余万金单位，约合八千五六百万元左右。燃料类入口，较上年略增，制造品内，棉货棉纱类入口，均较上年减低，金属品化学工业制造品均低，仅有航空器具，增加颇大。

〔土货出口情形〕 本年上半年土货出口，总计为二万九千六百四十六万六千余元。其中重要商品，除豆类豆饼为特殊情形外，余与往年亦有差别。计生丝居第一位，值二千二百十六万二千余元，皮货棉纱次之，各值一千九百万元左右，蛋及蛋产品又次之，值一千五百十三万九千余元，绸缎及桐油又次之，各值一千四百万元。以下则为棉布茶五金棉花花生等项。唯所占百分比颇低。第一位之生丝，亦不过占出口总值百分之七·四八，其余如皮货棉纱蛋蛋产品等，均不过占百分之五六。以前各年，大多以豆类为第一，占百分之十以上，本年上期，已落至〇·七三不重要之地位，即生丝一项，民二十年时，亦占百分之一〇·五三，现则仅占百分之七·四八。商品地位次序，以前五六位均为豆类生丝及

（九）民国二十二年上半年出口商品值量统计表

名称	数量	价值（国币）	与出口总值百分比	与上年价值比较
生丝	32,357担	22,162,340	7.48	109.89
皮货	—	19,130,852	6.45	112.87
棉纱	229,334担	19,041,290	6.42	135.17
蛋及蛋产品	—	15,139,063	5.11	69.58
绸缎	15,256担	14,186,016	4.78	102.69
桐油	573,221担	14,030,631	4.73	126.54
棉布	159,082担	13,468,944	4.54	153.15
茶	280,047担	12,472,972	4.21	72.92
五金	—	12,467,515	4.21	106.87
棉花	275,125担	11,982,034	4.04	124.70
花生	1,182,517担	10,121,016	3.41	51.15
猪鬃	26,171担	4,712,368	1.59	99.61
烟草	—	3,754,977	1.27	91.72
煤	240,833担	2,190,745	0.74	12.88
席	—	2,018,460	0.68	96.25
豆类	357,464担	2,169,004	0.73	2.85
豆饼	21,995担	93,993	0.03	0.26
其他出口商品	—	117,324,299	39.57	—
总计	—	296,466,519	—	63.66

蛋产品棉花茶等项，本年上半年则生丝第一皮货第二棉纱第三蛋及蛋产品第四绸缎第五桐油第六棉布第七茶第八棉花第九，可知已有相当之转变矣。出口商品情形，列表如下。

上表内，重要商品，与上年同期比较，较上年为增者，有生丝棉花棉布棉纱绸缎皮货桐油五金等项，而增加之最多者，为棉布棉纱桐油三项。棉布较增四百六十七万余元或百分之五十三棉纱较增四百九十五万元或百分之三五·一七，桐油较增二百九十五万元或百分之二六·五四。生丝亦增五百三十四万元，或百分之九八·九。较上年同期低落者，以豆及豆饼为最，豆饼仅及上年百分之〇·二六，可谓已等于零。豆类亦仅及百分之二·八五。其他如蛋及蛋产品，减落六百九十一万余元，或百分之三十，茶减少四百六十三万三千元，或百分之二十七，花生减少九百六十六万五千元，或百分之四十九。

国际贸易局有重要商品从量指数之编制，以一九二六年每月平均为基年，以观察本年六个月来贸易之变迁，（见下表）表内生丝在一五六三个月内，出口指数增高，而以六月份为最，茶类一月份最低，二三两月略佳，四月五月又落至一月份同一情形，六月份增加最多。蛋产品，则各月均低，而以三月份为出口最不景气时期。棉花出口，一月份最佳。其余五个月，仅及一月份半数，但无甚变迁。桐油出口尚佳，六月份尤佳。此种商品，与一九二六年比较，仅桐油一项，增高甚巨，其余则均不及一九二六年之数也。

〔洋货进口情形〕 本年上半期洋货进口净数，共值七万七千一百〇一万八千余元，其中为数最巨者，即米。六个月共计，为一千二百六十万余担，值四千七百十七万九千余金单位，约合八千九百十六万余元，占入口总值百分之一一·九一。小麦次之，一千五百九十三万六千余担，值四千一百万余金单位，占入口总值百分之一〇·三五。再次为棉花，值二千八百七十余万金单位，占

（十）民国二十二年上半年各月重要出口商品贸易从量指数表（以一九二六年为一〇〇）

月份	生丝	茶	蛋产品（从值）	豆	豆饼	棉花	桐油
一月	134.96	35.46	55.82	3.52	0.16	109.22	145.37
二月	65.96	81.56	33.32	29.86	0.15	56.32	109.65
三月	57.01	95.64	28.18	3.08	0.20	47.45	177.37
四月	61.71	30.59	54.72	2.65	0.14	41.43	129.81
五月	103.05	32.94	89.43	2.82	0.27	67.69	136.58
六月	147.82	124.20	88.85	3.70	0.09	53.69	220.58

百分之七·二五。以次则为煤油五金棉布等项。在数种重要入口商品中，与上年同期比较，大都下落甚巨，其最甚者，为棉花及糖两项。棉花较上年同期，减少四千五百六十七万金单位，仅等于上年同期百分之三八·六。糖类减少一千六百六十二万二千一百金单位，仅等于上年同期百分之三八·五九。两项各下减百分之六十以上。其他如棉布，减少百分之四十一，米减少百分之二十三，面粉减少百分之四十八，烟草减少百分之六十二。重要商品中，其增加者，仅小麦煤油木材数项而已。列表如下。

根据国际贸易局编制重要商品贸易从量指数，本年上半年逐月变迁情形，可以推求其概况。下表即系以一九二六年为基年之指数。

前后八年间，入口重要商品之变迁情形，至为重要。如棉货棉纱糖品三项，仅当一九二六年之百分之六至二〇左右。棉货本年一月份指数为一八·八九，至二三四五月略增，然最高亦不过二六·八三。六月份又落至七·三七。棉纱除二月份指数为一三·三五外，余均为七或八之间，即仅等于一九二六年每月平均百分之七八左右。糖则最高指数，为二七·八九，（一月份）最低则仅一二·五四，（六月份）此三种商品，均为我国素日占入口中之前

（十一）民国二十二年上半年入口商品值量统计表

商品	数量	价值（金单位）	占入口净值百分比	与上年同期价值比较
米	12,602,634担	47,179,366	11.91	77.39
小麦	15,936,220担	41,004,358	10.35	135.29
棉花	1,153,341担	28,712,708	7.25	38.60
煤油	97328528美加伦	27,547,105	6.96	104.91
五金*	—	24,962,866	6.30	85.01
棉布*	—	21,233,311	5.36	58.34
纸类	—	14,183,140	3.58	78.61
化学产品及制药	—	14,143,409	3.57	90.64
面粉	2,566,718担	10,976,254	2.77	52.32
糖	—	10,446,137	2.64	38.59
机器类	—	10,110,880	2.55	66.24
木材	—	18,267,624	2.09	100.96
煤	1,274,598吨	17,543,314	1.90	137.80
鱼介海产	—	6,764,898	1.71	24.79
毛织物	—	6,213,013	1.57	94.01
烟草*	—	6,040,885	1.53	57.97
汽油	15847395美加伦	5,930,573	1.49	121.04
柴油	180,876吨	5,487,165	1.38	139.27
硫酸錏	980,161担	4,080,911	1.03	85.79
人造丝	4,198,959斤	3,913,812	0.99	49.14
其他入口商品	—	91,331,641	23.06	—
总计	—	396,072,970	100.00	74.83

* 棉布内除其他棉货五金内除矿砂烟草包括纸烟雪茄烟叶等

（十二）民国二十二年上半年各月重要入口商品贸易从量指数表

（以一九二六年平均为一〇〇）

月份	棉货（从值）	棉纱	棉花	米	面粉	糖（从值）	煤油
一月	18.89	6.49	41.92	351.40	75.42	27.89	52.21
二月	22.63	13.35	86.95	275.04	63.48	23.65	59.39
三月	22.41	8.14	91.06	583.79	186.70	20.69	103.65
四月	24.57	7.72	100.74	570.37	185.33	16.25	89.85
五月	26.83	8.80	135.35	928.06	137.36	13.43	112.87
六月	7.37	6.13	47.00	930.25	70.49	12.54	84.00

五位者。本年前六个月，已低落甚巨，即与上年同期比较，亦相差一倍至八九倍之多。（上年从量指数。参看本局出版民国二十二年第三四季贸易报告第四一页）此外如棉花面粉煤油，本年前六个月之指数，有在五〇以下者，亦有在一〇〇以上者，唯煤油指数虽低，但各月指数，几均较上年同期为高。其每月指数，均在一〇〇以上者，仅有洋米一项，入口最高，如六月份，达九三〇·二五，最低亦为二七五·〇四，但与上年同期相较，除五六两月外，则仍较上年低落也，即此亦可知近年来洋米数量之多矣。

（重要商品市况）

〔生丝〕本年上半期生丝出口较去年为佳，五月份内以陈丝出口颇多，六月份内出口尤旺，较以前五个月之出口总数尚多，比去年同月亦增加三倍。本年丝产，浙江颇好，江苏省内，无锡颇不见佳，总计产量，较上年为多，春季约有三万余担，夏季亦有一万余担，茧在本年春季，成本甚廉，约七百元一担，出货甚旺，江浙两省共约十四万担，夏季茧价较高，出货约在一万五千至二万担之间，每担约八百五十元至九百元之间，各地茧收不一致，品质则一，浙江为最良，江苏较次，故价格方面，亦以浙江产者较贵。

本年生丝出口，仍以江浙白丝山东四川等地之黄丝居多，出口数量，均较上年同期增加，灰丝则较疲弱，废丝亦略见增加，国外销路，印度方面黄丝交易尚好，较去年旺，法美两国，丝销虽不断，但数量微少。然较上年尚可谓增加耳。其原因虽以欧美经济状况艰难所致，但华丝产量太少，且丝商不肯廉价出售；美国市价又长疲短俏，亦大有影响也。

上半年春季，各厂以茧本较廉，纷纷开工，可谓为丝业最旺时期，当时开工厂家约占百分之六十，六月后，开工渐少，但亦有百分之二十左右。

政府补助出口之陈丝，自上年五月迄至今年五月止，据熟悉情形者云，计销脱二万零三百十余包，目前约余一千余包。夏季丝销以五六月较旺，因国外物价升涨颇速，而汇价增高尚缓，故丝市颇见起色。

市价方面，本年以三月内及五月底时为最低，每担计价六百四十余元，仅合四百余两，与上年相差较低一百余元，然华丝在外洋之市价，较日本丝尚贵三四十元，此亦不易销脱之一原因，本年下半年丝业状况如何，颇难逆料，若美国市场果有需要，则或有上涨之希望也。

上半年生丝出口，据海关统计，仅三万二千三百五十七担，值二千二百十六万二千元，其中第一季值一千一百七十五万八千元，较上年第一季增值一百六十万元。第二季出口值一千四百六十四万二千元，较上年同期增长二百七十三万五千余元，输往国别以法国为最多，美国次之，各种生丝输往国别列表如下：

茶叶　本年我国茶叶生产较去岁又有减落，计祁门红茶不过三万箱，宁州红茶仅四千箱，徽属各县如婺源屯溪所产绿茶，向称高庄，盛销欧美，亦不过去年之七八折，江西修水各属所产红茶，即昔日素负盛名之宁红，近亦奄奄一息，茶市极为萧条，修铜茶产，蚀收颇大，只及上年十之四五，总产额只及三四千箱，浙江东遂安等区，以交通便利，所产绿茶，每能捷足于市场，故出

(十三)民国二十二年上半年生丝出口国别总值表
(单位国币元)

国别	白丝	灰丝	黄丝	未列名丝
印度(缅甸)	2,460,576	—	2,572,067	—
法国	5,899,947	141,633	2,401,768	379,773
安南	523,649	—	—	—
英国	692,232	—	—	230,948
香港	348,753	—	—	2,370,364
日本	24,344	65,721	218,502	914,589
美国	4,869,571	—	1,194,189	353,896
义国	—	—	—	278,712
其他各国	390,326	25,451	334,590	102,633
总计	15,209,358	232,805	6,721,116	4,630,915

产尚属不减，绍属各县，素称平水，销美国甚多，近年因美销日减，出产亦不多，查本年茶产减退之原因，约有四端：(一)产区气候转冷，发育见迟，且降雨过多，致产量蚀收。(二)去年红绿陈茶屯积不少，内地经商者，大半亏折，故收茶不甚踊跃。(三)银根过紧，沪市放款咸具戒心，茶栈以通融不便，致内地茶商吸款甚少，并鉴于去岁之失败，因之收茶亦不甚旺。(四)江西安徽福建诸县，近年受匪共蹂躏，亦为茶产减少之一因，茶厂方面本市土庄茶厂，本年开工者，计四十六家，较前年之五十七家，已少去十一家之多。

茶产既形衰退，出口自难见增，据实业部上海商品检验局发表，本年上半年度自一月至六月间，由上海直接出口及转口之茶，总计为二十三万七千八百三十七担，较去年上半年度之二十四万七千七百八十七担，又减少百分之五。就茶之种数言，红茶减少百分之十六，两湖祁门及宁州等红茶均见减少，汉口之砖茶亦随减百分之十六，其中惟绿茶一种，约增加百分之二十，再就国别而论，英德荷兰印度及出口最重要之非洲，均见减少，惟美国及俄国略有增加，但为数亦极有限，兹将由上海出口及转口之数字，列表于下，与海关发表统计，略有不合，盖检验与出口中，经过时间当小有出入也。

(十四)民国二十二年各月由上海直接出口茶叶数量统计表(见1149页)

就本年茶叶市价而论，祁红宁红以历年受印度锡兰红茶倾销之影响，致出口减少，加以世界经济不振，生产过剩，价格亦不免跌落，本年茶价益形不振，茶商多折价求售，开盘价格本年祁门每担为二百元，今日即跌至七八十元，较之前年高至三百六十元者，不可同日而语，绿茶本年销路较佳，市价亦尚称不恶，其中尤以针眉绿茶，销路特畅，价格亦增至百一十元。

棉花　本年上期棉花产量据中华棉业统计会估计，为九百八十三万八千二百八十六担，棉田面积为三千九百六十八万四千三百六十九亩，较上年实收则增一百七十三万二千六百四十九担，破十年来我国棉产之新纪录，外棉进口在本年上半年共计一百十五万三千三百四十一担，上年同期则为二百六十八万三千一百二十五担，计减少一半尚强。本年棉花收成尚好，特别是在西北几省，因种植时期雨水甚充分，故而种植面积较为扩充，河北初以东北河区遭匪影响，略受影响，嗣以气候良，产况甚佳，其他省分如山西河南陕西，棉田均有增加，尤以山西为最。湖北自大小灾以还，频年地方不靖，棉区种植大缩。长江一带，农民感到谷贱棉贵，改种棉者不少。苏省棉田同样亦有扩展，通如春末稍旱，稻作困难，宜于种棉。至于山东今年种棉略形减少，棉产状况，大体各地均佳，其中尤以北方各省为优，兹就本年度种棉省分之棉田面积及皮棉产额估计如下：(见1150、1151页)

国别	绿茶	红茶	其他茶	总计	去年一月份至七月份总数
英国	166担23斤	14,702担94斤	2,435担19斤	17,304担36斤	18,581担70斤
法国	5,204担35斤	1,362担04斤	55担36斤	6,621担75斤	5,449担37斤
美国	4,870担80斤	4,687担55斤	312担18斤	9,871担53斤	4,894担93斤
非洲	48,366担34斤	3,096担69斤	8担07斤	51,471担10斤	54,222担61斤
俄国	9,629担66斤	231担00斤	4,322担90斤	14,183担56斤	13,725担06斤
印度	2,247担61斤	22担05斤	—	2,279担66斤	3,681担51斤
香港	1,178担50斤	1,358担88斤	2,506担61斤	5,043担99斤	4,677担60斤
其他各国	648担86斤	1,061担94斤	71担21斤	1,782担01斤	2,027担33斤
总计	72,312担35斤	26,533担09斤	9,712担53斤	108,557担96斤	106,260担11斤
去年一月份至六月份总数	59,271担56斤	35,069担42斤	2,919担13斤	106,260担11斤	

（十五）民国二十二年各月由上海转口茶叶数量表

国别	绿茶	红茶	砖茶及其他茶	总计	去年一月份至六月份总数
英国	—	731担93斤	—	731担93斤	510担99斤
美国		2,811担10斤		2,811担10斤	2,070担98斤
俄国		1,818担43斤	120,532担94斤	122,351担37斤	135.895担77斤
香港	528担66斤	453担53斤	800担99斤	1,783担18斤	2,036担48斤
其他各国		1,274担59斤	327担00斤	1,601担59斤	1,013担60斤
合计	528担66斤	7,089担58斤	121,660担93斤	129,279担17斤	141,527担82斤
去年一月份至六月份总数	535担04斤	4,928担30斤	136,054担48斤	141,527担82斤	

(十六)民国二十二年种棉省分棉田面积及皮棉产额估计表

省别	皮棉产额	棉田面积
河北	1,496,435	6,062,460
山东	1,389,859	5,084,860
山西	502,412	1,310,763
河南	691,213	3,273,887
陕西	462,351	2,072,986
湖北	2,390,520	8,184,175
湖南	201,592	855,252
江西	59,133	202,700
安徽	258,755	1,120,132
江苏	2,020,616	9,881,829
浙江	355,400	1,625.325
共计	9,838,286	39,684,369

棉花进口，本期自一月至五月逐月增加，至六月则复减少，兹列表如下：

(十七)民国二十二年棉花进口数值统计表

月份	数量(担)	金单位
一月	95,986	2,639,473
二月	199,383	5,373,368
三月	208,803	5,265,063
四月	231,021	5,432,639
五月	310,371	7,294,434
六月	107,777	2,707,731

春季因来货缺乏，各厂用花依然需要，故而外花按月增进，春季棉花因此发生供过于求之现象，至六月厂商不振气突呈显著，无法全部维持，就实行减工，有少数厂家竟告停工，故夏季棉花进

口减少。

棉花营业，承上年棉花收成不足，存棉稀少，到数又薄，故本期开始，棉花市况，异常沉寂，因时届废历年关，交易纷纷结束，进货渐见减少。二月份市况渐见良好，厂家需量较佳，第以斯时美印棉价贱，市价无从增加，厂家多贪印棉价廉，纷纷购进，影响本棉，销场滞呆，至三月份印棉跌风未息，花价较上月更落，嗣以美棉停市，本埠棉布随之上涨，厂家销量亦佳，近期交货准备尤未及收货迫需，但远期受印棉与纱市跌风影响，难以转好，致成近坚远疲之状态。四月份市况呈特殊现象，即市价尽跌，而销路还好，盖月初当外棉疲跌之际，市上又为印棉充塞，故棉市与纱布回坚声中，价格反见下跌，后半月厂商积纱过多，实行减工，棉之去路，更形窄塞，益以外棉因汇率关系，明涨暗跌，棉市实无转佳之可能。本月份实销数尚属不减，此由于厂家见价廉乘机腾进耳。五月份棉市稍转，实销畅旺，市价猛涨，因美棉市价低落，投机家鉴于美政府之通货膨胀政策，及国会通过之农村救济案，于是纷纷采购，市价步涨，其他外棉随之扶摇直上，本棉价格亦因之提高。更感市上存棉缺乏，纱市亦形活动，棉市渐见佳况。至本期末一月，现棉市况，先疲后坚，实销尚畅，月初承上月坚市，价甚稳定，嗣以美棉借款成立，消息传来，人心惶惑，咸以不久有大批美棉来华，非特对于存货缺乏之顾虑已绝，抑且于新棉市影响尤巨，同时又传出日商拒购美棉，棉市复有跌价可能。故本埠厂商咸存看低之心，但此时美印棉则续向高峰挺进，而日商又收买粗绒花，故棉市虽在大动摇时期仍能趋坚。

〔桐油〕 本年春季，产地车坊，因市而不振，价格低落，汉口市面亦不佳，相继停闭，开工厂家，不及盛年十分之一，惟较去年同季略增。但去年为沪战时期，压榨又系时续时断，雨量亦过多，故产量较上年特别情形同季约减百分之二十，约三万担左右，夏季以上海汉口市面暴落，各地需油颇殷，内地车坊多加工赶制，以图渔利，蓬勃气象，实为近年来所仅见，产量因而大增，约有六万担之数，较去年同季增加百分之五十。

桐油以销外洋为主，出口地点又以汉口为最多，上海尚占少数，本年春季，以各国物价均贱，故外销颇受打击、市面不见起色，运销国家，美国为最多，欧洲次之，日本澳洲更次之，兹将本年春季运销国外数量及国别，列表于下：

国别	由汉口出口数（至上海转口）	由上海出口数
美国	163,343.72担	156.59担
日本	2,767.26担	1,546.65担
欧洲	58,453.81担	1,241.69担
澳洲	1,865.58担	—
合计	226,780.82担	3,030.81担

夏季因美国物价提高，桐油市价亦因而暴涨，市面为之一振，屯户多求售脱，故出口数量亦较春季多，兹将本年第二季出口情形，列表于下：

国别	由汉口出口数（至上海转口）	由上海出口数
美国	216,437.99担	153.50担
欧洲	42,935.49担	2,938.46担
日本	156.40担	282.25担
合计	260,189.43担	3,540.33担

市价方面，春季受汉口跌价之影响，非常疲弱，夏季因美国放弃金本位，物价均见提高，桐油外销甚畅，故市面暴涨。

总观本年上半期桐油业情形，虽尚差强人意，但外销不能坚挺，时动时辍，加以内地又不知改良，墨守旧法，前途亦未可乐观也，兹将本年第一季第二季桐油出口数量及主要国别，并与上年同期作一比较，以供参考：（单位担）

（十八）民国二十二年第一季第二季桐油出口数量国别表

国别	第一季		第二季	
	本年	上年	本年	上年
美国	191,160	123,039	209,121	123,243
英国	19,901	18,223	32,086	24,835
香港	13,220	35,899	19,509	11,144
荷兰	16,520	6,135	20,128	6,992
德国	4,624	6,757	7,252	3,327
日本	3,952	1,301	706	3,207
合计	269,603	204,671	303,618	184,206

〔蛋产品〕 蛋产品贸易，以四月至次年三月为一年度。盖国外定货，出口须待船期，又多分批出口之习惯，如春季定货，常有至冬季始出口交货者。以季节而言，大概每年三月至六月底，营业最盛，以后逐淡，至八月几无多少市面，九月稍有转机，十月继之，十月又转平，十二月至二月，继续清淡，此为各年之常例。间有变动，亦不甚多。

吾国蛋产，以江苏浙江安徽山东河南湖北为最多，惟本年皖北一带，因受匪祸，产量颇有影响，厂家收数，较上年减少二三成，总计本年上半期上海所收蛋产品，不到一百万件（每件约八百个），以前最好时期，曾收过一百五十万件。上海冰蛋厂家，春季开工较迟，出货亦较少，夏季又多数停工，故产量与上年同期比较减少，内地土法厂，产量亦约减三四成。

本年上半期蛋产品出口贸易，较去年同期减少二三成，国外销路，因各国产量增加，竞争颇烈，故多现减退，对菲贸易，减少较多，法意等国，亦稍见低落，销英则见增加，上半期出口蛋产品中，以冰蛋居多，鲜蛋颇少。

市价方面，因供过于求，故较上年同期跌落，春季每磅最高为二十二元，低时为十七元，夏季厂家多相继停工，无人收货，价格随之倾跌。最高时为十七元，最低时仅十三元。

统计本年上半年蛋产品出口价值，共计一五，一三九，〇六三国币，其中冰蛋占七，一七三，四五三国币。

〔棉纱〕 本年棉纱，继上年不景气现象之后，更现衰颓，东三省及江西四川等处，向称销纱之区，今固有兵匪祸患，致销路均告绝迹，加以上年存底过多，益感供过于求，市面非常呆滞，价格显见降落。厂方维持困难，业务上受极大之损失，不得已在四月间开会集议全体减工之举，议定每厂锭数停止百分之二十三，然亦无补于事实，至六月底，遂有申新第九厂，同昌振泰恒大等纱厂共十一家，全部停工，惟此类停工系暂时救济亏折办法，与歇业实不同也，

〔米〕 今年米谷收获尚佳，惟较上年，稍有逊色，湖南约可收获四千五百万担，皖苏两省各有三千万担左右，浙江较差，只一千万担，湖北省亦只八百万担，江西原为产米区域，普通每年产量可有二千万担以上，近年来因共匪关系，仅可收获三成。米价继去年跌落之后，仍不见起色，商家受损不小。江苏省上等米现价每石仅八元左右，较上年春季低落，与上年新谷上市时相仿，近来以上年旧米积存尚未脱清，新货又源源而来，米价遂更现疲弱，上年十余元一担之米，曾落至六七元。但存至今年，仍然六七元出售，亏折可知，故一般谈救济者，大多均注意于洋米入口加税一点。

本年洋米入口，第一季为四，一九〇，五三三担，第二季为八，四一二，一〇一担，合计前六个月入口一二，六〇二，六三四担，值三四，四二九，一〇八金单位，或六五，〇七一，〇一四元左右。此数较上年同期，低一三，七八六，五七五金单位，或二四，六七七，九六九元左右。此亦可以说明上年米量积存过多，而国内米产尚丰也。

〔小麦〕 今年上期小麦收获，较去年同期丰稔。在总概况中已有所论列，又据杂粮同业公会统计，今年上期小麦产量，合苏浙皖三省计之，约达一千五百万担左右，其中以江苏产量为最多，约占总额百分之六十五，皖浙共占百分之三十五。全国各地本年小麦收成，较往年均有二成之增高，至于洋麦进口，今年上期共计有七百五十一万担，与上年同期不相上下。面粉厂家数目亦与往年无甚出入，惟南通方面间有几厂停车，各厂营业多属亏损，但较上年略胜一筹。

本期一月份麦市，现货因产地来源缺乏，贩户停运，致造成到销两绝现象，标麦于标粉涨后，亦即随之而涨，在月初以现麦缺乏，厂家或订购标麦，以期涨价，后来期货洋麦较行情稍低，且手续简单，故多改订期；货至于洋麦，因本麦缺乏现货，厂家纷纷购用，计销十船之谱，价尚坚俏。至二月份麦市，有狂跌趋势，此由于往年结束期间，各行号存底有洋麦三百余车，故本麦迄今无甚活动，市价逐渐趋下，月底复以多头出档，跌风更烈，较一月份约低三钱以外。三月份本麦来路仍缺，厂家购进大批洋麦，故而麦价逐步下跌，中旬以还，跌风尤炽。行家以价格过低，不肯解货，交易冷落，嗣以洋麦定货未到，市价得以勉强稳定，现麦售价达三两一钱许。四月份麦市，在标麦方面，承上月洋麦涌进，行家套麦兴浓，市价一再跌落；迨后半月，国外麦市，步步上涨，与定麦势难接近，行商以前定落之洋麦较目前为高，鉴于市价低落，不愿抛售。同时又以业外零户乘小屯积，故麦市虽疲，而市价则仍盘旋；除洋麦略有交易外，本麦因存到两缺，交易清淡。五月份麦市，客家鉴于本年新麦收成良好，纷纷出售，但以厂销不旺，市价步落。自下旬起，因华北空气渐呈缓和，北方行商进胃骤开，引起各方之补空与收买，远期狂涨，但时值新麦登场，而北销亦暂，洋麦又存多到拥，一时转佳之麦市，终难维持。月底麦价，复陷于逐步狂落之境，惟近期因有新麦上市之故，始终疲软，未能与远期同升降，现麦只到江北麦四千余包，均为各厂销出。本期最末一月之小麦市况，大为转变，即由疲弱而趋于活泼，破数月来麦市沉闷之空气，因斯时适为新麦上市，已往囤积陈麦均欲赶早售出，加以前定购之洋麦先后装到，厂家以久不见上市，咸乐用之，故市价仍居坚挺，但其时适逢美麦借款成立，人心顿然浮动，标麦市价狂落至于三角左右，现麦亦随之而跌。复以今年新麦丰收，到货涌旺，厂家对于收买现麦，咸有惧心，而在卖方鉴于麦市前途未有把握，亦不敢存留，急求脱售，于是大贬其价，甚而至于有向交易所抛套期货者。从而市价一再狂落，一蹶不振矣。六月中旬跌风最炽，落至半元左右，按产地售价跌势更烈，中关麦竟小至三元上下；月底市面略稳，厂方行家均乘小收买，而产地售户，以价低不售，因此交易异常清淡。

〔糖〕 本年国内产糖量较上年多，广东方面，本年春季糖之产量较上年多至一倍，夏季虽见减少，但相差亦无几。上海糖厂，如光华，振记，振新，国华，中华，四明几家，产量亦不少，光华每天约可出糖五百担，其他各冰糖厂，平均统计每天约共出一千二百担左右，本年国产糖量之所以增加，大半由于洋糖进口增税，成本奇贵，国糖遂得乘机发展矣。本年糖之销费则较上年减少三分之一，其原因有二：(一)市价太高，荷糖(二十五号)市价每担为二十一元六角，广东糖如青糖赤砂每担市价约二十元之谱，(二)各地经济竭蹶，购买力薄弱，糖之销售遂与各科商品同陷于不景气状态中。本年第一季糖入口一百十九万八千二百四十八担，总值六百二十六万九千二百七十五金单位，其中以精制糖及其他糖居多，大半来自日本东印度两处，香港亦不少，兹将第一季糖入口数及国别列表于下

第二季糖入口较上季稍减，为九十九万零一百五十七担，计值四百五十二万八千八百四十一金单位，由日本输入之精制糖及由东印度输入之其他糖，亦均较前季减少。兹将第二季糖入口数

项目	输入国别(单位金单位)			
	日本(台湾在内)	东印度	香港	各国共计
精制糖	1,341,292	287,532	890,279	2,529,058
其他糖	338,388	2,509,609	546,292	3,400,818
糖类总计	—	—	—	6,269,275

及国别列表于下：

项目	输入国别(金单位)			
	日本(台湾在内)	东印度	香港	各国共计
精制糖	623,150	163,269	846,107	1,635,254
其他糖	164,185	2,054,568	335,478	2,576,948
糖类总计	—	—	—	4,528,841

(下略)

(实业部档案)

2. 实业部国际贸易局关于1933年下半年出入口贸易商品结构及重要商品市况的报告①

(1934年1月)

……

(商品性质分析)输出入商品之分类研究，不仅可以表示一国对外贸易之真实性质，亦可以显示一国经济之发展。我国近数十年来，输入及输出商品在性质上变动绝少。入口以制造品为最多，出口以饮食物及烟草为最盛。由此可见我国经济基础迄今尚无根本之变动。仍依然不改其为各资本主义国家商品之销售市场及原料供给地。民国二十二年表面上商品性质与上年比较，忽生极大之

① 选自1934年1月实业部国际贸易局：《民国二十二年第三季第四季贸易报告》，沿用原标点。

变动。出口方面向以饮食及烟草占最多数者，已由制造品跃居第一位。百分比之增长，今年且由上年之三一·八三增至四四·〇九。原料及半制品由上年之二九·二九略减至二八·六九，居第二位。饮食物及烟草则由上年之三七·六二锐减至二六·一四，居第三位。杂货占一·〇八，居第四位。出口内制造品比率之增高，应为产业渐趋发展经济基础逐渐推移之表征。惟吾人所不可不注意者，即本年与上年比较，商品性质之变更，实完全由于东北各关内豆类数字不全之影响。固未所谓为我国经济进步之表现。如东北各关自二十一年第三季起，即无数字报告，而此种商品性质之变更，亦即始于二十一年第三季(观下表自明)，此其明证。至于入口方面，其趋势与上年略同，不过百分比各有增减而已。计全年仍以制造品入口最多，占百分之四一·三九，饮食物及烟草次之，占百分之二九·一八。原料及半制品又次之，占百分之二五·六二。兹列表于下：

(八)民国二十二年第三四季出入口商品分类与上年同季百分比较表

类别	出口						入口					
	第三季	上年同季	第四季	上年同季	全年	上年全年	第三季	上年同季	第四季	上年同季	全年	上年全年
第一部饮食物及烟草	28.96	31.96	25.11	27.41	26.14	37.62	24.75	24.78	22.98	34.25	29.18	31.37
第二部原料及半制品	29.15	25.45	33.30	32.20	28.69	29.29	28.38	27.16	25.11	22.16	25.62	25.24
第三部制造品	41.07	41.37	40.72	38.27	44.09	31.83	45.62	45.42	45.22	41.47	41.39	41.22
第四部杂货	0.81	1.22	0.87	1.12	1.08	1.26	3.25	2.64	6.69	2.12	3.81	2.17

(九)民国二十二年第三四季及全年出入口商品分类统计表

类		别	出口(国币) 第三季	出口(国币) 第四季	出口(国币) 全年	入口(金单位) 第三季	入口(金单位) 第四季	入口(金单位) 全年
第一部饮食物及烟草	食品	五谷类	50,663	608,617	779,101	22,745	2,098,349	122,488,818
		杂粮类	1,397,828	1,241,172	4,817,761	224,412	280,537	1,080,777
		粉类	941,415	1,355,275	8,613,816	2,001,497	1,790,922	15,315,456
		糖类	2,716	2,053	26,557	5,284,033	5,390,962	21,473,111
		菜蔬类	2,739,058	2,271,121	9,774,288	121,108	164,918	756,424
		百果类	1,410,740	1,561,332	5,854,559	624,900	801,293	2,507,663
		栗子类	5,201,708	5,659,163	23,244,782	36,940	61,716	184,878
		糖食类	91,562	66,081	247,860	581,252	489,755	2,184,475
		牲畜类	2,459,415	2,289,583	9,221,584	55,681	125,443	337,693
		肉类	781,511	1,290,841	4,414,640	342,914	323,609	1,407,502
		蛋类	13,501,848	7,838,713	36,479,624	—	—	—
		鱼介类	533,354	860,445	3,063,981	1,798,994	2,944,989	11,508,881
		盐类	502,801	618,861	2,241,061	4,610	974	11,816
		他类食品	2,054,975	2,827,140	9,246,304	1,135,362	1,249,609	4,720,600
		食品合计	31,669,594	28,490,397	118,025,918	34,418,448	25,651,076	183,978,094
	饮料	茶类	14,192,600	7,544,465	34,210,037	33,687	29,292	126,910
		酒类	127,592	278,980	816,192	396,991	438,595	1,858,811

续表

第一部饮食物及烟草	饮料	其他饮料	—	—	—	80,786	40,311	267,289
		饮料合计	—	—	—	80,786	40,311	267,289
	烟草		1,088,669	2,054,225	6,897,871	2,064,041	7,036,952	15,141,878
	第一部共计		47,078,455	38,368,067		36,993,953	33,196,226	201,372,982
第二部原料及半制品	纺织原料	棉类	5,917,993	14,190,929	33,898,797	12,213,614	9,447,617	50,384,456
		毛类	8,541,982	5,041,177	21,236,778	325,270	415,576	1,074,542
		蚕茧类	176,491	51,807	447,899	—	—	—
		其他纺织原料	3,134,442	1,832,088	7,010,200	216,920	309,812	1,098,376
		合计	17,770,908	21,116,001	62,593,674	12,755,804	10,172,005	52,557,374
	燃料	固体燃料	1,665,915	2,056,031	6,658,099	1,787,938	2,129,709	11,523,852
		液体燃料	6,250	5,570	15,143	14,140,834	12,623,765	65,979,782
		合计	1,672,165	2,061,601	6,673,242	15,928,772	14,753,474	77,503,234
	木材		38,527	337,111	1,531,376	4,788,559	5,365,506	18,093,351
	兽皮		1,472,260	1,657,359	6,383,100	21,747	37,444	125,288
	矿砂		1,698,202	2,846,139	6,143,665	7,873	9,381	75,329
	种子及油	种子科	2,357,030	3,375,697	11,596,176	48,706	30,813	155,154
		油类	11,978,991	7,316,552	37,048,115	2,648,985	2,693,988	14,549,950

续表

第二部及半制品原料	种子及油	合计	14,336,021	10,692,249	48,644,291	2,697,691	2,724,801	14,705.104
	杂类	消费品	2,580,892	2,893,739	10,832,584	1,214,063	1,553,975	6.093,991
		生产品	7,477.121	9,285,346	32,738,463	2,014,050	1,654,163	7,605,793
		合计	10,058,013	12,179,085	43,571,047	3,228,113	3,208,138	13,699,784
第二部合计			47,388,096	50,889,546	175,540,395	39,428,559	36,270,749	176,759,464
第三部制造品	纺织品	棉货类	3,348,546	2,814,355	19,740,265	4,710,681	4,917,491	33,089,434
		棉纱类	10,520,668	10,444,867	40,006,825	6,93,806	579,281	3,381,455
		毛棉呢类	—	—	—	244,210	222,002	776,084
		呢绒类	—	—	—	2,939,282	1,932,292	8,774,103
		生丝类	18,184,496	12,231,090	56,816,066	—	—	—
		丝绣货	6,497,610	5,765,735	26,264,617	5,909	9,648	43,989
		其他纺织品	8,931,562	8,548,166	32,740,121	4,986,812	3,986,210	16,312,878
		合计	47,482,882	39,804,213	175,567,894	13,580,700	11,646,924	62,377,943
	机械		83,043	27,220	239,861	5,234,583	5,434,770	21,841,579
	交通器具	铁路材料类	—	—	—	1,533,678	1,044,203	5,370,063
		车辆类	—	—	—	2,160,640	2,486,169	9,133,598
		船舶类	—	—	—	33,657	78,561	381,113

续表

第三部制造品	交通器具	航空类	—	—	—	2,568,793	1,668,329	6,080,648
		邮电类	—	—	—	1,037,172	1,002,949	3,066,525
		合计	—	—	—	7,333,940	6,280,211	24,031,947
	金属品电气及煤气	钢铁类	134,186	126,613	607,325	7,755,987	7,797,961	31,413,981
		生铁类	8	—	8	242,764	462,286	1,418,551
		利器类	—	—	—	391,136	392,310	1,654,814
		铜类	235,007	224,114	826,118	888,799	881,597	3,358,044
		锑类	766.546	577.150	3,281,864	—	—	—
		其他金属品	4,610,472	7,061,880	21,460,690	4,451,790	3,820,805	16,946,398
		合计	5,746,219	7,989,757	26,176,005	13,730,476	13,354,959	54,791,788
		电汽类	145,409	141,840	637,027	1,612,717	1,514,460	6,294,412
		煤气类	—	—	—	—	—	—
		合计	145.409	141,840	637,027	1,612,717	1,514,460	6,294,412
	化学工业制造品	窑业类	1,002,659	876,077	3,807,661	1,848,196	1,571,386	8,009,700
		皮货皮革类	3,284,469	3,256,343	26,188,872	647,128	613,296	2,623,529
		染料颜料类	105,329	380,712	1,272,535	4,167,031	4,952,831	19,837,692
		纸类	1,628,520	1,558,162	6,115,232	5,384,621	4,922,254	22,475,333
		药材类	178,163	143,479	656,942	1,355,064	1,370,849	5,312,396

续表

第三部制造品	化学工业制造品	其他化学工业制造品	2,073,275	2,349,256	7,939,118	8,161,992	7,847,759	34,131,953
		合计	8,272,415	8,564,029	45,980,360	21,564,032	21,278,375	92,390,603
	杂类	文化品类	641,123	736,110	3,745,675	1,827,148	2,170,771	7,980,518
		家用品类	2,359,790	3,030,351	9,534,391	1,728,502	1,686,003	7,739,517
		其他制造品	2,023,065	1,935,134	7,863,409	1,583,426	1,953,765	8,167,361
		合计	5,023,978	5,701,595	21,143,475	5,139,076	5,810,539	23,887,396
	第三部共计		66,753,946	62,228,654	269,744,622	68,195,524	65,320,238	285,615,668
	第四部杂货		1,319,017	1,335,690	6,592,955	4,868,576	9,661,057	76,259,738
	总计		162,539,514	152,821,957	611,827,990	149,486,612	144,448,270	690,007,852

又出口方面在饮食物及烟草一类中，素以杂粮占最多数者，民国二十二年因东北数字全部缺乏已减至不重要之地位。本年中出口饮食物及烟草类以蛋类茶类栗子类为较多，菜蔬类牲畜类粉类等次之。在原料及半制品类中，以纺织原料与种子及油为最多，燃料兽皮矿砂次之。在制造品中，以纺织品为最多，化学工业品及金属品次之。入口方面本年输入饮食物及烟草类中，仍以五谷为最盛。糖类粉类鱼介亦颇不少。原料及半制品中以燃料及纺织原料为最多。制造品中则依次为化学工业品纺织品金属品机械交通器具等。兹将民国二十二年第三四季及全年出入口商品分类统计列表于下：

〔土货出口情形〕 本年我国出口商品在价值方面，以生丝为最多。计值四千八百二十四万六千余国币，占出口总值百分之七·八九。其次为棉纱，值四千万〇六千余国币，占出口总值百分之六·五四。再次为蛋及蛋产品，值三千六百四十七万九千余国币，占百分之五·九六。更次为茶，值三千四百二十一万国币，占百分之五·五九。此外桐油棉花各值三千万国币左右，各占百分之四·九。绸缎五金皮货等，各值二千余万国币。棉布花生猪鬃各值一千余万国币。烟草煤豆类等则不过数百万国币而已。兹将民国二十二年出口商品值量统计列表于次：

(八)民国二十二年第三四季及全年出口商品值量统计表（价值单位国币）(见1166页)

根据上表，本年我国出口商品，价值与上年比较，计减落最甚者为豆饼及豆类二项。民国二十二年豆饼出口约及二十一年百分之〇·〇七，或万分之七，豆类出口约及百分之六，减退有如是者，煤出口减退亦巨，约及上年百分之二六·九，考上述三项商品均以东北各关为最大出口地，本年东北完全无数字报告，其锐减自无足怪，除此以外，花生出口约及上年百分之五七·七，蛋及蛋产品当上年百分之八二·四，茶当上年出口百分之八八·六。此外绸缎、棉花、丝亦均较上年各减少百分之几不等。在本年各种重要出口商品中，其有增无减者，当以五金为最，计当上年百分之一五三。棉纱桐油各当百分之一三〇以上，棉货当百分之一一六·八，皮货猪鬃烟草及席亦各增加百分之几不等。

就本年我国各种出口商品次位之推移观察，本年豆类由二十一年之第一位豆饼由第五终降至毫不重要之地位，生丝乃进居第一位，棉纱进居第二位，蛋及蛋产品占第三位。茶占第四位。桐油进居第五位。棉花仍居第六位，绸缎五金进居第七八位，皮货棉布进居第九十位。至花生则已降至第十位以下矣。兹将近三年我国出口商品次序及百分比列次：

商品	第一、二季		第三、四季		全年		与出口总值百分比	与上年价值比较
	数量	价值	数量	价值	数量	价值		
生丝(废丝不在内)	32,357担	22,162,340	44,718	26,084,434	77,075	48,246,774	7.89	94.03
棉纱	229,334担	19,041,290	311,825	20,965,535	541,159	40,006,825	6.54	134.18
蛋及蛋产品	—	15,139,063	—	21,340,561	—	36,479,624	5.96	82.42
茶	280,047担	12,472,972	413,710	21,737,065	693,757	34,210,037	5.59	88.68
桐油	573,221担	14,030,631	673,626	16,230,638	1,246,847	30,261,269	4.95	30.65
棉花	275,125担	11,982,034	448,507	118,246,924	723,632	30,228,958	4.94	93.94
绸缎	15,256担	14,186,016	12,657	12,313,076	27,913	26,499,092	4.33	92.04
五金	—	12,467,515	—	13,755,256	—	26,222,771	4.29	153.73
皮货	—	19,130,852	—	5,977,368	—	25,108,220	4.10	105.79
锡锭块	71,137	9,045,111	87,781	11,188,594	158,918	20,233,705	3.31	484.47
棉布	159,082担	13,468,944	79,209	6,093,182	238,291	19,562,126	3.20	116.88
花生	1,182,517担	10,121,016	1,008,933	7,356,431	2,19,145	17,477,447	2.86	57.76
毛类	76,055	4,460.313	180,262	10.488,920	25,347	14,949,233	2.44	257.21

续表

猪鬃	26,171担	4,712,368	42,078	6,974,894	68,249	11,687,262	1.91	150.99
菜蔬	—	4,764,109	—	5,000,179	—	9,774,288	1.60	93.01
牲畜	—	4,472,586	—	4,749,008	—	9,221,594	1.51	89.04
果实	—	4,054,854	—	4,624,703	—	8,679,557	1.42	94.48
麸糠	1,495,733担	3,973,959	1,593,766	3,760,787	3,089,499	7,734,746	1.26	81.05
草帽及帽辫	—	3,307,116	—	4,416,894	—	7,724,010	1.29	109.55
烟草	—	3,754,977	—	3,142,894	—	6,897,871	1.13	103.80
矿砂	3,427,189担	1,599,324	6,727,928	4,544,341	10,155,117	6,143,665	1.01	142.48
煤	240,833吨	2,190,745	332,496	2,887,180	573,329	5,077,925	0.83	26.95
豆类	357,464担	2,169,004	550,344	2,621,551	907,808	4,790,555	0.78	6.00
席	—	2,018,460	—	1,853,041	—	3,871,501	0.63	108.45
豆饼	21,995担	93,993	40,135	159,615	62,130	253,608	0.04	0.07
其他出口商品	—	81,646,927	—	78,848,400	—	160,495,327	26.26	—
总计	—	296,466519	—	315,361,471	—	611,827,990	100.00	—

（九）近三年我国出口商品次序及百分比较表

年　份	第一	第二	第三	第四	第五	第六	第七	第八	第九	第十
二十年	豆 15.20%	生丝 10.53%	豆饼 6.10%	蛋及产品 4.15%	棉纱 3.76%	茶 3.66%	煤 3.42%	皮货 4.15%	花生 3.07%	棉花 2.96%
二十一年	豆 10.40%	生丝 6.68%	蛋及产品 5.77%	茶 5.03%	豆饼 4.80%	棉花 4.19%	花生 3.94%	棉纱 3.88%	绸缎 3.71%	皮货 3.09%
二十二年	生丝 7.89%	棉纱 6.54%	蛋及产品 5.96%	茶 5.59%	桐油 4.95%	棉花 4.94%	绸缎 4.33%	五金 4.29%	皮货 4.10%	棉布 3.20%

本年各月各种重要出口商品之变迁，亦颇有研究之价值，据本局所编重要商品从量指数。（以十五年为基年）。民国二十二年生丝、茶、蛋产品、豆及豆饼、棉花、桐油等各项，下半期出口均较上半期略佳，生丝出口最高指数为七月份之一六四·五，最低指数为三月份之五七，全年为一一三·四九，即较民十五年增加百分之一三·四九之谱。茶最高指数为七月份之一六九，最低为四月份之三〇·五九，全年为八二·六六。蛋产品最高亦为七月份之二一四·七，最低为三月份之二八·一八，棉花最高为十一月份之一九五·一七，最低为四月份之四一·四三，桐油最高为七月份之三一二·四三，最低为十二月份之九四·二一，豆及豆饼二项，则本年数字已减落不堪，就全年而观，各种重要商品中除桐油生丝本年出口较十五年增加外，余均有减退。兹列表于次。

（十）民国二十二年各月重要出口商品贸易从量指数表
（以民国十五年每月平均为一〇〇）

月份	生丝（连废丝在内）	茶	蛋产品（从值）	豆	豆饼	棉花	桐油
一月	134.96	35.46	55.82	3.52	0.16	109.22	145.37
二月	65.96	81.56	33.32	29.86	0.15	56.32	109.65
三月	57.01	95.64	28.18	3.06	0.20	47.45	177.37
四月	61.71	30.59	54.72	2.65	0.14	41.43	129.81
五月	103.05	32.94	89.43	2.82	0.27	67.69	136.58
六月	147.82	124.20	88.85	3.70	0.09	53.69	220.58
七月	164.51	169.06	214.70	6.57	0.29	62.89	312.43
八月	143.31	124.27	64.78	4.45	0.49	46.33	244.56
九月	127.76	97.05	36.60	4.59	0.33	61.19	122.75
十月	117.92	67.42	41.55	4.31	0.14	134.01	129.09
十一月	134.32	63.86	48.62	4.96	0.30	195.17	177.37
十二月	103.59	71.26	57.60	4.13	0.29	121.93	94.21
全年	113.49	82.66	78.85	3.99	0.24	82.37	166.65

（十一）民国二十二年第三四季及全年入口商品值量统计表（价值金单位）

项目	第一、二季		第三、四季		全年		占入口净值百分比	与上年同期价值比较
	数量	价值	数量	价值	数量	价值		
米	12,602,634担	47,179,366	8,816,372	30,160,785	21,419,006	77,340,151	2.21	76.36
棉花	1,153,341担	28,712,708	840,851	21,647,438	1,994,192	50,360,146	7.30	49.45
五金	——	24,962,866	——	24,746,421	——	49,709,287	7.20	97.60
小麦	25,936,220担	41,004,358	1,780,069	4,144, 09	17,716,289	45,148,667	6.54	102.68
煤油	97,328,528美加伦	27,547,105	89,936,637	17,252,723	187,261,165	44,794,828	6.49	87.25
棉布	——	21,233,311	——	8,589,658	——	29,822,969	4.32	48.39
化学产品及制药	——	14,143,409	——	12,234,530	——	26,377,939	3.82	89.69
纸	——	14,183,140	——	8,292,193	——	22,475.333	3.26	87.84
机器类	——	10,110,880	——	11,730,699	——	21,841,579	3.17	83.15

续表

糖	—	10,446,137	—	11,026,974	—	21,473,111	3.11	53.55
木材	—	8,267,624	—	9,825,727	—	18,093,351	2.62	103.61
毛织物	—	6,213,013	—	10,887,485	—	17,100,498	2.48	92.49
烟草	—	6,040,885	—	9,100,993	—	15,141,878	2.19	63.87
面粉	2,566,718担	10,976,254	669,303	3,283,912	3,236,021	14,260,166	2.06	47.35
鱼介海产	—	6,764,898	—	4,743,983	—	11,508,881	1.67	66.25
煤	1,274,598吨	7,543,314	672,810	38,743,945	1,947,408	11,417,259	1.65	102.69
汽油	15,847,395美加伦	5,930,573	15,434,206	5,007,130	31,281,601	10,937,703	1.59	108.28
硫酸錏	980,161担	4,080,911	694,039	2,841,072	1,674,200	6,921,983	1.00	78.28
人造丝	4,198,959斤	3,913,812	2,715,366	2,347,013	6,914,325	6,260,825	0.92	54.89
其他入口商品	—	96,818,406	—	92,197,892	—	189,016,298	27.40	—
总计	—	396,072,970	—	293,934,882	—	690,007,852	100.00	—

〔洋货入口情形〕 本年我国各种重要入口商品，除小麦、木材、煤、及汽油较上年略有增加外，其余大抵均见减退，尤以棉花、棉布、面粉、糖及人造丝等为最。减落在半数左右。此外如历年输入甚多之米、煤、油、纸、五金、化学产品、机器等，亦均有减落，考本年我国重要入口商品多见减退之原因，与世界经济不景气，东北全年无数字报告，五月实行新税则等事实均有密切关系。而内地经济破产人民消费力薄弱，尤为其主要因素。

在本年全部入口洋货中，以米为最多，值七千七百三十四万金单位，占入口净值百分之一一·二一，其次为棉花，值五千〇三十六万金单位，占百分之七·三〇。再次为五金，值四千九百七十万金单位，占百分之七·二〇。此外小麦煤油各值四千万金单位以上，百分比在百分之六以上。棉布、化学产品、纸、糖、机器等各值二千万金单位以上，其他则值数百万金单位至千余万金单位不等。兹列表于次。

本年我国重要入口洋货之次序，与上年较颇有变动。米进至第一位，棉花降居第二位，五金进至第三位，小麦进至第四位，煤油退居第五位，棉布退居第六位。其他则依次为化学产品、纸、机器、糖、木材等，兹将近三年我国入口商品次序列表于次：

至于本年各月份主要入口商品之变动，可于下列贸易从量指数(以十五年为基年)观察之。大抵各商品中除糖以外，指数多以第二季最高。第三季开始以后，即有下落趋向，考其原因当以进口新税则定于五月二十二日起施行，各种入口洋货物均赶于该时以前运入，以免受增税之损失。故本年第二季入口乃有旺盛之态，第三季始，新税则渐生效力，又值过度兴奋之后，入口贸易，自不免转入萎缩状态矣，兹列表于次：

重要商品市况

〔丝〕 丝市凋零，已非一日，去年虽经政府援助，豁免生丝出口税，并由中央发行公债三百万元，设立整理推销委员会，奖

(十二)近三年我国入口商品次序及百分比较表

年　份	第　一	第　二	第三	第四	第五	第六	第七	第八	第九
二十年	棉花 12.49%	棉布 8.55%	小麦 6.11%	糖 5.99%	五金 5.92%	煤油 4.50%	米 4.49%	烟 3.99%	纸 3.17%
二十一年	棉花 11.43%	米 11.36%	棉布 6.91%	煤油 5.76%	五金 5.71%	小麦 4.93%	糖 4.50%	面粉 3.38%	化学品 3.30%
二十二年	米 11.21%	棉花 7.30%	五金 7.20%	小麦 6.54%	煤油 6.49%	棉布 4.32%	化学品及制药 3.82%	纸 3.26%	机器类 3.17%

（十三）民国二十二年各月重要入口商品贸易从量指数表（民国十五年平均为一〇〇）

月份	棉货（从值）	棉纱	棉花	米	面粉	糖（从值）	煤油
一月	18.89	6.49	41.92	351.40	75.42	27.89	52.21
二月	22.63	13.35	86.95	275.04	63.48	23.65	59.39
三月	22.41	8.14	91.06	583.79	186.70	20.69	103.65
四月	24.57	7.72	100.74	570.37	185.33	16.25	89.85
五月	26.83	8.80	135.35	928.06	137.36	13.43	112.87
六月	7.37	6.13	47.00	930.25	70.49	12.54	84.00
七月	11.75	5.03	62.77	785.58	28.45	30.72	78.08
八月	14.34	5.19	81.91	400.23	28.71	31.00	79.14
九月	16.39	3.01	55.58	320.82	25.94	34.60	80.51
十月	15.76	3.50	44.67	362.05	21.77	35.49	90.14
十一月	17.64	2.93	32.65	336.78	30.82	36.52	68.22
十二月	10.89	4.46	89.10	339.94	51.74	26.45	67.03
合计	22.31	6.23	72.47	515.33	75.52	32.65	80.37

励除丝出口每担补助国币一百四十元。但以世界各国经济状况均不景气，销路滞钝，物价惨落，丝业仍无复兴气象。本年度丝市承去岁之积弱，业丝者均缩小范围，即农民养蚕，亦未肯尽量饲育，所幸春季天时顺利，收获大丰，茧质亦优，蚕量虽少，而产茧量则与往年不相上下，缫丝业于购春茧时，咸以该时市价七百元为标准，而收茧后丝价复涨，均期坐获厚利，惜丝价高涨，只为昙花一现，七月后丝市复趋疲弱，价格亦步步趋跌，夏秋二季茧价又高，故缫丝者获利颇少，厂商概受巨大之亏折。

本年丝价仍属跌落，即如美销丝在廿一年度最高为八九五元，最低为六四〇元，廿二年最高虽达九五〇元，而最低时则仅五〇〇元左右。

本年生丝出口较上年减少，连未列名蚕茧等在内，则较廿一年度增加，合计数量为二〇九，七四〇担，价值为五七，七四三，〇六一元，若就按月丝销状况而言，则正月因承去年十二月丝市之余势，有六千担左右之出口，二三四月平稳，五月起美法销路大动，五六七三个月为全年丝销最盛时期，八月后法市略有交易，但丝价依然下落，美销九月后即全趋停顿。就全年销路言，白丝以销美为最多，计，一九，五一二担，法国次之，计一八，〇九三担，印度亦有一一，〇八〇担，其余如安南、印度、香港，则不过一二千担而已。黄丝印销尚好，惟较去年则减落不少，计九，一九八担，值五，九二一，八五二元，法国次之，计四，〇七二担，美销较去年略有进展，增至二，六一六担，埃及日本则与去年相似，仅一千担上下耳。兹将丝类出口数值统计表列后：

（十四）民国二十二年丝类连蚕茧在内出口数值统计表

项目	民国二十二年		民国二十一年	
	数量（担）	价值（国币）	数量（担）	价值（国币）
白丝	56,938	35,097,143	46,436	33,998,841
灰丝	1,259	425,885	11,475	4,626,492
黄丝	18.843	12,728,741	18,760	12,069,806
未列各丝及蚕茧	132,650	9,491,292	70,954	5,725,024
合计	209,740	57,743,061	147,625	56,420,163

〔棉花〕 棉花对外贸易中，无论输入输出方面，均占重要地位，输入方面，本年全年棉花进口数量，达一百九十九万五千余担，价值五千〇三十八万一千余金单位，比较上年减少五千一百六十三万余金单位，考其原因，一以国内棉花收数稍多，二以外棉价高，厂家除为品质上所必需者外，不欲多购，三以国内棉纱滞销，故有此巨额之减少。至于输入国别，仍以美国居第一位，计一百二十七万二千余担，价值三千四百〇七万余金单位，无论在数量及价值两方面，均较去年减少三分之二，印度次之，计六十五万担，

(十五)民国二十二年白丝输出国别统计表

(数量单位为担价值为国币)

国别	民国二十二年		民国二十一年	
	数量	价值	数量	价值
法国	18,093	11,800,867	12,196	9,239,431
美国	19,512	12,237,551	17,253	12,512,378
印度	11,080	6,019,396	9,875	6,644,261
安南	2,683	1,563,774	——	——
英国	2,164	1,403,808	1,818	1,630,086
香港	1,710	1,044,827	1,251	883,199
其他	1,746	1,026,920	4,043	3,089,486
合计	56,988	35,097,143	46,436	33,998,841

(十六)民国二十二年黄丝输出国别统计表

国别	民国二十二年		民国二十一年	
	数量	价值	数量	价值
印度	9,198	5,921,852	12,354	7,218,922
法国	4,072	3,445,919	2,707	2,367,528
美国	2,616	1,713,023	879	657,368
埃及	1,428	682,142	1,252	607,821
日本	721	551,540	491	505,255
其他	808	414,265	1,077	712,912
共计	18,843	12,728,741	18,760	12,069,806

价值一千四百三十万余金单位，较去年由该地输入数量价值均微有增加，埃及再次之，计四万五千余担，值一百三十三万余金单位，其由日本输入者，仅一万二千余担，价值仅三十五万余金单位，比较去年减少几达百分之八十。兹录统计数字于下，

(十七)民国二十二年棉花进口国别统计表

(单位数量为担价为金单位)

国别	民国二十二年		民国二十一年	
	数量	价值	数量	价值
美国	1,272,723	34,076,032	3,102,351	84,944,335
英属印度	653,688	14,305,801	453,629	12,061,837
日本	12,688	357,796	88,934	2,603,031
埃及	45,419	1,334,989	57,154	1,914,674
其他各国	10,726	307,265	17,461	530,723
合计*	1,995,244	50,381,883	3,719,529	102,014,610

*包括复出口数在内

再就输出方面而言,本年全年出口数量为七十二万三千余担,价值为三千〇二十二万八千余元,比较上年减少二百余万元,其输往国别,仍以日本为最多,计值二千二百六十八万余元,比较去年减少一百八十余万元,美国居第二位,价值达五百七十五万三千余元,此外如德国朝鲜等处,价额则均不过三四十万元。兹录统计表如下:

(十八)民国二十二年棉花出口国别统计表

国别	民国二十二年		民国二十一年	
	数量(担)	价值(国币)	数量(担)	价值(国币)
日本	548,922	22,680,788	491,340	24,477,007
美国	132,849	5,753,986	110,174	4,868,423
朝鲜	8,349	344,613	9,251	425,009
德国	7,437	322,643	24,642	1,106,822
其他各国	26,075	1,116,928	27,857	1,302,844
共计	723,632	30,228,958	663,264	32,180,105

本年国内棉花产量,较去年稍有进展,据中华棉业统计会调

查，全国棉田计四千〇四十五万三千九百五十三亩，较去年增多三百三十五万四千一百五十三亩，棉产状况初期极佳，每亩可达二十七斤，其后北方或苦久旱或遭水淹，南方亦叠遇暴风，至第二期收成退化，每亩不及二十五斤，第三期统计，又降为二十四斤，丝以棉田增加，故全国棉花产量尚达九百六十万担，比较去年增多一百五十万担。

国别	民国二十一年		民国二十年	
	数量	价值	数量	价值
美国	3,102,351	84,944,335	2,573,757	88,791,768
英属印度	453,629	12,061,837	1,811,076	53,267,917
日本	88,934	2,603,031	247,069	8,944,195
埃及	57,154	1,914,674	45,539	2,027,084
其他各国	17,461	530,733	10,640	334,550
合计*	3,719,529	102,014,610	4,688,081	153,365,514

*包括复出口数字在内

本年棉花市况，以纱销滞呆，棉之需要甚淡，除夏季外，始终不振而国内新棉产量激增，以致市价频落，复以五千万美金棉麦借款订定，美棉运华应销，于棉花市场，亦有相当影响。本年棉价趋势，一月以迨四月，因印棉倾销，步趋下落，入五月份，渐趋佳象，市况极俏，六七两月，虽有美棉借款之实现，但以市上缺棉之恐慌日甚，故趋势亦稳，至八月后，国产新花，估计收成良好，同时外棉亦渐下趋，于是棉市又步步入于低落之境。综观本年上海棉花市价，火机花以一月份是四六·一五元为最高，十二月份之三五·五〇元为最低，陕北花以六月份之四九·〇〇元为最高，十二月份之三六·七五元为最低，灵宝花亦以六月份之五六·〇〇元为最高，十二月份之四三·〇〇为最低，天津美种花以七月份之五一·五〇元为最高，十二月份之四三·八五元为最低，标准花则以八月份之四九·八〇元为最高，十二月份之三八·四〇元为最低。

〔棉纱〕本年棉纱市况之衰败，为过去十数年所仅见，以纱销售言，则大减特减，以市价言，则步趋下跌，试以上海客帮销数与过去三年比较观之，可以见二十二年纱市清淡之一斑：

(十九)近四年上海客帮纱销统计表

地　区	二十二年	二十一年	二十年	十九年
华北	2,497	9,519	68,300	111,310
华中	118,317	146,777	194,006	215,204
华南	89,720	164,412	102,952	170,669
其他	—	642	21,680	12,864
国外	155	588	8,135	2,907
同行	26,502	40,034	144,902	177,430
合计	237,191	362,032	539,975	690,384

纱销减少之原因，因为国内购买力之薄弱，而东北向为关内纱销重要市场，过去占本部输出棉纱总额百分之十五，现已随东北沦陷而断绝，自长城各口失陷后，华北市场亦几为日纱所独占。长江向为纱销最多之区，年来亦因土布业日趋衰落，购数甚微，加之日纱复向我长江上游倾销，华纱销路愈窄。赣省匪患未清，鄂省灾后民力已竭，川省亦以军事与剿匪之故，纱销愈形减色，此外如闽粤桂等，纱销状况，亦非往年所能比拟，故各地存纱数量，均达最高纪录，四月间全国纱厂曾有一致减工之主张，七月间又有不解交棉纱于交易所之决议，及棉业统制会之稳定纱价等巨大引力，始纱不能挽回纱价趋跌之颓势。

二十二年棉纱市价，自岁初至岁尾，几是直线的下降，以人钟现纱为例，则各月份价格之变动，有下列之特殊情形，即上月之最低价，尽与下月之最高价接近，七月份之最高价，低于一月份之最高价远甚，十二月份之最高价，又较低于六月份之最低价，一月份之最高价，即一年之最高价，十二月份之最低价，即一年之最低价，跌风之后，诚属惊人。

本年棉纱对外贸易，出口较去年进步，合计为五四一，四五〇担，价值四〇，〇二一，八五九元，销纱最多之处为日本计一七四，九〇〇担，朝鲜次之，计一六一，三〇六担，印度及香港亦各在六七万担之谱。但吾人须注意者，即我国出口棉纱，大部均为在华日厂出品，并非我国货物。

至棉纱入口，则较上年大减，共计约二万七千九百余担，值二百万〇七千余金单位，输入国则以印度为最多，英国次之。

（二十）民国二十二年棉纱出口数值国制统计表

（单位数量为担价值为国币）

国别	民国二十二年		民国二十一年	
	数　量	价　值	数　量	价　值
日本	174,900	13,829,424	86,286	7,737,195
朝鲜	161,306	10,550,115	1,663	107,387
印度	78,905	6,419,030	69,100	6,651,142
香港	63,500	4,704,889	47,769	3,752,164
其他各国	62,839	4,518,401	142,085	11,573,709
合计	541,450	40,021,859	346,903	29,821,597

〔棉布〕　棉货素为我国对外贸易之入口大宗，近年以国内纺织业发展，自制棉布之产量大增，故棉布之输入因之减少，去年已跌落至六千四百二十五万余金单位，本年输入价额更减落大半，仅二千九百八十二万余金单位，为近三十年来之最低数字。

棉布进口价额减少之原因，一方面固由于国内纺织业之发展，与经济衰落一般购买力薄弱所致，但年来进口关税之提高，对于棉布之进口亦不无相当阻力，即以本年五月二十二日新颁税则与过去税则比较，本色棉布增加百分之五七·九，漂白及染色棉布增至百分之五四·四，印花棉布增百分之九四·四，杂类棉布增百分之一三五·八，税率既增，则输入数量势当受影响也。兹将本年棉布输入价额列表于后，以资参考。

(二十一)民国二十二年棉布进口分类统计表

(单位价值为金单位)

种类	民国二十二年	民国二十一年
	价值	价值
本色棉布	1,762,257	7,797,612
漂白或染色棉布	15,636,764	35,414,718
印花棉布	9,113,645	11,930,778
杂类棉布	3,310,303	9,113,645
合计	29,822,969	64,256,753

〔茶〕 本年国内茶业生产数量，大致比较去年低减。春季各地制造茶栈，因去年茶市凋敝，沪汉两地金融界采紧缩政策，对茶商多不肯放款，经济来源缺乏，产量比往年减少。安徽婺源屯溪，往年合计有茶栈三百数十家，但本年开号者，仅及半数。祁门为红茶之主要产区，原有茶号一百八十余家，本年开号者仅十之四，且制造量亦非常减缩，浙江平水各茶栈因去年美销减少。制造量亦减，江西亦以匪患未靖，茶产仅及去年十分之四五，两湖红茶产量连年减少，惟去年因印瑞爪哇等国限制生产，苏俄销路较多活动，故该地制茶商较往年略有起色。

本年茶叶市价，仅较二十一年又有低落，祁门红茶市价，在二十年五月间，平均价格达四百四十七元以上，二十一年不及三百五十元，本年更跌至二百十元。绿茶市价变动之趋势，虽亦如红茶之向下，但未如祁门红茶之甚。

至茶叶对外贸易在价值上因市价跌落之故，出口价值较上年减少，但在数量上言，反较去年增进百分之十，除祁门宁州两处红茶外，徽州绍兴之绿茶帮，两湖之红茶帮均能占有相当之赢利，为近数年难见之乐观境况。考本年华茶输出数量之骤形增加，据业中人云，其重要原因不外下列四点：(一)印度锡兰爪哇等国茶叶，厉行输出制限协定，各需要国之低等红茶乃不得不向中国采购，(二)自输出协定成立后，生产地之市价比较安定，消费各国如英美俄等各国市场，自亦不致起若何之变化，(三)数年以来，各资本主义国家受经济恐慌严重之打击，在一九三三年中竭其全力贬低货币以挽回颓势，提高物价似有相当成绩，(四)中俄两国已恢复国交，商业活动较为顺利。

本年茶业出口，合计数量为六九三，八一〇担，价值为三四，二一三，八二九国币，比较去年数量增加四万余担，惟价值则减少四百六十余万元。各种茶类出口仍以绿茶为最多，计二八八，五四一担，价值二〇，三三六，四九六元。红茶次之，计一六二，三四六担，价值九一六，七四九元，其他茶类为二四二，九二三担，价值四，四六〇，五八四元。其输出国别，就数量言，以俄国为最多，计二一二，七一五担，摩洛哥次之，计一一五，七七七担，再次为美英及香港等处。就价值言，则以摩洛哥为最多，价值八，九九九，三五二元。俄国次之，计四，五四二，八九三元。再次为英美及香港等处。兹列数字于下：

(二十二)民国二十二年茶叶出口数值统计表

(单位数量为担价值为国币)

项目	民国二十二年		民国二十一年	
	数量	价值	数量	价值
红茶	162,346	9,416,749	147,148	12,296,434
绿茶	288,541	20,336,496	274,950	21,016,931
其他茶	242,923	4,460,584	231,790	5,281,216
合计	693,810	34,213,829	653,888	38,594,581

* 包括复进口数字在内

（二十三）民国二十二年茶类输出国别统计表

国别	民国二十二年		民国二十一年	
	数量	价值	数量	价值
美国	63,516	3,660,968	50,592	3,000,443
英国	58,946	3,848,384	39,531	4,573,110
香港	50,229	1,868,282	81,246	5,439,482
俄国	212,715	4,542,893	228,272	5,706,521
摩洛哥	115,777	8,999,352	102,812	8,652,674
其他各国	192,627	11,293,950	151,435	11,222,351
共计	693,810	34,213,829	653,888	38,594,581

〔蛋产品〕蛋产品贸易，以四月至次年三月为一年度，盖国外定货，出口须待船期，又多分批出口之习惯，如春季定货，常有至冬季始出口交货者。以季节而言，大概每年三月至六月底，营业最盛，以后逐淡，至八月几无多少市面，九月稍有转机，十月继之，十一月又转平，十二月至次年二月继续清淡，此为各年之常例，间有变动亦不甚多。

本年我国蛋产品贸易，陷于极度之不振，计输出总价值的三千六百四十七万余国币，比较去年度减少七百七十八万余元，其中尤以冰湿蛋黄及冰湿黄白不分之蛋及干蛋黄之减退程度为尤甚，冰湿蛋白不分之蛋计减少价额四百五十四万余元，冰湿蛋黄及干黄亦各减少百万余元。兹将本年度我国输出蛋品数量及价值，分类列表于下：

本年输出蛋品，以国别论，干蛋白以输往英国为最多，计达三百三十一万余元，德国次之，计一百十二万余元，此外如法美两国，不过七八十万元。干蛋黄则多输往美国，计五十三万余元，各种冰湿蛋类则均以英国为主要销场，尤以冰湿黄白不分之蛋在英销售价值为最大，计一千二百七十九万余元，占此项蛋品输出

（二十四）民国二十二年蛋及蛋产品输出分类统计表

种　　类	数　　量	价　值（国币）	较民国二十一年价值增减
干蛋白	38,687	8,320,141	（－）116,247
干蛋黄	56,239	1,974,921	（－）1,016,000
冰湿蛋白	62,902	1,898,501	（－）9,823
冰湿蛋黄	146,714	3,517,535	（－）1,784,866
冰湿黄白不分之蛋	483,665	14,186,293	（－）4,540,798
带壳鲜蛋	339,267	5,616,476	（－）259,248
未列名蛋	—	965,757	—
合　　计	—	36,479,624	（－）7,781,466

总值百分之八十以上。带壳鲜蛋，运往英国者亦不少，计一万五千四百二十一万七千个，值二百六十九万八千余元，兹将输出国别数额，列表如下：

本年蛋品出口减少之原因，因由于各国增加进口税率，及俄荷丹麦诸国蛋品的排挤，不过本年度我国蛋品产量之衰退，亦无可讳言。吾国蛋产，向以江苏浙江安徽河南湖北为最多，惟本年皖北一带，因受匪祸，产量颇受影响，厂家收数，较去年减少二三成，即上海冰蛋厂家，亦多停工或延期开工，以致产量比较去年大减，内地土法厂产量亦约减三四成。

〔米〕 本年国内米谷收获量，据各方调查报告，确较去年为多，安徽省在民国二十一时米之产额为五千八百〇九万担，民廿二年则为六千四百四十二万担，计较增加百分之十，江苏省之产额，民二十一年为八千六百七十三万担，民二十二年则为九千九百六十六万担，广西本年米产亦多，经两省会商后输供粤省者不勘，江西虽连年匪灾，惟民国二十二年亦为中丰年，除供该省本地消费外，尚余六百万担，其他各省虽无确实统计，惟就上述腹地各省之产量而观，本年产米量之增加，似属可信。

（二十五）民国二十二年蛋产品输出国别统计表（单位数量为担价值为国币）

国别	干蛋白		干蛋黄		冰湿蛋黄	
	数量	价值	数量	价值	数量	价值
英国	25,136	3,310,943	3,447	117,362	46,872	1,404,171
德国	5,459	1,128,374	12,688	444,164	6,906	196,249
法国	4,256	893,279	5,315	212,454	8,102	266,569
美国	3,104	713,370	15,224	531,764	—	—
其他各国	10,732	2,274,179	19,565	669,177	1,022	31,512
合计	38,687	8,320,141	56,239	1,974,921	62,902	1,898,501

国别	冰湿蛋黄		冰湿黄白不分之蛋		带壳蛋		未列名蛋	
	数量	价值	数量	价值	数量（千个）	价值	数量	价值
英国	34,260	1,094,099	433,969	12,797,282	154,217	2,698,526	—	481,648
德国	40,692	772,575	20,116	556,697	26,095	422,288	—	76,725
法国	23,291	612,212	3,687	116,244	—	—	—	—
美国	2,953	89,296	—	—	—	—	—	—
其他各国	45,518	949,357	25,893	716,070	158,955	2,495,662	—	407,384
合计	146,714	3,517,535	483,665	14,186,293	339,267	5,616,476	—	965,757

本年米产虽丰，但仍有大宗洋米输入，本年洋米进口数量计二一，四二三，〇九一担，比较去年减少一百〇六万余担，价值计七千七百三十五万三千余金单位，比较去年减少二千三百九十五万余金单位，进口国别仍以安南为最多，计九，三六四，二六八担，价值三〇，七三七，七〇三金单位，暹罗次之，计七，五五二，五五四担，价值二八，三六四，八六七金单位，英属印度居第三位，计四，一九八，一六八担，价值一七，〇一二，七四九金单位，此外来自香港等处者则不多。兹将进口数字，列表如后。

本年米市，节节下趋，非常不振。上半期市上到货甚旺，底货亦足，惟以销路尚不呆滞，故市价虽疲，尚未大跌，七月间已届新陈代谢之时，但以销路活泼，市价尚坚，迨至八月后，因新谷登场，且丰稔不减上年，来源甚涌，供过于求，于是价格趋落，市面成江河日下之势矣。

（二十六）民国二十二年米谷进口国别统计表

（单位数量为担价值为金单位）

国别	民国二十二年		民国二十一年	
	数量	价值	数量	价值
英属印度	4,198,168	17,012,749	7,168,862	30,875,565
安南	9,364,268	30,737,703	7,577,467	34,121,864
暹罗	7,552,554	28,364,867	6,437,428	29,969,946
香港	190,315	686,373	1,147,815	5,535,770
其他各国	117,786	551,488	160,377	797,940
合计*	21,423,091	77,353,180	22,491,949	101,303,084

* 包括复出口数字在内

〔小麦〕 本年国内小麦产量，据金陵大学农业经济系估计，全国约计三千九百〇五万担，较二十一年虽略减少一百〇四万余担，但较之常年则增加一百七十六万担。国外产麦最多之美国澳洲坎拿大阿根廷等国，近年来麦之产量亦激增，其剩余额多运至我国销售。本年合计小麦输入数量达一七，七一六，二九六担，价值为四五，一四五，六八九金单位，数量及价值均较去年增加。输入国别仍以澳洲为最多，计一三，八八一，八六七担，价值为三五，八二八，九六一金单位，阿根廷次之，计二，二二二，四五九担，价值五，二一四，二〇五金单位。由坎拿大输入者达一，六〇七，二七一担，价值四，〇八四，六〇〇金单位，由美国输入者则颇少。

本年小麦市况，极形不振，下半年跌势尤猛。当一二月份，因市存洋麦充足，到货又涌，市价遂一再下跌，五六月间，国产新麦登场，适美麦借款又告成立，而厂方对于新麦乃不敢放价收买，而货主亦多贬价求脱，于是市价一再猛跌，七月时，标现麦曾发现三元六角六分之新低价，八月中，更降低至三元五角三分，为十余年来未有之新低价，九月以后，粉销突活，积疲之麦市得稍回坚，惟迄至十二月间，复以洋麦价格趋低，市价更盘旋而下矣。

(二十七)民国二十二年小麦进口国别统计表

(单位数量为担价值为金单位)

国别	民国二十二年		民国二十一年	
	数量	价值	数量	价值
澳洲	13,881,867	35,828,961	9,230,390	29,048,305
坎拿大	1,607,271	4,084,600	2,734,760	7,970,632
美国	867	4,073	2,993,531	6,553,281
阿根廷	2,222,459	5,214,205	—	—
其他各国	3,832	16,850	137,017	423,955
合计*	17,716,296	45,148,689	15,095,698	43,996,173

*包括复出口数字在内

〔糖〕本年进口糖类合计为四，七五〇，六八四担，价值为二一，四七三，三九〇金单位，与去年同期比较，数量上减少一百余万担，价值则减少一千七百七十四万余金单位。考糖类进口减少之原因，约有二点：(一)洋糖进口增税，成本加重，而各地经济竭蹶，购买力薄弱，销售不易。(二)国糖产量较去年增加，又以洋糖进口增税之机会，更较易发展。

本年洋糖进口国别仍以荷属东印度为最多，计二，五四八，五六三担，价值一〇，八三九，六八四金单位，香港与日本次之，各在九十余万担以上，价值达四百七八十万余金单位。兹将数字录后，以资参考。

本年糖市况，一月份因销路活泼，市价仍继续上升，二三月份糖市，先平后疲，以客销呆滞，颇感不振，四五六三个月，市价更见暴跌，七月份本为糖销畅旺之季，但以交易沉寂，毫无起色，八月份因洋糖成本抬高，市况亦随之升涨，惟实销依然清淡，九十两月亦不见佳，迄至十一月后，每况愈下，市价逐步下游，有颓势莫挽之况矣。

(二十八)民国二十三年糖类进口、国别统计表

(单位数量为担价值为金单位)

国别	民国二十二年		民国二十一年	
	数量	价值	数量	价值
荷属东印度	2,548,563	10,839,684	2,591,346	18,824,836
香港	951,535	4,813,336	1,638,237	10,813,987
日本	998,320	4,752,286	1,064,776	6,226,425
台湾	58,487	249,661	306,458	1,092,400
其他各国	193,779	818,423	194,486	2,256,852
合计*	4,750,684	21,473,390	5,795,303	39,214,500

*包括复出口数字在内

〔肠衣〕 肠衣之成为国际贸易商品，始于一九〇〇年西人之输出。我国北方产盐羊肠衣，南方则除产盐猪肠衣，又多乾猪肠衣，及乾牛肠衣。主要肠衣市场，有天津汉口上海三处。

肠衣交易，以每年冬季为最盛，春季次之，秋夏则甚清淡，此为常例鲜有变动。本年肠衣出口合计价额达五百五十八万九千三百余元，其中多数系猪肠，计达四百九十一万六千余元，比较去年同期增加一百六十八万九千余元，羊肠输出甚少，仅值六十七万三千余元，比较去年减少十七万六千余元。

肠衣输出国别，以德国为最多，达一百六十二万一千余元，法国次之，达一百三十万〇六千余元，再次为荷美，各在九十万元左右。兹将数字列表于后：

(二十九)民国二十二年肠衣输出价值统计表(单位国币)

种类	输出价值	较民国二十一年输出价值增减
羊肠	673,144	(－) 176,585
猪肠	4,916,159	(＋)1,689,083
合计	5,589,303	(＋)1,512,498

(三十)民国二十二年肠衣输出国别统计表(单位国币)

法国	1,306,184
德国	1,621,852
美国	906,407
荷国	947,895
其他国家	807,941
合计	*5,590,279

*包括复进口价值九七六国币

〔桐油〕 桐油为我国主要出口商品之一，其产量以四川湖南湖北等省为最多，广西浙江贵州陕西等省次之，安徽江西福建等省，产量稍逊。本年产量春季以各产区雨量过多，比较减少，但入夏季以后，以上海汉口市面暴落，而各地需油又颇殷，内地车坊多加工赶制，以图渔利，蓬勃气象为近年来所仅见。产量因而大增。

本年桐油市况，春季颇为不振，市价跌落，夏季以后因美国放弃金本位，物价均见提高，桐油外销又畅，尤以美国为最，故市面暴涨。

本年桐油输出数量，计一，二四六，八四七担，价值三〇，二六一，二六九元，数量与价值均较去年增加三分之一，至于输出国别，仍以美国为最多，计八七九，一〇〇担，比较去年增加四十八万三千余担，价值达二一，三五六，一六〇元，较去年同期价额增加百分之五十，本年桐油美销状况，可谓盛矣。次于美国者为香港，销售数量及价值亦均较去年增加五分之二左右，此外如英国荷国，本年桐油销数较少。但亦在六七十万担之谱。

(三十一)民国二十二年桐油输出国别统计表

国别	民国二十二年		民国二十一年	
	数量(担)	价值(国币)	数量(担)	价值(国币)
美国	879,100	21,356,160	495,792	14,722,062
香港	112,134	2,639,193	82,386	1,893,450
英国	75,862	1,850,368	86,035	2,591,881
荷国	68,023	1,587,027	59,355	1,697,880
其他国家	111,728	2,828,521	79,201	2,255,819
合计	1,246,847	30,261,269	802,769	23,163,233

〔下略〕

〔实业部档案〕

3. 实业部国际贸易局关于1934年上半年出入口贸易商品结构及重要商品市况的报告①

（1934年10月）

……

二、出入口商品贸易情形

（一）出入口商品分类比较　商品分类比较，足见一国产业之盛衰及经济状况，至有注意之必要。就本年上半年进出口商品类别观察，出口方面，第一季以制造品为最多，占百分之四二·二六，原料及半制品次之，占百分之三二·〇九，饮食物及烟草再次之，占百分之二四·七七。第二季情形，与第一季相同，制造品占百分之三九·四三，原料及半制品占三〇·四六，饮食物及烟草占百分之二九·〇一。入口方面，向以制造品居第一位，本年第一二季也复如是，计第一季占百分之四二·五〇第二季占四八·五五，原料及半制品居第二位，计第一季占百分之三一·八八，第二季占百分之二四·五二，饮食物及烟草居第三位，计第一季占百分之二二·七六，第二季占二二·八七，兹列表于后，以供参考。

下表内，与上年同期比较，出口商品，无多大变动，制造品自去年因东北失陷，豆类出口数字不全，跃越饮食物而称我国出口贸易之第一位商品，本年第一二季因情况如旧，故在比率上仍遥领第一位，唯比较上年同期百分比，已减少近百分之六矣，原料及半制品，本年上半年仍居第二位，但比率上已较去年同期增加，计第一季增百分之六·一三，第二季增三·九三。饮食物及烟草出口比率仍在百分之二十五左右，入口商品，其趋势则与去年同期略有差异，制造品虽仍居第一位，但原料及半制品已跃越

① 选自1934年10月实业部国际贸易局：《民国二十三年第一季第二季贸易报告》，沿用原标点。

(六)民国二十三年第一季第二季出入口商品分类百分比较表

类别		第一部 饮食物及烟草	第二部 原料及半制品	第三部 制造品	第四部 杂货
出	第一季	24.77	32.09	42.26	0.88
	上年同季	25.41	25.86	48.00	0.73
	第二季	29.01	30.46	39.43	1.10
	上年同季	24.81	26.28	46.89	2.02
口	第一季	22.76	31.88	42.50	2.86
	上年同季	32.88	25.38	39.34	2.40
	第二季	22.87	24.52	48.55	4.06
	上年同季	33.33	25.65	37.59	3.43

饮食物及烟草之前，而居次席，比率上第一季较去年同期增六·三六，第二季则稍见逊色，饮食物及烟草在进口商品中所占百分比，则表现极大之下落，本年第一季占二二·七六（去年同期占三二·八八）第二季占二三·〇二（去年同期，占三三·三三，）与去年同期比较。减落达百分之一十尚强，其主要原因，系由于本年农产品食粮等进口之减少，（本年第一季五谷进口仅值一六，〇六三，三九三金单位，去年同季值三七，二一四，九四七金单位，本年第二季五谷进口值一九·五六〇，八六四金单位，去年同季值五〇，九六八，七七七金单位，两季合共较去年减少达五千二百五十五万余金单位）此吾人引为欣慰者也，兹再将各种分类商品之数字，列表于下，以作进一步的研究。

下表为本年第一二两季进出口商品之数字。进口方面，以制造品为最多，第一季计六三，六二二，一三二金单位，第二季计六七，五〇一，六四七金单位，原料及半制品次之，第一季计四七，七二二，〇九六金单位，第二季计三四，〇九四·六一四金

（下转第1204页）

(七)民国二十三年第一季第二季出入口商品分类统计表

类别		第一部 饮食及烟草						
		食品						
		五谷类	杂粮类	粉类	糖类	菜蔬类	百果类	栗子类
出口(国币)	第一季	358,899	939,032	751,790	6,532	2,208,663	1,685,794	4,590,332
	上年同期	69,413	1,207,636	4,774,195	17,865	2,318,718	1,940,528	8,487,575
	第二季	469,633	1,057,799	1,394,260	2,059	2,584,497	1,003,536	6,991,303
	上年同期	50,410	971,124	1,542,934	3,922	2,445,394	941,956	3,896,332
入口(金单位)	第一季	16,063,393	315,360	1,015,778	4,516,842	200,330	560,701	41,342
	上年同期	37,214,947	325,460	5,360,727	6,269,275	219,253	470,102	49,100
	第二季	19,560,864	312,582	900,199	2,624,248	138,579	774,262	25,149
	上年同期	50,968,777	322,368	6,162,310	4,528,841	251,145	611,368	17,122

续表

类别		第一部饮食及烟草						
		食品						
		粮食类	牲畜类	肉类	蛋类	鱼介类	盐类	他类食品
出口（国币）	第一季	52,980	2,230,434	1,476,688	5,019,238	779,967	599,392	3,193,990
	上年同期	55,126	2,296,521	1,491,027	5,058,041	1,000,178	674,018	2,177,758
	第二季	43,531	2,066,711	922,495	9,359,795	873,100	447,072	3,118,198
	上年同期	35,094	2,176,068	851,257	10,081,026	670,009	445,381	2,186,433
入口（金单位）	第一季	338,690	14,274	286,632		2,605,594	3,306	911,488
	上年同期	526,230	63,235	356,209		4,063,999	2,730	1,192,541
	第二季	425,072	76,247	306,991		1,578,008	2,665	1,006,522
	上年同期	587,238	93,334	314,770		2,700,899	3,502	1,143,088

续表

类别		第一部饮食及烟草						
		食品	饮料				烟草	第一部共计
		食品合计	茶类	酒类	其他饮料	饮料合计		
出口(国币)	第一季	23,893,731	5,129,811	217,090		5,346,901	2,690,988	31,931,620
	上年同期	31,568,599	5,641,934	185,819		5,827,753	2,652,149	40,048,501
	第二季	30,333,989	8,418,524	315,546		8,734,070	1,435,837	40,503,896
	上年同期	26,297,340	6,831,033	223,799		7,054,832	1,102,828	34.455,000
入口(金单位)	第一季	26,918,730	45,731	357,508	50,896	454,135	6,705,900	34,078,765
	上年同期	56,113,808	24,867	475,226	59,306	559,399	3,590,569	60,262,776
	第二季	27,731,488	39,276	504,142	67,058	610,476	3,453,363	31,795,327
	上年同期	67,794,762	39,064	547.999	86,886	673,949	2,450,316	70,919,027

续表

类别		第二部原料及半制品					
		纺织原料					燃料
		棉类	毛类	蚕类	其他纺织原料	合计	固体燃料
出口(国币)	第一季	5,042,739	9,060,039	8,231	2,021,058	16,132,067	2,053,226
	上年同期	7,770,679	3,423,779	146,919	1,524,672	12,866,049	1,586,672
	第二季	4,143,967	4,875,834	29,045	1,557,970	10,606,816	1,733,500
	上年同期	6,019,199	4,229,841	72,681	519,000	10,840,721	1,349,481
入口(金单位)	第一季	15,631,320	628,308		265,021	16,524,649	1,949,153
	上年同期	13,283,460	108,828		375,493	13,767,781	3,540,817
	第二季	14,229,376	740,930		268,607	15,238,913	1,515,930
	上年同期	15,439,765	225,868		196,151	15,861,784	4,065,388

续表

类别		第二部原料及半制品					
		燃料		木材	兽皮	矿砂	种子及油
		液体燃料	合计				种子类
出口(国币)	第一季	1,457	2,054,683	211,559	2,128,861	1,268.802	1,722,380
	上年同期	2,305	1,588,977	382,115	1,713,082	817.204	3.231.643
	第二季	1,389	1,734,889	248,083	1,778,508	3.012,710	3.072.181
	上年同期	1,018	1,350,499	431,617	1,540,400	782,118	2,631,803
入口(金单位)	第一季	20,384,368	22,333,521	2,993,927	15,642	3,740	14,039
	上年同期	18,925,255	22,466,072	2,726,954	31,256	19,440	48,624
	第二季	6,775,420	8,291,350	4,366,465	21,684	3,734	17.788
	上年同期	20,342,433	24,407,821	5,218,232	34,841	38,635	27,011

续表

类别		第二部原料及半制品					
		种子及油		杂类			第二部共计
		油类	合计	消费品	生产品	合计	
出口(国币)	第一季	7,010,566	8,732,946	2,391,088	8,457,868	10,848,956	41,377,874
	上年同期	9,439,455	12,671,098	1,777,235	7,939,256	10,716,491	40,755,016
	第二季	8,613,549	11,685,730	2,941,780	10,512,810	13,454,590	42,521,326
	上年同期	8,313,122	10,944,925	2,580,709	8,036,747	10,617,456	36,507,736
入口(金单位)	第一季	2,712,000	2,726,039	1,504,832	1,619,746	3,124,578	47,722,096
	上年同期	4,045,286	4,093,910	1,724,176	1,699,465	3,423,641	46,523,054
	第二季	2,379,927	2,397,715	1,995,648	1,779,105	3,774,753	34,094,614
	上年同期	5,161,691	5,188,702	1,601,777	2,238,115	3,839,892	54,590,007

续表

类别		第三部制造品							
		纺织品							
		棉货类	棉纱类	毛呢棉类	呢绒类	生丝类	丝绣货	其他纺织品	合计
出口(国币)	第一季	1,545,967	6,055,432			6,691,943	4,931,980	6,616,031	25,841,353
	上年同期	9,705,927	9,668,002			11,758,100	6,535,179	7,082,038	44,749,246
	第二季	3,010,819	10,000,894			6,353,556	5,360,147	7,653,975	32,379,391
	上年同期	3,871,438	9,373,288			14,642,380	7,466,094	8,178,349	43,531,549
入口(金单位)	第一季	4,363,490	697,746	221,234	2,067,593		6,021	2,445,579	9,801,663
	上年同期	10,674,359	1,055,584	125,601	2,515,084		11,717	3,581,915	17,964,260
	第二季	4,542,405	859,250	104,484	1,308,547		6,118	2,514,008	9,334,812
	上年同期	12,786,903	1,052,784	184,271	1,387,445		16,715	3,757,441	19,186,059

续表

类别		第三部制造品							
		机械	交通器具						金属品
			铁路材料类	车辆类	船舶类	航空类	邮电类	合计	铜铁类
出口(国币)	第一季	56,633							121,452
	上年同期	74,162							178.932
	第二季	68,233							212,167
	上年同期	55,434							167,596
入口(金单位)	第一季	7,315,245	1,232,559	2,235,596	238.988	1,196,642	906,246	5,810,031	7.616,987
	上年同期	5,743,025	1,567,908	1,959,747	210,710	746,628	445,576	4,921,569	6,684,006
	第二季	7,310,363	1,623,557	3,496,410	171,260	997.664	843,070	7,131,961	9,973,978
	上年同期	5,429,201	1,224,274	2,527,042	67,185	1,096,898	580,828	5,496,227	9,176,027

续表

类别		第三部制造品							
		金属品						电气及煤气	
		生铁类	利器类	铜类	锑类	其他金属品	合计	电气类	煤气类
出口(国币)	第一季			168,661	729,731	4,603,483	5,623,327	145,914	
	上年同期			176,551	1,090,856	7,272,648	8,718,987	158,849	
	第二季			204,562	1,274,285	2,942,109	4,633,133	173,047	
	上年同期			190,447	847,305	2,515,689	3,721,037	190,930	
入口(金单位)	第一季	337.356	390,344	614,828		3,767,571	12,727,086	1,786,565	
	上年同期	338,473	426,885	654,703		4,209,056	12,313,123	1,497,782	
	第二季	346,292	378,036	890,583		3,776,705	15,365,594	1,437,209	
	上年同期	375,028	444,483	932,945		4,464,747	15,393,230	1,669,453	

续表

类别		第三部制造品							
		电气及煤气	化学工业						
		合计	窑业类	皮货皮革	染料颜料	纸类	药材类	其他化学工业制造品	合计
出口(国币)	第一季	145,914	799,479	12,102,980	515,872	1,192,520	175,493	2,279,866	17,066,210
	上年同期	158,849	936,678	10,931,507	581,156	1,709,714	181,523	1,745,794	16,086,372
	第二季	173,047	915,119	8,107,057	268,777	1,178,494	176,075	2,473,399	13,118,921
	上年同期	190,930	992,243	8,716,553	205,338	1,218,836	153,776	1,770,796	13,057,542
入口(金单位)	第一季	1,786,565	1,428,460	580,503	5,324,251	4,888,402	1,356,174	7,076,545	20,654,334
	上年同期	1,497,782	2,299,342	639,575	5,741,037	5,482,627	1,223,193	8,523,275	23,909,049
	第二季	1,437,209	1,828,808	602,707	4,751,511	5,210,018	1,372,867	7,419,383	21,185,294
	上年同期	1,669,453	2,290,776	723,530	4,926,793	6,685,831	1,363,030	9,598,927	25,638,907

续表

类别		第三部制造品					第四部杂货	总计
		文化品	家用品	其他制造品	合计	第三部共计		
出口(国币)	第一季	870,091	2,986,278	1,888,391	5,744,760	54,478,197	1,139,246	128,926,937
	上年同期	1,371,364	2,281,477	2,190,439	5,843,280	75,630,896	1,141,065	157,575,478
	第二季	861,564	1,837,069	1,985,639	4,684,272	55,056,997	1,535,558	139,617,777
	上年同期	997,084	1,862,777	1,714,772	4,574,633	65,131,125	2,797,181	138,891,042
入口(金单位)	第一季	2,416,251	1,656,016	1,454,941	5,527,208	63,622,132	4,281,939	149,704,932
	上年同期	1,901,002	2,136,440	1,716,163	5,753,605	72,102,413	4,430,000	183,319,243
	第二季	2,036,373	1,862,181	1,837,860	5,736,414	67,501,647	5,640,[illegible]72	139,031,860
	上年同期	2,081,597	2,187,868	2,914,711	[illegible],184,176	79,997,253	7,300,345	212,806,632

单位，饮食物及烟草进口较少，第一季计三四，〇七八，七六五金单位，第二季计三一，七九五，三二七金单位。进口制造品项内，仍以化学产品为最多，次之当推金属品与纺织品，机械及交通器具进口数字也颇可观。原料及半制品项内，则以液体燃料居多，次之为棉花等纺织原料。饮食物及烟草项内，仍以五谷为大宗，糖及鱼介也不少。出口方面，本年第一二季均以制造品居第一位，原料及半制品居第二位，饮食物及烟草居第三位。制造品出口第一季计达五四，四七八，一九七元，第二季计五五，〇五六，九九七元，其中以纺织品及化学制品为最多，原料及半制品出口第一季计达四一，三七七，八七四元，第二季计四二，五二一，三二六元，其中以毛棉及油类出口数字为最巨。饮食物及烟草出口第一季计三一，九三一，六二〇元，第二季计四〇，五〇三，八九六元，其中出口数字较大者为茶，栗子，牲畜，菜蔬，百果等类。

与去年同期比较，进口方面，五谷面粉鱼介等项减落几达一倍，故饮食物及烟草部合计也较去年减落一半，原料及半制品部内、棉毛液体燃料，木料等均较去年同期进口增加，唯固体燃料及油类进口则见减落，制造品部内如棉货，化学工业制品进口均见退落，而机械及交通器具等进口则见增进，可为国内工业建设渐趋进步之一征象，出口方面，饮食物烟草部内，蛋产品及茶两项出口较去年同期稍见低落，原料及半制品部内，如毛煤、兽皮等项则见增加，制造品部内，生丝外销大见退步，棉货棉纱出口也较往年低落，仅皮货皮革略有增进，可见我国生产仍未如何进步也。

(二)土货出口情形　本年上半年土货出口，总计为二万万六千八百五十四万四千余元，与去年同期比较，计减落二千七百九十二万余元。其中重要商品之项目，也与往年大有差别，向居出口货第一位之生丝，本年已见降落，替而代之者为皮货，本年上半年出口值二千三百三十六万余元，占出口总额约百分之八・七。

棉纱次之，价值一千六百零五万余元。占出口总额百分之五·九八，再次为五金，值一千四百五十五万余元，占出口总额百分之五·四三，更次为蛋产品，值一千四百三十七万余元，占出口总额百分之五·三五，依次茶由往年之第八位升居第五位，本年上半年出口共值一千三百五十四万余元，占出口总额百分之五·〇四，生丝由往年之第一位降至第六位，本年出口计一千三百〇四万余元，占出口总额百分之四·八六，桐油居第七位，计值一千二百五十三万余元，占出口总额百分之四·六七，此外依次为绸缎花生，本年出口价值均占全部出口总额百分之三以上，猪鬃棉花均占百分之二以上，烟草、煤、席、棉布均占百分之一，至于向为出口重要商品之豆类豆饼两项，本年均占不到百分之一。兹将本年出口商品情形列表如下：

就重要商品本年上半期之出口价值与上年同期作一比较，则皮货，茶，五金，猪鬃，烟草，煤，席及豆类数项，均较上年增加。而在价值上增加最多者为皮货，计较上年增加四百二十三万余元，或百分之二二，次之猪鬃，较上年增加二百三十余万元，或百分之四九，再次为五金，计较上年增加二百零八万余元或百分之一六，更次为席及茶，各增一百余万元，比较上年同期出口数值减少者，有生丝，棉纱，蛋产品，绸缎，桐油，棉布，棉花，花生等项。而在价值上减落最巨者为生丝及棉布，各较上年减少九百余万元，此外棉花减少五百三十三万余元，绸缎减少四百四十六万余元，棉纱减少二百九十八万余元，花生减少一百六十六万余元。

若以民国十五年为基年，以观察本年六个月来出口商品贸易(从量)之变迁，则生丝出厂仍见衰敝，指数以一月份为最高，但也不过一〇四·二三，较民国十五年增加百分之四而已，其余各月份则均不及一〇〇，最低如三月份，只六七·九六，茶按月出口指数以六月份为较高，计一五七·三九。一四两月份也均在一

(八)民国二十三年上半年出口商品值量统计表

商　品	数量(公担)	价值(国币)	与出口总值百分比	上年同期价值(国币)	与上年价值百分比
皮　货		23,365,074	8.71	19,130,852	122.13
棉　纱	138,037	16,056,326	5.98	19,041,290	84.32
五　金		14,551,471	5.43	12,467,515	116.72
蛋及蛋产品		14,379,033	5.35	15,139,063	94.98
茶	222,767	13,548,335	5.04	12,472,972	108.62
生　丝	45,159	13,045,499	4.86	22,162,340	58.86
桐　油	322,094	12,535,690	4.67	14,030,631	89.35
绸　缎	7,072	9,721,456	3.62	14,186,016	68.53
花　生	963,922	8,452,462	3.15	10,121,016	83.51
猪　鬃	18,905	7,058,551	2.63	4,712,368	149.78
棉　花	93,722	6,650,526	2.48	11,982,034	55.50
烟　草		4,126,825	1.54	3,754,977	109.90
棉　布	28,136	4,644,283	1.36	13,468,944	27.06
席		3,151,722	1.17	2,018,460	156.14
煤	338,207	2,806,126	1.04	2,190,745	128.09
豆　类	253,809	1,942,545	0.73	2,169,004	89.56
豆　饼	13,512	95,834	——	93,993	101.95
其他出口商品		113,412,956	42.24	117,324,299	96.66
总　计		268,544,714	100.00	296,466,519	90.50

〇〇以上，最低如三月份，则下落至三三·二九，蛋产品(从值)出口仍不景气，各月均低，最高之六月份也不过九六·六四，豆及豆饼两项因受东北事变影响，更不必谈，桐油出口尚佳，除二月份不及一〇〇，其余各月份则均较增高，尤以六月份为最佳，指数计达一九五·八六，棉花出口，各月均不见佳，除一月份外多不及民国十五年每月平均出口数之一半，棉纱出口甚佳，各月均较十五年每月平均数字增加，以五月份为最旺，指数达四二四·一〇，其余各月也较增加一倍至三倍不等。皮货出口也畅，除六月份外，各月指数均在一〇〇以上，最高如三月份且达二〇五·七八，绸缎除三月份外，出口指数也均超过一〇〇，花生外销第一季各月稍较清淡，指数在六七十间第二季则多较民国十五年时增加。

(九)民国二十三年上半年各月重要出口商品贸易从量指数表

月份	一月	二月	三月	四月	五月	六月
生丝	104.23	74.61	67.96	82.01	83.45	94.71
茶	110.85	65.31	33.29	144.95	22.63	157.39
蛋产品(从值)	62.61	32.99	33.16	63.68	53.86	96.64
豆	3.20	2.17	4.96	3.84	3.93	4.02
桐油	156.15	93.01	119.08	118.63	172.67	195.86
豆饼	0.21	0.03	0.22	0.26	0.16	0.13
棉花	63.12	44.71	18.25	27.35	31.93	26.50
皮货(从值)	164.41	185.03	205.78	179.32	122.29	81.07
棉纱	193.26	154.62	173.77	147.95	424.10	331.47
绸缎	140.43	104.27	97.71	102.98	116.22	132.33
花生	66.24	72.82	75.93	104.18	194.47	123.74

(三)洋货进口情形　本年上半年洋货进口净数，共值二万万八千八百七十三万六千七百九十二金单位，比较上年同期减少一万万〇七百三十三万六千一百七十八金单位或百分之二七·一。

本年进口各项重要商品中为数最巨者即棉花，六个月共计，进口七七八·二一一公担，值二千九百八十五万四千余元，占入口总值百分之一〇·三三，五金次之，进口共值二千五百七十万余元。占入口总值百分之八·九三，再次为米，进口共四，四四七，七四七公担，值二千〇四十二万余金单位，占进口总值百分之七·〇七，更次为煤油，上半期进口共达三四九、七六八、三六五公升，值一五、五〇〇、四四五金单位，占入口总值百分之五·三七，次外依次为小麦、机器、纸、化学产品及制药、烟草、棉布、糖，木料及汽油等，在进口各项重要商品中，本年上半期进口价值与去年同期比较，大都趋于下落，而在数值上减少最巨者，为米及小麦两项，计米减少二千六百七十四万九千余金单位，小麦减少二千五百八十万九千金单位，两项主要食粮合计减少额达五千二百五十五万余金单位，此种现象诚足引为欣慰者，次之当推棉布也较往年同期进口数减少一千三百二十八万余金单位或百分之六二·六，再次如煤油，本年上半期进口数值也较减落达一千二百〇四万余金单位，或百分之四三·八，面粉本年上半期进口数也与小麦俱见下减，计较往年同期进口数减少九百四十七万余金单位或百分之八六·四，此外商品如煤，计减少四百万余金单位，纸、化学产品及制药、糖、硫酸錏，均减落三百万余金单位不等，人造丝及鱼介海产则下落二百万余金单位。至于机器、烟草、棉花、五金等项，其上半年之进口数值，较之往年同期则见增加，计机器烟草两项各增加四百余万金单位，棉花五金两项各增加二百万金单位左右，在进口凋敝之时，机器五金二者进口竟较往年增加百分之五十左右，实为良好之现象也。

若以民国十五年为基年以观察上半年各月进口商品贸易之变迁，则以糖、棉货、棉纱三项进口贸易为最低落，各月指数，均未见有满百分之二〇以上者，面粉进口也不见多，除一月份指数在三五以上，（即等于民国十五年每月平均进口数三分之一稍强）

（十）民国二十三年上半年入口商品值量统计表

商　品	数　量	价值（金单位）	与入口净值百分数	上年同期价值（金单位）	与上年同期价值百分比
棉花	778,211（公担）	29,854,108	10.33	28,712,708	103.9
五金		25,791,167	8.93	24,962,866	103.3
米	4,447,747（公担）	20,429,474	7.07	27,547,105	43.3
煤油	349,768,365（公担）	15,500,445	5.37	41,004,258	56.2
小麦	4,343,213（公斤）	15,194,783	5.37	10,110,880	37.0
机器类		14,742,722	5.26	14,183,140	145.8
纸类		2,340,860	3.92	14,183,140	79.9
化学品及制药		2,157,929	3.86	14,143,409	78.8
烟草		10,159,263	3.51	6,040,885	168.1
木材		8,145,070	2.82	8,267,624	98.5
棉布		7,946,440	2.75	21,233,311	37.4
糖		7,141,090	2.47	10,446,137	68.3
毛织物		6,234,773	2.15	6,213,013	100.3
汽油	88,247,395（公担）	5,975,194	2.06	5,930,573	100.8
柴油	206,227（公吨）	5,485,142	1.89	5,487,165	99.9
鱼介海产		4,228,602	1.46	6,764,898	62.4
煤	611,429（公斤）	3,437,731	1.22	7,543,314	45.5
硫酸錏	274,025（公担）	1,799,368	0.62	4,080,911	44.0
人造丝	1,083,774（公斤）	1,511,746	0.52	3,913,812	38.6
面粉	228,784（公吨）	1,458,422	0.51	10,976,254	13.6
其他入口商品		81,162,463	28.09	91,331,641	88.8
总计		288,736,792	100.00	396,072,970	72.9

其余各月也均不满二〇，棉花进口以三四两月份较佳，但较民十五年时增加甚微，米及小麦两项，上半年各月进口虽较往年同期减少，但与民国十五年时比较，仍增高数倍，米以四、六两月份进口为最盛，小麦以一、五两月份为进口旺期，指数均在五百以上，即较民国十五年时尚增加五倍之谱，煤油在年初两月进口尚佳，指数均在一百七十以上，唯其他各月则异常低落，五月份进口数且只当十五年时百分之二尚弱。五金以第二季进口较佳，指数均在一百四十上下，第一季则不过五十左右，纸除五月份外，各月均较民十五年时进口数字低落，机器进口情况较往年良好，除一月份外，均较民十五年每月平均数增加一二倍不等。

（十一）民国二十三年上半年各月重要入口商品贸易从量指数表

（以民国十五年为一〇〇）

月　份	一月	二月	三月	四月	五月	六月
棉货（从值）	7.12	3.68	9.25	17.95	14.66	9.66
棉纱	4.72	2.09	5.45	6.18	7.95	3.18
棉花	98.66	86.15	108.30	113.59	86	
米	152.93	41.81	353.32	516.30	368.04	521.49
面粉	35.93	7.52	14.76	18.89	12.56	16.29
（从值）糖	20.20	10.55	11.35	20.99	13.07	15.43
煤油	176.09	175.07	50.98	38.26	1.67	29.82
小麦	545.14	300.49	300.12	267.37	538.55	122.16
（从值）五金	58.78	45.15	67.75	156.98	142.69	123.97
（从值）纸	58.88	26.13	52.41	94.37	108.02	92.45
（从值）机器	87.03	126.66	109.21	196.12	216.31	270.95

（四）重要商品市况

（1）**生丝**　本年上半期生丝出口贸易，为近若干年来之最低记录，此六个月中之出口总数，为四万五千一百六十一公担，较去年同期减少七千八百二十五公担，而价值方面仅一千三百二十一万九千三百六十四元，较去年同期之二千六百七十九万四千一百九十四元，相差已一倍有余矣。在如此惨落状况之下，恐不久之将来，世界市场，我国生丝将无立足之余地，此非仅蚕丝业之不幸，也国民经济之隐忧也。

我国生丝最大消费市场，向以美国为第一，今年六个月中，美销始终不振，当新年之初，美国生丝虽趋上涨，但以存丝增加，及上年人造丝消费大增之影响，人心动摇，我国对美交易，几同停顿，而法销亦属零星，加之美汇放长，结合市价，距离厂家成本，相差甚远，是以亦多不愿抛售，其后海外丝市仍继续上涨，国人方庆幸海外丝销，或有来苏之望，然昙花一现不久又趋疲落，总之第一季之三个月中，华丝销路已见衰落之端倪矣。所幸一二两月，内地绸厂销路，尚称畅旺，迨四月中，海外丝市益形暴跌，国内销路更趋不振，而人造丝又贬价竞售，受种种之压迫，丝业更疲惫不堪，五月中又传来美国绸厂全体停工一星期之消息，价虽跌而销路仍无起色，但厂商以新丝瞬将上市，遂也不得不忍痛抛售，故欧庄得略有成交耳。兹以本年上半年生丝输出数值列举如下。

（十二） 民国二十三年上半年生丝输出数值统计表

种类		白丝	黄丝	灰丝	未列名丝	合计
本年上半年	数量（公担）	10,448	3,141	479	31,093	45,161
	价值（国币）	7,253,605	3,253,601	233,777	2,478,381	13,219,364
去年同期	数量（公担）	13,466	5,732	372	33,416	52,986
	价值（国币）	15,209,358	6,721,116	232,805	4,630,915	26,794,194
较去年同期增加（+）或减少（－）	数量（公担）	（－）3,018	（－）2,591	（+）107	（－）2,323	（－）7,825
	价值（国币）	（－）7,955,753	（－）3,467,515	（+）972	（－）2,152,534	（－）13,574,830

上半年对外生丝贸易，国别方面，颇有变迁，在去年同期对意输出仅二千八百四十七公担，居第六位，本年上半年则跃居第一位，数量增加三倍有余，他如荷属东印度埃及也略有增加，而美法英日，则一致减少，至于价值方面，以法国减少为最多，共

（十三）民国二十三年上半年生丝输出数值按国别统计表

国别	本年上半年		去年同期		与去年同期价值比较增加（＋）或减少（－）
	数量（公担）	价值（国币）	数量（公担）	价值（国币）	
英属印度	4,400	3,625,308	4,474	5,032,643	（－）1,407,335
埃及	437	325,732	307	2[illegible]2,106	（＋）93,626
法国	5,627	2,549,759	9,547	8,823,121	（－）6,723,362
安南	1,073	623,792	393	523,649	（＋）100,143
英国	5,848	848,135	3,322	923,180	（－）75,045
香港	7,000	1,270,373	13,119	2,719,117	（－）1,448,744
意国	8,964	734,563	2,847	278,712	（＋）455,851
日本	5,613	946,410	8,986	1,223,156	（－）276,746
荷属东印度	124	114,409	47	59,523	（＋）54,886
美国	5,315	1,838,667	8,186	6,417,656	（－）4,578,989
锡兰	3	2,075	19	14,960	（－）12,885
其他各国	757	340,141	1,739	546,371	（－）206,230
出口总数	45,161	13,219,364	52,986	26,794,194	（－）13,574,830

六百二十七万三千数百余元，次为美，减少四百五十七万八千数百元，兹列表如下。

春茧产量，现尚未得确实之数字，唯以江浙两省所发之改良蚕种观之，也可略知梗概。据浙建厅负责人报告，本季共发蚕种三十七万六千张。由商人自行发售者，也不下二十余万张，总共约在六十万张，江苏所发蚕种，共约七十万张，每张平均产茧十斤，则两省应得干茧十三万担。而土种尚不在内，浙江土种产茧据专家估计，约四万担苏省究有若干，尚未臆断，至于茧价，江苏较浙江为高，浙江鲜蚕价，土种每担约十七元，(烘折二百九十斤至三百斤缫折五百至六百斤)改良种每担约二十二元。(烘折二百七十斤至二百九十斤缫折四百斤至四百五十斤) 合干茧以司马秤计算，土种每担八十元，改良种九十四元，(干茧费 十 八元在内)则土种缫制生丝，每担成本须四百四十元，改良种需四百元，但江苏方面，茧之成本较高，每担约需三十五元左右。(司马秤)以烘折二百八十斤计，则干茧每担需九十八元，再加干茧费每担洋十七元，共为一百十五元，缫折平均四百二十斤，再加缫丝费用四十元至六十元，则每担生丝成本约需五百三四十元，以六月份上海生丝市价论相差犹甚远也。

在丝业最盛时期江浙丝厂，共有一百八十五家，本季开工者，仅七十家，其衰落情形，于此可见也。

(2) 茶。本年上半期我国对外贸易，殆皆趋于不振，而茶叶销路，独呈突飞猛进之势，此为本年上半期对外贸易所应持特笔大书看也，考其原因，约有数端。(1) 印度锡兰爪哇等国，限制生产，华茶对外销路，得有起色。(2) 政府机关，对于茶叶改良检验等等，十分注意，品质上大有进步。(3) 运销机关，渐加改善，得以免除中间商人之剥削，于茶销上颇有利益，凡此种种，均为茶销生色之主因。

今年春季，天气较寒，是以各地茶叶出新也较迟，上海方面，仍以温州红茶到货最早，而品质也较往年为佳，宁州红茶，产量不多，然以天气顺适之故，品质也优，两湖红茶，销路最为活泼，尤以花香一项，更为畅旺，温州及遂安两处之绿茶，屯溪婺源之珍眉，以及平水大帮，产量均未见增加，销路也未见活跃，仅属平稳而已。

上年期之茶叶出口数量，红茶增而绿茶减，总计为二十二万二千七百六十七公担，比之去年同期之十六万九千三百八十三公担，计增加五万三千三百八十四公担，价值总计为一千三百五十四万八千三百五十五元，比之上年同期增一百零七万三千八百二十六元，假使绿茶销路与红茶有同样之进展，则其增加固属不止此数，然绿茶出新，本较红茶为适，而销路之最盛时期，也恒在七八九各月，故上半年绿茶销路之减少，殊不必引为悲观也，兹以红绿茶销况，列举数字如下。

（十四）民国二十三年上半年茶叶输出数量统计表

种类	本年上半年		去年同期	
	数量（公担）	价值（国币）	数量（公担）	价值（国币）
红茶	36,536	3,269,705	28,832	3,162,723
绿茶	48,602	6,097,474	56,147	6,698,681
其他茶	137,629	4,181,176	84,404	2,613,125
合计	222,767	13,548,355	169,383	12,474,529

茶叶对各国贸易，英俄增加，而美国减少，对英输出总额为二万零七百七十一公担，比之去年同期增一万二千余公担，对俄输出为十二万九千二百二十二公担，比之去年同期增加近五万公担，输往美国之红绿茶，俱见减少，其重大原因，由于品质未适合其嗜好，而美国对于平水茶，颇有恶劣之批评，而日茶又复广为宣传，夺我销路，至失此重要市场也，兹以输往各国数量列表如下：

（十五） 民国二十三年上半年茶叶输出数值按国别统计表

国别	本年上半年		去年同期		与去年同期价值比较增加（+）或减少（-）
	数量（公担）	价值（国币）	数量（公担）	价值（国币）	
英属印度	1,801	166,016	2,341	191,423	（-）25,407
法国	4,041	429,041	3,985	461,334	（-）32,293
德国	1,424	175,509	2,526	327,370	（-）151,861
英国	20,771	2,266,163	8,734	1,284,551	（+）981,621
香港	12,531	801,782	14,547	902,561	（-）100,779
摩洛哥	20,175	2,684,232	22,024	2,835,765	（-）151,533
荷兰	2,000	157,161	1,265	161,946	（-）4,785
美国	4,354	399,369	7,316	741,276	（-）341,907
俄国	129,222	4,106,501	79,642	3,198,836	（+）907,665
阿尔及耳	5,183	668,166	6,677	892,050	（-）223,884
埃及	372	34,089	—	—	（+）34,089
新加坡	1,078	99,439	966	96,792	（+）2,647
的黎波里	2,756	372,870	2,512	336,418	（+）36,452
突尼斯	633	86,139	549	74,886	（+）11,253
关东租借地	1,913	87,690	3,761	198,094	（-）110,404
其他各国	14,513	1,014,188	12,538	771,227	（+）242,961
出口总数	222,767	13,548,355	169,383	12,474,5[illegible]	（+）1,073,826

上半年红茶市价之坚挺，在过去年十年中，尚属罕见，两湖红茶，在平常年份最高价旧制每担也不过三十元左右，今则涨至六十元乃至九十元，且始终无大变化，祁门红茶，在出新叶时市价也较去年高百分之十五，但以后则渐低，就大体言之，上半年之次等红茶，无不大获其利，中等红茶，获利较少，上等红茶，平平而已，至于绿茶，虽未上涨，也未趋跌，堪称平稳，总之今年上半年之红茶贸易，尚不失为好季节也。

（3）桐油。　本年上半期之桐油贸易，以销量言，比去年同期略形减色，以市况言，则又较去年同期略胜一筹，在此国际市场物价低落，消费减少之际，桐油外销，尚能无激烈之变化，也未使非差强人意之事，唯以我国桐油市场，完全操之于洋商之手，华商反仰其鼻息，加之内销一落千丈，今与昔比，几已半减，是以华商经营桐油业者，无不亏折，此实我桐油对外贸易之一大隐忧也。

本年上期桐油出口数量为三十二万二千零九十四公担，比之上年同期减少二万四千五百八十四公担，价值方面，也减少一百四十九万四千九百四十一元，输出国仍以美国居第一位，占百分之五十七强，香港居第二位，占百分之十六强，荷兰次之，英法又次之，兹分别列表如下。

市价方面，几呈一路上涨之势，当年初红盘开出时，即有欣欣向荣之概，因坐盘低廉，引起洋商进胃，由二十三元二角，一跃而至二十四元六角，中间虽稍见挫落。但不久又复回涨，二月之初，洋商非常活跃，怡和嘉利义瑞等行，纷起采办，然出价奇苛，相持颇久，价乃至二十四元二角升至二十五元，其后以美国提高银价，对于桐油出口颇多不利，故三月上旬，市价殆无日不在跌落之中，而交易又非常静寂，至三月底，始略见转机，度油在二十元内外盘旋，襄桐只开十三两，内盘上下于十三两三四钱，洪油头盘开出，计庆元丰杨恒源牌十八两四钱，刘同庆徐荣昌牌

（十六） 民国二十三年上半年桐油输出数值按国别统计表

国别	二十三年上半年		上年同期	
	数量（公担）	价值（国币）	数量（公担）	价值（国币）
澳洲	1,094	46,082	1,267	55,086
比国	2,227	89,311	840	32,294
丹麦	4,161	161,165	4,267	160,887
法国	16,465	671,108	7,717	368,808
德国	7,861	326,692	7,183	269,085
英国	17,872	702,166	31,441	1,259,410
香港	53,311	2,132,826	19,794	759,632
意大利	1,196	48,579	1,180	42,487
日本	4,771	157,820	2,817	111,893
荷兰	21,014	856,413	22,164	858,999
挪威	3,535	135,831	2,498	93,834
美国	184,856	7,058,300	242,086	9,879,453
关东租借地	950	33,222	—	—
其他各国	2,781	115,455	3,424	138,763
出口总数	322,094	12,535,690	346,678	14,030,631

十八两一钱五分，后因襄河水涸，桐油来源稀少，襄桐开价频高，外盘跟涨，自二十五元而至二十七元六角，入后涨风益厉，安利英等洋行在万县产区大事搜罗，价逐高至二十九元六角，迨上半期之末，竟超出三十元大关，而为卅元零四角，虽比之民国十六年六十元零五角之高峰，相去尚远，然也为近年不多见之良好现象也。

（4）米 本年上半期我国米粮入口，大为减落。计洋米入口数量仅四、四四七、七四七公担，较上年同期之七，六二一，九四七公担，减少三，一七四，二〇〇公担，价值二〇，四二九，四七四金单位，较上年同期之四七，一七九．三六六金单位，减退达二六，七四九，八九二金单位之多，换言之，即数量方面减少百分之四二，价值方面减少百分之五七，以国别言，仍以安南为最多，计二，〇九四，七六六公担，值一〇，四七〇，四七一金单位，其次为暹罗，计一，八六六，〇二八公担，值八〇六，七五三金单位，再次为印度，计四六六，四七三公担，值一，七六二，七二三金单位。大抵所有重要产米国对我之输入，无不一律减少，兹列表于下：

（十七）民国二十三年上半年米谷进口数量统计表

国别	本年上半年		上年同期	
	数量（公担）	价值（金单位）	数量（公担）	价值（金单位）
印度	466,473	1,762,723	1,346,907	9,330,225
安南	2,094,766	10,470,471	3,501,022	19,912,296
暹罗	1,866,028	8,086,753	2,607,182	14,193,806
香港	1,264	6,806	74,171	468,111
其他	19,216	102,712	92,715	3,275,928
共计	4,447,747	20,429,474	7,621,947	47,179,366

考本年上期我国米粮入口大减之原因，最主要者约有二端：第一为本年六月以前我国天时调顺，一般预料本年度米谷必有丰收之望，因之米商在外洋订购洋米者较少。第二去年我国征收外粮入口税，一般米商均赶在未征税前输入大批洋粮。洋粮屯积过多，以致本年洋米输入减少。

至于本年米市，初以天时甚佳可望丰收，及存底丰富之故，米价节节下游，但至五六月间，一因季节之关系，一因天时久旱不雨，灾象已成，而洋米又进口不多，市价遂逐步上涨矣。

（5）小麦　本年上半期，我国洋麦输入以面粉销场不振，及征收入口税之故，与洋米输入有同一惨落之趋势，计洋麦输入共四，三四三，二一三公担，较去年同期之九，六三八，〇六六公担，减少百分之五五，价值一五、一九四，七八三金单位，较去年同期之四一，〇〇四，三五八金单位，减少达百分之六三之多，以国别言，去年上期我国洋麦入口以澳麦为最多，数量独占百分之八五，其次为坎那大及阿根廷，自美国入口者绝少，本年上期则澳麦及坎麦输入，均一落千丈，美麦以棉麦借款关系，入口突增，此外阿麦入口亦大有增加，计本年上期我国入口洋麦以美国为最多，计二，八六六、一四三公担，值九，八八七，九二二金单位，其次为阿根廷，计九七〇，六一一公担，值三，三四六，四四三金单位，次为澳洲，计三四四，九九八公担，值一，三四〇，五四六金单位，兹列表于下：

（十八） 民国二十三年上半年小麦进口数值统计表

国别	本年上半年		上年同期	
	数量（公担）	价值（金单位）	数量（公担）	价值（金单位）
澳洲	344,998	1,340,546	8,202,929	35,048,371
坎那大	84,934	329,501	949,382	3,999,630
美国	2,866,143	9,887,922	516	4,014
阿根廷	970,611	3,346,443	433,472	1,939,005
其他各国	76,527	290,371	46,767	13,338
共计	4,343,213	15,194,783	9,638,066	41,004,358

（6）棉纱 本年上半年棉纱市况，外受国际金融恐慌之压迫，内受农村破产之影响，棉纱业困苦情形，为近二十年来最可纪念之一页，四月间棉纱极度低落，二十支近期纱跌至一百六十元三角，合旧规银一百十四两六钱，比之民国十一年十月，十六支大低峰一百二十一两三钱，更低六两七钱，其跌落之惨，纱业经营

之困难，于此可见也。至于纱销情形，因纱价低落之关系，略有起色，在九一八事变之后，华北市场，已几为日纱所独占，但至今年五月下旬，华北需纱骤旺，且日纱市价高于华纱二三元，故华纱在华北市场，得有插足之余地，四川向为需纱最盛之区，近以匪患未靖，略形减色，所幸广东云南方面，采购尚殷，就大体上言，比之去年同期，犹觉较为顺利也，兹将六月来之概况述如下。

一月份之现纱，因南北各帮，略有红盘交易，市况尚形振作，二三月份因银根关系，交易清淡，四五六月份因日本纱厂减工，三品二十支纱轧空，日纱大涨，遂引起天津与北帮等改购华纱之兴趣。广东与内地等帮，也纷起采办，交易大增，而内地帮进胃尤浓，计购三万二千七百十七包，位居第一，广东帮次之，天津帮又次之，总计上半年间，共成交十二万五千二百三十七包，兹以上半年各帮购买纱数列表于下。

上半年之纱价，颇有起伏，如以二十支金鸡现纱而论，以二月份一百九十八元为最高，以四月份之一百八十元零五角为最低，高低相差，达十七元五角，但一度低落之后，至六月份又起回风，复高至一百九十元以上，比之去年直线的下降，已觉稍胜一筹矣。

至于上半年之棉纱输出，在数量方面言，与去年同期比，虽仅减少六百数十包，但在价值方面言，约减少三百余万元，盖以日纱在南洋倾销，以至纱价低落，而实际上我国出口之纱，也大部分为在华……

〔卷缺〕

本年棉花市况，一月份因美印埃各棉一致猛升，厂需又畅，市价高涨，二月份上旬仍见俏利，迄至下旬，以美印棉市平疲，市价遂趋低下，三四两月因纱销极形不振，存纱过多，封于原棉进胃颇淡，于是棉市益见疲乏，市价屡向低峰盘旋，迄至五月中旬，

地　区	一月份	二月份	三月份	四月份	五月份	六月份	总　计
四川	1,430	650	280	2,300	1,475	3,125	9,260
内地	5,848	4,635	4,859	4,675	6,775	5,925	32,717
广东	2,944	2,352	2,229	1,375	8,925	3,750	21,575
汕头	1,615	1,198	1,321	725	1,675	475	7,009
云南	2,509	534	1,390	4,025	3,125	—	11,583
江西	315	227	285	375	825	125	2,152
天津	—	—	—	2,475	7,150	5.725	15,350
汉口	70	120	—	50	—	50	290
南京	179	232	35	75	—	25	546
长沙	288	220	465	50	275	825	2,123
芜湖	440	35	20	85	325	275	1,180
芦州	51	10	530	125	350	225	1,291
宁波	189	114	237	200	200	250	1,190
北帮	83	15	1,081	2,375	1,225	300	5,079
厦门	25	88	102	125	125	125	590
杂帮	125	194	231	1,015	430	225	2,320
同业	1,525	642	615	4,025	3.025	1,150	10,982
合计	17,636	11,366	13,680	24,075	35,905	22,575	125,237

以外汇高昂，美棉盘涨、纱销复畅，厂商对于原棉进胃颇旺，于是棉市步步上升，直至六月下旬，纱销始形减色，厂需复淡，棉市遂又趋疲落矣。

本年上期我国棉产虽尚丰稔，唯外棉进口较往年同期为多，进口情况，以三四两月份为最旺，各达十五万余公担，值六百余万金单位，以六月份为最少，计九万四千余公担，值三百三十余万金单位，此外各月则均在十一三万担之间，兹将各月进口数量列表如后：

（二十一）民国二十三年上半年各月棉花进口数值统计表

月份	一月	二月	三月	四月	五月	六月	合计
数量（公担）	136,833	119,770	150,155	157,482	119,527	94,444	778,211
价值（金单位）	4,789,095	4,827,125	6,011,874	6.007,815	4,850,723	3,367,476	29,854,108

上半年进口外棉，仍以美棉为最多，计三七二，八八九担，值一七，〇一二，二〇四金单位，印棉次之，计三四七，一八七担，值一一，二六五，五八三金单位，埃及棉居第三位，计二五，八七〇担，值一，三一六，四三四金单位，与往年同期比较，美棉进口减少七万余担，印棉埃及棉则均见增加二分之一左右。兹将上半年棉花进口国别数值列表于后：

(二十二)民国二十三年上半年棉花进口数值按国别统计表

地区		美国	印度	日本	埃及	其他各国	合计*
民国二十三年上半年	数量（公担）	372,889	347,187	1,573	25.870	2,848	779.058
	价值（金单位）	17,012,204	11,265.583	64,036	1,316.434	146,425	29,896,123
民国二十二年上半年	数量（公担）	446,288	224,241	7.221	14,578	5,206	697,534
	价值（金单位）	19,194,843	8,199,567	337,887	738,591	242,076	28,712,964

* 包括复出口数字在内

（8）皮货　皮货近年来已成为我国出口主要商品，本年上半期出口更见活跃，地位上跃越生丝而居第一位。

上半年皮货输出总数，计达二千三百三十六万五千余元，较往年同期增多一百十四万六千余元，输出皮货种类，以羊皮为最多，计一百二十三万余张，值六百四十二万三千余元，较往年同期出口价值增加二百二十五万余元，或二分之一，此系上期美销激增之结果。（去年上半年羊皮输美计八二四，五五八张，值四，一八二，三三二元，本年上期输美增至一，二〇一，九二一张，值六，二四二，五二六元，未硝山羊皮上半年输出情况，美销虽见稍逊，但法荷等处需求尚殷，总计输出六，五三四，四二〇张，值六百〇九万二千余元，与往年同期比较，减落尚微，不过六十万元耳。生黄牛皮以日本为主要销场，本期日销甚畅，故输出总额计三五，四四九公担，值二百七十四万余元，较往年同期增加五十九万余元，此外黄狼皮生水牛皮及皮毯等各项皮货，出口尚为平稳，较诸往年同期减少颇微。兹列各项进口皮货数字于下：

（二十三）民国二十三年皮货输出数值统计表

项　目	生水牛皮	生黄牛皮	狗　皮	未硝山羊皮	羔　皮	黄狼皮	皮毯褥	其他皮货	共　计
数量	13,617 公担	35,449 公担	58,765 张	6,534,420 张	1,232,683 张	1,537,997 张	332,684 条	—	—
价　值（国币）	901,493	2,742,349	156,372	6,092,055	6,423,004	2,624.215	1,538,482	2,887.104	23.365.074
较上年同期价值增加数	（－）46,254	（＋）590,804	（－）50,442	（－）606,204	（＋）2,252,482	（－）178,631	（－）821,639	（＋）6,037	（＋）1,146,153

（9）蛋产品　蛋产品出口，本以输英为大宗，本年上半年计达五百八十三万余元，较上年同期增一百余万元。然自五月八日起，英国公布增加蛋类新税，不啻对中国蛋产品，予一打击。

上半年各月，向为蛋产品输出较旺时期，本年与上年同期比较，大势转趋减落，仅冰湿黄白不分之蛋，有上增模样，而减落最巨者，见推带壳鲜蛋，上半年输出总值一千四百余万元，较上年同期减少十七万余元。兹列表如后：

（二十四）民国二十三年上半年蛋产品出口数量统计表

项目	干蛋白	干蛋黄	冰湿蛋白	冰湿蛋黄	冰湿黄白不分蛋	带壳鲜蛋	其他	合计
数量（公担）	12,474	14,242	3,663	35,168	136,532	128,817千个	—	—
价值（元）	3,939,881	695,512	312,923	1,106,167	6,129,343	1,770,148	425,059	14,379,033
较民国二十二年上期增减	减160,509	减429,754	减201,143	减560,971	增1,137,094	减597,608	增52,861	减770,030

国外销路，本年益见衰退，各国以产量增加，提高税率，致我国蛋产品，因于成本，无力竞争，政府有鉴及此，本年五月二十五日起，改轻出口税，以资挽救。

至于市价方面，本年各月，均以外销疲滞而跌落，尤以四月份下落最剧，五六月也未起色，各月平均每磅最高不过二十元，最低仅十二元。

各月输出，以二月下落最巨，仅值一百二十七万余元，六月最多，达三百七十二万余元，其他各月，尚属平稳。兹将输出国别数值列表如下：

本年第一二两季输出蛋产品，以国别论，干蛋白以输往英国为多，计值一百五十九万余元，德国第二，计七十八万余元。法国最少，仅二十七万余元干蛋黄以输往德为多，值十七万余元，美

（二十五） 民国二十三年上半年蛋产品输出国别统计表 （单位数量公担价值为国币）

国别		英国	德国	法国	美国	其他各国	共计
干蛋白	数量	5,143	2,447	893	1,056	2,935	12.474
	价值	1,594,623	782,335	277,358	325,000	960,565	3,939,881
干蛋黄	数量	773	4,043	963	3,196	5,268	14.242
	价值	37,079	171,466	49,077	129,174	308,716	695,512
冰湿蛋白	数量	5,449	466	638	—	110	6,663
	价值	250,151	23,838	34,334	—	4,600	312,923
冰湿蛋黄	数量	7,699	11,710	2,045	460	13.254	35,168
	价值	341,229	304,467	65,619	15,477	379,375	1,106,167
冰湿黄白不分之蛋	数量	129,734	1,046	364		5,388	136,532
	价值	5,831,156	47,012	18,831		232,344	6,129,343
带壳鲜蛋	数量（千个）	45,517	2,551			80,749	128,817
	价值	657,740	32,088			1,080,320	1.770,148
未列名蛋	数量						
	价值	130,120	62,663			232,276	425,059

国值十二万余元，法国最少，仅四万九千余元，冰湿蛋白输出者，以英国为首，计二十五万余元，其他法国为三万余元，德国为二万余元。冰湿蛋黄之输出最多，也推英国，达三十四万余元，德国次之，达三十万余元，其他法国仍保有六万余元，美国则仅一万五千余元，冰湿黄白不分之蛋，以英国为外销尾数字最大，达五百八十三万余元，占输出总额百分之四〇·五，不失为主要输出之地位，如与输往德法相较，悬殊甚巨，至于带壳鲜蛋，也以英销为主，计六十五万余元，输德者，仅三万余元而已。

综观蛋产品输出，仍以英国为最大市场，即以与去年同期比较，也略有上增，约增百分之一三·二，输英虽稍活跃，然输出总额上，仍现衰落之象，盖近年各国增税排挤，致绝我国产品发展之机会也。

〔下略〕

〔行政院档案〕